Kreta

VERLAG KARL BAEDEKER

Hinweise zur Benutzung

Sternchen (Asterisken) als typographisches Mittel zur Hervorhebung bedeutender Bau- und Kunstwerke, Naturschönheiten und Aussichten, aber auch guter Unterkunfts- und Gaststätten hat Karl Baedeker im Jahre 1844 eingeführt; sie werden auch in diesem Reiseführer verwendet: Besonders Beachtenswertes ist durch * einen vorangestellten 'Baedeker-Stern', einzigartige Sehenswürdigkeiten sind durch ** zwei Sternchen gekennzeichnet.
Zur raschen Lokalisierung der Reiseziele von A bis Z auf der beigegebenen Reisekarte sind die entsprechenden Koordinaten der Kartennetzmaschen jeweils neben der Überschrift in Rotdruck hervorgehoben: Iráklion C 11.

Farbige Streifen an den rechten Seitenrändern erleichtern das Auffinden der Großkapitel des vorliegenden Reiseführers: Die Farbe Blau steht für die Einleitung (Natur, Kultur, Geschichte), die Farbe Rot für Reiseziele, und die Farbe Gelb markiert die praktischen Informationen.

Wenn aus der Fülle von Unterkunfts-, Gast- und Einkaufsstätten nur eine wohlüberlegte Auswahl getroffen ist, so sei damit gegen andere Häuser kein Vorurteil erweckt.

Da die Angaben eines solchen Reiseführers in der heute so schnellebigen Zeit fast ständig Veränderungen unterworfen sind, kann der Verlag weder Gewähr für die absolute Richtigkeit leisten noch die Haftung oder Verantwortung für eventuelle inhaltliche Fehler übernehmen. Auch lehrt die Erfahrung, daß sich Irrtümer kaum gänzlich vermeiden lassen.

Baedeker ist ständig bemüht, die Qualität seiner Reiseführer noch zu steigern und ihren Inhalt weiter zu vervollkommnen. Hierbei können ganz besonders die Erfahrungen und Urteile aus dem Benutzerkreis als wertvolle Hilfe gar nicht hoch genug eingeschätzt werden. Vor allem **Ihre Kritik, Berichtigungen und Verbesserungsvorschläge sind uns stets willkommen.** Sie helfen damit, die nächste Auflage noch aktueller zu gestalten. Bitte schreiben Sie in jedem Falle an die

Baedeker-Redaktion
Karl Baedeker GmbH
Marco-Polo-Zentrum
Postfach 3162
D-73751 Ostfildern.

Der Verlag dankt Ihnen im voraus bestens für Ihre Mitteilungen. Jede Einsenderin und jeder Einsender nimmt an einer jeweils zum Jahresende unter Ausschluß des Rechtsweges stattfindenden Verlosung von drei JRO-Leuchtgloben teil. Falls Sie gewonnen haben, werden Sie benachrichtigt. Ihre Zuschrift sollte also neben der Angabe des Buchtitels und der Auflage, auf welche Sie sich beziehen, auch Ihren Namen und Ihre Anschrift enthalten. Die Informationen werden selbstredend vertraulich behandelt und die persönlichen Daten nicht gespeichert.

Vorwort

Dieser Reiseführer gehört zur neuen Baedeker-Generation. In Zusammenarbeit mit der Allianz Versicherungs-AG erscheinen bei Baedeker durchgehend farbig illustrierte Reiseführer in handlichem Format. Die Gestaltung entspricht den Gewohnheiten modernen Reisens: Nützliche Hinweise werden in der Randspalte neben den Beschreibungen herausgestellt. Diese Anordnung gestattet eine einfache und rasche Handhabung. Der vorliegende Band hat Kreta zum Thema. Die Sonneninsel ist bekannt für zahlreiche schöne Strände, für die Ausgrabungsstätten der einmaligen minoischen Kultur, für landschaftliche Schönheiten und für interessante Klöster und Kirchen. Der Reiseführer gliedert sich in drei Hauptteile: im ersten Teil wird über Kreta im allgemeinen, Naturraum, Klima, Pflanzen und Tiere, Umweltschutz, Bevölkerung, Mythologie, Religion, Wirtschaft, berühmte Persönlichkeiten, Geschichte, Kunstgeschichte, Musik und Tanz berichtet. Eine Sammlung von Literaturzitaten leitet über zum zweiten Teil, in dem die Reiseziele – Städte, Orte und Landschaften – mit ihren Sehenswürdigkeiten beschrieben werden.

Váï–Strand: der berühmte Palmenstrand Kretas an der Nordostküste, der viele Besucher anlockt

Daran schließt ein dritter Teil mit reichhaltigen praktischen Informationen, die dem Besucher das Zurechtfinden vor Ort wesentlich erleichtern. Sowohl die Reiseziele als auch die Informationen sind in sich alphabetisch geordnet. Baedeker Allianz Reiseführer zeichnen sich durch Konzentration auf das Wesentliche sowie Benutzerfreundlichkeit aus. Sie enthalten eine Vielzahl eigens entwickelter Pläne und zahlreiche farbige Abbildungen. Zu diesem Reiseführer gehört als integrierender Bestandteil eine ausführliche Reisekarte, auf der die im Text behandelten Reiseziele anhand der jeweils angegebenen Kartenkoordinaten zu lokalisieren sind. Wir wünschen Ihnen mit dem Baedeker Allianz Reiseführer viel Freude und einen erlebnisreichen Aufenthalt auf Kreta!

Baedeker
Verlag Karl Baedeker

Inhalt

Natur, Kultur Geschichte

Seite 8 – 73

Reiseziele von A bis Z

Seite 74 – 211

Praktische Informationen von A bis Z

Seite 212 – 266

Baedeker Specials

Mythische

Der Zauber der mythischen Insel Kreta erschließt sich einem erst, wenn man sich Zeit nimmt, um die Insel abseits der sehr frequentierten und stark vom Tourismus geprägten Küstenorte vor allem im Norden zu entdecken. Außergewöhnlich sind die einmalige minoische Kultur, von der noch zahlreiche Ruinenstätten vorhanden sind, und die landschaftlichen Schönheiten, die "frei von Überladenheit" sind, wie der berühmte kretische Schriftsteller Níkos Kasantzákis schreibt. Das Spektrum dieser Landschaften reicht von steinernen Einöden bis zu waldreichen Höhen mit Kastanien-, Eichen- und Zypressenwäldern. Olivenbäume prägen weithin das Bild der Insel. Man trifft auf steile zerklüftete Felsküsten und gleich daneben auf Strände mit weichem Sand oder rundgeschliffenen Kieseln. Zudem finden sich auf der Insel Berge mit tief eingeschnittenen Schluchten, von denen die Samariá-Schlucht die bekannteste ist, und fruchtbare Ebenen wie die Messará und Lassíthi. Die Wurzeln der griechischen Mythologie lassen sich auf Kreta ausmachen: Göttervater Zeus soll hier geboren und aufgewachsen sein. Mit der Entführung der phönikischen Prinzessin Europa durch den stiergestaltigen Zeus auf die Insel wird angedeutet, daß die Wiege der europäischen Kultur hier stand. Auf Kreta hat sich mit der minoischen Zivilisation eine der Hochkulturen

Knossós

Der größte und beeindruckendste minoische Palast Kretas

Ágios Nikólaos

zeichnet sich durch ein malerisches Ortsbild am Vulisméni-See aus

Samariá-Schlucht

Die mit 18 Kilometern längste Schlucht Europas

Insel Kreta

der Menschheit entwickelt. Heute noch zu bewundernde Zeugen dieser Kultur sind die großen Palastanlagen von Knossós, Festós, Mália und Káto Zákros. Zu den hervorragendsten Ausdrucksformen gehören die Keramik sowie die Vasen- und Freskenmalerei. Diese Kunstwerke kann man vor allem im Archäologischen Museum Iráklion, aber auch in den Museen von Chaniá, Réthimnon, Ágios Nikólaos und Sitía bewundern. Aus byzantinischer Zeit sind besonders die zahllosen alten Kirchen mit schönen Fresken, aus der venezianischen Periode die Hafenanlagen und die Festungsbauten und aus der türkischen Zeit Moscheen und Minarette sehenswert. Vor allem aber locken zahlreiche Strände und schöne Buchten – verbunden mit einer Sonnenscheingarantie für 300 Tage im Jahr – nach Kreta, so daß auch Badefreunde voll auf ihre Kosten kommen. Vor allem die relativ flache und buchtenreiche Nordküste mit ihren mehr oder weniger feinsandigen Stränden ist das Ziel zahlreicher Besucher. Hier liegen auch die touristischen Zentren wie Chersónissos, Mália und Ágios Nikólaos und die großen kretischen Städte. Die weniger besuchte Südküste ist stark zerklüftet und weist steile Felshänge auf. Aber auch hier finden sich einige schöne Strände, die jedoch z. T. nur vom Meer zugänglich sind.

Lassíthi-Hochebene

Die mit Segeltuch bespannten Windräder sind typisch für die Hochebene

Schnabelkanne

Ein Meisterwerk ist die etwa 4000 Jahre alte Kanne mit feinem Schilfdekor

Mirabéllo-Golf

Die wunderschöne Küstenregion im Nordosten Kretas

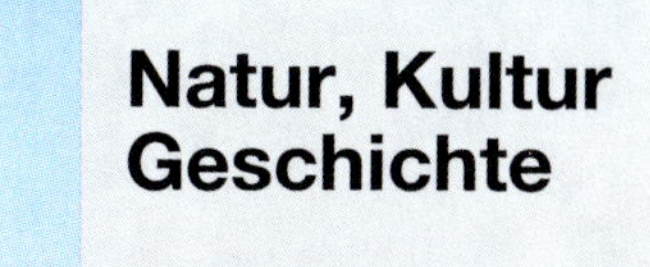

Natur, Kultur Geschichte

Zahlen und Fakten

Übersichtskarte

Kreta, Griechenlands größte Insel, ist eines der meistbesuchten griechischen Urlaubsziele.

Vorbemerkung

Die Schreibung der griechischen Namen ist problematisch, da es für die Transkription der neugriechischen Sprache ins Deutsche an allgemein verbindlichen Richtlinien mangelt und weder eine reine Transliteration noch eine genaue phonetische Aussprache sinnvoll erscheinen. Einer systematischen Vereinheitlichung der verschiedenen Schreibweisen steht zudem noch der Umstand entgegen, daß man auch in sachlich verläßlichen neugriechischen Quellen nicht selten mehrere voneinander abweichende Versionen findet.

In diesem Reiseführer ist versucht worden, sowohl die in der deutschen Altertumswissenschaft eingeführten und allgemein üblich gewordenen Bezeichnungen zu erhalten als auch den Lautwerten der heute in Griechenland gesprochenen Sprache gerecht zu werden. Um eine größtmögliche Verständlichkeit zu erreichen, sind teilweise mehrere Schreibweisen – mit Angabe der Betonung durch einfache Akzentsetzung (´) – aufgeführt.

◀ *Der schöne Mirabéllo-Golf im Osten Kretas mit der Insel Spinalónga*

Allgemeines

Größe

Kreta (Neugriechisch: Kríti) ist mit 8261 km² die größte griechische Insel (ungeachtet des eigenständigen Zypern im östlichen Mittelmeer) und die fünftgrößte im Mittelmeer nach Sizilien, Sardinien, Korsika und Zypern.
Die Insel weist eine Breite von 12 bis 60 km auf und erstreckt sich auf 260 km Länge annähernd von Westen nach Osten. Die Küstenlänge beträgt 1046 km.

Lage

Kreta liegt ungefähr 100 km südöstlich der Peloponnes am Südrand des Ägäischen Meeres und bildet den südlichsten Teil Europas sowie ein Hauptglied des Inselbogens, der Südgriechenland mit Kleinasien verbindet. Mit seiner Lage auf dem 35. Breitengrad reicht es weiter nach Süden als Tunis.

Verwaltungsgliederung

Kreta ist unterteilt in vier Verwaltungsbezirke (griech. Nomós; in Klammern die Bezirkshauptorte): im Westen Chaniá (Chaniá), im Kernland Iráklion (Iráklion) und Réthimnon (Réthimnon) sowie im Osten Lassíthi (Ágios Nikólaos). Die Verwaltungshauptstadt ist Iráklion (Herakleion). Die Nomi sind wiederum in Kreise oder Provinzen (Eparchien) unterteilt. Diese Verwaltungsgliederung wurde von den Venezianern eingeführt.
Die Bezirke werden von Präfekten (nomárches) regiert, die die Zentralverwaltung ernennt. Jede Stadt und Gemeinde wählt selbst ihren Bürgermeister (dímarchos) bzw. Vorsteher (próedros).
Die Insel, die traditionell grün, d.h. sozialistisch, wählt, ist mit durchschnittlich zwölf von den Kretern gewählten Abgeordneten im Athener Parlament vertreten.

2

Naturraum

Geologie

Kreta ist das Hauptglied des Inselbogens, der sich von Südgriechenland bis Kleinasien erstreckt. Es sitzt auf dem Schelfsockel der Ägäischen Platte, unter die sich die in nördlicher Richtung driftende Afrikanische Platte schiebt. In dieser geologischen Spannungszone werden gelegentlich Erdbeben (⟶ Baedeker Special) ausgelöst, deren Auswirkungen an der Erdoberfläche mitunter katastrophale Ausmaße annehmen. In geologisch jüngster Zeit ist der Westen Kretas durch tektonische Vorgänge emporgehoben, der Osten der Insel hingegen abgesenkt worden. Welche Spannung in der Kruste dieses Teils der Erde herrscht, zeigt die Tatsache, daß der Höhenunterschied zwischen der höchsten Erhebung der Insel und der tiefsten vor Kreta gemessenen Stelle im Meer über 7000 m beträgt.
Den geologischen Unterbau der Insel Kreta bilden Schiefer, Phyllite und kristallines Gestein, die bereits im Erdaltertum angelegt worden sind. Darauf wurden seit der Karbonzeit und bis ins Tertiär, vor allem aber im Erdmittelalter, Kalksedimente abgelagert. Im Verlauf der Erdgeschichte kam es

Baedeker Special

Afrika gegen Europa

Die Insel Kreta liegt in einer der seismisch aktivsten Zonen des gesamten Mittelmeerraumes, nämlich genau dort, wo sich die jährlich einige Zentimeter nordwärts driftende Afrikanische Platte unter die am Südrand der Eurasischen Platte ausgebildete Ägäische Platte schiebt. Dieser Vorgang verläuft diskontinuierlich und nicht ohne Spannungen. Die Gesteinskörper sind nur bis zu einem gewissen Grad elastisch. Auch verhaken sich mehr oder weniger mächtige Schollen ineinander. Im Bereich der Gleitflächen bauen sich Spannungen auf, die sich nach Erreichen eines bestimmten Grenzwertes ruckartig entladen. Die Athener Erdbebenwarte verzeichnet monatlich bis zu 500 Erdstöße unterschiedlicher Stärke im Ägäischen Meer.
Die Erdkruste ist in mehrere unterschiedlich große Kontinentalplatten gegliedert, die auf dem zähflüssigen Magma des Erdmantels schwimmen, gegeneinander driften oder aneinander entlangschrammen. Wenn das Gestein den Spannungen nicht mehr standhält, brechen Spalten auf. Die Energie entlädt sich und läßt die Erdoberfläche von einem Epizentrum aus erbeben.

In den letzten sechs Jahrtausenden ist die Insel Kreta mehrfach von schlimmen Beben erschüttert worden. Man nimmt an, daß die minoische Hochkultur nicht zuletzt auf Grund von derartigen Katastrophen untergegangen ist. Im 3. Jh. v. Chr. hat sich ein gewaltiges Beben ereignet, bei dem der Westteil der Insel angehoben wurde. Seit dem 13. Jh. ist Kreta von mindestens sechs schweren Beben heimgesucht worden, denen ein Großteil der einstmals prachtvollen Bauten der byzantinischen und venezianischen Periode zum Opfer gefallen sind. Beträchtlichen Sachschaden richtete ein Beben im Juni 1926 an. Zum letzten spektakulären Ereignis dieser Art kam es 24. Mai 1994, als ein Beben der Stärke 6,1 auf der nach oben offenen Richterskala die Insel am Südrand Europas aufs heftigste erschütterte. An diesem Montagvormittag um Zehn vor Zehn wurde die Inselbevölkerung von Panik erfaßt. Vielerorts brachen die Stromversorgung und die Fernsprechverbindungen zusammen. Zahlreiche Häuser wurden zum Teil stark beschädigt. Schüler liefen schreiend aus ihren Klassenzimmern. Zum Glück waren keine Menschenleben zu beklagen.

Naturraum, Geologie (Fortsetzung)

zu Hebungs- und Senkungsprozessen unterschiedlicher Intensität in der Erdkruste, die vor allem durch das Gegeneinanderdriften der Großplatten hervorgerufen wurden. Dabei sind anstehende Gesteine durch hohen Druck aufgeschmolzen oder umgewandelt worden. Dies gilt für die ganz im Westen der Insel vielerorts aufgeschlossenen Schiefer ebenso wie für die durch Metamorphose entstandenen Dolomite, Chlorite und Serpentinite im Osten der Insel sowie für die Gips- und Anhydritvorkommen am Fuß einiger Bergketten. Ganz im Westen der Insel ist sogar eine kleinere Eisenerzlagerstätte ausgebildet. An einigen Stellen auf Kreta sind zudem Lignit-Vorkommen nachgewiesen.

Relief

Das Relief der Insel Kreta hat sich in besonderem Maße seit dem Pleistozän, also seit den letzten von mehreren Eiszeiten geprägten zwei Millionen Jahren herausgebildet. Die an sich plump wirkenden Gebirge sind stark verkarstet, ihre Ränder von Schluchten und Tälern zerfranst. In höchst spektakulärer Weise wirken die landschaftsbildenden Kräfte der Erosion

Relief (Fortsetzung)

im Süden des Lefká-Gebirges, wo die Samariá-Schlucht inzwischen zu einem Touristenmagnet erster Ordnung geworden ist. Die verschiedenen Kalt- und Warmzeiten haben zu Meeresspiegelschwankungen geführt, die vor allem an den Küsten Ostkretas nachweisbar sind. Auch junge Niveauveränderungen sind im Landschaftsbild nachweisbar. Der Westen Kretas ist seit der Antike durch tektonische Vorgänge um fast 10 m angehoben worden. In der Antike genutzte Häfen im Südwesten der Insel sind inzwischen landfest geworden. Tektonisch bedingte Absenkungen führten jedoch im Osten Kretas zum Abtauchen einiger antiker Hafenstandorte.

Gebirgsmassive

Drei überraschend hohe Gebirgsmassive bilden das Rückgrat Kretas. Im Westen der Insel erheben sich die oft schneebedeckten Lefká Óri ('Weiße Berge') bis zu 2452 m über den Meeresspiegel. Im Zentrum Kretas ragt das ebenfalls schneereiche Ida-Gebirge (Psiloritis-Gebirge) auf, das im 2456 m hohen Psiloritis, dem höchsten Berg Kretas, gipfelt. Im Osten ist das Díkti-Gebirge (Berge von Lassíthi) aufgewölbt, dessen höchste Erhebung 2148 m über dem Meeresspiegel erreicht. An der Ostspitze der Insel – jenseits des nur 12 km breiten Isthmus von Ierápetra – schwingen sich die Berge von Sitía (Thripte-Kette) bis zu 1476 m ü.d.M. auf. Die großflächig entwaldeten kretischen Gebirge sind stark verkarstet und zerklüftet. Sie lassen nur eine eher bescheidene Weidewirtschaft zu. Nur in den von fruchtbarer Erde erfüllten Poljen (Einbruchswannen) kann Landwirtschaft und Gartenbau betrieben werden. Ganz im Süden der Insel begrenzt die Asterúsia-Küstengebirgskette, deren höchster Gipfel der 1231 m hohe Kófinas ist, die fruchtbare Messará-Ebene. Nördlich vor dem Psiloritis-Gebirge erstreckt sich das Tállion-(Kulúkuna-)-Bergland westwärts bis an die Peripherie der Stadt Réthimnon. Seine Plattenkalke tauchen im Osten in den Golf von Iráklion ein.

Höhlen und Grotten

Auf Kreta sind mehrere Tausend Grotten und Höhlen bekannt, von denen viele überwältigende Tropfsteinbildungen (auch Stalaktiten und Stalagmi-

Die schneebedeckten Gipfel des Ida-Gebirges

Höhlen und Grotten (Fortsetzung)

ten) aufweisen. Sie sind in erster Linie das Ergebnis chemischer Verwitterung im wasserdurchlässigen Kalkstein. In Risse, Spalten und Klüfte dringt Oberflächenwasser ein, das unterirdisch abfließt. Das Sickerwasser reichert sich vor seinem Eindringen ins klüftige Gestein mit Kohlensäure aus der Luft an. Das nunmehr leicht säurehaltige Wasser löst den Kalk in Rissen und Spalten auf. Die schmalen Hohlräume werden mit der Zeit immer größer, bis schließlich eine Grotte oder Höhle entsteht. Dort, wo das Wasser in die Hohlräume tropft, wird der gelöste Kalk aus dem Wasser wieder ausgeschieden. So entstehen bei der Verdunstung des Wassers an der Höhlendecke Tropfsteine, die als sog. Stalaktiten nach unten wachsen. Tropft das Wasser relativ schnell auf den Höhlenboden, so bilden sich sog. Stalagmiten. Oft verwachsen die Tropfsteine miteinander und bilden steinerne Orgelpfeifen oder gar versteinerte Wasserfälle.

Dolinen, Poljen

Wenn die Decke einer Höhle oder Grotte einbricht, dann entsteht an der Erdoberfläche eine schüssel- oder trichterförmige Mulde, die gemeinhin als Doline bezeichnet wird. Brechen die Decken ganzer Höhlensysteme ein bzw. breiten sich die chemischen Lösungsvorgänge in die Tiefe und die Breite aus, so können ganze Dolinenfelder, Poljen und Karstebenen entstehen.

Ebenen

Zwischen den hohen Gebirgsmassiven dehnen sich fruchtbare Ebenen aus, in denen lukrativer Obst- und Gemüseanbau betrieben werden kann. Berühmt ist die weite und sehr fruchtbare Messará-Ebene im Süden. Das Wasser des Hieropotamos ermöglicht hier einen besonders ertragreichen Gartenbau. Für allerlei Obst- und Frühgemüsesorten sind Sonderkulturen angelegt. Von Bergzügen umschlossen sind hingegen die Hochebenen von Omalós (Weiße Berge), Nída (Ida-Gebirge) und Lassíthi (Díkti-Gebirge). Die letztgenannte ist besonders eindrucksvoll. Sie erstreckt sich mit einer Fläche von rund 45 km² in ca. 800 m Meereshöhe und ist fast kreisrund. Schon vor Jahrhunderten hat man hier ein ausgeklügeltes Be- und Entwässerungssystem installiert, das einen lohnenden Acker- und Gartenbau ermöglicht. Unvergeßlich ist das Bild der zahlreichen hier oben errichteten und mit weißem Segeltuch bespannten Windmühlen, die das Grundwasser an die Erdoberfläche fördern. Hier oben werden vor allem Kartoffeln, Gurken und Getreide angebaut.
Im Norden der Insel ist eine fruchtbare Küstenebene ausgebildet, die seit dem Altertum landwirtschaftlich genutzt wird und verkehrsmäßig gut erschlossen ist.

Wasserläufe, Seen

Betrachtet man das Relief Kretas, so fällt ein vergleichsweise dichtes Netz von Tälern und Tälchen ins Auge. Die meisten Bach- und Flußläufe führen nur in den regenreichen Wintermonaten bzw. zur Zeit der Schneeschmelze Wasser und bieten sich ansonsten in ausgetrocknetem Zustand dar.
Westlich von Réthimnon gibt es den kleinen Süßwassersee Kurnás, der von einem unterirdischen Wasserlauf gespeist wird und auch einen unterirdischen Abfluß hat. Der fischreiche ehemalige Süßwassersee Volusméni von Ágios Nikólaos ist im 19. Jh. durch einen Kanal mit dem Meer verbunden worden und enthält heute Mischwasser.

Almirós

Unterirdische Wasserläufe (Höhlenbäche) bringen das an den drei hohen kretischen Gebirgsmassiven reichlich eindringende Sickerwasser (Süßwasser) südostwärts in Küstennähe, wo es sich mit unterirdisch eindringendem und salzhaltigem Meerwasser vermischt. Das Mischwasser tritt an etlichen Stellen auf der Insel in 'Almirós' genannten Quelltöpfen aus, so z. B. westlich von Iráklion, am Golf von Georgúpolis und östlich von Ágios Nikólaos.

Küsten, Strände

Während die buchtenarme Südküste über weite Strecken schroff und steil ins Meer abfällt, ist die Nordküste flacher und stärker gegliedert. Deshalb sind an der Nordküste die größten Siedlungen der Insel herangewachsen, und auch der Hauptfremdenverkehr spielt sich zum größeren Teil an den

Die felsige Südküste bei Agía Ruméli

Naturraum, Küsten, Strände (Fortsetzung)

eher geschützten und flacheren Stränden der Nordküste ab. Zwar gibt es auch an der Südküste einige schöne Badestrände, doch sind diese nur schwer zu erschließen. Einige dieser Strände sind gar nur vom Meer aus zugänglich.

Kranz von Inselchen

Die Hauptinsel Kreta ist von mehr als zwei Dutzend kleinen Inseln umgeben, von denen die meisten ziemlich kahl und unbewohnt sind. Die Insel Día vor Iráklion ist ein 12 km² großes Eiland, dessen höchste Erhebung immerhin 265 m ü. d. M. erreicht. Südlich vor Kreta, im Libyschen Meer liegt das kleine Eiland Gávdos als am weitesten im Süden gelegener Punkt Europas.

Pflanzen und Tiere

Flora

Die Vegetation der ursprünglich weithin von lichten Eichen-, Zedern- und Kiefernwäldern sowie von Zypressenhainen bedeckten Insel Kreta korrespondiert stark mit den klimatischen Verhältnissen. Die obere Waldgrenze liegt bei 1700 bis 1800 m ü. d. M., wobei Kermes- und Steineichen (Quercus ilex, Quercus coccifera) in besonderem Maße hervortreten. Als 'Phrígana' bezeichnete Felsheiden und Macchiengestrüpp prägen jedoch weite Bereiche der kretischen Landschaften. Dies sind mehr oder weniger offene mediterrane und bis zu 2 m hohe Gebüschformationen, in denen Kermeseichen, Zwergeichen, Myrte, Mastix sowie diverse andere Hartlaubzwergsträucher und Wolfsmilchgewächse vergesellschaftet sind. Dazu gehören – sozusagen als besondere 'Duftnoten' – Diktamon (Oregano), Majoran, Lavendel, Rosmarin, Thymian, Salbei – und verschiedene Orchideenarten.
Die Zypresse (Cupresseus sempervirens) ist für viele Inselkenner der Charakterbaum Kretas. Sie ist in südexponierten Lagen bis in eine Höhe von

Thymian: eine 'Duftnote' der kretischen Pflanzenwelt

Flora (Fortsetzung)

1200 m ü. d. M. anzutreffen. Der auf den Kopf gestellte Zypressenstamm ist als 'Minoische Säule' in die Architekturgeschichte eingegangen.
Das Landschaftsbild prägt heute der genügsame Ölbaum, der seit langem mit die wichtigste Wirtschaftspflanze auf der Insel ist. An noch trockeneren Standorten gedeihen Johannisbrotbaum, Agave und Feigenkaktus.
Wichtige Wirtschaftspflanzen neben der Olive sind die Weinrebe (u. a. Kulturen zur Gewinnung von Wein- und Tafeltrauben, Rosinen und Sultaninen), Zitrusfrüchte (bes. Orangen und Mandarinen) und Getreide. Seit einigen Jahrzehnten florieren auch der Gemüseanbau (u. a. Frühkartoffeln, Gurken, Tomaten, Zwiebeln), die Obstkulturen (u. a. Aprikosen, Pfirsiche, Äpfel, Melonen, Eßkastanien, Bananen, Feigen, Mandeln) sowie die Blumenkulturen.

Fauna

Vergleichsweise arm an Arten ist die Tierwelt der Insel Kreta. Nutztiere haben längst die Wildtiere verdrängt, auch wenn man in abgelegeneren Bereichen noch die berühmten kretischen Wildziegen Kri-Kri (Capra aegarus), Schafe, Wildkatzen, Dachse und Wiesel antreffen kann. Stark zurückgedrängt sind Vögel und Reptilien. Im Gebirge sind noch Wanderfalken und Habichte zu beobachten. Vereinzelt sieht man auch Lämmergeier durch die Lüfte schweben. Im Winter suchen Seeschwalben und schwarzweiße Austernfischer an den Küsten nach Nahrung. Zu den schönsten Vögeln Kretas zählen der überraschend bunte Bienenfresser und die Blauracke, die sich besonders an Steilküstenabschnitten wohlfühlt. Häufiger sieht man diverse Ammern und vor allem Elstern.

Typisch für den Mittelmeeraum – und somit auch auf Kreta heimisch – ist die Zikade, deren Zirpen bei massenhaftem Auftreten geradezu ohrenbetäubend sein kann.
Nicht nur im Dickicht und Gestrüpp hat man sich vor den giftigen und aggressiven Vipern sowie vor den vielerorts auftretenden Skorpionen und giftigen Rogalida-Spinnen in acht zu nehmen.

Ziegen gehören zu den wichtigsten Nutztieren auf Kreta

Pflanzen und Tiere, Fauna (Fortsetzung)

In ihrem Bestand bedroht sind die Land- und Seeschildkröten, einige Vogelarten (u. a. Singdrossel, Nachtigall, Wachtel) sowie die früher an einigen Stellen zu beobachtenden Robben.
In den Gewässern um Kreta leben mehrere Arten von Triglidenfischen. Besonders begehrt ist das weiße und sehr schmackhafte Fleisch des 'Trigla lineata'. Weitere in größerer Zahl vorkommende Meeresbewohner sind der Thunfisch, die Meeräsche, die Makrele, der Stint, diverse Brassen (u. a. Barsch und Zahnbrasse), die rötliche Meerbarbe, Hechtdorsch, Kabeljau und Sardelle.

Klima

Klimatyp

Die Insel Kreta liegt voll in der mediterranen Klimazone, deren besondere Merkmale eine ausgeprägte sommerliche Trockenzeit mit subtropischen Temperaturen und eine verhältnismäßig milde winterliche Regenzeit sind.

Frühling

Berühmt ist der kretische Frühling. Nach den örtlich recht ergiebigen Niederschlägen der Wintermonate Dezember bis März entfaltet sich für einige Wochen eine sinnenbetörende Blütenpracht.

Sommer

Der kretische Sommer beginnt bereits Ende April bzw. im Mai und dauert bis zum Oktober. In dieser Zeit kommt es nur noch zu sporadischen Niederschlägen. In den Monaten Juni bis September fällt so gut wie kein Niederschlag. Es herrscht ausgesprochene Dürre. Erst ab der zweiten Septemberhälfte bzw. im Oktober bringen örtlich sehr heftige Gewitter den lang ersehnten Regen.

Herbst/Winter

Das bis in den Spätherbst noch relativ warme Mittelmeerwasser bewirkt auch in der kühlen Jahreszeit vergleichsweise angenehme Temperaturen.

Herbst/Winter (Fortsetzung)

Erst im Dezember wird es recht unfreundlich, mitunter auch empfindlich kühl. Von November bis März dauert die niederschlagsreiche Periode.

Temperaturen

Die kältesten Monate sind der Januar und der Februar. In Iráklion liegt das mittlere nachmittägliche Maximum bei rund 16°C. Es kann in dieser Zeit sowohl ausgesprochen warme Tage mit mehr als 23°C geben, als auch sehr kalte Tage, an denen die Quecksilbersäule unangenehm spürbar unter den Gefrierpunkt rutscht. In den hohen Berglagen kommt es zu Schneegestöber. Bereits im März ist die kühle Periode überwunden. Das Thermometer übersteigt gelegentlich schon die 30°C-Marke. Richtig warm, ja bisweilen schon heiß wird es im Mai, wenn die Tagesdurchschnittswerte die 25°C-Marke überwinden und Maximalwerte jenseits der 40°C-Grenze erreicht werden.
Ausgesprochen heiß ist es von Juni bis September. In dieser Zeit kühlt es sich nur äußerst selten bis knapp unter die 20°C-Marke ab. Längere Hitzeperioden mit Temperaturen bis zu 42°C erschweren das Leben von Mensch und Kreatur. Erst die herbstlichen Gewitterregen sorgen für eine Abkühlung der Atmosphäre.

Klimatabelle	Temperaturen in °C			Sonnenscheinstunden pro Tag	Regentage pro Monat
Monate	Durchschnittsmaximum	Durchschnittsminimum	Meerwasser		
Januar	15.6	8.7	16	3.4	12
Februar	16.2	8.8	15	4.7	7
März	17.1	9.6	16	5.7	8
April	20.1	11.6	16	8.1	4
Mai	23.7	14.8	19	10.3	2
Juni	27.5	19.1	22	11.6	1
Juli	29.0	21.3	24	12.7	0
August	29.2	21.7	25	11.7	0
September	26.6	19.1	24	9.7	2
Oktober	23.5	16.2	23	6.5	6
November	20.8	13.5	20	5.7	6
Dezember	17.4	10.8	17	4.0	10

Niederschläge

Die Hauptniederschläge fallen – wie bereits erwähnt – in den Monaten November bis März. Von Ende November bis Februar gehen in Iráklion drei Viertel der gesamten Jahresniederschlagsmenge nieder. Die Ergiebigkeit der Regenfälle schwankt jedoch nach Höhenlage und Exposition (Luv oder Lee) beträchtlich. Während an der Nordküste nur 450 bis 600 mm Regen fallen, mißt man an der Südküste 700 bis 750 mm und in den hohen Berglagen bis zu 1200 mm Regen. Während der herbstlichen Gewitterstürme können sintflutartige Starkregen niedergehen, die bis zu einem Viertel der gesamten Jahresniederschlagsmenge bringen und katastrophale Überschwemmungen verursachen.

Winde

In den Sommermonaten sorgen die berühmten Etesien, jene fast ständig wehenden Nordwinde, dafür, daß die Hitze nicht ganz so unangenehm empfunden wird. Außerdem nutzt man das Windkraftpotential von altersher zum Betreiben von Getreidemühlen.
Vor allem im Frühling hat man mit dem Schirokko zu rechnen, einem heißen und kräftigen Südwind, der vom afrikanischen Kontinent herüberweht.

Sonnenschein

In Iráklion zählt man pro Jahr rund 2900 Sonnenstunden. Mit mehr als acht Sonnenstunden pro Tag ist in der Zeit von April bis September zu rechnen.

Klima (Fortsetzung) Reisezeit

Am besten besucht man Kreta in den Monaten Mai oder September. Im Mai sind die Tage recht lang, und die Luftfeuchtigkeit nimmt ständig ab. Im September ist es nach den sehr heißen Monaten Juli und August wieder erträglich, so daß man auch etwas anstrengendere Ausflüge unternehmen kann. Die meisten Besucher kommen jedoch zu Ostern, Pfingsten und in den Sommerferien auf die Insel. In der Hauptsaison kann es deshalb örtlich zu Überlastungserscheinungen kommen.

Wassertemperaturen

Bereits im Mai kann man baden. Bewegen sich die Wassertemperaturen zu Beginn des Monats noch um die 18°C-Marke, so werden Ende Mai schon Werte um 20°C gemessen. Im August ist das Wasser über 25°C warm. Bis Mitte Oktober sinkt die Wassertemperatur dann langsam auf etwa 21°C ab.

Umweltschutz

Raubbau

Das natürliche Gleichgewicht auf der Insel Kreta ist seit dem Altertum durch menschliches Handeln nachhaltig beeinträchtigt worden. Um Holz für den Haus- und Schiffbau bzw. für die Energiegewinnung zu erhalten und um Kulturland (bes. Ackerbauflächen) zu gewinnen, hat man die Zedern- und Pinienwälder sowie die Zypressenbestände bis heute auf wenige Prozente ihres ursprünglichen Bestandes reduziert. Und auch die Sekundärvegetation (Phrígana, Macchie) wird seit einiger Zeit durch Kultivierungsmaßnahmen stark zurückgedrängt. Dadurch ist den zerstörerischen Kräften der Erosion Tür und Tor geöffnet worden. Im Lauf der Zeit haben sich auch signifikante klimatische Veränderungen ergeben. Vereinzelt ist man bemüht, durch Wiederaufforstung zumindest auf lokaler Ebene eine Melioration herbeizuführen.

Situation

Die Landwirtschaft, vor allem aber der intensiv betriebene Obst- und Gemüseanbau mit übermäßig hohem Düngemittel- und Pestizideinsatz haben inzwischen auch auf Kreta verschiedenenorts zu einer Besorgnis erregenden Verschlechterung der Bodenqualität und des Grundwassers geführt.
Zudem tragen die fortschreitende Industrialisierung und der stürmisch wachsende Fremdenverkehr zu einer Verschärfung der bestehenden ökologischen Probleme bei. Sichtbares Zeichen dieser Entwicklung ist der alarmierende Rückgang von Pflanzen- und Tierarten im Küstenbereich.

Wasserarmut

Raubbau an der Naturlandschaft und übermäßige Entwicklungsbestrebungen haben in den letzten drei Jahrzehnten zu einer drastischen Verschärfung des Wasserproblems geführt. Die natürlichen Süßwasservorkommen werden vor allem in den sehr trockenen Sommermonaten regelmäßig übernutzt. In den dichtbesiedelten und vom Fremdenverkehr besonders frequentierten Gebieten an der Nordküste hat man die Grund- und Quellwasservorkommen örtlich bis zur Neige ausgeschöpft mit der Folge, daß der Grundwasserspiegel immer weiter absinkt. Damit korrespondiert im küstennahen Bereich ein Penetrieren von salzhaltigem Meerwasser in den klüftigen Untergrund.

Mit rigorosen Bau- und Nutzungsvorschriften versucht man seit einiger Zeit, das Problem in den Griff zu bekommen. So sind für alle größeren Beherbergungsbetriebe eigene Kläranlagen mit biologischer Stufe zwingend vorgeschrieben. Das auf diese Weise aufbereitete Wasser wird zum Berieseln von Gärten und Feldern benutzt. Erst danach gelangt es wieder in den natürlichen Kreislauf.
Der komplizierte geologische Aufbau Kretas erschwert die Trinkwasserversorgung in erheblichem Maße. Trotzdem bemüht man sich mit erheblichem Aufwand, ein zumindest dezentrales Trinkwasserversorgungssystem aufzubauen.

Bevölkerung

Bevölkerungszahl

Die Bevölkerungszahl Kretas stieg von der Mitte des 19. Jh.s bis 1960 trotz der Auswanderungswelle nach Übersee zur Jahrhundertwende stetig an. Sie verringerte sich in den sechziger Jahren durch Landflucht. Die kleinen Ackerbauflächen reichten nicht mehr für den Lebensunterhalt, weshalb eine große Anzahl von Männern nach Deutschland zum Arbeiten gingen. Viele zogen auch nur nach Athen oder Iráklion.
Inzwischen hat sich die Bevölkerungszahl wieder erhöht und beträgt heute 750000. Die Landflucht allerdings hält weiterhin an; die Menschen ziehen in die Städte und Hotelorte.

Siedlungsstruktur

Die Verteilung der Bevölkerung auf die vier Verwaltungsbezirke sieht etwa so aus: die Hälfte in Iráklion, ein Viertel in Chaniá und je ein Achtel in Réthimnon und Lassíthi. Auf einem Quadratkilometer leben 72 Menschen. Die größte Stadt ist Iráklion, dann folgen Chaniá, Réthimnon, Ágios Nikólaos, Sitía und Ierápetra. Somit leben die meisten Bewohner an der Nordküste, nur ein Viertel im Süden, wobei hier der Schwerpunkt in der Messará-Ebene liegt. Die restliche Südküste und die Gebirge sind dünn oder gar nicht besiedelt. Die Hälfte der Bevölkerung lebt noch auf dem Land.

Bevölkerungsentwicklung

Die Kreter sind in ethnischer Hinsicht keine einheitliche Volksgruppe, denn im Lauf der letzten 8000 Jahren kam es durch Zuwanderung zur Vermischung der Einheimischen mit den Fremden. Zudem haben Abwanderungen die Bevölkerungsstruktur verändert. Nachdem die Minoer und Mykener auf die Insel gekommen waren, vollzogen sich im Rahmen der sog. ägäischen Völkerwanderung um 1200 v. Chr. die Abwanderung der Kreter in die Levante und der Rückzug von den Küsten- in die Bergregionen. Dann siedelten die Dorer auf der Insel. Nachdem seit der arabischen Eroberung Kretas (824) muslimische Flüchtlinge hier seßhaft geworden und die noch existierende alte Inselbevölkerung emigriert war, setzte im Jahr 961, als die Region wieder zum Byzantinischen Reich kam, die Zuwanderung von dort ein. Später zogen Italiener und Türken – von denen die letzten 1923 verjagt wurden – und anschließend griechische Flüchtlinge aus Kleinasien nach Kreta.

Familienstrukturen

Die kretische Gesellschaft ist durch Patriarchalismus gekennzeichnet. Der Grund, warum er sich so lange erhalten hat, besteht zum einen darin, daß es in der kretischen Geschichte keine sozialen Reformen gegeben hat. Zudem ist die Industrialisierung, die für die Frauen mehr ökonomische Unabhängigkeit mitsichbringt, in Griechenland geringer als in anderen europäischen Ländern. Darüber hinaus bietet die patriarchale Ordnung mehr soziale Sicherheit als der Staat, dem die Kreter grundsätzlich mißtrauisch gegenüberstehen.
In der kretischen Familie herrscht strikte Rollenverteilung. Der Mann ist Familienoberhaupt, auch nach dem Gesetz, während die Frau für Haushalt und Kindererziehung zuständig ist. Die Landwirtschaft ist weitgehend ihre Aufgabe. Sie verdient damit den größten Teil des Familieneinkommens und bestimmt über die Ausgaben. Durch die in der Landwirtschaft zunehmende Technik, die eine Domäne der Männer ist, verliert die Frau jedoch an Einfluß und Selbständigkeit.
Auch die Freizeit verbringen Mann und Frau getrennt. Während er ins Kafeníon geht, sitzt sie mit anderen Frauen zusammen vor den Häusern und redet über die Ereignisse im Dorf.
Die festen Familienstrukturen haben jedoch andrerseits auch sehr positive Seiten. So werden die Alten, wenn sie sich nicht mehr selbst versorgen können, zu Hause gepflegt. Zudem ist die Kriminalitätsrate in ländlichen Gebieten, wo der enge Familienverband noch besteht, sehr gering.

Familienpolitik

In den achtziger Jahren änderte das griechische Parlament in wesentlichen Punkten das Ehe-, Familien- und Scheidungsrecht. So soll die Frau

Familienpolitik (Fortsetzung)

gleichberechtigt über die Erziehung der Kinder mitbestimmen und gleichen Lohn für gleiche Arbeit erhalten. Bei Scheidung bekommt sie ein Drittel des während der Ehe erworbenen Zugewinns.
Die Geburtenrate nimmt seit 1951 ständig ab, wobei sie in der Stadt niedriger ist als auf dem Land. Mit einem Attest sind Verhütungsmittel erhältlich, und es gibt eine Fristenlösung beim Schwangerschaftsabbruch.

Geschlechterbeziehung

Zwischen den Geschlechtern besteht ein strenger Sittenkodex, wobei die Kluft zwischen Stadt, wo zunehmend nach westlichen Normen gelebt wird, und Land immer mehr zunimmt. Bewundert ein Mann eine Frau, wird das vor allem auf dem Land noch heute als Eheversprechen gesehen. Dem Mann wird zugestanden, vor der Ehe seine Erfahrungen zu sammeln, entweder bei einem Straßenmädchen, einer 'ehrlosen' Frau oder einer Witwe. Die Jungfernschaft hat immer noch große Bedeutung. Verliert eine Frau ihren guten Ruf – was leicht passiert –, wird sie aus der Dorfgemeinschaft ausgestoßen, denn Ehre ist für den Kreter von großer Bedeutung.

Marktfrauen, die wesentlich zum Lebensunterhalt der Familie beitragen

Hochzeit

Eltern und Verwandte suchen einen Bräutigam für die junge Frau aus, und zwar nach pragmatischen Erwägungen wie Herkunft, Vermögen, Einfluß, wobei die älteste Tochter zuerst an der Reihe ist. Ehelosigkeit gilt für beide Geschlechter als trauriges Los. Nach traditionellen Vorstellungen ist für ein Mädchen ein erfülltes Leben nur als Frau und Mutter möglich.
Obwohl 1983 die Aussteuerpflicht gesetzlich abgeschafft wurde, müssen Frauen eine reiche Mitgift in die Ehe einbringen, weshalb 'teure' Töchter nicht so erwünscht sind wie Söhne. Es wird entweder ein Eigenheim, ein größeres Stück Land, ein höherer Viehbestand oder ein guter Beruf der Braut erwartet. Die Mitgift ist zum einen eine Prestigesache, dient aber auch der Versorgung der Frauen in den neuen Familien und gewährleistet ihnen somit eine gewisse ökonomische Unabhängigkeit. Da die Familien dadurch finanziell sehr belastet werden, ersetzen sie die materielle Mitgift durch die 'geistige', indem die Mädchen Schulen und Universitäten besu-

Baedeker Special

Kafeníon – Stammkneipe der Männer

Die Domäne des Mannes ist das Kafeníon, wo er über die 'große' und 'kleine' Politik sowie über das Neueste aus dem Ort 'palavert'. Jeder kommt hier zu Wort. Zudem spielt man Karten oder Tavli und liest Zeitung. Oder die Männer lassen das vom Islam übernommene Komboloi, eine Kette aus Perlen, Olivenholz, Bernstein, Silber oder Edelsteinen, spielerisch durch die Finger gleiten. Getränkezwang gibt es nicht. Auch Geschäfte werden hier abgeschlossen, wobei ein Handschlag bindend ist, denn Unehrlichkeit kann sich niemand erlauben. Noch heute tragen die Männer im Kafeníon ihre Partisanen-Kleidung: Pluderhosen, hohe Schaftstiefel und Fransen-Kopftuch. Jedes Dorf besitzt mindestens ein Kafeníon. Man geht in das Lokal, dessen Wirt die gleiche politische Einstellung wie man selbst hat. Im Kafeníon zeigt sich der kretische Patriarchalismus besonders deutlich. Der Besuch des 'Männerlokals' ist Frauen zwar nicht verboten, aber für sie sind andere Treffpunkte vorgesehen. So begegnen sich die Frauen vor den Häusern oder beim Einkaufen.

Im Kafeníon tauschen die Männer nicht nur den neuesten Dorfklatsch aus, sondern betreiben auch Politik.

Bevölkerung, Hochzeit (Fortsetzung)

chen, wo sie inzwischen etwa die Hälfte der Studierenden ausmachen. Diese gebildeten Frauen sind jedoch nicht mehr bereit, sich den patriarchalen Strukturen der kretischen Gesellschaft unterzuordnen. Die skizzierte Entwicklung vollzieht sich allerdings in erster Linie in den Städten. Die Hochzeit kommt die Familien teuer zu stehen. Nicht selten dauert sie mehrere Tage, und das ganze Dorf ist dazu eingeladen.
Nach der Hochzeit zieht die 'frischgebackene' Ehefrau in der Regel in das Haus des Mannes. Erst mit der Geburt von Kindern, vor allem von Jungen, festigt sich ihre Stellung in der neuen Familie.

Gastfreundschaft

Die Gastfreundschaft hat bei den Kretern eine uralte Tradition und ist geradezu sprichwörtlich geworden. Sie hat ihre Wurzel in der Notwendigkeit, auch außerhalb der Familie Kontakte zu anderen Menschen aufzunehmen, wobei eine Verpflichtung zur Gegenseitigkeit herrscht. Die Gastfreundschaft hat einen außergwöhnlich hohen Stellenwert, was schon darin zum Ausdruck kommt, daß das griechische Wort 'xénos' gleichzeitig 'Fremder' und 'Gast' bedeutet. Aus dieser Auffassung erwuchsen bei der Zunahme des Tourismus Probleme, denn man konnte nicht alle Besucher einladen. Zudem nutzten Touristen bedauerlicherweise die Gastfreundschaft der Einheimischen aus. Die Kreter schufen einfallsreich Abhilfe: sie bezeichneten die Fremden mit dem Begriff 'turístas' und waren damit der Pflicht zur Gastfreundschaft enthoben.

Bevölkerung, Gastfreundschaft (Fortsetzung)

In entlegenen Gegenden kann es dem Besucher allerdings noch passieren, daß er zum Essen eingeladen wird. Man sollte sich dann aber auch bei seinen Gastgebern bedanken, indem man etwa bei der Einladung aufgenommene Fotos oder eine Ansichtskarte von zu Hause schickt. So kann vielleicht die außergewöhnliche Tradition der Gastfreundschaft zwischen Einheimischen und Fremden erhalten bleiben.

Mythologie

Viele Geschichten der griechischen Mythologie haben mit Kreta zu tun, was darauf hinweist, daß die Menschen späterer Zeiten die Wurzeln ihrer Kultur hier sahen. Diese Mythen umgeben die Insel heute noch mit einem geheimnisvollen Glanz und besonderem Zauber.

Zeus

Die zentrale Rolle in der kretischen Mythologie spielt der griechische Göttervater Zeus, um den sich die folgenden Sagen ranken. Kronos, der Herr der Erde, verschlang seine Kinder Hades, Poseidon, Hera, Hestia und Demeter, weil ihm prophezeit worden war, daß er durch einen Sohn seine Macht verlieren würde. Seine Ehefrau Rhea gebar deshalb ihren Sohn Zeus zum Schutz in einer Höhle auf Kreta (vielleicht die Díktäische Höhle bei Psichró) und gab ihm dafür einen in Windeln gewickelten Stein zum Essen. Um das Babygeschrei zu übertönen, beauftragte sie die Kureten Krach zu machen, damit Kronos nichts hören sollte. Das Kind wurde von Nymphen aufgezogen. Seine Jugendjahre verlebte es dann in der Idäischen Höhle. Später verabreichte Zeus seinem Vater als Mundschenk eine Art Brechmittel, so daß Kronos seine Kinder wieder ausspie. Diese ernannten ihn zu ihrem Anführer, und er trat die Weltherrschaft an. Zeus schuf einen Götterstaat mit festgelegten Herrschaftsbereichen und bestimmte den Olymp als Göttersitz.
Nach einer kretischen Sage soll Zeus am Berg Júchtas bei Iráklion begraben sein, wo er jedes Jahr bestattet und dann wiedergeboren werde. Heute sieht man in der Bergsilhouette noch das Gesicht des schlafenden Gottes.

Europa

Zeus, der unzählige amouröse Abenteuer hatte, verliebte sich in die phönikische Königstochter Europa und entführte sie in Gestalt eines schönen Stieres nach Kreta. Nach der Ankunft am Strand von Mátala, verwandelte er sich in einen Adler und flog mit ihr nach Górtis. Hier nahm der Gott Europa mit Gewalt und zeugte mit ihr die Söhne Minos, Rhadamantys und Sarpedon, das Herrschergeschlecht der Minoer. Dies geschah unter einer Platane, die von da an das ganze Jahr über nicht mehr ihre Blätter verlor.
Es gibt tatsächlich auf Kreta eine immergrüne Platanenart. Den Fremden wird in Górtis die Platane, die Stelle des mythischen Ereignisses, gezeigt.
Zeus hatte bald andere Liebschaften. Europa heiratete deshalb den kretischen König Astarios, der ihre drei Söhne adoptierte und nach dem dieses Königsgeschlecht Astriiden genannt wurde. Aus der Ehe ging eine Tochter mit Namen Krete hervor, die der Insel den Namen gab.

Minos, Minotauros

Minos wurde neun Jahre lang von seinem Vater Zeus in einer Höhle im Ida-Gebirge im Regieren unterrichtet und brachte Gesetze für sein künftiges Reich mit zurück. Als Bestätigung seiner Herrschschaft über Kreta (sein Hauptsitz war der Palast von Knossos) schenkte ihm Poseidon einen herrlichen Stier als Opfergabe. Als Minos jedoch ein schlechteres Tier dazu verwendete, ließ der Gott als Strafe Pasiphae, die Frau des Herrschers, sich heftig in den Stier verlieben. Das Universalgenie Dädalos fertigte Pasi-

Minos
Minotauros
(Fortsetzung)

phae eine bronzene Kuh an, in der sie sich versteckt dem Stier hingab. Daraufhin brachte sie den Minotauros als Menschen mit Stierkopf zur Welt. Entsetzt über dieses Geschöpf versteckte Minos ihn in dem ebenfalls von Dädalos erbauten Labyrinth, das mit dem Palast von Knossós wegen dessen kompliziertem Aufbau gleichgesetzt wird.
Nach seinem Tod auf Sizilien (s. u.) wurde König Minos, der wegen seiner großen Gerechtigkeit sehr geschätzt wurde, später neben seinem Bruder Rhadamanthys einer der drei Richter im Hades.
Minos gab einer ganzen Epoche der kretischen Geschichte seinen Namen. Es ließ sich bis heute jedoch noch kein historischer Herrscher dieses Namens belegen. Man nimmt heute an, daß 'Minos' eine allgmeine Bezeichnung für den Herrscher ist.

Theseus und Ariadne

Nachdem Androgeos, ein Sohn von Minos, der sich bei Wettkämpfen in Athen aufhielt, umgekommen war, zwang Minos aus Rache die Athener, ihm alle neun Jahre sieben Jungfrauen und sieben Jünglinge zu übergeben, die er dem Minotauros zum Fraß vorwarf. Beim dritten Mal fuhr Theseus, der Sohn des Königs Aigeus von Athen, mit nach Kreta, um das Ungeheuer zu töten. Ariadne, die Tochter von Minos, die sich in Theseus verliebt hatte, versprach, ihm zu helfen, wenn er sie als seine Frau mit nach Athen nähme. Sie gab Theseus den sprichwörtlich gewordenen Faden, mit dem er sich in dem Labyrinth orientieren konnte, wo er schließlich den Minotauros tötete. Theseus zerstörte dann nach dem Rat von Dädalos alle Böden der Schiffe von Minos und floh mit Ariadne sowie den geretteten Jungfrauen und Jünglingen nach Naxos. Hier verließ er die Königstochter, weil sie Dionysos als Braut versprochen worden war, und kehrte nach Athen zurück. Bei der Ankunft vergaß er, das weiße Freudesegel zu setzen, wie er es bei einem guten Ausgang des Unternehmens seinem Vater versprochen hatte. Als Aigeus das schwarze Trauersegel sah, glaubte er, sein Sohn sei ums Leben gekommen, und stürzte sich deshalb in die See, die seither den Namen Ägäisches Meer trägt. Theseus nahm später Phädra, die Schwester von Ariadne, zur Frau.
Diese Geschichte kann als mythische Erinnerung an die Befreiung der Griechen von der minoischen Vorherrschaft im östlichen Mittelmeer gedeutet werden.

Dädalos,
Ikaros

Minos ließ Dädalos und dessen Sohn Ikaros als Strafe für die Hilfe zur Flucht von Theseus in das Labyrinth einkerkern. Der versierte Konstrukteur stellte jedoch für sich und seinen Sohn Flügel her, womit sie durch die Luft entflohen. Als Ikaros, berauscht von der Höhe und der Geschwindigkeit, der Sonne zu nahe kam, schmolz das Wachs seiner Flügel, und er stürzte bei einer Insel ins Meer. Seither wird diese Insel Ikaría und das Meer das Ikarische genannt. Dädalos flog nach Sizilien weiter, wo er bei König Kokalos Aufnahme fand. Der Rachedurst von Minos war jedoch noch nicht gestillt. Um Dädalos ausfindig zu machen, stellte er allen Königshöfen die Aufgabe, einen feinen Faden durch eine spiralförmige Muschel zu ziehen. So fand Minos schließlich den berühmten Tüftler, der die Aufgabe löste, indem er den Faden an eine Ameise band und diese mit Honig durch die Muschel lockte. Um zu verhindern, daß er Dädalos fing, verbrühten die Töchter von Kokalos den König im Bad.
Die Archäologen haben auf Sizilien tatsächlich Erzeugnisse aus dem Ägäisraum gefunden, und sizilianische Ortsnamen wie Heraklea Minoa könnten auf minoische Flüchtlinge hinweisen.

Herakles

Herakles verrichtete seine siebte Arbeit auf Kreta, indem er den Kretischen Stier fing, den Minos einst von Poseidon erhalten hatte. Er zwang ihn, mit ihm aufs Festland zu schwimmen, wo Herakles das Tier freiließ. Theseus tötete später den Stier.

Britomartis

Britomartis, die auch den Namen Diktýnna trägt, wurde auf Kreta besonders verehrt. Man sagt, sie sei in Kainó in der Samariá-Schlucht geboren. Britomartis ist die Göttin der Reinheit und Keuschheit. Da König Minos ihr

Darstellung des berühmt-berüchtigten Labyrinths auf einer Goldmünze

Mythologie, Britomartis (Fortsetzung)

immer wieder nachstellte, stürzte sie sich ins Meer, wo sie von Fischern in Netzen gerettet wurde. Seither galt sie auch als Göttin der Fischer.

Talos

Minos ließ sich von Hephaistos, dem Gott der Schmiede, aus Erz den Riesen Talos (auch Tauros) als Bewacher von Kreta anfertigen. Dieser Riese vertrieb Eindringlinge entweder mit großen Steinen oder preßte sie an seine Brust, nachdem er im Feuer siedend heiß geworden war. Auch die Argonauten versuchte er auf diese Weise an der Landung auf der Insel zu hindern. Eine verletzliche Stelle an seinem Knöchel wurde Talos schließlich zum Verhängnis. Durch einen Zauber Medeas geriet er in Raserei, verletzte sich seinen Knöchel und verblutete.

Religion

Minoische Religion

Die Forschung zur minoischen Religion ist auf die Deutung der minoischen Bildwelt angewiesen und versucht Verbindungen zu knüpfen zu späteren mythologischen Vorstellungen wie zu Zeugnissen zeitgleicher Kulturen oder der vorangegangenen Epochen der ägäischen Kultur.

Große Göttin

Die Hauptgottheit der Minoer war wohl die große Mutter-, Erd- und Fruchtbarkeitsgöttin, deren Name nicht überliefert ist. Charakteristisch in den Darstellungen der Göttin ist die Hervorhebung von Brüsten und Becken. Sie wurde in Kultbauten, Bergheiligtümern und Höhlen, die man mit dem Gebären in Verbindung brachte, verehrt. Zugeordnet sind ihr neben Bäumen auch Bergziegen, Vögel, Schlangen und Schiffe. Diese stellen als Symbole für Wiedergeburt und Unsterblichkeit vielleicht ein Indiz dafür dar, daß die Göttin auch als Herrscherin der Unterwelt fungierte.

Religion

Kult

Der Kult war im wesentlichen ein Vegetations- und Fruchtbarkeitskult, der um Geburt, Tod sowie Werden und Vergehen in der Natur kreiste. Die Heiligtümer waren Stätten der Erscheinung der großen Naturgöttin; ekstatische Zeremonien (Tänze), Gebet und Opfer riefen sie herbei. Mohn, der zur Opiumherstellung angebaut wurde, nahm man vielleicht dabei wegen seiner rauschhaften Wirkung.

Stierkult

Der Stierkult spielte in der minoischen Religion eine zentrale Rolle; seine Bedeutung ist allerdings bis heute nicht klar. Auch in der Mythologie besitzt der Stier eine zentrale Bedeutung. Stierhörner sind somit neben der Doppelaxt wichtige Kultsymbole. Stiere dienten vor allem als Opfertiere.

Fresko, das Akrobaten beim kultischen Stierspringen zeigt

Stierspringen

Ein außergewöhnlicher und nur auf Kreta üblicher Brauch war das Stierspringen, das vielleicht zur Abwehr von Urgewalten veranstaltet wurde. Die meisten Springer haben diese Kulthandlung wohl mit dem Leben bezahlt, denn solche Sprünge sind kaum durchführbar. Der Stier wurde am Ende dieser Kulthandlung geopfert, möglicherweise als Symbol für die endgültige Überwindung der Urgewalt.

Stierkopf-Rhýton

Das berühmte Stierkopf-'Rhýton' ('Spendegefäß') macht wie andere Rhýta einen Teil des Kultes deutlich: das zeremonielle Vergießen von Weiheflüssigkeiten wie Wasser, Öl, Wein oder Opferblut.

Griechisch-orthodoxe Kirche

Bedeutung

Fast die ganze Bevölkerung Kretas gehört der griechisch-orthodoxen Kirche an, deren Einfluß im privaten wie im öffentlichen Leben ungebrochen ist. Kirche und Staat stehen in engem Verhältnis zueinander, was auch in der Zeit der Militärjunta gepflegt wurde. Die gegenwärtige sozialistische Regierung will jedoch dieses Verhältnis lockern. Bei öffentlichen Angelegenheiten ist die Kirche stets präsent. Auch private Feiern wie Hochzeit und Begräbnis sind ohne kirchlichen Segen kaum vorstellbar, obwohl im Jahr 1982 die Zivilehe eingeführt wurde.

Religion (Fortsetzung)

In den Zeiten staatlicher Machtlosigkeit hat die Kirche nicht nur für die Erhaltung der Kultur gesorgt, sondern auch die staatliche Autorität ersetzt. Unter den Fremdherrschaften hat sie mit geistigen Mitteln und sogar mit Waffen für die Befreiung gekämpft. Vor allem während der türkischen Besatzung waren Kirchen und Klöster Orte des Widerstandes, die Verfolgten Schutz boten. Deshalb haben viele Klöster festungsähnlichen Charakter, so Toplú, dessen Name 'Kanonenkloster' bedeutet. Vielfach werden als Ortsheilige sog. Neomärtyrer verehrt, das sind Christen, die während der Türkenzeit für ihren Glauben ihr Leben ließen. Diese geschichtliche Entwicklung erklärt den hohen Stellenwert der kretischen Kirche bis auf den heutigen Tag.

Geschichte

Kreta gehört nicht zur autokephalen Kirche Griechenlands mit dem Metropoliten von Athen an der Spitze, sondern untersteht wie die Mönchsrepublik Athos und die Inseln des Dodekanes dem Ökumenischen Patriarchen von Konstantinopel (Istanbul/Türkei). Allerdings nimmt es mit seinem halbautonomen Status eine Sonderstellung ein, d. h. die Kirchenprovinz ist verwaltungsmäßig unabhängig und der Metropolit wird vom Patriarchen bestimmt. Die unterschiedliche Entwicklung der Kirchen des Festlandes und von Kreta hängt damit zusammen, daß sich die griechische Kirche 1850 als Folge des Befreiungskampfes gegen die Türken von Konstantinopel gelöst hat, während die kretische Kirche dies auch nach der Eingliederung der Insel ins Mutterland 1913 nicht tat.
Die kretische Kirche weist sieben Bistümer, die von Metropoliten geführt werden, auf: Chaniá, Réthimnon, Kaliviáni, Neápolis, Sitía und Iráklion, wo der Erzbischof residiert.

Kirchenstruktur

Ein einfacher Priester muß verheiratet sein, die Ehe kann aber nur vor der Priesterweihe geschlossen werden. Stirbt die Ehefrau eines geweihten Priesters, darf er jedoch nochmals heiraten. Verheiratete Geistliche können allerdings weder in ein Kloster eintreten noch höhere Kirchenämter einnehmen.
Die Kreter haben eine enge Verbindung zu ihren Papas, da diese am täglichen Leben teilnehmen. Die Geistlichen, die vom Staat bezahlt werden, stehen zur Verfügung, wenn es etwas zu besprechen und zu regeln gibt. So sind sie beispielsweise auch im Kafeníon anzutreffen.
Auf der Insel gibt es knapp 800 Gemeinden mit den entsprechenden Kirchen und nahezu der gleichen Anzahl von Priestern. Zudem finden sich noch 30 Klöster und etwa 3000 kleinere Kirchen und Kapellen.

Priester

Einige Klöster auf Kreta sind direkt dem Patriarchen von Konstantinopel unterstellt, so das Arkádi-Kloster. Die Klöster haben weitgehend ihre Bedeutung verloren, viele sind aufgegeben worden, einige haben nur noch wenige Mönche oder Nonnen, da es an Nachwuchs fehlt.

Klöster

Wirtschaft

Wichtigste Erwerbszweige der Inselbewohner sind die Landwirtschaft und in zunehmenden Maße der Fremdenverkehr. Das Bruttoinlandsprodukt weist in der letzten Zeit eine Steigerung von 10% jährlich auf.

Situation

Landwirtschaft

Die Landwirtschaft ist der wichtigste Wirtschaftszweig Kretas, in dem etwa die Hälfte der Bevölkerung beschäftigt ist. Die Insel hat wegen ihres frucht-

Allgemeines

Landwirtschaft, Allgemeines (Fortsetzung)

baren Bodens und des günstigen Klimas eine reiche Agrarproduktion. Die zu etwa 41% bebaute Fläche wird überwiegend von Kleinbauern und ihren Familien bestellt. Obwohl auf Kreta der Durchschnittsbetrieb kleiner ist als sonst im Land, liegt das landwirtschaftliche Einkommen höher als im griechischen Durchschnitt.
Der Ausbau des Straßennetzes und der Fährschiffverbindungen führte dazu, daß heute landwirtschaftliche Produkte, die früher für den Eigenbedarf bestimmt waren, zum Großteil nach Athen und nach Mitteleuropa ausgeführt werden. Hauptexportprodukte sind Apfelsinen und Zitronen.
Kreta muß Getreide importieren, was vor allem darauf zurückzuführen ist, daß heute überwiegend Früchte und Gemüse kultiviert werden.

Oliven

Oliven sind das wichtigste Anbauprodukt der kretischen Landwirtschaft, aus dem jährlich 120000 t Olivenöl von hervorragender Qualität gewonnen wird. Man nimmt heute an, daß die Olive von Phönikien nach Kreta gekommen ist. Die Früchte sind zum großen Teil für den eigenen Verzehr bestimmt. Das Olivenöl, mit dem die Kreter ausschließlich kochen und dessen Verbrauch etwa doppelt so hoch ist wie in Italien, wird überall in Griechenland geschätzt. Es wird in Ölmühlen gepreßt, die meist genossenschaftlich organisiert sind.

Traubenanbau

Von großer Bedeutung ist auch der Weinbau, der neben Wein – bekannt ist der Retsina – vor allem Tafeltrauben sowie Rosinen und Sultaninen umfaßt. Die Weine, denen keine chemischen Mittel zugesetzt werden, sind von guter Qualität und Verträglichkeit. Wichtige Anbaugebiete sind der Bezirk von Iráklion – bei Archánes wächst die berühmte Rosakitraube – und der Osten der Insel. Die Rosinenherstellung wurde von in den letzten Jahrzehnten eingewanderten kleinasiatischen Siedlern auf der Insel eingeführt, die inzwischen der viertgrößte Rosinenexporteur der Welt ist. Der Bedarf der Kreter an diesem Tockenobst ist gering, Hauptabnehmer ist Deutschland. Der Export ist allerdings durch hohe Produktionskosten und zunehmende ausländische, besonders türkische Billiganbieter in eine Krise geraten.

Gemüse- und Obstanbau

Von großer Bedeutung in der Landwirtschaft ist der Gemüseanbau, der vor allem in den nördlichen Küstenebenen Westkretas, in der Gegend von Iráklion, in der Messará, dem wichtigsten Anbaugebiet Kretas, und in der Ebene von Ierápetra betrieben wird. Die Hauptprodukte sind Tomaten, Melonen, Gurken, Bohnen, Artischocken, Auberginen und Avocados; auf dem Lassíthi-Hochland gedeihen vor allem Kartoffeln, Gurken und Getreide. Die wichtigsten Anbaugebiete für Zitrusfrüchte (Orangen, Mandarinen, Zitronen) liegen im Süden und bei Chaniá im Westen. Eine gewisse Bedeutung haben noch die Früchte des Johannisbrotbaumes und Bananen, die bei Mália und Árvi wachsen.
In zunehmenden Maß geht man zur Bewässerung der landwirtschaftlichen Flächen über, wobei die traditionellen Windräder durch Motorpumpen ersetzt werden. Außerdem hat man eine riesige Anzahl von Gewächshäusern aus Kunststoffolien erstellt, die eine ganzjährige Produktion von Nahrungsmitteln ermöglichen. Dadurch konnte der Export von Gemüse enorm gesteigert werden.

Tierhaltung

Ein weiterer wichtiger Wirtschaftszweig ist die Viehzucht. An Nutztieren werden vorwiegend Ziege, Schafe, Schweine und Hühner gehalten. Im Sommer treiben die Hirten – ein ausgesprochener Männerberuf – ihre Ziegen- und Schafherden zum Weiden bis in die Hochgebirgsregionen hinauf. Etwa die Hälfte des kretischen Bodens ist Weideland. Durch die Tiere, die auch Bäume und Büsche fressen, kommt es zur Überweidung und zur zunehmenden Verkarstung des Landes. Erst allmählich setzt hier ein Umdenken ein.
Sehr gefragt ist der kretische Schafs- und Ziegenkäse (Anthótiro, Kefalotirí), der sich durch hervorragende Qualität und guten Geschmack auszeichnet.

Oliven: das wichtigste Anbauprodukt Kretas

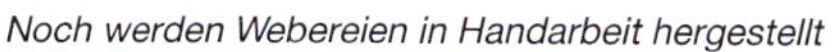

Noch werden Webereien in Handarbeit hergestellt

Industrie

Die Industrie ist auf Kreta nicht von Bedeutung, denn es sind kaum Rohstoffe vorhanden. Diese werden zur Verarbeitung eingeführt und danach wieder exportiert. Es gibt fast nur Nahrungs- und Konsumgüterindustrie (Seifenfabriken, Ölpressen, Weinkeltereien, Getränkeindustrie und Möbelwerkstätten), und zwar überwiegend in Iráklion.

Bodenschätze

Die vorkommenden Bodenschätze – Eisen, Kupfer, Zink, Blei, Magnesium, Kreide und Braunkohle – werden bis auf Gips wenig ausgebeutet.

Handwerk

Eine wichtigere Rolle als die Industrie spielen die Handwerksbetriebe mit meist nur wenigen Arbeitskräften. Man findet Metallverarbeitung, Spinnereien, Webereien, Stickereien und Töpfereien. Die kunsthandwerklichen Produkte werden hauptsächlich für den Tourismus hergestellt.

Handel

Zahlreiche Bewohner Kretas sind im Handel beschäftigt, wobei die Ertragslage der vielen Geschäfte oft nicht sehr gut ist.

Tourismus

Der Tourismus hat in den letzten Jahren einen starken Aufschwung genommen, begünstigt durch das milde, sonnenreiche Klima und zahlreiche archäologische Stätten. Er wurde neben der Landwirtschaft der wichtigste Wirtschaftszweig der Insel. Die Zahl der Besucher erreichte knapp zwei Millionen.
Die Hotelkapazitäten wurden enorm ausgebaut. Vor allem die Küste zwischen Iráklion und die Bucht von Mália sowie Ágios Nikólaos erschloß man für den Fremdenverkehr. Inzwischen wurde jedoch für diese Städte ein Baustopp für Hotels verordnet. Die Orte, wo es keine größeren Hotels gibt, verfügen über ein großes Angbot von Pensionen und Privatzimmern.
Der Tourismus bringt jedoch auch Probleme mit sich. Die jungen Leute arbeiten lieber in der Gastronomie als auf dem Feld, was zur Folge hat, daß die Dörfer verlassen werden und längerfristig die Landwirtschaft vom Niedergang bedroht ist. Am deutlichsten spürbar für den Touristen ist der Rückgang der traditionellen kretischen Gastfreundschaft.

Berühmte Persönlichkeiten

Hinweis

Die nachstehende, namensalphabetisch geordnete Liste vereinigt Persönlichkeiten, die durch Geburt, Aufenthalt, Wirken oder Tod mit Kreta im weitesten Sinn verbunden sind und überregionale, oft sogar weltweite Bedeutung erlangt haben.

Georgios Chortátzis (Ende 16. Jh./ Anfang 17. Jh.)

Der Dramatiker Georgios Chortátzis lebte um die Wende vom 16. zum 17. Jh. in Réthimnon. Er gilt als Verfasser der Komödie "Katzurbos", des Anfang des 17. Jh.s entstandenen Liebesdramas "Erophile" (1637 in Venedig gedruckt) und des Schäferdramas "Panoria". "Erophile" gehört zu den Werken, die den Ruf der kretischen Dichtung im 17. Jh. begründeten. Die hiesige Theaterdichtung war zwar von italienischen und französischen Vorbildern beeinflußt, erhielt jedoch durch vorherrschende lyrische Passagen ein eigenes Gesicht.

Michael Damaskinós (1535 bis 1591)

Von dem Leben des Michael Damaskinós (Michele Damasceno), des Hauptvertreters der kreto-venezianischen Malerei, ist wenig bekannt. So weiß man nur, daß er aus Iráklion stammte, wo er an der bedeutenden Hochschule der Mönche vom Berg Sinai in der Agía-Ekateríni-Kirche studierte. Im Jahr 1577 berief ihn die griechische Kolonie von Venedig dorthin und beauftragte ihn, in der Kirche Giorgio dei Greci künstlerische Arbeiten auszuführen. Später wurde dem Maler aufgrund eines Vermächtnisses seines Landsmannes Giacomo Carvelà die gesamte Innendekoration der Kirche übertragen. Nach einem Aufenthalt auf Korfu kehrte er nach Kreta zurück.
Einige seiner bekanntesten Werke sind im Ikonenmuseum in Iráklion ausgestellt.

Odysseas Elytis (* 2. 11. 1911)

Der Dichter Odysseas Elytis, mit eigentlichem Familiennamen Alepudelis, stammt aus Iráklion, verbrachte seine Jugend in Athen und studierte hier Jura. Bis heute lebt er in dieser Stadt. Er gehörte zum Kreis um G. Seferis, der die neugriechische Dichtung in den 1930er Jahren erneuerte. 1979 erhielt er den Nobelpreis für Literatur.
Elytis schuf surrealistische Dichtung mit starker Naturverbundenheit, deren Besonderheit die gewagte neuartige Metaphorik darstellt. Sein Hauptwerk ist der Gedichtband "To axion esti" (1959), das von Mikis Theodorakis vertont wurde.
Weitere Werke sind: "Ta ro tu erota" ("Lieder der Liebe", 1972), "Maria Nephele" ("Maria Nepheli", 1978) und "Hemerologion henos atheatu Apriliu" ("Tagebuch eines nichtgesehenen April", 1984).

Epimenides (7. Jh. n. Chr.)

Der Seher und Sühnepriester Epimenides, aus Féstos stammend, ist vermutlich eine historische Gestalt. Sein Ausspruch, daß alle Kreter lügen, wurde, da er ja selbst Kreter war, ein berühmtes Beispiel einer logischen Paradoxie. Denn sagt Epimenides als Kreter die Wahrheit, sind diese demnach nicht alle unaufrichtig. Lügt er aber, dann ist dieser Ausspruch erst recht falsch.
Mit seiner Person ist auch die Legende von seinem 57jährigem Schlaf und einem überlangen Leben verknüpft.

Sir Arthur Evans
(8. 7. 1851 bis
11. 7. 1941)

"Ein kleiner, ganz unglaublich kurzsichtiger Mann, der stets einen dicken Spazierstock trug, um den Weg zu ertasten", so beschreibt C.W. Ceram den britischen Archäologen Arthur Evans.
Als Korrespondent des "Manchester Guardian" auf dem Balkan bezog Evans Stellung für den Freiheitskampf gegen die türkische Herrschaft. Er ging nach Griechenland, wo er von den Entdeckungen Heinrich Schliemanns, auch durch persönlichen Kontakt, fasziniert wurde. Hieroglyphen-Siegel mit vorphönikischen Schriftzeichen brachten ihn nach Kreta (1893). Der Forscher kaufte mit seinem ererbten Vermögen das Gebiet des sagenhaften Knossós, wo bereits Schürfungen vorgenommen worden waren, und unternahm ab 1900 auf eigene Kosten hier Ausgrabungen. Diese führten zur Entdeckung des Palastes von König Minos mit 2800 Tontafeln in altkretischer Schrift. Evans war wie besessen von Knossós. In dem vierbändigen Werk "The Palace of Minos" beschrieb er in den Jahren 1922 bis 1935 das Leben im Palast der minoischen Könige. Der Archäologe erstellte aufgrund seiner langjährigen Grabungen eine Chronologie der minoischen Kultur. Evans nahm auch Restaurierungen und Rekonstruktionen vor, die heute jedoch umstritten sind. Seine Forschungen erfuhren weitgehende wissenschaftliche Anerkennung, und er wurde 1911 in den Adelsstand erhoben. Zudem berief man ihn als Professor nach Oxford. In den vier Jahrzehnten bis zu seinem Tod gelang es ihm allerdings nicht, die gefundenen Tontafeln zu entziffern.

El Greco
(um 1541 bis
1614)

El Greco (spanisch 'Der Grieche') wurde als Doménikos Theotokópulos um das Jahr 1541 wahrscheinlich in Fódele, westlich von Iráklion, geboren. Schon als Kind erlernte er in seiner Heimat die Ikonenmalerei. Als junger Mann kam er nach Venedig, wo er u.a. bei Tizian und Tintoretto in die Lehre ging, und später nach Rom. Da man dort seinen Namen nicht aussprechen konnte, wurde er Il Greco genannt. Seit 1577 lebte und wirkte er in Toledo, wo er sich um Aufträge des spanischen Königs Philipp II. und der Kirche bemühte. Sein Werk befaßt sich überwiegend mit religiösen Themen, doch schuf er auch zahlreiche eindringliche Porträts und Landschaften. Seine Kunst gehört zum Höhepunkt des Manierismus. Charakteristisch sind seine langgestreckten, gewundenen Gestalten, die unwirklich fahle Farbgebung und die irrealen Lichteffekte, die zusammen den Eindruck von Übersinnlichkeit und Vergeistigung erwecken. Gegen die Vermutung, daß die Verzerrungen der Proportionen durch ein Augenleiden bedingt seien, spricht, daß auch die späteren Bilder Tintorettos dieses Merkmal aufweisen. El Greco verstarb Anfang April 1614 in Toledo.

Níkos Kasantzákis
(18. 2. 1883 bis
26. 10. 1957)

Der aus Iráklion stammende Schriftsteller Níkos Kasantzákis ist einer der bedeutendsten Vertreter der neugriechischen Literatur. Schon seit frühester Jugend an allen geistigen Strömungen interessiert, studierte er zunächst in Athen Jura (1906 Dr. jur.) und anschließend in Paris Philosophie (u.a. bei H. Bergson) sowie politische Wissenschaften. Nach Griechenland zurückgekehrt, arbeitete er als Ministerialdirektor und bekleidete 1945/1946 ein Ministeramt, von dem er wegen parteipolitischer Auseinandersetzungen zurücktrat. Kasantzákis lebte dann überwiegend in Südfrankreich. Er verstarb am 26. Oktober 1957 in Freiburg im Breisgau und fand seine letzte Ruhe auf der Martinengo-Bastion der alten Stadtmauer in seiner Heimatstadt Iráklion.
Sein umfangreiches Wissen vertiefte Kasantzákis auf ausgedehnten Reisen durch England, Spanien, Rußland, Japan und China, von denen er in

außergewöhnlichen Reisebüchern berichtet. Außer diesen Reisebeschreibungen schrieb er lyrische und epische Gedichte ("Odyssee", 1938), Erzählungen, Romane, Tragödien mit altgriechischen, frühchristlichen und byzantinischen Stoffen sowie philosophische Prosa. Seine Werke zeichnen sich durch eindringliche Darstellungskraft, unverbrauchte Sprache, lyrische Fülle und philosophische Tiefgründigkeit aus. In dem nicht zuletzt durch die Verfilmung weltweit bekannt gewordenen Roman "Alexis Zorbas" (1946; ⟶ Baedeker Special) hat Kasantzákis in zwei Hauptgestalten die beiden Seiten seiner kretischen Persönlichkeit aufgezeigt, einerseits die zivilisierte Gelehrsamkeit und andrerseits die unverbrauchte, ursprüngliche Kraft und Vitalität. Weitere sehr bekannte Romane sind "O Kapetan Michalis" ("Freiheit oder Tod", 1953), in dem der Dichter sehr drastisch den Aufstand von 1889 gegen die Türkenherrschaft schildert, und "Ho teleutaios Peirasmos" ("Griechische Passion", 1954). Dieser Roman wurde im Jahr 1957 von dem Regisseur Jules Dassin in dem Dorf Kritsá bei Ágios Nikólaos ebenfalls verfilmt. Als Übersetzer übertrug Kasantzákis u. a. Werke von Homer, Dante, Goethe, Shakespeare, Darwin, Nietzsche, Rimbaud und García Lorca ins Neugriechische.

Nikos Kasantzákis (Fortsetzung)

Vitsentsos Kornáros († 1677)

Der Epiker und Dramatiker Vitsentsos Kornáros, dessen Geburtsort Sitía ist, schrieb die romanhafte epische Dichtung "Erotokritos" (hg. 1713) – etwa 10000 Verse in Reimpaaren –, die zu den bedeutendsten Werken der neugriechischen Literatur jener Zeit zählt. Das Werk ist von französischen sowie italienischen Ritterromanen und Dramen beeinflußt. Kornáros gilt auch als Verfasser des religiösen Dramas "Das Opfer Abrahams".

Pantélis Prevelákis (18. 2. 1909 bis 13. 3. 1986)

Der Schriftsteller Pantélis Prevelákis studierte Philologie in Paris und Thessaloníki. Von 1939 bis 1975 war er Professor für Kunstgeschichte an der Athener Kunstakademie, blieb jedoch seiner Heimatstadt Réthimnon zeitlebens verbunden.
Prevelákis wurde bekannt durch eine neue geschichtliche Betrachtungsweise, die 'Mythistorie', eine Mischung aus historischer Darstellung und subjektiv-mythischer Eindrücke, wie z. B. in dem 1938 erschienenen Roman "Chronik einer Stadt", in der er Réthimnon beschreibt. Das Thema des Romans "Die Sonne des Todes" (1961) ist die Blutrache.
Der Schriftsteller ist im Gegensatz zu Kasantzákis zu Unrecht in Vergessenheit geraten. Doch sind beide Dichter für denjenigen, der die kretische Denk- und Lebensweise kennenlernen will, unbedingt zu empfehlen.

Mikis Theodorakis (geb. 29. 7. 1925)

Der griechische Komponist Mikis Theodorakis wurde zwar auf der Insel Chios geboren, aber seine Eltern stammen aus Kreta, wodurch er Verbindung zu der Insel hatte.
Theodorakis studierte in Athen und Paris (bei Messiaen). Er war mehrmals Abgeordneter im griechischen Parlament und wurde dazwischen nach dem Putsch von 1967, wie schon einige Jahre zuvor, inhaftiert.
Seine von politischem Engagement geprägten Kompositionen, u. a. Orchesterwerke, Ballette, Oratorien, Lieder, Bühnen- und Filmmusik (darunter "Alexis Sorbas", 1964), erlangten durch die Verwendung griechischer Volksmusik sowie durch ihre eingängige Melodik und Rhythmik große Breitenwirkung. Theodorakis sagt selbst von sich, daß die kretische Musik von ausschlaggebender Bedeutung für seine Entwicklung als Komponist gewesen sei.

Eleftérios Kyriakos Venizélos (23. 8. 1864 bis 18. 3. 1936)

Der Jurist, Politiker und Staatsmann Eleftérios Kyriakos Venizélos, in Murnies bei Chaniá geboren, war eine charismatische, bis heute in Kreta sehr verehrte Persönlichkeit, der für die Vereinigung der Insel mit Griechenland kämpfte.
1905 leitete er zur Verwirklichung dieses Ziels den bewaffneten Aufstand von Therisso, einem kleinen Bergdorf bei Chaniá, der allerdings nur zur Ablösung des Statthalters von Kreta führte. Auch ein weiterer Versuch scheiterte, als Venizélos einfach den Anschluß der Insel an Griechenland proklamierte.

Eleftérios
Kyriakos Venizélos
(Fortsetzung)

Als Begründer der griechischen Liberalen Partei avancierte er erstmals im Jahre 1910 zum Ministerpräsidenten des Landes. Diese Partei strebte die Wiederherstellung eines Großgriechenlands an, das Konstantinopel und die kleinasiatische Küste einschließen sollte.
Durch weitreichende innenpolitische Reformen (Bodenreform, Zulassung von Gewerkschaften, Sozialversicherung) schuf Venizélos das moderne griechische Staatswesen. Außenpolitisch betrieb er die Einigung aller Griechen und die territoriale Ausweitung mit militärischen Mitteln. Zwei Balkankriege (1912/1913) brachten beträchtliche Gebietsgewinne und den endgültigen Anschluß Kretas an Griechenland, doch scheiterten weitere Expansionsversuche am Widerstand der Türken unter Mustafa Kemal Paşa (Atatürk). Nach einem mißlungenen Putschversuch gegen die Regierung Tsaldáris ging Venizélos nach Paris ins Exil, wo er am 18. März 1936 verstarb.
Venizélos Verdienste liegen in den innenpolitischen Reformen, während seine Expansionspolitik für die Griechen katastrophale Folgen hatte.

Geschichte

Neolithikum (6500–3500/3100 v. Chr.)

Aus der Jungsteinzeit stammen die ersten Siedlungsspuren auf Kreta. Zu dieser Zeit bevölkern Jäger und Sammler die Insel.

Mit der Seßhaftigkeit von Siedlern, die wohl aus Anatolien und/oder Afrika kommen, beginnen Ackerbau und Viehzucht sowie die Herstellung von Gebrauchskeramik.
Feste Häuser aus Bruchsteinen oder luftgetrocknetem Lehm werden gebaut.
Die sich herausbildende Sozialstruktur ist dörflich geprägt, und in der Religion herrschen Fruchtbarkeitskulte vor.

Zeittabelle der minoischen Epoche

nach	**Niemeier**	**Evans**	**Levi**	**Hood**
Subminoisch	1050–990			
SM III c	1200–1050		1100	1200–1150
SM III b	1360/30–1200			1310–1200
SM III a2	1420/10–1360/30			1375–1310
NEUE PALASTZEIT				
SM III a1	1460/50–1420/10	1400...	1350	1400–1375
SM II	1520/10–1460/50	1450–1400	1350	1450–1400
SM I b	1620/10–1520/10	1550–1450		1550–1450
SM I a	1700–1620/10			
MM III (b)	1800–1700	1700–1550	1500	1600–1550
MM III (a)		1700	1500	1700–1600
ALTE PALASTZEIT				
MM II (b)	1900–1800			1800–1700
MM II (a)		1900		1900–1800
MM I (b)	2000–1900	2100–1900	1800	2100/2000–1900
MM I (a)	2100–2000			
VORPALASTZEIT				
FM III	2250–2100	2400–2100	1800	2200–2100/2000
FM II (b)	2700–2250	2800–2400		2480–2200
FM II (a)				
FM I (b)	3300/3100–2700	3400–2800	2000	2740–2480
FM I (a)				
Neolithikum	8000–3300/3100		... 2000	... 3000/2740

Übersichtskarte

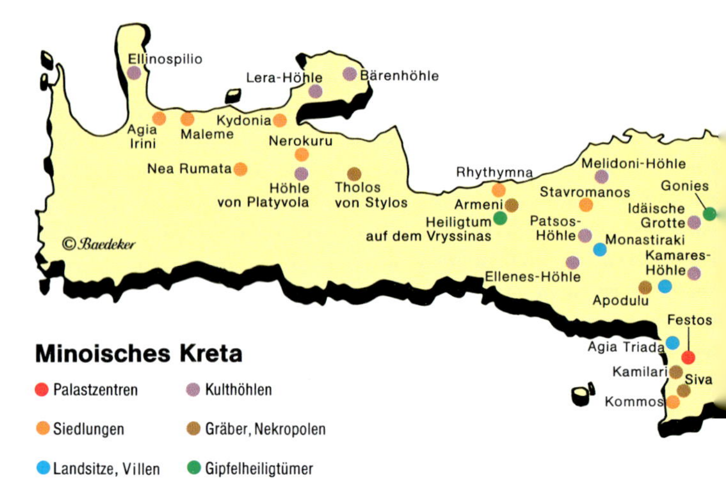

Vorpalastzeit (3300/3100 – 2100 v. Chr.)

In der Vorpalastzeit (Frühminoisch I – III) ist seit dem 3. Jahrtausend die Herstellung und der Gebrauch von Bronzegegenständen sowie die Einführung der Töpferscheibe, mit der man u. a. die stilvollen Schnabelkannen formen kann, von besonderer Bedeutung. Neben einfachen Bauten aus Lehmziegeln gibt es auch ein- bis zweigeschossige palastartige Gebäude. Die Toten werden in Kammergrabanlagen beigesetzt. In diesen fand man z. B. in Móchlos filigranen Goldschmuck in stilisierten Blatt- und Blütenformen.

Alte Palastzeit (2100 – 1800 v. Chr.)

Um 2000 v. Chr., zu Beginn der Alten Palastzeit (Mittelminoisch I – III), festigt Kreta seine Vorherrschaft im Ägäischen Meer. In Knossós, Festós, Mália und andernorts werden Paläste errichtet als mehrgeschossige Bauten mit ausgedehnten Hofanlagen und zahlreichen Räumen. Die Keramik im sog. Kamáres-Stil zeichnet sich durch ornamentale Bemalung aus, z. B. durch feines Spiraldekor. Auch die Siegelschneidekunst steht in hoher Blüte. Aus der anfänglichen Hieroglyphenschrift, die von Forschern teils als eigenständige minoische Leistung teils als ägyptischer Import beurteilt wird, bildet sich langsam die Linearschrift (Linear A) heraus. Um 1800 v. Chr. kommt es zu einem abrupten Ende dieser Kulturstufe, vermutlich als Folge eines starken Erdbebens, das erhebliche Zerstörungen anrichtet.

Neue Palastzeit (1800 – 1410 v. Chr.)

Mit dem Wiederaufbau der Paläste beginnt die Neue Palastzeit (Spätminoisch I – III a), die zur höchsten Entfaltung der minoischen Kultur führt. Die Ausweitung des Fernhandels erfolgt bis nach Sizilien, Ägypten und in den Vorderen Orient. Mehrstöckige, aufwendig ausgestattete Palastanlagen mit großen Innenhöfen als Verwaltungs-, Wirtschafts- und Kultzentren unabhängiger Fürsten entstehen in Knossós, Festós, Mália und Zákros. Die Einwohnerzahl steigt auf schätzungsweise 200 000 bis 250 000 Menschen an, die offenbar friedlich zusammenleben, da es keine Wehrbauten gibt. Große Städte mit mehrräumigen Wohnbauten in Palastnähe, Gutshöfe

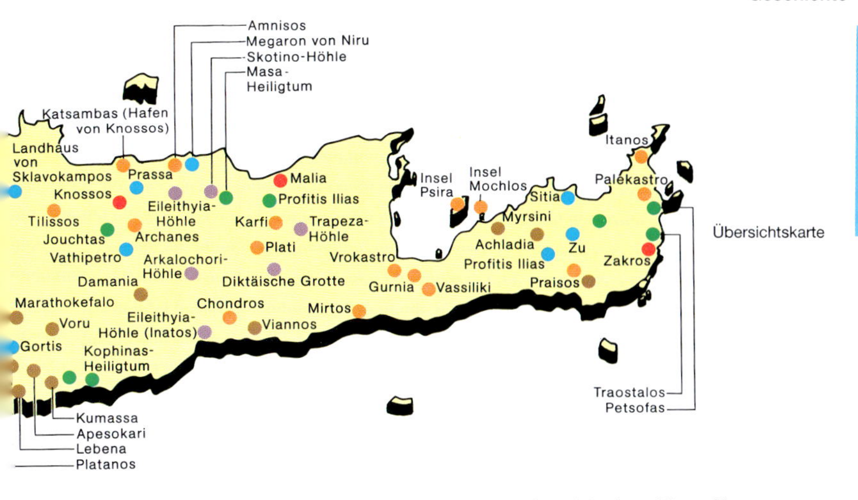

Übersichtskarte

Neue Palastzeit (Fortsetzung)

und Landhäuser werden auf der Insel errichtet. Intensiver Ackerbau, Ziegen- und Schafzucht in Verbindung mit Vorratswirtschaft sichern die Ernährungsgrundlage. Die Metallverarbeitung mit Schmelzöfen und fortschrittlichen Guß- und Schmiedetechniken liefern hervorragende Bronzeerzeugnisse. Die Keramikherstellung floriert und bringt äußerst vielgestaltige Gefäßformen hervor, die aufwendige Bemalungen und plastische Applikationen erhalten. Die Holzgewinnung kommt dem Haus- und dem

Diskos von Festos: das weltweit älteste Zeugnis eines Schriftdrucks

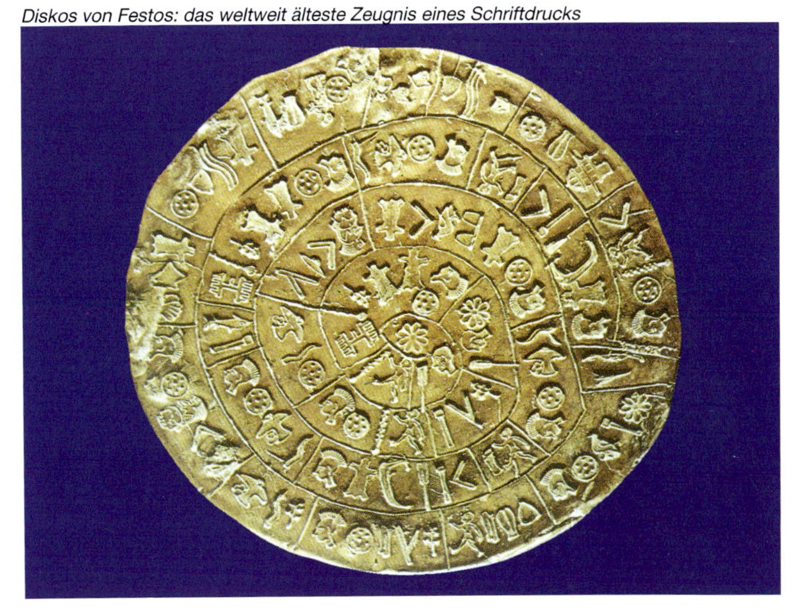

Neue Palastzeit (Fortsetzung)

Schiffsbau zugute. Eine große Handelsflotte sorgt für regen Im- und Export. Eingeführt bzw. eingetauscht werden vor allem Metalle wie Gold und Silber, Kupfer und Zinn gegen Inselprodukte wie Öl, Wein, Honig, Keramik und Waffen. Sehr gut ausgebildete Handwerker und eine fähige Beamtenschaft, die die Linear-A-Schrift beherrscht, garantieren Qualität im Handel und Effektivität in der Verwaltung. Im religiösen Bereich herrscht anfänglich der erdverbundene Naturglaube in Berg- und Höhlenheiligtümern vor, der zunehmend vom Schlangen- und Stierkult überlagert wird.
Um 1628 kommt es zu dem Vulkanausbruch von Thera (Santorin), der durch Flutwellen und Aschenregen auch einige Gebiete Kretas verwüstet.

Mykenische Herrschaft (1410–1200 v. Chr.)

Gesellschaftliche Konflikte und Rückgang des Handels schwächen die minoische Zivilisation, so daß die vom griechischen Festland vordringenden Mykener Teile der Insel erobern und beherrschen können (Spätminoisch III a–c). Während einige Paläste zerstört und aufgegeben werden, bleibt Knossós auch in mykenischer Zeit Herrschaftszentrum, doch setzt allgemein ein Rückgang in der handwerklichen und künstlerischen Produktion ein. Befestigte Burgen und Megaronanlagen der neuen Herren bestimmen die Baukunst. Als besondere Leistung der Mykener ist die Weiterentwicklung der Schrift zur sog. Linear-B-Schrift als Vorläufer des griechischen Alphabets hervorzuheben.
Mit der endgültigen Zerstörung des Palastes von Knossós (1200 v. Chr.) endet die minoische Zivilisation, ob durch eine Naturkatastrophe oder durch fremde Eroberer ist ungeklärt.

Nach-Palastzeit (1200–1000 v. Chr.)

Flucht- und Wanderungsbewegungen führen zu starken gesellschaftspolitischen und wirtschaftlichen Veränderungen. Stämme der Äolier und Ionier gelangen vorübergehend in die Inselwelt der Ägäis, richten Zerstörungen an und verdrängen die alteingesessene Bevölkerung.

Protogeometrische und geometrische Epoche (1000 bis 700 v. Chr.)

Dorische Einwanderer gelangen auf die Insel und bringen neue Sitten und Gebräuche mit. Eine strenge Militärhierarchie setzt sich in Gesellschaft und Politik durch. Zahlreiche neue Siedlungen entstehen meist in Hanglage oder auf Bergkuppen mit separatem Hafen. In der Metallverarbeitung wird das Eisen vorwiegend genutzt, aus dem Waffen hergestellt werden, während in der Kleinkunst nach wie vor Bronze verwendet wird. In der Gefäßkeramik setzt sich ein neuer Dekorationsstil durch mit geometrischen Mustern aus konzentrischen Ringen und Kreuzformen. Anstelle der Erdbestattung kommt die Leichenverbrennung in Gebrauch. Der personifizierte Götterglaube ersetzt zunehmend die Naturreligion. In der Erzähl- und Dichtkunst werden die griechisch-kretischen Mythen und Sagen geprägt um König Minos, den Minotauros und das Labyrinth, Ariadne und Theseus und das Zeuskind in der Idäischen Grotte.

Orientalisierende Epoche (700–620 v. Chr.)

Auf Kreta bildet sich ein politisches System von miteinander konkurrierenden Stadtstaaten heraus. Durch die Handels- und Schiffahrtsverbindungen mit Rhodos, Zypern und der kleinasiatischen Küste gelangen orientalische Kunstformen auf die Insel. Aus dem syrisch-phönikischen Raum wird

Baedeker Special

Kreta – die weibliche Wiege Europas

Unser Kontinent hat seinen Namen von jener phönikischen Prinzessin Europa, die Zeus in Gestalt eines Stieres nach Kreta entführte und mit der er drei Söhne, das Herrschergeschlecht der Minoer, zeugte. Auch der griechische Göttervater Zeus selbst wurde auf der Insel geboren und wuchs hier auf. Diese und weitere auf Kreta spielende mythologische Geschichten deuten darauf hin, daß die europäische Kultur ihre Wurzeln hier hat. Zudem legt die Herkunft von Europa aus Vorderasien kulturelle Einflüsse von dort auf Kreta nahe.
Um das zweite Jahrtausend vor unserer Zeitrechnung entstand auf Kreta, am Schnittpunkt der Hochkulturen von Ägypten und Mesopotamien, eine neue, eine ‘europäische’ Kultur. Die Insel bot durch ihr gemäßigt subtropisches Klima günstige Vorraussetzungen. Mit der minoischen Kultur entwickelte sich die älteste Hochkultur Europas, die auf das griechische Festland und weiter ausstrahlte. Sie ist deswegen so faszinierend, weil das Minoische immer noch ein großes Geheimnis für uns ist. Diese Kultur ist zerstört, nur wenige Mauerreste und schwer faßbare Mythen zeugen von ihr. Da sie keine Fortsetzung fand, bleibt sie uns fremdartig. Es ist kaum möglich, eine Verbindung zwischen unseren abendländischen Traditionen, die von der griechisch-römischen Welt geprägt sind, und den Minoer herzustellen. Viele Fragen stellen sich bei der Besichtigung der minoischen Ausgrabungsstätten, sie können oft auch von den Archäologen nicht hinreichend beantwortet werden. Gefallen dem Besucher auch viele Zeugnisse dieser Kultur – wie etwa die bezaubernden Wandmalereien –, so bleibt ihm doch ihr Sinn verborgen. Aber gerade dieses Unverständliche und Fremdartige übt eine außergewöhnliche Faszination aus. Welcher Art war diese rätselhafte Kultur?

Es ist heute unbestritten, daß die Frau eine herausragende Stellung in der minoischen Religion und Gesellschaft einnahm. So stand die Große Göttin im Mittelpunkt der religiösen Anschauungen. Weitere Indizien für eine matriarchale Gesellschaft sind ihre außergewöhnliche Friedfertigkeit und die Dominanz des ‘weiblichen Geschmacks’ (Pflanzen, Tiere). Die Männer spielten eher untergeordnete Rollen. Fraglich ist noch, ob eine Priesterkönigin regiert hat.

Die berühmte Schlangengöttin

Was macht die minoische Kultur aus? Es sind nicht gewaltige Bauwerke, es sind nicht materielle Schätze, es sind nicht militärische Taten und es sind nicht politische Erfolge. Vielmehr ist es eine Kultur voller Schöpferkraft, Phantasie und geistiger Fähigkeiten und damit eine Kultur im echten Sinn.

Orientalisierende Epoche (Fortsetzung)

das Schriftsystem übernommen und als griechisches Alphabet weiterentwickelt, wenngleich in Ostkreta noch lange eine als eteokretisch bezeichnete Schriftsprache minoischen Ursprungs in Gebrauch ist, die bis heute nicht entziffert worden ist.

Archaische Zeit (620–480 v. Chr.)

Kreta bleibt in zahlreiche kleine Stadtstaaten aufgeteilt, die wohl im wesentlichen nach dem Vorbild der griechischen Polis organisiert sind. Górtis, Knossós und Kydonía (Chaniá) zählen zu den mächtigsten Städten. Der Handel mit der übrigen Mittelmeerwelt kommt allmählich zum Erliegen. Parallel zu den Entwicklungen in Griechenland entstehen auf Kreta vor allem in Priniás die ersten Tempel als einfache Rechteckbauten, die Vasenmalerei zeigt größere Dekorfreude, die Monumentalplastiken und Reliefs werden körperhaft und ausdrucksvoll gestaltet.

Klassik (480–330 v. Chr.)

Weder an den politischen Ereignissen der griechischen Antike noch an der Blüte der Kunst in der Zeit der Klassik hat Kreta einen nennenswerten Anteil. Die Kreter verbünden sich nicht mit den übrigen Griechen gegen die Perser und ergreifen nicht Partei im Peloponnesischen Krieg für Athen oder Sparta, sondern zerreiben sich in endlosen Kleinkriegen untereinander. Andrerseits gibt es Beziehungen zur Argolis und zu Sparta. Die griechische Rechtstradition findet in Górtis eine Heimat, wo sich 12 für die Zeit sehr fortschrittliche Gesetzestexte als sog. Stadtrecht von Górtis, in einem kretisch-dorischen Dialekt verfaßt, auf Steintafeln aus dem 5. Jh. v. Chr. erhalten haben.
Im Jahr 386 v. Chr. erschüttert ein Erdbeben die Insel, und 330 v. Chr. bricht eine Hungersnot aus.

Hellenismus (330–67 v. Chr.)

Die Eroberungszüge Alexanders des Großen betrachten die Kreter mit Skepsis und erlauben sogar seinen Gegnern, z. B. der persischen Flotte sowie dem spartanischen König, auf ihrer Insel Unterschlupf zu finden. Wechselnde Bündnisverträge vor allem der westkretischen Städte mit auswärtigen Herrschern haben das wiederholte, doch meist nur vorübergehende Eingreifen fremder Herren auf der Insel zur Folge. Lediglich zu Sparta intensivieren sich im Lauf der Zeit die Beziehungen einiger kretischer Städte.

220–217 v. Chr.

Die miteinander rivalisierenden Städte Knossós und Górtis versuchen, sich auf eine Teilung der Insel in zwei Einflußspären zu einigen, scheitern aber am Widerstand kleinerer Städte, von denen Lyttos nach heftigem Kampf besiegt und zerstört wird. Die innerkretischen Konflikte bewirken das Eingreifen der Großmächte, doch die griechische Welt ist durch den Bundesgenossenkrieg stark geschwächt. Dem mächtigen König Philipp V. von Makedonien gelingt es nur für kurze Zeit, Kreta zu einem Bundesstaat zu machen.

Um 200 v. Chr.

Die Hegemoniebestrebungen des makedonischen Königs rufen die Römer auf den Plan. König Philipp V. muß sich ihnen im Jahre 197 v. Chr. unterwerfen, und 184 v. Chr. erscheint eine römische Senatskommission auf Kreta, um Streitigkeiten zu schlichten. Mehr und mehr greifen nun die Römer ins östliche Mittelmeer aus und betrachten Kreta als einen wichtigen Flotten- und Handelsstützpunkt. Die Inselbewohner selbst gelangen als Söldner zu bescheidenem Wohlstand und machen mit der Piraterie gute Geschäfte.

Im Rahmen der mediterranen Expansionspolitk und zur Unterbindung der Seeräuberei versucht der römische Konsul Marc Antonius die bis dahin autonom gebliebene Insel zu besetzen, scheitert aber am erbitterten Widerstand der Kreter.

74 v. Chr.

Römische Zeit (67 v. Chr. bis 337 n. Chr.)

Der römische Feldherr Quintus Caecilius Metellus, der den Beinamen 'Creticus' erhielt, erobert von 69 bis 67 v. Chr. Kreta, das fortan als Provincia Creta zum Römischen Reich gehört.

Nach dem römischen Bürgerkrieg fällt die kretische Provinz 42 v. Chr. Marcus Antonius zu und erhält unter Augustus den Status einer Senatsprovinz, zu der Kreta mit der Kyrenaika vereint wird. Die neue Hauptstadt der Insel ist Górtis, wo der römische Statthalter seinen Sitz hat. Tempel, Aquädukte,

42. v. Chr.

Stadtrecht von Górtis: das älteste bekannte europäische Gesetz

Häuser und Landvillen entstehen in verschiedenen Teilen Kretas. In Knossós werden Ländereien an verdiente Soldaten vergeben, die der neuen Siedlung Colonia Julia Nobilis Cnosus zu Wohlstand verhelfen.

Der Apostel Paulus soll in dieser Zeit in Kalí Liménes gelandet sein und das Christentum auf die Insel gebracht haben, das in der Folgezeit von Kretas erstem Bischof Titus, möglicherweise der Adressat des paulinischen Titusbriefes der Bibel, weiterverbreitet wird.

59 n. Chr.

Die Christenverfolgungen unter den römischen Kaisern Decius und Valerian fordern auch auf Kreta ihre Opfer mit den 'Heiligen Zehn' ('Ágii Déka'), jenen zehn Bischöfen, die der Überlieferung nach hingerichtet werden, weil sie an einer heidnischen Tempeleinweihung nicht teilnehmen wollen. Allerdings ist die Anzahl der kretischen Bischöfe in frühchristlicher Zeit

Um 250

Um 250 (Fortsetzung)

nicht gesichert. Frühe Bischofssitze sind in Górtis, wo sich auch die Titusbasilika ursprünglich befunden hat, in Knossós und Kydonia (Chaniá) nachweisbar, aber erst im 8. Jh. sind zwölf Bistümer wirklich bezeugt.

311

Durch ein Edikt des Kaisers Gallienus in Thessaloniki erlangt das Christentum staatliche Anerkennung und wird auf Kreta stärker an die östliche Reichshälfte gebunden trotz der fortbestehenden Kirchenhoheit der römischen Päpste.

Erste byzantinische Periode (337–826/827)

Im Rahmen der Verwaltungsreform des Römischen Reiches verlegt Kaiser Konstantin seinen Amtssitz im Jahr 330 nach Konstantinopel und schließt 337 die neue Pronvinzialeinteilung ab, so daß Kreta fortan zur Praefectura praetoria Illyrici, Italiae et Africae gehört. Mit der endgültigen Teilung des Römischen Reichs 395 kommt Kreta unter die Oberhoheit des oströmisch-byzantinischen Reiches, das die Insel als militärischen Stützpunkt nutzt und mit Verwaltern besetzt. Im Verlauf des 5. und 6. Jh.s entstehen zahlreiche Kirchenbauten in Form großer dreischiffiger Basiliken, die jedoch während der Araberzeit weitgehend zerstört werden. Im 7. Jh. greifen die Araber ins Mittelmeer aus und gefährden den Handel durch Seeräuberei, können sich aber auf Kreta zunächst nicht dauerhaft festsetzen. Im Jahr 731 verstärken sich die kirchenpolitischen Bande Kretas zur Ostkirche, denn die Inselbischöfe werden dem Patriarchen von Konstantinopel unterstellt.

Arabische Besetzung (826/827–961)

Die Araber landen unter ihrem Anführer Abu Hafs Omar an der Südküste Kretas und zerstören die antike Stadt Górtis. Sie gründen an der Stelle der heutigen Stadt Iráklion al Khandaq, das spätere Candia.
Die Bevölkerung wird von den Besatzern ausgebeutet und unterjocht. Mehrere Versuche von Byzanz, die Insel wiederzuerobern, schlagen fehl.

Zweite byzantinische Periode (981–1204)

981

Der byzantinische Feldherr Nikephóros Fokás erobert nach einer halbjährigen Belagerung von Iráklion Kreta zurück.
Die Kirche wird reorganisiert, und eine Rechristianisierung der vom christlichen Glauben abgefallenen Bewohner findet statt. Siedler vom Festland, von den Inseln und Kleinasien lassen sich auf Kreta nieder. Die Feudalherrschaft wird begründet. Die Insel erlebt eine wirtschaftliche Blütezeit. Ende des 12. Jh.s kommen Genuesen hierher und bauen zum Schutz ihres Handels einige Befestigungsanlagen.

Venezianische Zeit (1204–1669)

1204

Nachdem Byzanz beim vierten Kreuzzug zerstört wurde und Bonifatius von Montferrat Kreta erhalten hat, verkauft er die Insel an Venedig.
Die neuen Herren nennen die Hauptstadt und die Insel Candia. Große Ländereien werden an Venezianer und später auch an griechische Archonten vergeben, was mit der Zuweisung eines Wohnsitzes in der Hauptstadt verbunden ist. Die Landbevölkerung muß hohe Steuern zahlen sowie Schanz- und Ruderdienste auf den Galeeren verrichten. Die vorherrschende Glaubensrichtung ist zumindest in den Städten der Katholizismus, aber auch die othodoxe Kirche wird toleriert.
Schon bald beginnen die Aufstände der Landbevölkerung gegen die Fremdherrschaft, an denen sich auch Venezianer beteiligen. Die Reaktion Venedigs darauf besteht zum einen in der Vertreibung der Bevölkerung aus

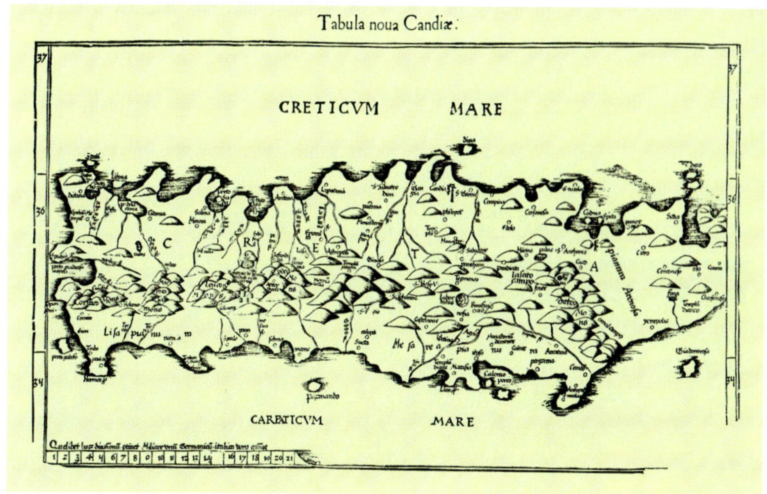

Historische Kretakarte von 1522

1204 (Fortsetzung)

den Aufstandsgebieten, vor allem aus der Sfakía und Lassíthi, deren Wiederbesiedlung verboten wird, andrerseits in Reformen.

Als im Lauf der Jahrhunderte die venezianische Herrschaft gemäßigter wird, entwickelt sich allmählich eine Blütezeit auf der Insel, die die Klöster, Kunst, vor allem Literatur und Malerei, sowie Wissenschaft umfaßt. So stammt wahrscheinlich der berühmte Maler Doménikos Theotokópulos, genannt El Greco (⟶ Berühmte Persönlichkeiten), aus Kreta.

16. Jahrhundert

Kreta wird immer öfter von türkischen Piraten überfallen. So plündert im Jahr 1538 der berühmte Pirat Chaireddin Barbarossa 80 Häfen und Ortschaften. Aufgrund dieser Ereignisse wird der Bau von Festungen an der Küste verstärkt.

17. Jahrhundert

Die Türken erobern 1645 als erste Stadt Chaniá und 1646 Réthimnon. Mit dem Fall von Iráklion (1669), das elf Jahre lang belagert wird, ist Kreta endgültig unter türkischer Herrschaft.

Türkische Zeit (1669–1898)

Die türkische Herrschaft ist eine noch schlimmere Zeit der Unterdrückung für Kreta. Die Insel wird islamisiert; nur in entlegenen Gebirgsregionen kann sich die orthodoxe Kirche noch halten. Diese Gegenden, in die viele Flüchtlinge kommen, versuchen die Türken oft zu unterwerfen. Die Bevölkerung muß hohe Steuern entrichten und leidet unter dem Druck der Janitscharen. In landwirtschaftlich prosperierenden Gebieten lassen sich türkische Großgrundbesitzer nieder.

1692

Die Venezianer versuchen vergeblich, Kreta wieder zurückzuerobern. Sie können jedoch nur noch Súda, Gramvúsa und Spinalónga bis zum Jahr 1715 halten.

18. Jh.

Verschiedene Aufstände – bekannt ist vor allem der von 1770 unter Daskalojánnis – werden niedergeschlagen.

1821 — Die Kreter schließen sich dem Aufstand auf dem Festland gegen die Türken an, die von Ägypten unterstüzt werden – ebenfalls ohne Erfolg.

1832 — Bei der Bildung des unabhängigen griechischen Staates wird die Insel von den Großmächten Großbritannien, Rußland und Frankreich der Verwaltung Ägyptens unterstellt.

1840–1898 — Nach der Wiederherstellung der vollen Herrschaft der Türken über Kreta kommt es zu einer Reihe von grausamen und blutigen Revolutionen (1858, 1866–1869, 1878, 1889, 1896–1898), wobei eine Vereingiung mit Griechenland angestrebt wird. Der berühmteste Aufstand, der ein grausames Ende nahm, fand 1866 im Kloster Arkádi statt. Die Revolte vom 1889, die

Kloster Arkádi: Schauplatz eines blutigen Aufstandes gegen die Türken

bürgerkriegsähnliche Ausmaße annimmt, bildet den Hintergrund für den Roman "Freiheit oder Tod" (1953) des berühmten kretischen Dichters Níkos Kasantzákis (⟶ Berühmte Persönlichkeiten). Erst 1898, nach mehreren erfolglosen Versuchen gelingt es den Großmächten Großbritannien, Frankreich und Rußland, den Abzug der Türken aus Kreta zu erzwingen. Die Insel erhält einen autonomen Status unter dem Hochkomissar Prinz Georg von Griechenland, bleibt aber unter der Souveränität des Osmanischen Reiches.

20. Jahrhundert

1906 — Im Zug einer erneuten Revolution unter Führung des liberalen Politikers Eleftérios Venizélos (⟶ Berühmte Persönlichkeiten) mit dem Ziel der Vereinigung Kretas mit Griechenland wird Prinz Georg zur Abdankung gezwungen.

1910 — Venizélos wird griechischer Ministerpräsident.

Kreta wird mit Griechenland vereinigt.	30. Mai 1913
Im Ersten Weltkrieg bewahrt König Konstantin I. strikte Neutralität. Da Venizélos hofft, mit Hilfe der Entente Gebiete von den Türken zu gewinnen, zwingt er zusammen mit ihr den König zur Abdankung. Er erklärt den Mittelmächten, zu denen die Türkei gehört, den Krieg. Obwohl griechische Truppen wenig zum Einsatz kommen, kann Venizélos im Friedensvertrag von Sèvres zwischen dem Osmanischen Reich und den Entente-Mächten griechische Gebietserweiterungen herausschlagen.	1914–1920
Der griechisch-türkische Krieg endet mit der griechischen Niederlage. Die Griechen verlieren ihre jahrtausendealten Siedlungsgebiete in Kleinasien sowie die Inseln Imbros und Tenedos. Es findet ein Bevölkerungsaustausch zwischen der Türkei und Griechenland statt: alle Türken verlassen Kreta und kleinasiatische Flüchtlinge kommen hierher.	1920–1923
In Griechenland wird die Republik ausgerufen.	1924
Die Regierungsphase der Liberalen unter Venizélos führt zur Stabilisierung im Innern und in der Außenpolitik.	1928–1932
Infolge der Weltwirtschaftskrise, die auch Griechenland trifft, wird die Monarchie wiederhergestellt; König wird Georg II. (Reg. 1922–1923 und 1935–1946).	1935
General Ioánnis Mexaxas beseitigt das Parlament und errichtet eine vom König gebilligte Diktatur, die von Geheimdienst, Zensur und nationalistischer Ideologie geprägt ist.	1936
Nach der deutschen Eroberung Griechenlands ziehen sich die britischen Truppen nach Kreta zurück. Deutsche Fallschirmtruppen landen daraufhin in Máleme und an anderen Stellen Kretas, und es beginnt die blutige 'Schlacht um Kreta' (⟶ Text 'Unternehmen Merkur'). Die Bewohner leiden unter der harten, dreieinhalb Jahre dauernden Besatzung, die Terror, Folter und Spitzelwesen mitsichbringt. Den Ostteil Kretas okkuppieren die Italiener. In den Jahren 1941/1942 leidet die Bevölkerung unter einer großen Hungersnot. Viele Kreter kämpfen als Partisanen zusammen mit dem britischen Geheimdienst gegen die Besatzer, was zu Zwangsarbeit und Vergeltungsaktionen führt.	20. Mai 1941 bis Oktober 1944
Es kommt zum Bürgerkrieg in Griechenland zwischen der Regierung, unterstützt von Großbritannien und später von den USA, und kommunistischen Widerstandsgruppen.	1945–1949
Paul I. (Reg. 1947–1964) wird König.	1947
Griechenland tritt der NATO bei.	1952
Ein Assoziierungsabkommen mit der Europäischen Wirtschaftsgemeinschaft (EWG) wird abgeschlossen.	1962
König Konstantin II. (Reg. 1964–1967) folgt seinem verstorbenen Vater Paul I. auf den griechischen Thron.	1964
Ein Staatsstreich unter Oberst Gerogios Papadopulos führt zur Militärdiktatur. Der griechische König flieht nach Rom, später nach London.	1967
Ein Plebiszit entscheidet für eine demokratische Republik.	1974
Die konservative Nea Dimokratia (ND) regiert unter Karamanlís.	1974–1981
Eine neue Verfassung für die Hellenische Republik wird erlassen.	1975

Unternehmen "Merkur"

Seit dem 29. Oktober 1940 stehen britische Truppen auf Kreta. Sie sind dort einen Tag nach dem italienischen Angriff auf das griechische Festland gelandet, um die Garantieerklärung an Griechenland von 1939 zu erfüllen und sich die strategisch wichtige Insel zu sichern: Wer Kreta besitzt, kann die Zufahrt zum Dodekanes und weiter ins östliche Mittelmeer kontrollieren. Für die Briten bedeutet Kreta mit seinem natürlichen Hafen in der Suda-Bucht zudem einen wichtigen Versorgungsstützpunkt für ihre Mittelmeerflotte, die den Nachschub für die Nilarmee zu sichern, Malta zu schützen und die italienische Flotte in Schach zu halten hat.
Nach der am 29. April 1941 abgeschlossenen Besetzung Griechenlands durch die deutsche Wehrmacht fliehen der König, die Regierung und Teile der Armee Griechenlands auf die Insel. Am Vorabend der deutschen Invasion sind dort ca. 28000 britische Soldaten (überwiegend Neuseeländer, dazu Australier und Engländer) und etwas mehr als 10000 Griechen stationiert. Sie sind nicht ausreichend ausgerüstet – insbesondere besaßen sie viel zu wenig Flugzeuge –, hatten aber den großen Vorteil, dank Funkabhörung über die bevorstehende deutsche Aktion genau unterrichtet zu sein.
Am 20. Mai 1941 beginnt um 7.15 Uhr morgens das deutsche Unternehmen "Merkur", die bis dahin größte Luftlandeoperation der Geschichte, an der eine Fallschirmjäger- und eine Gebirgsjägerdivision (ca. 23000 Mann), annähernd 500 Transportmaschinen, über 100 Lastensegler und mehr als 600 Kampfflugzeuge beteiligt sind. Die Fallschirmjäger gehen an drei Punkten nieder: im Westen der Insel beim Flugplatz Máleme, zwischen Chaniá und der Súda-Bucht und im Raum Iráklion, später verstärkt durch eingeflogene Gebirgsjäger. Überall stoßen sie auf härteste Gegenwehr der Briten und erleiden große Verluste. Nur unter rücksichtslosem Einsatz von Menschen und Material – es gehen am ersten Tag ca. 170 Transportmaschinen verloren – können die Deutschen die Briten allmählich zurückdrängen. Am 23. Mai erreichen die Kämpfe ihren Höhepunkt, und am 26. Mai wird der Befehl zur Evakuierung der Briten und Griechen gegeben. Das Gros der Verteidiger zieht sich zur Südküste in den Raum Sfakiá zurück, von wo die britische Flotte vom 29. Mai an die 16500 Mann nach Ägypten ausschiffen kann, 4000 weitere werden aus Iráklion evakuiert. 18000 Briten bleiben zurück.
Am 1. Juni 1941 ist Kreta in der Hand der deutschen und der zwischenzeitlich im Osten der Insel gelandeten italienischen Truppen. Die Briten und Griechen haben ungefähr 15000 Gefallene zu zählen, darunter auch 2000 Seeleute, die den Angriffen der deutschen Luftwaffe auf britische Schiffe zum Opfer fallen. Auf deutscher Seite sind annähernd 7000 Tote auf Kreta selbst und eine unbekannte Anzahl von Gebirgsjägern zu beklagen, die bei der Versenkung ihres Schiffskonvois durch die Briten ertrinken.
Der deutsche Erfolg wird von der Goebbels-Propaganda sofort ausgiebig als eine der ruhmreichsten deutschen Waffentaten des Krieges ausgebreitet. Tatsächlich aber ist es eine der bis dahin verlustreichsten Aktionen der deutschen Armee, die sie zudem einer ihrer durchschlagkräftigsten Truppe beraubt: Von den Verlusten auf Kreta hat sich diese einzige rücksichtslos eingesetzte Fallschirmjägerdivision nie wieder erholt; ihre Eroberung Kretas spielt keine wesentliche Rolle mehr in der Kriegsführung der Achse und im weiteren Verlauf des Zweiten Weltkrieges.

1980 Karamanlís übernimmt das Amt des Staatspräsidenten und Rállis das des Ministerpräsidenten (Mai).

1981 Griechenland tritt der Europäischen Gemeinschaft (EG; griechisch EOK) als zehntes Mitglied bei (1. Januar).

Bei den Parlamentswahlen am 18. Oktober erreicht die Panhellenische Sozialistische Bewegung (PASOK) die absolute Mehrheit; Papandréu wird neuer Ministerpräsident.

Das griechische Parlament ratifiziert ein Abkommen über die Stationierung US-amerikanischer Truppen in Griechenland.	1983
In Athen findet im Januar die Konferenz über die 'Verwandlung des Balkans in eine kernwaffenfreie Zone' statt (Griechenland, Jugoslawien, Bulgarien, Rumänien, Türkei).	1984
Nach einem umstrittenen Verfahren wird Christós Sartzetákis zum neuen Staatspräsidenten gewählt (29. März). Aus den vorgezogenen Parlamentswahlen (2. Juni) geht die Panhellenische Sozialistische Bewegung (PASOK) erneut als Siegerin hervor. Griechenland erklärt den seit 1940 bestehenden Kriegszustand mit Albanien für beendet.	1985
Eine Verfassungsreform schränkt die Vollmachten des Staatspräsidenten ein (7. März).	1986
Die Einführung der Mehrwertsteuer (1. Januar) löst drei Generalstreiks (Januar/Februar) aus.	1987
Anläßlich eines in Davos/Schweiz veranstalteten internationalen Wirtschaftsforums (Ende Januar) erklären der griechische Ministerpräsident Andréas Papandréu und der türkische Regierungschef Turgut Özal, daß Griechenland und die Türkei in Zukunft dauerhafte friedliche Beziehungen zwischen beiden Ländern anstreben wollen. Özal kommt zu politischen Gesprächen nach Athen (13.–15. Juni). Der deutsche Bundespräsident Richard v. Weizsäcker stattet Griechenland einen Staatsbesuch ab (14.–18. Juni) und gedenkt dabei der Opfer unter den griechischen Widerstandskämpfern im Zweiten Weltkrieg. Bei einem Terroranschlag unbekannter Täter auf dem von der Insel Hydra nach Athen zurückkehrenden Ausflugsschiff "City of Poros" kommen elf Menschen zu Tode (11. Juli). Griechenland kündigt das 1983 mit den USA geschlossene Stützpunktabkommen.	1988
Bei den Parlamentswahlen (18. Juni) verliert die bisher regierende Panhellenische Sozialistische Bewegung (PASOK) ihre Vormachtstellung, nicht zuletzt eine Folge des Koskotas-Skandals (Giorgos Koskotas, Direktor der Bank von Kreta, der Bestechung angeklagt, hatte erklärt, daß der Premierminister und seine Regierung ebenfalls von ihm Bestechungsgelder kassiert hätten). Aber auch keine der anderen zur Wahl angetretenen Parteien kann die zur Regierungsbildung erforderliche Mehrheit der Mandate erreichen. Um diese Pattsituation zu überwinden, einigen sich die Partei Nea Dimokratia (ND) und das Bündnis der 'Vereinigten Linken' überraschend auf die Bildung einer Übergangsregierung unter Führung des konservativen Politikers Tsánnis Tsannétakis, der baldige Neuwahlen ansetzt, jedoch bald zurücktritt (7. Oktober) und durch Ioánnis Grívas ersetzt wird. Nach Neuwahlen (5. November) wird eine Allparteienkoalition unter Xenophón Zolóthas gebildet (21. November).	1989
Ein Generalstreik lähmt das öffentliche Leben (25. Januar). Die Allparteienregierung zerbricht (12. Februar), und Zolóthas bildet ein Übergangskabinett unabhängiger Politiker; das Parlament wird aufgelöst (12. März). Bei neuerlichen Parlamentswahlen (8. April) verfehlt die konservative Partei Nea Dimokratia (ND) die absolute Mehrheit um eine Stimme. Mit seinem Übertritt zur ND verhilft ein Abgeordneter der Partei 'Demokratische Erneuerung' (DEANA) der ND zur Mehrheit, die eine Regierung unter Konstantínos Mitsotákis bildet. Diese Regierung will mit einer drastischen Sparpolitik die katastrophalen Wirtschaftsprobleme angehen: hohe Inflation, öffentliche Schulden in Höhe eines Jahres-Bruttoinlandprodukts, Steuerhinterziehungen in geschätzter Höhe von 50% des BIP, Unrentabilität der Staatsunternehmen, kostspielige Privilegien der Staatsangestell-	1990

1990 (Fortsetzung)

ten. Angesichts der dünnen Mehrheit ist die Sanierungspolitik gegen Gewerkschaften, Sozialisten und Kommunisten jedoch nicht durchzusetzen, die mit Generalstreiks reagieren.
Eine Terrororganisation '17. November' begründet ihren Bombenanschlag auf einen Industriellen mit ihrem Kampf gegen Privatisierung und ausländische (insbesondere deutsche) Investitionen ('Entgriechisierung').
Konstantínos Karamanlís wird zum neuen griechischen Staatspräsidenten gewählt (4. Mai).
Neues Abkommen über US-Stützpunkte in Griechenland (8. Juli) für weitere acht Jahre.
Im Golfkrieg unterstützt Griechenland die multinationalen Marinestreitkräfte mit einem Kriegsschiff.

1991

Der deutsche Bundeskanzler Helmut Kohl nimmt auf Kreta an den Gedenkfeiern anläßlich des fünfzigsten Jahrestages der deutschen Invasion der Insel teil (Ende Mai).

1992

Griechenland wehrt sich gegen die Anerkennung der früheren jugoslawischen Teilrepublik Mazedonien als souveräne 'Republik Makedonien', da damit Gebietsansprüche auf die nordgriechische Region Makedonien verbunden sein könnten (Großdemonstration am 10. Dezember in Athen).

1993

Im März scheitert ein Mißtrauensantrag der sozialistischen Opposition gegen Mitsotákis.
Ein Privatbesuch des exilierten Exkönigs Konstantin II. mit seiner Familie in Griechenland löst innenpolitische Querelen aus.
Bei den vorgezogenen Neuwahlen zum griechischen Parlament (10. Oktober) erlangt die Panhellenische Sozialistische Bewegung (PASOK) die absolute Mehrheit der Mandate; ihr Führer Andréas Papandréu wird neuer Ministerpräsident.

1994

Die griechische Regierung verhängt ein Handelsembargo gegen die Republik Mazedonien, die ihren Warenverkehr zum Großteil über Saloniki abwickelt, und schließt das griechische Konsulat in der mazedonischen Hauptstadt Skopje (Mitte Februar), um zu erzwingen, daß der Staatsname und die Verfassungspräambel, aus der territoriale Ansprüche auf griechisches Staatsgebiet hergeleitet werden könnten, geändert sowie aus der Staatsflagge der sechzehnzackige Stern von Vergina entfernt werde, der ein rein griechisches Symbol sei. Das Embargo erweist sich als schwere Belastung für die Beziehungen Athens zu seinen EU- und Nato-Partnern.
Griechenland betrauert den Tod (am 6. März in New York) der sozialistischen Politikerin Melina Mercouri (geb. am 18. Oktober 1925 in Athen), die von 1967 bis 1974 von der griechischen Junta ausgebürgert war und von 1981 bis 1989 sowie erneut seit Herbst 1993 als griechische Kulturministerin amtierte.
Als Reaktion auf einen Spionageprozeß gegen einen griechischstämmigen Albaner weist Griechenland Tausende von Albanern aus.

1995

Am 8. März wählt das Parlament den parteilosen Konstantinos Stephanopoulos zum neuen Staatspräsidenten.
Griechenland und Makedonien unterzeichnen ein Abkommen zur Normalisierung ihrer Beziehungen, wobei Athen die 'Republik Makedonien' völkerrechtlich anerkennt und das Handelsembargo gegen sie aufheben wird, während Skopje auf den Stern von Vergina in der makedonischen Staatsflagge verzichtet.

1996

Am 30. Januar kommt es zu einem militärischen Zusammenstoß zwischen Griechenland und der Türkei auf der Ägäisinsel Imia (türkisch: Kardak) wegen umstrittener Hoheitsrechte.
Papandréu tritt aus gesundheiltichen Gründen von seinem Amt zurück, und neuer Ministerpräsident wird Kostas Simitis. Bei den Parlamentswahlen vom 22. September erhält die PASOK knapp die Mehrheit.

Kunst und Kultur

Kunstgeschichte

Minoische Zivilisation

Hinweis

Aus der Vielzahl der Kunstwerke kann im Rahmen eines kunstgeschichtlichen Überblicks nur eine kleine Auswahl näher vorgestellt werden. Soweit nicht anders erwähnt, befinden sich die Werke im Archäologischen Museum Iráklion einschließlich der Fresken, die in Knossós nur zum Teil als Kopien vorhanden sind.

Architektur
Palastbau

Die großen Paläste, deren Überreste heute noch in Knossós, Festós, Mália und Káto Zákros Bewunderung erregen, zählen zu den bedeutendsten Bauschöpfungen der Bronzezeit im östlichen Mittelmeer, ja in Europa überhaupt. Obwohl sich in der Palastarchitektur der Minoer der kulturelle und künstlerische Einfluß des Vorderen Orients wiederspiegelt, sind Anlage und Aussehen der Paläste an den spezifischen Lebensbedingungen auf Kreta orientiert. Die ersten Palastbauten entstanden in der Zeit von 2100 bis 1700 v. Chr., die deshalb als Alte Palastzeit oder auch als mittelminoisch bezeichnet wird. Daran schloß sich die Neue Palastzeit oder auch spätminoische Epoche mit noch aufwendigeren Palastbauten an, die allerdings durch das Eindringen der Mykener um 1420/1410 v. Chr. abrupt beendet wurde.
Von Anfang an ging der Palastbau mit tiefgreifenden politischen und wirtschaftlichen Veränderungen auf der Insel einher. Die Ausbildung einer Zentralmacht im Sinne eines Priesterkönigtums führte gleichzeitig zu einer hierarchischen Verwaltungsstruktur und einer zentral gelenkten Wirtschaftsform, die auf den Palast als Dreh- und Angelpunkt aller Entscheidungen und Aktivitäten ausgerichtet waren. Durch die intensive Nutzung der Inselressourcen in Verbindung mit ausgeprägter Vorratswirtschaft, Arbeitsteilung und Güteraustausch wurden Kaufleute, Handwerker und Künstler vom unmittelbaren Broterwerb freigestellt und konnten sich ganz auf die eigenen Aufgaben konzentrieren. Als Auftraggeber und Abnehmer ihrer Erzeugnisse kam dabei dem Herrscher mit seinem Hof eine Schlüsselrolle zu. Durch gezielte Förderung und Kontrolle der Warenherstellung und Verkaufsbedingungen gelangten die Inselherrscher zu immer größerer wirtschaftlicher und politischer Macht, die in den Palastbauten ihren Ausdruck fand. Bereits in der einfachen Baukunst der Vorpalastzeit (3100 bis 2100 v. Chr.) spielte der zentrale Innenhof eine wichtige Rolle, um den sich zahlreiche nach Funktionen aufgeteilte Räume gruppierten. Seit der ältesten Palastzeit war die Raumanordnung in der Regel zentrifugal, d. h. sie führte vom Kernbau mit den Repräsentations- und Kultsälen weg zu den schlichten Kammern, die als Werkstätten oder Vorratslager in den Randbereichen des Palastes lagen. Von Anfang an war der Gebäudekomplex des Palastes nicht von einer Umfassungsmauer umgeben und zeigte auch kein wehrhaftes Aussehen, sondern ging oft bruchlos in die angrenzenden Wohnsiedlungen über. Offenbar hatten die Minoer weder Feinde von außen noch Rebellionen im Innern zu fürchten. Auch die Neue Palastzeit wies

Minoische Zivilisation, Architektur, Palastbau (Fortsetzung)

dem rechteckigen Mittelhof als Urzelle der gesamten Palastarchitektur besondere Bedeutung zu im Schnittpunkt der vielen Wege, die von dort in die einzelnen durch unterschiedliche Schaufassaden gekennzeichneten Bereiche der Palastanlage führten. Die Bauten wurden mit Mauerwerk aus behauenen Steinen errichtet, die später verputzt wurden. Holzständer und -balken dienten zur Verstärkung der Wände und zur Deckenkonstruktion, wobei die Geschoßdecken mit Reisigschichten und gestampfter Erde verstärkt wurden. Die Fußböden bestanden teilweise aus perlmuttartig glänzendem Muschelkalk. Zahlreiche Stützen wie Pfeiler und Säulen, die sowohl als Raumteiler als auch zur Ausschmückung von Wandelgängen, Treppenhäusern und Veranden dienten, wurden aus Holz gefertigt, mit Stuck verziert und bemalt. Ein Vergleich der Grundrisse der wichtigsten Paläste auf Kreta ergibt große Ähnlichkeiten bei der Raumanordnung. In der Regel sind die Gebäudegruppen in einer Längsachse mit Nord-Südrichtung um den rechteckigen Mittelhof angelegt. Der Haupteingang lag meist im Norden und war monumental als torartige Halle mit Säulen oder Pfeilerreihen gestaltet. Die übrigen Nebeneingänge führten in die verschiedenen Teilbereiche der Palastanlage. Der Fassade des Westflügels außen vorgelagert war häufig ein weiträumiger gepflasterter Westhof, den leicht erhöht liegende Prozessionswege querten. Da der Westflügel meistens den heiligen Handlungen vorbehalten war, gab es dort zahlreiche dunkle, nur künstlich beleuchtbare Kulträume analog zu den Grotten- und Höhlenheiligtümern andernorts auf der Insel in Verbindung mit den minoischen Erd- und Fruchtbarkeitskulten. Zur Ausstattung gehörten auch Ritualbekken, Altäre, Votivgaben und Schatzgruben. Daneben gab es im zweigeschossigen Westflügel auch herrlich geschmückte Repräsentationssäle für Kultzwecke und offizielle Anlässe, z. B. einen sog. Thronsaal. Auch eine Reihe von Magazinen als einfache rechtwinklige Zellen, wo in großen Terrakottagefäßen (Pithoi) die verschiedenen Lebensmittel gespeichert wurden, gehörten zum Westflügel.
Der Ostflügel auf der anderen Seite des großen Mittelhofes bestand dagegen aus Wohn- und Repräsentationsräumen für den Herrscher. Im gleichen Flügel lagen hinter den königlichen Gemächern die Räume für die Dienerschaft und weitere Magazine, in deren Nähe sich auch die Werkstätten für die Kunsthandwerker befanden. Zahlreiche Brunnen, Reinigungsbecken und Zisternen dienten der Wasserversorgung mittels eines ausgeklügelten Kanalsystems, das auch Wasser aus nahegelegenen Quellen herbeischaffte, während die Abwässer in besonderen Kanälen abgeführt wurden. Eine Besonderheit der minoischen Architektur war die Mehrstökkigkeit der Paläste mit großen Treppenhäusern, Freitreppen, langen Korridoren, Veranden und Rampenwegen. Die Fassadengestaltung war nicht mittenbetont, sondern bestand aus mehreren unregelmäßigen, vor- und zurückspringenden Bauteilen, und die Flachdächer waren zum Teil zinnenartig mit Stierhornmotiven verziert. Die Zugänge zu den Flügelbauten lagen meistens in den Hofecken. Zahlreiche Treppenanlagen, Säulenreihen, Licht- und Luftöffnungen nahmen dem Baukörper seine Schwere und Massigkeit. In allen bedeutenden Herrschaftszentren wie Mália, Káto Zákros und vor allem in Festós wurden Überreste von monumentalen Treppenanlagen gefunden. Möglicherweise dienten die gewaltigen Stufenreihen als Sitzbänke, von denen die Minoer Theateraufführungen oder Kultfeierlichkeiten beiwohnten. Vielleicht waren es aber auch repräsentative Aufgänge für die Prozessionen zu den im Palastinnern gelegenen Kulträumen. In Knossós gibt es außerhalb des Nordeingangs an der sog. königlichen Straße ein Theaterbezirk genanntes Areal aus zwei monumentalen, rechtwinklig aufeinanderzulaufenden Freitreppen, die wohl als Tribünen bei festlichen Anlässen genutzt wurden. Einige Archäologen verlegen auch die Stierspiele in den Theaterbezirk, andere in den Zentralhof, und weitere Forscher vermuten die Stierspiele im Gelände außerhalb des Palastes, wobei die Zuschauer von den Veranden zusehen konnten.
In der Neuen Palastzeit nahmen die Paläste sowohl im Grundriß als auch im Aufriß zunehmend monumentalere Dimensionen an, die das komplexe Raumgefüge durchaus als labyrinthisch erscheinen ließen, obwohl die Pla-

Minoische Zivilisation, Architektur, Palastbau (Fortsetzung)

ner gewissen Regeln folgten. Eine Bereicherung im Palastbau waren die zahlreichen regelmäßig angelegten kleinen Innenhöfe, die den Räumen mehr Licht gaben und sie besser belüfteten. Außerdem ersetzten mehr und mehr Säulen und Pfeiler die massiven Wände im Innenausbau. Auf diese Weise entstanden vielfach Raumkonzeptionen aus zwei aneinandergrenzenden Gemächern, deren Trennwand durch eine Reihe portalartiger Öffnungen durchbrochen war (Polythyron), so daß insgesamt ein offener und luftiger Raumcharakter erzielt wurde.

Die reiche Fassadengestaltung des Palastes von Knossós

Insgesamt fügten sich die Palastanlagen, die in Knossós und Festós beispielsweise in Hanglage errichtet wurden, gut in die Landschaft ein einschließlich der Mehrstöckigkeit der Gebäude, die sich terrassenartig zur Ebene absenkten. Vom Hafen, von den Nekropolen und aus dem Inselinnern führten breite Zugangswege zum Palast hin. Ohne größeren Abstand zum Palast, der nicht ummauert war, schlossen sich die Städte mit den Wohnvierteln der Bürger und einfachen Leute sowie den vornehmen Häusern der Adligen an. Diese Einbindung des Palastes in das Umland machte zugleich die wirtschaftliche Abhängigkeit der Außenbezirke vom Zentrum als auch die unangefochtene Machtposition des Herrschers deutlich.

Villen

In der Umgebung der großen Paläste haben die Archäologen Überreste von herrschaftlichen Villen gefunden, z.B. Vathípetro oder Tílissos nahe Knossós sowie in Agía Triáda in der Nähe von Festós. Obwohl sich die Forscher über die Funktion der Villen noch nicht im klaren sind, geht die Mehrzahl davon aus, daß es sich wohl um Sommeresidenzen handelte bzw. um Subzentren, die den Palästen vergleichbare Aufgaben in wirtschaftlicher, politischer und religiöser Hinsicht hatten. Die Anlage einer Villa entsprach der des Palastes in kleinerem Maßstab mit Gebäudetrakten für Repräsentationssäle, Privatgemächer, Kulträume, Magazine und Werkstätten. Lediglich die Villa von Agía Triáda zeigt einen ungewöhnlichen Grundriß aus zwei Höfen, von denen einer nach Norden zum Meer ausgerichtet ist und

Minoische Zivilisation, Architektur, Villen (Fortsetzung)

vielleicht eine Art Handelshof war, während der andere eine Südausrichtung zeigt und möglicherweise Zeremonien und Kulthandlungen diente. Keine Erklärung hat man bisher für die einzigartige exakte Verdopplung des Grundrisses gefunden, denn beide Villenflügel sind in der Raumanordnung identisch.

Kult- und Grabbauten

Mit Ausnahme der für Kulthandlungen vorgesehenen kryptenartigen Räume im Palastinnern kannte die minoische Baukunst anscheinend keine besonderen Tempelbauten, was mit dem chthonischen Charakter des minoischen Götterkultes zusammenhängt, der u.a. in Grotten und Berghöhlen ausgeübt wurde. Lediglich Gipfelheiligtümer auf dem Berg Júchtas und bei Petsofás sowie ein Felsheiligtum bei Anemóspilia sind bezeugt als schlichte ummauerte Rechteckanlagen mit Hof und einem podestartig erhöhten Kultraum. Die Sepulkralarchitektur ist allerdings durch zahlreiche Nekropolen belegt, die sich in der Nähe der großen Siedlungszentren befinden. Die Totenstätten zeigen als wiederkehrende Grabtypen vor allem Schacht-, Gang- und Kammergräber, in die die Leichen direkt oder in Sarkophagen gebettet wurden. Fürstliche Grabstätten bestanden sogar aus mehreren unterirdischen Kammern wie im Fall der Nekropole Chrysólakkos nördlich des Palastes von Mália. Das sog. Tempelgrab mit zwei Stockwerken oder das Königsgrab von Isopata als Vorläufer des mykenischen Kuppelgrabes nahe Knossós zählen zu den aufwendigsten Grabbauten.

Städtebau

Die minoischen Städte entwickelten sich rund um die großen Paläste, ohne einem einheitlichen Plan zu folgen, obwohl sie sich stets optimal der Topographie anpaßten und auch wirtschaftlich-soziale Gegebenheiten berücksichtigten. Im allgemeinen waren die Städte von einem Straßennetz durchzogen, das sich vom Palast in Richtung Meer, Hinterland und Totenstädte erstreckte. In der Stadtmitte war ursprünglich ein Platz für öffentliche Versammlungen, der von Sitzreihen umgeben war, jedoch verschwand, als der Palast zum alleinigen Zentrum der Machtausübung wurde. Gurniá im Ostteil der Insel bietet ein recht anschauliches Bild einer minoischen Stadt in Hanglage nahe dem Meer, die von etwa 3300 bis 1100 v. Chr. bewohnt war. Die flachen Häuser bildeten unregelmäßige Gebäudeblocks, die von engen, gewundenen Gassen durchzogen waren. Im Zentrum stand auf einer Anhöhe ein herrschaftliches Gebäude, vermutlich der Verwaltungssitz eines Statthalters, das den großen Palästen in vielen Merkmalen nachgebildet war.
Kenntnisse über den Wohnhausbau verdanken wir andernorts gefundenen kleinen Fayenceplättchen mit Hausfassaden. Demnach waren die Wohnhäuser auf rechtwinklingem Grundriß ein- oder mehrstöckig und hatten ein Flachdach, das auch als Terrasse genutzt wurde. In der manchmal mit Säulen umstandenen Haupthalle befand sich die Herdstelle, und ein offener Innenhof diente als Licht- und Luftzufuhr.

Skulptur

Im Unterschied zur gleichzeitigen Monumentalplastik in Mesopotamien und Ägypten beschränkt sich das skulpturale Schaffen der Minoer auf die Kleinkunst: Gefäßkeramik, Schmuckstücke, Stein- und Siegelschnitt sowie Votivfiguren.

Keramik

Zu den frühen Keramikarbeiten der Vorpalastzeit zählen die sog. Göttin von Mírtos (2400 – 2200 v. Chr.; im Archäologischen Museum Ágios Nikólaos; s. Abb. S. 88) als menschenförmiges Gießgerät sowie die doppelkonischen Kelche mit feinen Oberflächenverzierungen im sog. Pírgos-Stil. Mit Hilfe der wohl aus Anatolien eingeführten Töpferscheibe und neuen Brandtechniken entstanden die geflammten Gefäße mit schnabelförmigem Ausguß im Vassilikí-Stil, der vom Barbotine-Stil mit punzierten Oberflächenmustern abgelöst wird. Zu Beginn der alten Paläste (ab 2100 v. Chr.) bestimmte der Kamáresstil die Gefäßkeramik mit ornamentalen Mustern aus Streu- und Laufspiralen, aus Quasten-, Scheiben- und Blatt-

◀ *Wunderschöne Schnabelkanne im Kamáres-Stil*

Minoische Zivilisation, Keramik (Fortsetzung)

formen, die der Oberflächengestaltung Bewegtheit verleihen. Dünnwandige tassenartige Gefäße. sog. Eierschalenware, oft in Schwarzweißdekor, sowie männliche und weibliche Idole sind weitere Keramikerzeugnisse. Einmalig ist der tönerne 'Diskos von Festós' (s. Abb. S. 37) mit beidseitig eingeprägten hieroglyphischen Schriftzeichen als Beleg für eine noch nicht entzifferte frühe Schrift.
Insgesamt herrschten in der Keramik zwei Dekortechniken vor: die Bemalung und das Relief bzw. die Applikation plastischer Elemente, die auch häufig miteinander kombiniert wurden. Dabei entstanden formschöne, oft überreich dekorierte Gefäße in großer Vielgestaltigkeit, insbesondere während der Zeit der Neuen Paläste, als der Flora- und Meeresstil zur Blüte gelangte, wie er in der Kanne mit dem Schilfdekor (s. Abb. S. 7) zum Ausdruck kommt. Meisterwerke sind die beiden Schlangengöttinnen (s. Abb. S. 39) in beeindruckendem Naturalismus.
Den Schlußakzent in der Keramikkunst setzt der Palaststil ausschließlich in Knossós im Übergang zur mykenischen Epoche auf Kreta, der sich durch naturalistische Darstellungen auszeichnet, die sich an Flora und Fauna der Insel orientieren. In der Nachpalastzeit entstanden u. a. Tonidole mit erhobenen Händen und zylindrischen, reifrockartigen Unterleibern, die Anbetende oder Göttinnen darstellen. Die Tonplastik erreicht u. a. mit dem kleinfigurigen Kreistanz von Frauen, einem runden Tempelmodell und einem von Stieren gezogenen Wagen als Rhyton einen letzten Höhepunkt.

Sarkophage

Die minoischen Kunsthandwerker stellten auch Sarkophage in Wannenform aus Ton her, die vielfach mit naturalistischen Tier- und Blumenmotiven bemalt waren. Lediglich in einem Grab bei der Villa von Agía Triáda fand sich der einzige Steinsarkophag (s. Abb. S. 154) auf Kreta (um 1400 v. Chr.), der außergewöhnlich reich bemalt ist.

Steinschnitt

Durch die Beeinflussung des Vorderen Orients über Handelsbeziehungen entwickelte sich auch auf Kreta die Steinschnittkunst. Ein frühes Werk aus der Vorpalastzeit von großer Schönheit ist die Steinpyxis (s. Abb. S. 142) aus Zákros mit feiner Ritztechnik und einem Griff in Gestalt eines liegenden Hundes. Ein meisterliches Rhyton (s. Abb. S. 1) aus Steatit ist der ungemein realistische Stierkopf aus Knossós. In diese Zeit fallen auch die reliefverzierten Gefäße aus Steatit, die in der Villa Agía Triáda gefunden wurden. Zu den bedeutendsten Stücken zählen die sog. Schnittervase (s. Abb. S. 149) und der sog. Prinzen- oder Rapportbecher. Sie zeugen vor allem durch die Bewegheit der Darstellung von großer künstlerischer Begabung und Raffinesse. Besonders kostbar ist auch ein Rhyton aus Bergkristall mit einem Henkel aus Kristallperlen. Eine Rarität ist der Kernos im Palast von Mália, ein runder Opfertisch aus Kalkstein.

Siegelschnitt

Die in Halbedelsteinen oder Elfenbein geschnittenen Siegel bilden einen weiteren Bereich, bei dem sich die minoischen Kunsthandwerker von Vorbildern aus dem Orient inspirieren ließen. Vor der Einführung der Schrift hatten die Siegel ganz praktischen Wert als Erkennungszeichen für ein Besitztum und dienten der Versiegelung von Truhen, Kisten und Gefäßen. Da das Zeichen leicht wiedererkennbar, aber auch unverwechselbar sein mußte, entstand eine Vielzahl verschiedener Formen. Anfangs wurden Rollsiegel aus Mesopotamien, Stempelsiegel aus Syrien und Skarabäensiegel aus Ägypten nachgebildet. Doch schon bald entstanden eigene minoische Siegel, z. B. in Form abgeflachter Zylinder mit kleinen Henkeln oder in Linsen- und Ringformen bis hin zu einem vierzehnseitigen Siegel. Im Vergleich zum Orient zeigen die Gravuren von Anfang an eine größere Freiheit in der Wahl der Motive, die meist aus der Natur (Landschaftselemente, Tiere) genommen wurden, aber auch Jagdszenen, göttliche Erscheinungen oder rituelle Tänze wiedergeben, bis es zur Ausbreitung rein heraldischer Motive kam.

Goldschmiedekunst

Zu den ältesten Schmuckstücken der Insel zählen die filigranen Goldarbeiten als Ketten und Anhänger aus den vorpalastzeitlichen Gräbern von

Bienen-Anhänger

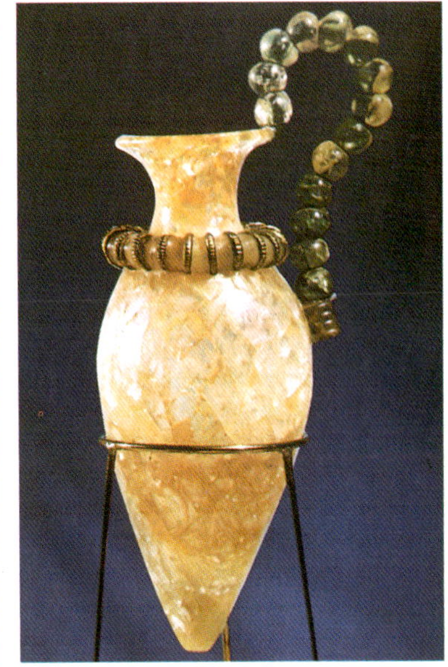

Rhyton aus Bergkristall

Minoische Zivilisation, Goldschmiedekunst (Fortsetzung)

Móchlos, z.T. in zarten Blätter- und Blütenformen (im Archäologischen Museum Ágios Nikólaos). Auch der Halsschmuck aus Archánes besticht durch seine ungewöhnliche Verbindung von Gold, Elfenbein und Fayence. Daneben gab es zahlreiche goldene Ringe mit figürlichen Motiven sowie Halsketten aus Gold und Glasfluß. Goldanhänger und Amulette in Tierform, vergoldete Schwertgriffe, zeremoniale Doppeläxte aus Gold sowie Goldbecher mit eingepreßten Spiralen. Das große technische Können der minoischen Goldschmiede belegen so berühmte Schmuckstücke wie der Bienen-Anhänger, den man in der Nekropole von Mália fand. Zwei mit den Köpfen und den Unterleibern aneinanderstoßende Bienen bilden auf diese Weise ein ringförmiges Motiv und halten dabei mit ihren Beinen einen Tropfen Honig in der Schwebe. Die geöffneten Flügel verleihen dem Stück eine bezaubernde Wirkung, die noch gesteigert wird durch den Kontrast zwischen den glatten und granulierten Oberflächen.

Bronzekunst

Obwohl die Metallverarbeitung auf Kreta bekannt war, wurde sie kaum zur Anfertigung von Bronzeplastiken genutzt. Die wenigen entdeckten Statuetten und Tierfiguren zeigen eine mindere Qualität. Geschätzt dagegen waren die minoischen Waffenerzeugnisse, die in der Regel für den Export bestimmt waren. Zu kultischen Zwecken wurden auch Doppeläxte aus Bronze hergestellt.

Elfenbein

Elfenbeinarbeiten aus der Neuen Palastzeit sind vor allem als Grabbeigaben gefunden worden, u.a. Plättchen mit Reliefdarstellungen, Fragmente von einem Fußschemel und Griffe eines Möbelstücks. Außergewöhlich lebendig gestaltet ist die Elfenbeinstatuette eines Stierspringers (s.Abb. S. 146).

Malerei

Zur Ausgestaltung der Repräsentationssäle, Prozessionskorridore und Kulträume in den Palästen wurden die Wände mit großartigen Malereien überzogen. Obwohl die Mehrzahl der erhaltenen Fresken erst 1600 v.Chr.

Minoische Zivilisation, Malerei (Fortsetzung)

entstand, ist anzunehmen, daß es bereits in der Alten Palastzeit Bemalungen auf mit Gips verputzten Wänden, wohl beeinflußt von der ägyptischen Kunst, gegeben hat. Die meisten Wandmalereien stammen aus dem Palast von Knossós, einige wurden auch in Villen und Häusern entdeckt, die in der Nähe der Paläste lagen. Zeigen die Palasträume häufig figürlichen Freskenschmuck, so überwiegen in den Villen florale Dekors.
Die ältesten Malereien werden als Miniaturfresken bezeichnet, da die abgebildeten Motive in sehr viel kleinerem Maßstab als in Wirklichkeit wiedergegeben sind. Häufig werden Hofszenen dargestellt, z. B. eine Zeremonie, die sich vor einem mit Stierhörnern und Doppeläxten geschmückten Heiligtum abspielt. Dabei sitzen die Hofdamen oder vielleicht auch Priesterinnen auf einer Veranda, umgeben von einer Zuschauermenge, die durch viele in verschiedene Richtungen schauende Köpfe überaus lebendig gestaltet ist. Äußerst ausdrucksvoll ist auch die sog. Pariserin (s. Abb. S. 153) gestaltet als Teil der Darbringung eines Trankopfers. Die Priesterin mit wallendem schwarzen Haar und Kultknoten im Nacken sowie stark gefärbten Lippen und in reicher Kleidung galt als Inbegriff weiblicher Schönheit.
In der Neuen Palastzeit gewann das Relieffresko an Bedeutung. Das beste Beispiel dafür ist das Stierkopfrelief als Teil einer größeren Komposition, die einst die Wand des nördlichen Eingangs im Palast von Knossós zierte. In einer baumbestandenen Landschaft wird das Einfangen des wilden Stiers geschildert, wobei gerade in der Wiedergabe der kraftvollen Gegenwehr des Tieres ein hoher Grad von Lebendigkeit erreicht wird. Etliche Freskenmalereien zeigen auch Personen in Lebensgröße und mit verblüffendem Realismus. Berühmt ist das sog. Lilienprinz-Fresko. Es zeigt eine männliche Figur mit Lendenschurz und Gliedtasche; sie trägt einen aufwendigen Kopfschmuck aus Blumen und Pfauenfedern und geht durch eine Landschaft mit großen stilisierten Lilien. In der Hand hält der junge Mann ein Seil, mit dem er vielleicht einen Greifen führte, dessen Bild aber heute verloren ist. Nicht weniger bedeutend ist das Stierspringerfresko (s. Abb. S. 26) aus dem Ostflügel des Palastes von Knossós, das drei junge Akrobaten darstellt, die ein rituelles Wettkampfspiel mit einem Stier austragen, wobei einer von ihnen gerade einen Salto mortale über die Kruppe des Tieres vollführt. Szenen aus dem Hofleben und Kultspiele, Feste und Prozessionen waren aber nicht die ausschließlichen Themen, denn es gab auch reine Landschaftsbilder mit sehr naturalistischen Wiedergaben von Tieren und Pflanzen. Über den Detailrealismus hinaus war es das Ziel der minoischen Künstler, die Vorstellung einer paradiesisch anmutenden Naturlandschaft in den Augen des Betrachters zu erwecken. So entstanden Naturdarstellungen, in denen wundervolle blaue Vögel und duftende Blumen wie Lilien und Rosen vorkommen. Auf einem anderen Fresko tummeln sich blaue Affen vor einem lotosblütenübersäten Hintergrund aus grauen, türkisfarbenen, gelben und rosa Felsen, wobei sich exotische und kretisch-ländliche Elemente vermischen. Zum Repertoire gehören Rebhühner und Katzen, die Fasanen nachlaufen, ferner Delphine, die das Gemach der Königin zierten, sowie ein Greifenfries, der den Thron im Palastsaal umfing. Große Sensiblität gegenüber der Natur und genaue Beobachtung von Bewegung zeichnen die minoischen Reliefkünstler aus, die das Wiegen der Gräser im Wind genausogut wiedergeben können wie das Rauschen der Blätter, die abrupten Wendungen des Stiers, das Auffliegen der Vögel, die Spiele der Delphine und die Tanzschritte der Menschen. Diese Bewegungsabläufe sind ein bevorzugtes Darstellungsmittel, um im Palastbau die langen Korridore, Treppenhäuser und Säle möglichst lebendig auszugestalten. So begleiten beispielsweise die Prozessionsfresken die Opfernden auf ihrem Weg zum Heiligtum. Die illusionistischen Landschaften erhellen die Innenräume und lassen sie größer erscheinen. Zugleich verlagern die Fresken einen Teil des Naturgeschehens in die Innenräume der Paläste und stellen eine reizvolle Verbindung zwischen natürlicher Außenwelt und von Menschenhand gestalteter Wohnwelt dar.

Der sog. Lilienprinz, der einen Kopfschmuck aus Blumen und Pfauenfedern trägt ▶

Griechisch-römische Antike

Nach dem Untergang der minoischen Zivilisation lag Kreta am Rande des Kunstgeschehens im östlichen Mittelmeer, als sich zwischen 1000 und 500 v. Chr. in Griechenland Architektur und Plastik zur vielgerühmten Klassik entwickelten mit großartigen Tempelbauten und idealisierten Menschenfiguren.

Architektur

Eine der frühesten griechischen Stadtgründungen auf Kreta ist Lato (8./7. Jh.), deren Überreste in Hanglage immer noch eindrucksvoll sind. Vom Stadttor windet sich ein Treppenweg an Geschäften vorbei zur Agorá, dem zentralen Versammlungsplatz in der griechischen Polis mit den öffentlichen Gebäuden und Tempeln. Die Heiligtümer waren Richtungsbauten in Rechteckform mit Schautreppen an der schmalen Eingangsseite. Ein weiteres Beispiel für die frühe griechische Tempelbaukunst läßt sich in Rhizenía bei Priniás finden. Der dortige Tempel A, bestehend aus dem Prónaos und der Cella, entspricht im Grundriß dem griechischen Antentempel, zeigt aber keine Säulen im Eingangsbereich, sondern Pfeiler. Den Tempel B kennzeichnet eine unregelmäßige Anlage mit einem westlich angefügten Opistódomos. Das erste Heiligtum der Diktynna auf der Halbinsel Rodopú wurde bereits im 7. Jh. v. Chr. errichtet und im 2./1. Jh. v. Chr. in einen dorischen Perípteros umgewandelt. Als Kaiser Hadrian 123 n. Chr. Kreta besuchte, ließ er dort einen neuen Tempel in Form eines Amphipróstylos errichten mit ionischen und korinthischen Säulen.

In römischer Zeit war Górtis die wichtigste Inselstadt und zugleich Hauptstadt der römischen Provinz Creta et Cyrenae. Obwohl es auch noch spärliche Überreste der Akropolis und des Theaters aus griechischer Zeit gibt, bestimmen römische Bauten das Stadtbild. Die Ausgrabungen förderten die Grundmauern des Prätoriums zutage mit einer langen Halle, Verwaltungsbereichen und Privatgemächern, in denen die römischen Statthalter residierten. Das Heiligtum der Isis und Serapis wurde nach der Eingliederung Ägyptens ins römische Reich als Rechteckbau errichtet mit einer kleinen Krypta und Statuennischen. Der Apollon-Pythios-Tempel geht auf das 6. Jh. v. Chr. zurück, wurde aber in römischer Zeit zu einer dreischiffigen Anlage mit Mittelapsis und Prónaos aus sechs dorischen Säulen umgestaltet. Außerdem haben sich Reste von Nymphäen, Aquädukten und eines Amphitheaters erhalten.

Skulptur

In den archäologischen Museen der Insel sind jeweils kleinere Sammlungen der griechisch-römischen Antike zu sehen. Die Werke können aber nicht mit den großen Leistungen in dieser Epoche andernorts konkurrieren. In der protogeometrischen und geometrischen Epoche (1000 bis 725 v. Chr.) entstand eine Keramik mit Motiven wie Kreisen, Laufspiralen und Schachbrettmustern. Während der orientalisierenden und archaischen Periode (725–550 v. Chr.) werden formschöne Keramikgefäße hergestellt, z. B. die dreihenklige Hydria mit Bienendarstellung (im Archäologischen Museum Ágios Nikólaos).
Zur figürlichen Tonplastik gehören auch die weiblichen Protóme (im Archäologischen Museum Ágios Nikólaos) und natürlich die archaischen Frauenköpfe mit ihrem rätselhaften Lächeln (im Archäologischen Museum Réthimnon).
In der Bronzekunst wurden Brustpanzer und Waffen hergestellt. Hervorragend sind auch die Bronzereliefs, z. B. das Bronzeschiff mit Ruderern aus der Idäischen Grotte.
Außergewöhnlich ist der Relieffries des archaischen Tempels Rhizenía mit einem Reiterzug.
Aus klassischer Zeit sind die fein gearbeitete Grabstele eines jungen Bogenschützen und die Metope mit Herakles und dem erymantischen Eber eines Tempels aus Knossós erhalten.
Der römischen Periode entstammen die reich gewandete Figur eines Jünglings in Bronze, eine Marmorstatue von Aphrodite und die bärtige

Skulptur (Fortsetzung)

Figur eines Philosophen. Unter den verschiedenen Porträtköpfen der römischen Kaiserzeit ragt das Bildnis von Marc Aurel im Lorbeerkranz hervor (im Archäologischen Museum Chaniá). Daneben gibt es zahlreiche Kleinbronzen, Parfum- und Salbfläschchen, Öllampen, Gebrauchskeramik, Bronzegefäße und auch reliefierte Sarkophage.

Mosaik

Zahlreiche römische Fußbodenmosaiken geben anstelle der verlorengegangenen Wandmalereien einen Eindruck von der Wohnkultur in römischen Stadthäusern und Landsitzen. Besonders schöne Mosaike besitzt das Archäologische Museum Chaniá, darunter eines mit Komödienmotiven von Menander.

Vasenmalerei

Da die Wand- und Tafelmalerei aus griechischer Zeit gänzlich verloren ist, gibt nur die Vasenmalerei eine Vorstellung von der Darstellungsvielfalt. Die in Korinth entstandene schwarzfigurige Vasenmalerei wird in Athen um 530 v. Chr. zur rotfigurigen Malerei weiterentwickelt. Von Attika wurde sie dann auch nach Kreta importiert. Der Formenreichtum vom 6. bis 5. Jh. v. Chr. umfaßte Vorratsgefäße (Amphoren, Pelike, Stamnos), Gefäße zum Mischen von Wasser und Wein (Hydria), Kannen (Oinochoe), Trinkgefäße (Kylix, Kantharos) und Salbgefäße (Alabastron, Aryballos).

Byzantinische Epoche

Die Gründung Konstantinopels 330 n. Chr. und die Teilung in west- und oströmisches (byzantinisches) Reich 395 n. Chr. brachte vor allem dem östlichen Mittelmeerraum bis zum Untergang des Byzantinischen Reiches 1453 eine neue Kunst- und Kulturblüte, die sich auch auf Kreta auswirkte. Trotz der arabischen Besetzung von 826/827 bis 961 und der 1246 beginnenden venezianischen Herrschaft war das Kunstschaffen auf Kreta von der bedeutenden byzantinischen Stilepoche geprägt: der Kunst der justinianischen Kaiserdynastie (527–565), der Kunst des Ikonoklasmus (Bilderstreit; 726–843), der Kunst unter den Komnenen-Kaisern (1081 bis 1185) und der Kunst der Paläologen-Kaiser (1261–1453).

Architektur

Als im 4. Jh. n. Chr. das Christentum zur anerkannten Religion wurde, entstanden die ersten frühchristlichen Sakralbauten in Form der Basilika. Aus der 2. Hälfte des 5. Jh.s stammen die Grundmauern und das wunderschöne Fußbodenmosaik der Basilika von Olús/Elúnda. Ein Hauptwerk frühbyzantinischer Kirchenbaukunst ist die Ágios-Títos-Basilika (wahrscheinlich 6. Jh.) in Górtis als dreischiffige Anlage mit Vierungskuppel und Querhaus.
Im Lauf der Jahrhunderte wurde der Kirchenbautypus vom Richtungsbau immer mehr zum Zentralbau. So entwickelte sich neben der Kreuztonnenkirche vor allem die Kreuzkuppelkirche im 10. Jahrhundert. Der am weite-

Byzantinische Kreuzkuppelkirche
(Kir. Ioannis in Alikianu)

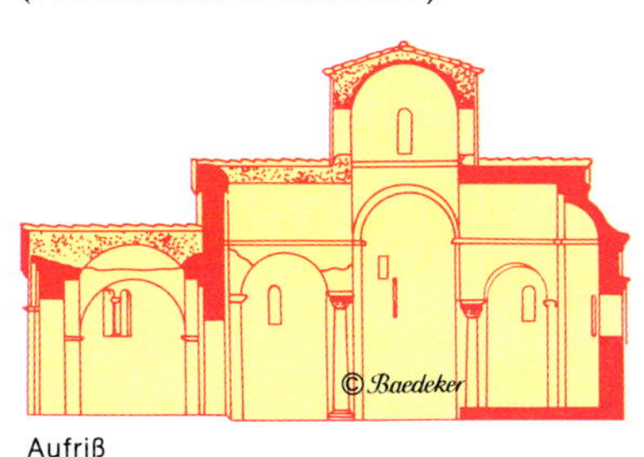

Aufriß

Narthex
Kreuz-arm
Kreuz-arm
Kuppel-raum
Kreuz-arm
Prothesis
Bema Apsis
Diakonikon

Grundriß

Byzantinische Epoche, Architektur (Fortsetzung)

sten verbreitete Typus ist der Vierstützenbau aus Säulen mit Zentralkuppel und vier Tonnengewölben über Kreuzarmen von meist gleicher Länge und Höhe, in deren Ecken vier weitere Räume eingefügt sind. Zu beiden Seiten der Apsis im Osten dienen die Räume, Protheis und Diakonikon genannt, liturgischen Zwecken, z. B. der Vorbereitung des Priesters für den Gottesdienst. Im Westen schließt sich häufig eine Narthex bezeichnete Vorhalle an. Für den Außenbau verwendete man Bruch- und Ziegelsteine in oft kunstvoller Anordnung; das Innere wurde reich freskiert.
In den ländlichen Gebieten Kretas herrscht als Kirchentypus die schlichte Einraumkapelle vor mit oft eindrucksvoller Freskomalerei. Im Innenraum ist der leicht erhöht liegende Altarbereich (Bema) anfangs durch eine steinerne Schranke vom Gemeinderaum (Naos) getrennt, aus der sich später die hohe Bilderwand als Ikonostase entwickelt.

Großartiges Fresko aus der Panagía-Kera-Kirche von Kritsá

Malerei

Aus frühbyzantinischer Zeit, besonders aus der Periode des kaiserlichen Verbots der figürlichen Heiligendarstellungen (Ikonoklasmus), sind aufgrund der Zerstörungen durch die Araber im 9./10. Jh. nur wenige Malereien erhalten, zu denen die sog. anikonischen Motive zählen wie florale oder geometrische Dekormuster, wie sie in kräftigen Farben bruchstückhaft noch in der Ágios-Nikólaos-Kirche in Ágios Nikólaos zu sehen sind. Meisterwerke des monumentalen komnenischen Malstils sind die Fresken (1230 bis 1236) der Ágios-Nikólaos-Kirche von Kyriaskosélia mit ausgewogenen szenischen Darstellungen, fein modellierten Körpern, sensibler Linienführung und feierlichem Kolorit.

Die meisten mittelalterlichen Fresken des 14. und 15. Jh.s sind jedoch in Varianten des paläologischen Stils gestaltet worden. Ausdrucksvoll und lebendig ist beispielsweise der Erzengel-Michael-Zyklus (1315/1316) in der Michaíl-Archángelos-Kirche von Assómatos, einer Einraumkapelle. Den Höhepunkt der Sakralraumausschmückungen bilden die großartigen Fresken (1250 bis 1350) der Panagía-Kera-Kirche von Kritsá. Kraftvolle

Byzantinische Epoche, Malerei (Fortsetzung)

lebensnahe Gestalten wechseln sich ab mit dünngliedrigen Figuren von manierierter Bewegtheit. Christus als Aktfigur bei der Taufe im Jordan ist ebenso vertreten wie in faltenreiche Gewänder gehüllte Apostel und Heilige oder Ritter in Rüstungen beim Bethlehemitischen Kindermord. Reizvoll sind auch die bühnenbildartigen Hintergründe mit Landschafts- und Architekturdetails.
In spätbyzantinischer Zeit gelangen die Brüder Manuel und Johannes Phokás mit ihrer Malerei zu Ruhm. Die Ausmalungen der Kirchen von Émbaros (1436/1437) und Avdú (1449) beeindrucken durch ihren feinen Linearismus, durch trotz gewisser Schematisierungen changierende Farben und durch Architekturhintergünde.
In der Tafelmalerei stand die Ikone im Mittelpunkt, die in der Regel die Ikonostase schmückte (⟶ Baedeker Special).

Ikonographisches Programm

Die Ausmalungen der zahlreichen Kirchen auf Kreta unterlagen einem bestimmten ikonographischen Programm, das auch die Verteilung der Themen im Kirchenraum festlegte, wobei als Leitgedanke die Vorstellung der universalen göttlichen Schöpfung zugrunde lag, die insgesamt im Kirchenbau zum Ausdruck gebracht werden sollte. Besonderer Wert wurde auf die Ausschmückung der Kuppel als symbolischer Ort des Himmels gelegt, so daß dort Christus Pantokrator als Himmelsfürst, umgeben von Engeln und Propheten, erscheint. Hoher Rang kommt auch der Apsiswölbung zu, die symbolisch die Brücke bildet zwischen Erde und Himmel, so daß dort häufig die Fürbittegruppe (Déesis), die sich aus Christus, der Muttergottes und Johannes dem Täufer zusammensetzt, wiedergegeben wird. Den Altarraum (Béma) schmücken liturgische Themen als Verweis auf die mystische Himmelsvorstellung, und im Gewölbe findet sich häufig eine Himmelfahrts- und Pfingstdarstellung.
An den Längswänden des Gemeinderaums (Naós) erhalten Märtyrer und Heilige als Zeugen christlicher Lehre ihren Platz. Die Tonnengewölbe in symbolischer Mittlerstellung zwischen himmlischer und irdischer Zone sind mit neutestamentlichen Szenen des Festtagskalenders der orthodoxen Kirche geschmückt. Dazu zählen Verkündigung, Geburt Christi, Darbringung im Tempel, Taufe, Einzug in Jerusalem, Kreuzigung, Höllenfahrt Christi und Marientod. Die Westwand nimmt in der Regel die Darstellung des Jüngsten Gerichts ein.

Kleinkunst

Da Werke der Monumentalplastik nicht zuletzt aus religiösen Gründen fehlen, kam es nur zur Ausprägung von Kleinkunst. Dazu zählen kostbare Textilarbeiten bis hin zu liturgischen Gewändern, ferner Elfenbeinarbeiten sowie Werke der Gold- und Silberschmiedekunst, vor allem liturgisches Gerät wie Kelche und Patene.

Kreto-venezianische Epoche

Die Übernahme der Inselherrschaft durch die Venezianer 1204 hat nur im Profanbau zu einigen Neuerungen geführt, während der Sakralbau weitgehend unter byzantinischem Einfluß blieb.

Hafen- und Festungsanlagen

In den Küstenstädten Iráklion, Chaniá, Réthimnon und Sitía wurden von den Venezianern eindrucksvolle Häfen als Flotten- und Handelsstützpunkte gebaut mit langen Kaimauern, Leuchttürmen, Arsenalen, Zollgebäuden, Lagerhäusern und Verteidigungsanlagen. In Iráklion beeindrukken das trutzige Hafenkastell Kules (s. Abb. S. 62) mit Markuslöwenreliefs und der Festungswall mit Toren und Bastionen einschließlich Vorwerken, die nach Plänen des berühmten veronesischen Architekten und Festungsbaumeisters Michele Sanmicheli 1550 bis 1560 ausgeführt wurden.

Öffentliche Gebäude und Wohnbau

Zu den repräsentativsten venezianischen Bauten der Insel zählen die Loggien im Hochrenaissancestil, die in den Städten als Versammlungsort des kreto-venezianischen Adels dienten. Die prächtigste Loggia, erbaut von

Das venezianische Hafenkastell von Iráklion

Kreto-venezianische Epoche, Öffentliche Gebäude und Wohnbau (Fortsetzung)

1626 bis 1628, wurde nach Vorbildern des italienischen Architekten Andrea Palladio in Iráklion errichtet als zweigeschossiger Bau mit Arkadenzone und Dachbalustrade.

Adel und wohlhabende Bürger bauten sich im Spätmittelalter und in der Renaissancezeit zahlreiche Stadtpaläste, von denen einige noch in den ehemaligen venezianischen Stadtvierteln von Chaniá und Réthimnon zu sehen sind.

Brunnenanlagen

Von besonderem Reiz sind die verschiedenen Brunnen. Der prächtige reliefverzierte Morosini-Brunnen (1628) mit apsidialem Beckenrand und von Löwen getragenener Mittelschale sowie der Bembo-Brunnen (1558) erfreuen noch heute durch ihr Plätschern die Menschen im Zentrum von Iráklion.

Kirchenbau

Als bedeutendster Sakralbau des römisch-katholischen Glaubens gilt die San-Marco-Kirche in Iráklion aus dem Jahr 1239 – von 1239 bis 1669 Sitz des lateinischen Erzbischofs von Kreta – in Gestalt einer dreischiffigen Säulenbasilika mit pultdachförmigen Seitenschiffen. Unter den katholischen Klosterkirchen ragt in Chaniá die San-Francesco-Kirche (16. Jh.; heute Archäologisches Museum) als dreischiffige Pfeilerbasilika hervor mit Spitztonne im erhöhten Mittelschiff und Kreuzrippengewölben in den Seitenschiffen.

Der venezianische Renaissancestil hat auch den byzantinisch-orthodoxen Kirchenbau im 16./17. Jh. beeinflußt, besonders bei der Fassadengestaltung. So zeigt die Westfassade (1587) des Arkádi-Klosters eine Doppelsäulenordnung und kräftiges Gebälk.
Neben der Kreuzkuppelkirche kommen nunmehr in Westkreta auch häufig Dreikonchenanlagen auf kleeblattförmigem Grundriß vor, wozu auch die Klosterkirche (1634) von Goniás zählt.

Kreto-venezianische Epoche, Malerei

Im Mittelalter fanden lediglich wenige Heilige wie Franziskus oder das Thema des Gnadenstuhls aus der lateinischen Kirche Eingang in die byzantinische Freskomalerei.
Im Verlauf des 16. Jh.s kamen durch die Venezianer die Einflüsse des Renaissancestils nach Kreta. Auf dem Gebiet der Tafelmalerei schafft Michael Damaskinós (⟶ Berühmte Persönlichkeiten) hervorragende Werke in der zweiten Hälfte des 16. Jh.s. Seine Abendmahlsikone und die Anbetung der Könige (beide im Ikonenmuseum Iráklion) zeichnen sich durch lebendige Personenschilderung, Bewegungsreichtum, perspektivische Darstellungsmittel und reiches Kolorit aus.
Der berühmteste Maler der Insel, Domenikós Thetokópulos, genannt El Greco (⟶ Berühmte Persönlichkeiten), hat in seiner Heimat keine Werke hinterlassen, zählt aber zu den Meistern des europäischen Manierismus.
Aus der ersten Hälfte des 17. Jh.s stammen die Tafelbilder von Emmanuel Skordilis, u. a. ein thronender Christus und ein Jüngstes Gericht im Kloster Agía Triáda.
Die alte Minas-Kathedrale von Iráklion besitzt ausdrucksvolle Werke (1740–1760) von Georg und Zacharias Gastrofilákos, darunter eine farbenprächtige Landschaftsgestaltung mit der Erschaffung Evas. Um 1770 entstanden im Kloster Toplú die vielfigurigen Ikonen von Ioánnis Kornáros mit großem Erzählreichtum.

Skulptur und Kleinkunst

Zahlreiche plastische Werke und Kleinkunst werden im Historischen Museum Iráklion aufbewahrt, angefangen von gotischen Reliefs, venezianischen Grabplatten, Skulpturen von verschiedenen Kirchen, Steinwappen und Architekturfragmenten bis zu Gold- und Silbermünzen, Schmuck, Kacheln, Keramik, holzgeschnitzten Kreuzen und Bischofsstäben.

Türkische Zeit

Als die Türken während des Osmanischen Reiches von 1669 bis 1898 Kreta besetzt hielten, wandelten sie einige christliche Kirchen in islamische Gotteshäuser um. In Iráklion wurde beispielsweise die Metropolitenkirche des hl. Titus zur Moschee, die als Zentralbau mit Hauptkuppel und vier Nebenkuppeln nach Mekka ausgerichtet war. Inzwischen wieder (seit dem Jahr 1925) zur orthodoxen Kirche mit drei Apsiden zurückverwandelt, erinnern noch zwei islamische Gebetsnischen mit Stalagtitgewölben an die türkische Epoche.

In Chaniá, Réthimnon und Sitía zeugen noch zahlreiche Holzhäuser mit vergitterten Erkern von der Wohnkultur der Türken, die auch verschiedene Bäder und Brunnenanlagen errichteten.

19. Jahrhundert

In der zweiten Hälfte des 19. Jh.s und um die Jahrundertwende nach der Unabhängigkeit Kretas 1898 entstanden neue Wohnviertel und öffentliche Gebäude in den damals in Europa vorherrschenden historisierenden Stilen von der Neurenaissance über den Neubarock bis zum Neuklassizismus. In einer schönen neuklassizistischen Villa aus der Jahrhundertwende ist heute das Historische Museum Chaniá untergebracht. Bemerkenswert als Industriebau ist die dortige Markthalle aus dem Jahre 1908 auf griechischem Kreuzgrundriß, wobei die vier Kreuzarme als große Hallen konstruiert sind.

Im Kirchenbau bleiben die Kreter den traditionellen Formen der byzantinischen Architektur treu einschließlich der Innenraumausschmückungen mit den überlieferten ikonographischen Freskenprogrammen. Die im Jahre 1895 vollendete Metropolitenkirche des hl. Minas in Iráklion zeigt sich als fünfschiffige Kuppelraumanlage in dieser Tradition.

Glossar

Fachausdrücke aus Architektur und Kunst

Ábakus Quadratische Platte über dem ⟶ Échinus, mit dem zusammen er das Säulenkapitell der dorischen Ordnung bildet.

Agorá Marktplatz, Mittelpunkt des öffentlichen Lebens einer Stadt.

Akrópolis Oberstadt.

Alabastron Salbölgefäß.

Ambo Erhöhtes Pult in christlichen Kirchen.

Amphipróstylos Tempel mit vorgestellten Säulen an beiden Schmalseiten.

Amphore Enghalsiges Gefäß zur Aufbewahrung von Wein, Öl, Honig etc.

Ante Pfeilerartige Ausbildung einer vorspringenden Mauer.

Antentempel Tempel mit Säulen zwischen den Antenmauern an der vorderen Schmalseite.

Apsis Meist halbrunder Raum am Ende eines Kirchenraumes.

Architrav Auf den Säulen aufliegender waagrechter Steinbalken.

Aryballos Kleines Salbgefäß.

Basilika
1. Königshalle (Stoá basiliké), meist mehrschiffig, Stätte des Handels oder der Gerichtsbarkeit.
2. Im 4. Jahrhundert ausgebildete drei- oder fünfschiffige Grundform christlichen Kirchenbaus.

Basis Sockel von Statuen sowie der ionischen und korinthischen Säule.

Béma
1. Rednertribüne in der Antike.
2. Altarraum einer christlichen Kirche.

Cávea Muschelförmiger Raum der Sitzreihen eines römischen Theaters.

Cella Hauptraum im antiken Tempel.

Chthonisch Der Erde zugehörig.

Déesis Darstellung des im Jüngsten Gericht thronenden Christus zwischen Maria und Johannes dem Täufer.

Diakónikon Rechte Seitenapsis einer byzantinischen Kirche.

Dorische Ordnung ⟶ Säulenordnungen

Drómos Gang, insbesondere der zum Eingang mykenischer Kuppelgräber.

Échinus Ursprünglich kissenartiger, später stereometrisch gestraffter Wulst.

Éxedra Meist halbkreisförmiger Raum mit Sitzbänken.

Fries Schmuckzone über dem ⟶ Architrav eines Tempels.

Wasserkrug.	**Hydria**
⟶ Säulenordnungen	**Ionische Ordnung**
Den Gemeinderaum vom Altarraum trennende Bilderwand in einer byzantinischen Kirche.	**Ikonostase**
Kopfstück von Säule oder Pfeiler.	**Kapitell**
Weitbauchiger, doppelhenkliger Becher oder Kanne.	**Kantharos**
Kultgefäß.	**Kérnos**
Muschelförmiger Gebäudeteil.	**Konche**
⟶ Säulenordnungen.	**Korinthische Ordnung**
Krug zur Mischung von Wasser und Wein.	**Krater**
Kirchenbautyp mit einer Zentralkuppel über dem Schnittpunkt von vier gleich langen Kreuzarmen (s. Auf- und Grundriß S. 59).	**Kreuzkuppelkirche**
Unterirdische Grabanlage unter dem Chor von romanischen und gotischen Kirchen.	**Krypta**
Kleiner Sarkophag, Urne.	**Larnax**
Hauptraum mykenischer Paläste; wird oft als Grundform des griechischen Tempels angesehen.	**Mégaron**
Rechteckige Platte, glatt oder mit Relief versehen, zwischen den ⟶ Triglyphen am ⟶ Fries eines dorischen Tempels.	**Metópe**
Tempel; ⟶ Cella eines Tempels.	**Naós**
Vorhalle einer byzantinischen Kirche.	**Nárthex**
Totenstadt, Begräbnisplatz.	**Nekropole**
Ein den Nymphen geweihter Bezirk; eine reich ausgestattete Brunnenanlage.	**Nymphaion**
Gebäude für Musikaufführungen; meist überdacht.	**Odéon, Odeion**
Weinkanne mit Henkel.	**Oinochoe**
Raum hinter der ⟶ Cella eines Tempels (⟶ Prónaos).	**Opistódomos**
Ursprünglich der Tanzplatz des Chores; runde oder halbrunde Fläche zwischen Bühne und Zuschauerraum.	**Orchéstra**
Gebeinurne.	**Ossuarium**
Hostienteller.	**Patene**
Vorratsgefäß, ähnlich der ⟶ Amphore.	**Pelike**
Tempel mit rings umlaufenden Säulenreihen.	**Perípteros**
Säulenumgang, Säulenhalle, Säulenhof.	**Peristýl**
Wandpfeiler.	**Pilaster**

Pithos Großes tönernes Vorratsgefäß.

Polythyron Pfeilersaal.

Portikus Säulenhalle.

Prónaos Vorhalle eines Tempels.

Próthesis Linke (nördliche) Seitenapsis einer byzantinischen Kirche.

Protóme Menschlicher oder tierischer Ober- bzw. Vorderkörper als Schmuck an Bauten oder Gefäßen.

Pyxis Dose aus Ton mit Deckel.

Rhýton Trink- und Spendegefäß mit einem engen Ausguß, oft in Gestalt eines Tierkopfes.

Säulenordnungen In der griechischen Tempelbaukunst werden drei Säulenordnungen unterschieden:

Dorisch: Leicht geschwellte Säulenschäfte mit Kanneluren (rillenförmige Vertiefungen) ohne ⟶ Basis auf dem Unterbau (Stylobat), wulstförmige ⟶ Kapitelle mit viereckiger Deckplatte. Im ⟶ Architrav ein Fries mit abwechselnd dreischlitzigen Platten (Triglyphen) und Figurenreliefs (Metopen).

Ionisch: Schlanke Säulenschäfte mit durch Stege getrennte Kanneluren auf einer Basis, Kapitell mit ⟶ Voluten, Architrav mit durchgehendem Relieffries.

Korinthisch: Ähnelt der ionischen Ordnung bis auf das Kapitell mit zwei Ringen aus Akanthusblättern und kleinen Voluten.

Skené Bühnengebäude.

Spolien Wiederverwendete Bruchstücke älterer Bauten.

Stamnos Gefäß mit sehr niedrigem Hals und zwei Henkeln.

Tambour Zylinderförmiges Zwischenteil bei Kuppeln.

Thólos Rundbau.

Vestibül Vorhalle.

Volute Spiralelement des ionischen ⟶ Kapitells.

Votiv Opfergabe.

Musik und Tanz

Musik

Musik ist aus dem Leben der Kreter nicht wegzudenken. In den Zeiten der türkischen Fremdherrschaft waren Lieder ein Mittel des Widerstandes und trugen zur Bewahrung der kulturellen Idendität bei. Sie werden trotz der heute vorherrschenden Pop-Musik immer noch gesungen.
Melodien kretischer Musik sind bei uns u. a. durch die Kompositionen von Mikis Theodorakis (⟶ Berühmte Persönlichkeiten) populär geworden.

Instrumente

Das wichtigste Instrument der kretischen Musik stellt die Lýra dar, ein dreisaitiges Streichinstrument mit einem Schellenbogen. Das Santúri, das auch von Alexis Sorbas gespielt wird, ist ein weiteres wichtiges Saitenin-

Musik, Instrumente (Fortsetzung)

strument. Dazu kommen im Kleinorchester noch die aus Venezianerzeiten stammende Laútros (Laute) und die Askomantúra, ein Blasinstrument.

Mantinádes

Bei Familienfeiern kommen oft Mantinádes zum Vortrag, gesungene Verse mit Musikbegleitung, die aus dem Stegreif die Anwesenden mit Witz und Anspielung auf die Schippe nehmen.

Tanz

Allgemeines

Tanz ist in der kretischen Gesellschaft – als Ausdruck ihres Lebensgefühls – tief verwurzelt und wird oft und überall ausgeführt.
Die meisten kretischen Tänze haben sich in einer bestimmten Region herausgebildet, wurden dann aber abgewandelt auch in anderen Gegenden getanzt. Sie werden von Vereinen und Volkstanzgruppen gepflegt. Außer den unten aufgeführten Tänzen gibt es noch weitere, die heute aber leider nicht mehr in Gebrauch sind.
Kreta-Besucher könnten den falschen Eindruck gewinnen, daß hier nur die Männer tanzen. Aber auch die Frauen tanzen viel und gern, auf religiösen Festen und Feiern wie Taufe und Hochzeit.
Wenn der Besucher auf eine Gruppe von tanzenden Kretern trifft, sollte er nicht glauben, er könne nicht mittanzen, weil er die Schritte nicht kenne. Die Einheimischen werden diese Denkweise nicht verstehen.
Im kretischen Tanz werden positive und negative Gefühle ausgedrückt. Dies wird auch in dem folgenden Ausspruch von Alexis Sorbas in Níkos Kasantzákis' (⟶ Berühmte Persönlichkeiten) gleichnamigen bekannten Roman deutlich: "Chef ich habe dir viel zu sagen, ich habe keinen Menschen wie dich geliebt, ich habe dir viel zu sagen, aber meine Zunge schafft es nicht. Ich werde es dir also vortanzen ..."

Sirtáki

Viele halten den Sirtáki für einen alten kretischen Tanz, aber er ist vielmehr ein Produkt der Traumfabrik Hollywood, denn er entstand 1964 im Zusammenhang mit dem Film "Alexis Sorbas". Da für den Hauptdarsteller Anthony Quinn kretischer Tanz zu schwierig war, wurde für ihn zu der Musik von Mikis Theodorakis ein einfacherer Tanz entworfen, eben der Sirtáki (⟶ Baedeker Special).

Siganos

Der Siganos ('Langsame'), der auch 'Tanz des Theseus' genannt wird, bildet die Einleitung für den Pentosális (s. u.). Er ist ein langsamer Tanz, der von leisen Lauten- und Lýraklängen begleitet wird.

Pentosális

Der Pentosális ('Fünf-Schritt-Tanz'), wie alle kretischen Tänze minoischen Ursprungs, ist ein temperamentvoller Tanz mit lebhafter Musik und besteht aus fünf Grundschritten. Er bietet die Möglichkeit zu Improvisationen und außergewöhnlichen Sprüngen des Vortänzers.

Sirtós

Der leichte Sirtós ('Rundtanz'), auch Chaniótikos genannt, ist der ursprünglichste Tanz Kretas. Er stammt eigentlich aus Chaniá, wird heute aber überall auf der Insel gepflegt. Männer und Frauen führen die Tanzschritte mit schleifenden Füßen aus.

Sústa

Der aus Réthimnon stammende Sústa ('Federtanz') ist der einzige Paartanz Kretas. Er ist ein erotischer Tanz, bei dem sich Männer und Frauen mit sechs leicht hüpfenden Schritten einander nähern und wieder voneinder entfernen.

Kastrinós

Der Name des Kastrinós leitet sich von 'Megalo Kastro' (Iráklion) ab und wird auch 'Maleviziotikos' nach dem Gebiet Maleviziu genannt. Er ist ein Männertanz, der von großen Sprüngen gekennzeichnet ist.

Pidikto

Der Pidikto, dessen Ursprung in der Gegend von Iráklion liegt, weist wie die anderen Tänze auch viele Varianten auf.

Baedeker Special

Wenn Sorbas den Sirtáki tanzt

"Ein Unbekannter von ungefähr fünfundsechzig Jahren, hochgewachsen, hager, mit aufgesperrten Augen, hatte sein Gesicht an die Scheibe gepreßt und blickte mich an. Er hielt ein kleines plattes Bündel unter dem Arm. Was mir besonderen Eindruck machte, waren seine Augen. Sie waren spöttisch, traurig, unruhig, ganz Feuer. So schien es mir wenigstens. Sobald sich unsere Blicke begegneten, war es, als sei er sich sicher, daß ich der war, den er suchte. Entschlossen öffnete er die Tür. Mit schnellen elastischen Schritten ging er an den Tischen vorbei und blieb vor mir stehen. "Hast du eine Reise vor ?" fragte er mich. "Wohin mit Gott ?" "Nach Kreta. Warum willst du das wissen ?" "Kannst du mich mitnehmen ?"
So beginnt die seltsame Begegnung zwischen einem jungen englischen Schriftsteller und einem Mann namens Alexis Sorbas – zwei Menschen, wie man sie sich gegensätzlicher nicht vorstellen könnte: der eine gebildet, introvertiert und eher in seinen Büchern als im richtigen Leben zuhause; der andere voller Lebensdrang und ungestümer Leidenschaft bei allem, was er tut, ein Mann, der vor allem aus dem Bauch und mit dem Herzen lebt. Es ist die Geschichte einer Männerfreundschaft, die vor dem Hintergrund des kretischen Alltags in all seiner Härte, aber auch all seiner Poesie und unverbrauchten, archaischen Schönheit erzählt wird. Der Autor dieser Geschichte, Níkos Kasantzákis, stammte zwar von Kreta, war bei aller Verbundenheit mit seiner Heimat aber auch ein überaus kosmopolitischer Geist und ein scharfsichtiger Kritiker seiner Landsleute. Sein 1946 erschienener Roman über Alexis Sorbas machte ihn, der in Griechenland als Schriftsteller kein Unbekannter mehr war, mit einem Schlag weltberühmt. Wenige Jahre nach dem Erscheinen der griechischen Ausgabe lagen bereits eine englische und eine deutsche Übersetzung vor.
Was viele nicht wissen: Alexis Sorbas ist nicht eine reine Erfindung von Kasantzákis, sondern es hat ihn tatsächlich gegeben. Der richtige Sorbas hieß nicht Alexis, sondern Giorgos und war Bergarbeiter. Im Jahre 1916 kreuzten sich die Wege von Kasantzákis und Sorbas. Der Schriftsteller und promovierte Jurist verbrachte einige Monate mit dem mazedonischen Bergmann auf dem Peloponnes, um Braunkohle zu schürfen – das Bergbauprojekt im Roman hat hier seinen realen Vorläufer. Nach ihrer gemeinsamen Zeit erhielt Kasantzakis angeblich nur noch sporadisch Nachricht von seinem Freund, der 1942 in Skopje verstarb, ohne die Insel Kreta jemals betreten zu haben. Kaum jemand – und er selbst wohl am allerwenigsten – hätte erahnt, daß Giorgos Sorbas, oder genauer gesagt, der Sorbas, den Kasantzákis aus ihm gemacht hatte, als Romanheld in die Literaturgeschichte eingehen würde!
Der Erfolg des Romans war allerdings nur das Vorspiel für eine noch weit größere Popularität, die der Geschichte dieser beiden Männer durch ihre Verfilmung beschieden sein sollte. Mit "Alexis Sorbas" gelang 1964 Regisseur Michael Cacoyannis ein Streifen, der die Menschen in Scharen in die Kinos lockte und von der Kritik mit Lobeshymnen überschüttet wurde. "Zorba the Greek", so der Originaltitel, avancierte schnell zu einem Klassiker der Filmgeschichte. Gedreht wurde der Film an Originalschauplätzen auf Kreta, vor allem in dem kleinen Fischerdorf Stavrós auf der Halbinsel Akrotíri bei Chaniá.
So manches, was im Film nach echt kretisch oder echt griechisch aussieht, entpuppt sich bei näherem Hinsehen dann aber doch als als (gekonnte) Mogelei. So zum Beispiel der Sirtáki,

den Anthony Quinn so hinreißend tanzt. Da der Schauspieler in der kurzen Zeit der Dreharbeiten die komplizierten kretischen Volkstänze nicht lernen konnte, wurde ihm zur Musik von Mikis Theodorakis – immerhin er ist Grieche – eine einfache Variante maßgeschneidert. Die meisten Urlaubern halten den Sirtáki deshalb für einen Traditionstanz.

Kedrova die alternde Bubulina, und Irene Papas die herb-schöne Witwe.
Die größten Sympathien galten und gelten allerdings dem Hauptdarsteller Anthony Quinn. Der Charakter dieses Lebenskünstlers schien dem Schauspieler mexikanischer Abstammung in einem Maße auf den Leib geschneidert, daß Schauspieler und Rolle für den

Die beiden Hauptdarsteller von "Alexis Sorbas": Anthony Quinn und Alan Bates
(© Szenenfoto aus dem 20th-Century-Film "Alexis Sorbas")

Daß der Film von Cacoyannis gegenüber dem Roman vieles vereinfacht oder schematisiert, ist jedem, der schon mehr als eine Romanverfilmung gesehen hat, nicht fremd und dürfte den Ruhm dieses Streifens wohl kaum schmälern.
Natürlich hat Cacoyannis aus den Hauptfiguren Charaktere geschaffen, die am Rande der klischeehaften Überzeichnung stehen. Daß sie dennoch so überzeugend wirken, ist der hervorragenden Besetzung zu verdanken: Neben Anthony Quinn spielte Alan Bates den jungen blaßhäutigen Schriftsteller, Lila

Zuschauer eins wurden – Quinn spielte nicht den Sorbas, er war Sorbas. Die Neuschöpfung der Filmfigur gegenüber dem Romanhelden liegt in seiner kraftvollen, ungebändigten und grenzenlos optimistischen Ausstrahlung, die sich unwillkürlich auf den Zuschauer überträgt und ihn mit einem positiven Gefühl entläßt. Wer kennt und liebt sie nicht, die grandiose Szene am Schluß des Films, als Sorbas den Zusammensturz seiner Drahtseilbahn mit den Worten kommentiert: "Chef, hast du schon jemals etwas so schön zusammenkrachen sehen ?"

Kreta in Zitaten

Hinweis

Die nachstehende Sammlung von ausgewählten Literaturzitaten ist chronologisch geordnet.

Homer
Griechischer Dichter
(8. Jh. v. Chr.)

Kreta ist ein Land inmitten des weinfarbenen Meeres,
Schön und ertragreich und wellenumflutet; es leben dort Menschen
Viele, ja grenzenlos viele in neunzig Städten, doch jede
Spricht eine andere Sprache. Es ist ein Gemisch; denn Achaier
Finden sich dort und hochbeherzte Eteokreter,
Dorer mit fliegenden Haaren, Kydonen und hehre Pelasger.
Unter den Städten ist Knossos, die große, und Minos als König
Pflegte mit Zeus, dem Gewaltigen, Rat, je neun volle Jahre.

Aus Homers "Odyssee"

Baedekers
"Griechenland"
(1904)

Zur Zeusgrotte am Ida (3–4 Tage) ... Von Anogia erreicht man in 6 St. mühsamen Aufstiegs (auch zu Pferd) am Ostabhang des Ida-Hauptgipfels ein Hochplateau, das in seinem Namen *Kampos tēs Nidas* den alten Bergnamen bewahrt. Es erstreckt sich 3–4 km von O. nach W., wird von mehreren Quellen bewässert und im Sommer von Hirten bewohnt, bei denen man übernachten kann. Die Grotte (c. 1540m ü. M.), in der Zeus' Kindheit von Nymphen und Kureten behütet wurde und die noch in römischer Zeit in hoher Verehrung stand, liegt auf der Westseite des Hochplateaus, etwa 150m oberhalb am Abhang des Ida-Gipfels, da wo der Pfad vom Gipfel herabkommt. Der Eingang, über dem die Felswand senkrecht aufsteigt, öffnet sich nach O. Der links davon vortretende Fels ist an seinem Fuß zu einem großen viereckigen Altar behauen (4,90m × 2,10m). Das Innere der Grotte zerfällt in einen hohen Hauptraum von c. 30m Druchmesser und einen niedrigeren, c. 30m langen Anhang. Die Ausgrabungen vor und in der Höhle haben sie als Zeusgrotte erwiesen und eine Menge bronzener und tönerner Weihgeschenke und Bruchstücke ergeben, die in archaische Zeiten hinaufgehen und mit den Bronzefunden von Olympia in naher Verwandtschaft stehen.
Die diktäische Zeusgrotte, mit der die Legende die Geburt des Zeus verknüpft, liegt oberhalb des Dorfes *Psychró* (etwas mehr als ein Tagesritt von Candia), am N.-Abhang des Hauptgipfels des Lasithi-Gebirges. Ihr Inneres wurde kürzlich genauer untersucht. Mit der oberen Grotte steht durch einen Schacht von c. 45m eine unterirdische Stalaktitengrotte, das eigentliche Adyton, in Verbindung. Besonders hier wurden viele Weihgeschenke aus der mykenischen und der ihr folgenden geometrischen Periode, darunter kleine Bronze-Doppeläxte, gefunden.

Theodor Däubler
Deutscher Schriftsteller
(1876–1934)

Kreta, der äußerste Splitter Europas im Südosten, die Insel des Minos und Heimat von Zeus, wird heute als Wiege der Kultur des Abendlandes betrachtet. Als noch unser ganzer Westteil, Griechenland mit inbegriffen, in Wildnis verborgen lag, strahlte bereits das Reich kretischer Fürsten über das östliche Mittelmeer.

Aus Theodor Däublers "Griechenland" (1946)

Níkos Kasantzákis
Neugriechischer Schriftsteller
(1882–1957)

Als ich bei Tagesanbruch erwachte, breitete sich rechts vor uns die große, herrscherliche Insel aus, weit und stolz, und die Berge lächelten dampfend und friedlich in der Herbstsonne. Das Meer um uns schäumte indigoblau.

Die Sonne war jetzt aufgegangen, der Nebel zerstreut, ganz Kreta von einem Ende bis zum anderen strahlte in seiner Nacktheit weiß, grün, rosig, inmitten von vier Meeren. Ein Schiff mit drei Masten war Kreta, mit seinen drei großen Berggipfeln, den Weißen Bergen, dem Psiloritis und dem Diktis, und es fuhr dahin vom Meeresschaum umspült. Ein Meeresungeheuer war es, eine Meerjungfrau mit vielen Brüsten, und sie sonnte sich, auf den Wellen ausgestreckt. Ich sah deutlich in der Morgensonne ihr Gesicht, ihre Hände, ihre Füße, ihren Fischschwanz, die straffen Brüste ... Mir sind mehrere Freuden im Leben geschenkt worden, ich darf mich nicht beklagen; doch diese hier, Kreta auf den Wellen zu sehen, gehört zu den größten.

Die kretische Landschaft ist gleich einer guten Prosa: klar durchdacht, nüchtern, frei von Überladenheiten, kräftig und verhalten. Sie drückt das Wesentlichste mit einfachen Mitteln aus. Sie spielt nicht. Sie wendet keine Kunstgriffe an und bleibt jeder Rhetorik fern. Was sie zu sagen hat, das sagt sie mit einer gewissen männlichen Strenge. Aber zwischen den herben Linien dieser kretischen Landschaft entdeckt man eine Empfindsamkeit und Zartheit, die keiner vermuten würde – in den windgeschützten Schluchten duften Zitronen- und Orangenbäume, und in der Ferne ergießt sich aus dem endlosen Meer eine grenzenlose Poesie.

Aus Nikos Kasantzákis' Roman "Alexis Sorbas · Abenteuer auf Kreta" (1946)

Ernst ist das Antlitz Kretas und vielgeprüft. Kreta besitzt etwas Uraltes und Heiliges, Bitteres und Stolzes wie die oft von Charon geschlagenen Mütter, die Palikaren geboren haben.

Aus Nikos Kasantzákis Roman "Freiheit oder Tod" (1953)

Henry Miller
US-amerikanischer Schriftsteller
(1891–1980)

Am nächsten Morgen fuhr ich mit dem Autobus nach Knossos. Bis zu den Ruinen war es noch ungefähr anderthalb Kilometer zu Fuß. Ich war so beschwingt, daß ich glaubte, auf Wolken zu wandern. Endlich sollte sich mein Traum verwirklichen. Der Himmel war bewölkt und ein leichter Sprühregen fiel, während ich einherwanderte. Wieder hatte ich, wie in Mykenä, das Gefühl, zu der Stätte hingezogen zu werden. Als ich schließlich um eine Biegung kam, blieb ich mit einem Ruck stehen; ich glaubte, ich sei angelangt. Ich schaute mich nach Ruinen um, doch es waren keine zu sehen. Einige Minuten lang starrte ich unbeweglich auf die Umrisse der flachen Hügel, die kahl gegen den blauen Himmel standen. Das muß die Stelle sein, sagte ich mir, ich kann mich nicht irren. Ich machte kehrt und ging durch Felder zum Boden einer Schlucht. Plötzlich entdeckte ich zu meiner Linken einen kahlen Bau mit grell bemalten Säulen – der Palast des Königs Minos. Ich befand mich an der Rückseite der Ruinen inmitten einer Gruppe von Gebäuden, die aussahen, als seien sie vom Feuer verzehrt. Ich ging um den Hügel zum Haupteingang und folgte einer kleinen Gruppe Griechen im Schlepptau eines Führers, der eine Sprache sprach, die mir wie reines Pelasgisch vorkam.

Über die Ästhetik von Sir Arthur Evans' Restaurationsarbeiten sind die Meinungen geteilt. Ich war nicht imstande, mir ein Urteil zu bilden, ich nahm das Geschaffene als eine Tatsache hin. Wie auch immer Knossos in der Vergangenheit ausgesehen haben mag, das hier, was Evans geschaffen hat, ist das einzige, was ich je kennen werde. Ich bin ihm dankbar für das, was er getan hat, dankbar, daß er mir ermöglichte, die große Treppe hinunterzusteigen und auf jenem wunderbaren Thron zu sitzen, dessen Kopie im Haager Friedenspalast steht und jetzt schon fast ebenso ein Denkmal der Vergangenheit ist wie das Original. Knossos spiegelt in allem, was von ihm noch erhalten ist, die Pracht und die Kraft und den Überfluß

Henry Miller
(Fortsetzung)

eines mächtigen friedlichen Volkes wider. Es ist lebenslustig – lebenslustig, gesund, heilsam. Das gewöhnliche Volk spielte eine große Rolle, das ist offensichtlich.

Griechenland ist das, was jedermann kennt, auch wenn er noch nie dort gewesen ist, auch wenn er ein Kind oder ein Idiot oder noch ungeboren ist. Griechenland ist so, wie man erwartet, daß die Erde – gäbe man ihr die Möglichkeit dazu – aussehen sollte. Es ist die erhabene Schwelle der Unschuld. Es steht da, nackt und völlig enthüllt, wie es von Geburt an dastand. Es ist nicht geheimnisvoll, nicht unergründlich, nicht furchterregend, nicht herausfordernd, nicht anmaßend. Es besteht aus Erde, Luft, Feuer und Wasser. Es verändert sich mit den Jahreszeiten in harmonischem, wellenförmigem Rhythmus. Es atmet, es ruft, es antwortet.

Kreta ist etwas anderes. Kreta ist eine Wiege, ein Instrument, ein vibrierendes Reagenzglas, in welchem ein vulkanisches Experiment durchgeführt wurde. Kreta vermag den Geist zum Schweigen zu bringen, den Aufruhr der Gedanken zu stillen.

Aus Henry Millers berühmtem Griechenland-Buch "Der Koloß von Maroussi" ("The Colossus of Maroussi", 1940), zitiert nach der deutschen Taschenbuchausgabe des Rowohlt-Verlages (1965).

Erhart Kästner
Deutscher
Schriftsteller
(1904–1974)

Kreta ist Wildnis, unbegangen und unberührt, jeder Schritt ist Begegnung; in diesem Urlaub lernt sich am leichtesten, was Griechenland ist.

Wir zogen weiter. Das Dörfchen Samaria, es sind nur zehn Häuser im Grund, berührten wir jetzt nur zu kurzer Rast. Wie alles an diesem Tage schien mir auch dies von besonderer Art: Ein Hütort inmitten der Berge – mit nichts auf der Welt zu verwechseln.
Gleich hinter dem Dorf verengt sich das Tal wieder zur Schlucht, die Schlucht zur Klamm, zum großen Ereignis.
Samaria liegt beinahe schon auf der Höhe des Meeres. Die zwei Stunden, die man von hier durch den Felsenspalt läuft bis ans Meer, bis nach Roumeli, geht es fast eben. Wir hatten inzwischen gehört, daß die Klamm noch begehbar sei – vielmehr wieder; denn einmal schon nach Oktobergewittern habe es reißende Fluten gegeben. Dann liegt Roumeli außer der Welt. Sie können von dort fünf oder sechs Monate lang nur mit Booten um die Insel herum zu den Städten gelangen.
So läuft man im steinernen Fanggriff der Wände dahin. Bald sind es 20 und 30 Schritte von Wand zu Wand, bald sind es nur zwei oder drei, und immer ein paar 100 Meter hinauf bis zum Licht. Es hallte ein jeder Schritt auf dem kiesigem Grund und jedes gesprochene Wort.
Die senkrechten Wände waren über und über begrünt mit Hängendem, Strebendem. Es muß, wenn es blüht, ein herrlicher Anblick sein. Da die Botaniker sagen, daß sich in Schluchten und Schründen Gewächse halten, die anderwärts seit Urzeiten verschwunden sind, so mag hier manches Seltene oder auch Einzige forttreiben und blühen. Aber wer soll es pflükken! Vom Grund aus bis zu einiger Höhe hinauf von der reißenden Winterflut alles vom Stein gezerrt, und von oben herab kann einer nur mit dem Seil gelangen.
Auf einmal erhob sich ein Rauschen. Platanen inmitten der Klamm zeigten Quellwasser an, und wirklich, an zehn oder 20 Stellen zugleich sprangen eiskalte Ströme aus kiesigem Grund, sogleich armesdick, und wo wir bisher auf Trockenem gegangen waren, liefen wir nun nebem dem Wildbach oder sprangen von Stein zu Stein über das klarkühle Wasser, das sich zuweilen in kristallenen Töpfen fing.

Aus Erhart Kästners "Kreta · Aufzeichnungen aus dem Jahre 1943"

Rolf Bongs

Je mehr ich von Kreta sah, um so weiter, größer, unübersichtlicher wurde die Insel, die sich mir schließlich ganz zu entziehen schien. Das, was ich sah, fügte seine Teile nicht in ein Ganzes, sondern öffnete überall neue Wege ins Unbekannte, ins Uferlose.

Aus Rolf Bongs Tagebuch "Die großen Augen Griechenlands" (1962)

Rolf Bongs (Fortsetzung) Deutscher Schriftsteller (1907–1981)

Kreta ist in Wahrheit ein Kontinent für sich und sollte es für den Touristen auch sein.

Kreta, das älteste Europa, trägt sein jugendlichstes Volk, berstend vor Vitalität und Originalität, ebenso unersättlich in seinem Lebenshunger wie bedenkenlos in der Selbstvergeudung. So viele Sedimente der Geschichte auf ihm lasten, keine Müdigkeit, keine Spur von Verbrauchtheit – allenfalls ein Touch von Weisheit, so weise, daß sie sich keine Torheit entgehen läßt.

Aus Johannes Gaitanides' Reisebuch "Das Inselmeer der Griechen · Landschaft und Menschen der Ägäis" (1962)

Johannes Gaitanides Deutsch-griechischer Schriftsteller (1909–1988)

HOTEL PLAZA
RESTAURANT

Reiseziele von A bis Z

Routenvorschläge

Vorbemerkung

Die nachstehenden Routenvorschläge sollen dem Besucher Anregungen zur Bereisung der Insel geben, ohne ihm die Freiheit der eigenen Planung und Streckenwahl zu nehmen. Die Routenführung ist so gewählt, daß die Hauptsehenswürdigkeiten berührt werden. Dennoch lassen sich nicht alle in diesem Reiseführer beschriebenen besuchenswerten Orte ohne Umwege oder Abstecher erreichen. Ihre notwendige Ergänzung finden die Routen in zahlreichen Hinweisen auf lohnende Umgebungsziele bei den Einzelbeschreibungen des Hauptkapitels 'Reiseziele von A bis Z'. Die vorgeschlagenen Streckenführungen lassen sich auf der zum Buch gehörenden Reisekarte verfolgen, die die genaue Reiseplanung erleichtert.

Hinweise

Orte und Landschaften, die in dem Hauptkapitel 'Reiseziele von A bis Z' unter einem Hauptstichwort beschrieben sind, erscheinen innerhalb der folgenden Routenvorschläge in **halbfetter Schrift**. Sämtliche erwähnten Orte, Landschaften, Gebirge, Flüsse u. a. sowie einzeln stehende Sehenswürdigkeiten, gleichgültig ob Hauptstichworte oder Umgebungsziele, sind im Namenregister am Ende des Reiseführers zusammengefaßt, so daß ein rasches und problemloses Auffinden des Gesuchten gewährleistet ist. Bei den in den Randspalten genannten Entfernungsangaben handelt es sich um gerundete Kilometerzahlen, die sich lediglich auf den direkten Routenverlauf beziehen; bei den empfohlenen Abstechern und Umwegen sind die zusätzlichen Entfernungen jeweils angegeben.

1. Von Iráklion über Knossós nach Archánes

Streckenlänge:
17 km

Man verläßt die Inselhauptstadt ** **Iráklion** nach Süden in Richtung Archánes und erreicht nach wenigen Kilometern ** **Knossós**, den berühmtesten und am meisten besuchten minoischen Palast Kretas. Der Hauptstraße nach Süden weiterhin folgend, kommt der Besucher an einem eindrucksvollen venezianischem Aquädukt (17. Jh.) vorbei, das Wasser nach Iráklion leitete. Nach kurzer Zeit folgt rechts die Abzweigung zu dem in einer ertragreichen Weingegend gelegenem Ort **Archánes**, das für seine Trauben bekannt ist.
Nördlich des Ortes finden sich zwei archäologische Sehenswürdigkeiten: die Nekropole Fúrni, eine der bedeutendsten der Bronzezeit im Mittelmeerraum, und das Heiligtum Anemóspilia, wo Menschenopfer nachgewiesen werden konnten. Ebenfalls in der Nähe von Archánes steht die Kirche von Assómatos, die wegen ihrer Fresken aus dem Jahr 1315 sehenswert ist. Von der Straße nach Süden zweigt rechts ein steiniger und holpriger Weg zum 811 m hohen Júchtas ab, von wo man einen herrlichen Blick bis nach Iráklion hat. Die Straße führt nun in südlicher Richtung weiter zu dem minoischen Herrenhaus Vathípetro, das durch seine Lage auf einer Bergnase über einem schönen Tal besticht.

◀ *Der venezianische Hafen von Chaniá ist ein beliebter Treffpunkt*

2. Von Iráklion über Górtis und Festós nach Mátala

Streckenlänge: 75 km

Die Strecke von Iráklion nach Süden zur fruchtbaren Messará-Ebene ist landschaftlich äußerst reizvoll. Man berührt zudem interessante Klöster und bedeutende Ausgrabungsstätten.
Von Iráklion fährt man durch das Chaniá-Tor in Richtung Míres nach Süden. Die Strecke führt durch das kretische Hauptanbaugebiet von Sultaninen. Sie steigt nun in großen Kurven sanft an. Beim Dorf Siva beginnt eines der bedeutendsten Weinanbaugebiete der Insel, wo der berühmte Malvasier gekeltert wird. Der weißgetünchte Felsen in Agía Varvára bezeichnet den geographischen Mittelpunkt Kretas.

Abstecher nach Rhizenia

Von hier empfiehlt sich ein Abstecher zu den etwa sechs Kilometern nördlich gelegenen Resten des antiken Rhizenia, von wo man einen spektakulären Ausblick auf das Meer und die Umgebung genießen kann.

Abstecher nach Kamáres/Ida-Gebirge

Einen weiteren allerdings längeren Abstecher von Agía Varvára sollte man in westlicher Richtung nach Kamáres im Ida-Gebirge (29 km) wegen der landschaftlichen Schönheiten und der interessanten Klöster unternehmen. Dabei kommt man über Gérgeri, wo eine Gedenkstätte an die Erschießung von Geißeln durch die Deutschen 1944 erinnert, nach Zaros, das für seine Forellenzucht bekannt ist.
Vom oberhalb dieses Ortes gelegenem Kloster Ágios Nikólaos hat man einen weiten Blick über die südlichen Ausläufer des Ida-Gebirges bis zur Messará-Ebene. Ebenfalls oberhalb der Straße weiter westlich liegt das Kloster Vrondísi, dessen Kirche mit qualitätsvollen Fresken ein Schmuckstück byzantinischer Baukunst ist.
*Valsomónero, das dritte Kloster auf der Route, bei dem Ort Vorízia zeichnet sich durch eine wunderschöne Lage und durch hervorragende Fresken aus. Von Kamáres, dem Endpunkt des Abstechers, besteht die Möglichkeit, zur gleichnamigen Höhle, einem minoischen Heiligtum, und zum Psilorítis, dem höchsten Berg des ***Ida-Gebirges**, hinaufzusteigen.

Die Hauptstraße steigt bald nach Agía Varvára zum 650 m hohen Vurvulitis-Paß an, von dem sich ein herrlicher Blick in die Messará, der gößten Ebene Kretas, öffnet. Sie biegt kurz vor Ágii Déka nach Westen ab. Bald darauf erreicht man die Ruinen von ***Górtis**, der ehemaligen römischen Hauptstadt von Kreta.

Abstecher nach Léntas

Der Abstecher von Górtis südlich nach Léntas (33 km) ist vor allem archäologisch Interessierten zu raten. In Plátanos sind zwei bedeutende frühminoische Rundgräber und in Léntas an der Südküste die Überreste der griechisch-römischen Stadt Lébena zu sehen.

Bei der Fahrt weiter auf der Hauptstraße nach Westen bieten sich immer wieder schöne Ausblicke auf die von Weinbergen und Olivenbäumen geprägte Messará-Ebene. Der 2 km nördlich der Straße liegende Ort *Vori besitzt das schönste und interessanteste Volkskundemuseum Kretas. Man nimmt nun die nach Süden führende Straße und erreicht ***Féstos**, dem nach Knossós zweitbedeutendsten minoischen Palast der Insel, in herrlicher Lage.
Knapp 3 km westlich sollte man noch die große minoische Villa ***Agía Triáda** besichtigen.
Die Hauptstraße nach Süden schlängelt sich nun in Serpentinen hinunter in die Messará-Ebene. Schon nach einem Kilometer findet sich am Ortsausgang von Ágios Ioánnis auf einem Friedhof die architektonisch interessante Ágios-Pávlos-Kirche. Weiter auf der Hauptstraße führt ein prächtiger Olivenhain zu dem reizvollen Ort Pitsídia, in dessen Umgebung viele Artischocken angebaut werden. Von dort geht rechts ein Weg zu der Ausgrabungsstätte Kommós ab, einst einer der Häfen von Festós. Nach dem Ort hat man von einer Paßhöhe einen wunderschönen Blick auf die Messará-

Übersichtskarte

2. Route (Fortsetzung)

Bucht. Die Hauptstrecke endet schließlich in Mátala, das einen sehr schönen kleinen Strand, gesäumt von Kalkfelsen mit Höhlen, besitzt. Hier kann man eine angenehme Ruhepause einlegen.

3. Von Iráklion nach Ágios Nikólaos und zurück

Streckenlänge: 175 km

Man verläßt Iráklion auf der Küstenstraße in Richtung Osten und nimmt dann die Abzweigung zur Lassíthi-Hochebene in Káto Gúrnes. Die Fahrt dorthin zählt wegen der landschaftlichen Schönheiten zu den touristischen Höhepunkten auf Kreta. In Potamiés sind die Klosterkirche Panagía Guverniotissa und im übernächsten Ort Avdú ebenfalls mehrere byzantinische Kirchen sehenswert. Die Straße führt nun in zahlreichen Windungen steil aufwärts durch eine beeindruckende Berglandschaft. Zu einer Rast bieten sich die etwas abseits der Route gelegenen Dörfer Mochós und Krássi an, wo man sich unter einer der ältesten Platanen Kretas ausruhen kann. Anschließend kommt man zu dem malerischen kleinen Kloster Kardiótissa/Kera mit schönen Fresken.
Vom Ambelos-Paß (900 m ü. d. M.), bei dem die Ruinen einiger Getreidemühlen zu sehen sind, bietet sich ein großartiger Ausblick auf die schöne ***Lassíthi-Hochebene** mit ihren vielen Windrädern. Bei der folgenden Abzweigung führt die Straße, die die Hochebene umschließt, in westlicher Richtung zu dem Ort Psichró, wo oberhalb die vielbesuchte Tropfsteinhöhle *Diktéon Ándron liegt, in welcher der griechische Göttervater Zeus geboren worden sein soll.
Wenn man auf der Hochebenen-Straße weiterfährt, erreicht man Ágios Geórgios, wo ein interessantes Volkskundemuseum den Besuch lohnt. Auch die Strecke, die von der Lassíthi in östlicher Richtung hinunter zur Küstenstraße führt, ist landschaftlich reizvoll. Auf ihr erreicht man nach gut acht Kilometern die am sehr schönen Mirabéllo-Golf gelegene Stadt ***Ágios Nikólaos** mit malerischem Ortsbild.

Abstecher nach Kritsá

Von Ágios Nikólaos sollte man unbedingt einen Abstecher in südwestlicher Richtung nach *Kritsá (11 km) unternehmen. Vor diesem Ort steht die berühmte **Panagía-Kera-Kirche, die die bedeutendsten Fresken Kretas besitzt. Etwas weiter führt eine Straße nach rechts zu den beindruckenden Ruinen der dorischen Stadt *Lató, wo sich ein herrlicher Ausblick bietet.

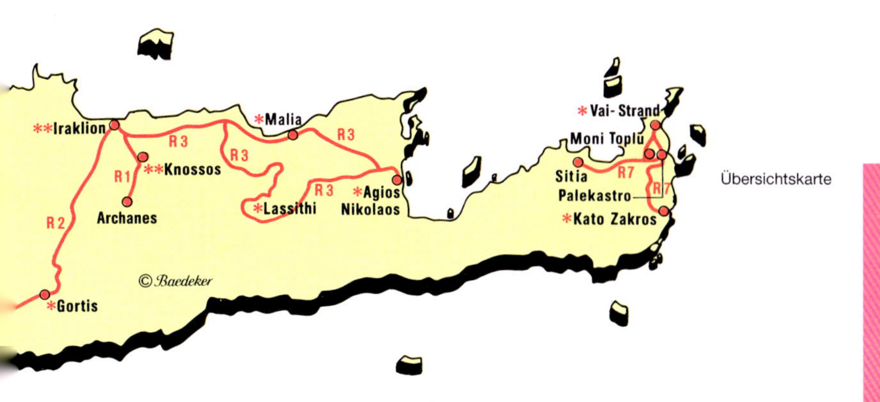

Übersichtskarte

3. Route (Fortsetzung)

Das malerisch am Berg gelegene hübsche Dorf Kritsá ist bekannt für seine Webereien und Handarbeiten. Für kunsthistorisch Interssierte empfiehlt es sich, noch zu dem 4 km südlich entfernten Dorf Kroustás weiterzufahren. Etwa auf halbem Weg dorthin findet man eine Ágios-Ioánnis-Kirche mit prächtiger Ikonostase und 4 km südlich des Dorfes noch eine gleichnamige Kirche, die für ihre Fresken aus dem Jahr 1347 bekannt ist.

Umweg nach Elúnda

Zudem bietet sich von Ágios Nikólaos ein Umweg (23 km) an auf der Küstenstraße zu dem nördlich in einer schönen Bucht gelegenen Ort *Elúnda mit den Resten der antiken Stadt Olús. Die Fahrt dorthin bietet herrliche Ausblicke auf den schönen **Mirabéllo-Golf. Von Elúnda kann man noch einen Bootsausflug zur Felseninsel Spinalónga mit einer bedeutenden Festung unternehmen. Die Straße führt im Bogen nach Westen zu dem sehr schönen Ort Kastélli und trifft dann auf die Hauptstraße.

Auf der Rückfahrt nach Iráklion sollte man noch einen Stopp bei den Ruinen des mittelminoischen Palastes Mália einlegen, der neben Knossós und Festós bedeutendsten minoischen Anlage Kretas.

4. Von Chaniá zur Samariá-Schlucht

Streckenlänge: 42 km

Von ***Chaniá*** fährt man die Straße in südwestlicher Richtung nach Ómalos und zur berühmten Samariá-Schlucht, einer der landschaftlichen Höhepunkte Kretas. Nach 15 Kilometern ist Fournés erreicht.

Abstecher nach Mesklá

Der Abstecher (6 km) nach Mesklá ist kunsthistorisch interessierten Besuchern zu empfehlen. Dazu zweigt man in Fournés südlich nach Mesklá ab, wo die Kirche Sotíros Christu mit Fresken aus dem Jahr 1303 aufwartet.

Weiter geht die Fahrt in südlicher Richtung durch eine beeindruckende Felslandschaft zur fruchtbaren Ómalos-Hochebene. Sechs Kilometer südlich beginnt am Paß von Xilóskalo die großartige, 18 km lange **Samariá-Schlucht, die man in etwa sechs Stunden durchwandern kann. Von dem am Ausgang der Schlucht gelegenem Ort Agía Ruméli führt ein 4 km langer Fußweg zur Ágios-Pávlos-Kirche, die sich durch ihre eindrucksvolle Lage am Meer auszeichnet.

5. Von Chaniá zur Halbinsel Akrotíri

Streckenlänge:
24 km

Auf der Fahrt von Chaniá zur Akrotíri-Halbinsel kommt man zunächst zum Berg Profítis Elías, wo sich die nationale Gedenkstätte für den kretischen Staatsmann Eleftérios Venizélos (⟶ Berühmte Persönlichkeiten) und seinen Sohn Sophoklis befindet. Man folgt der Hauptstraße zum Flughafen und fährt von dort nach Norden weiter. Nach wenigen Kilometern ist Ágia Triáda erreicht, eines der bedeutendsten Klöster Kretas.

Landschaftlich äußerst reizvoll ist die Fahrt zum 4 km weiter nördlich beeindruckend auf einem Höhenzug gelegenem Kloster *Guvernéto, von wo man einen herrlichen Ausblick genießen kann. Von dort empfiehlt sich eine schöne kleine Wanderung zum verlassenen Kloster Katholikó.

6. Von Réthimnon über Arméni zum Kloster Préveli

Streckenlänge:
38 km

Man verläßt ***Réthimnon** in südlicher Richtung und fährt auf der Hauptstraße nach Agía Galíni bis nach Arméni, wo es eine interessante Nekropole zu besichtigen gibt. Die weitere Fahrt nach Süden führt durch eine reizvolle Landschaft. Nach etwa zwölf Kilometern kommt die Abzweigung von der Hauptstraße nach Süden zum Préveli-Kloster. Die folgende Strecke ist landschaftlich sehr eindrucksvoll. Man passiert die grandiose Kurtaliótiko-Schlucht, in die man hinunterwandern kann.

Wenige Kilometer nach dem Ort Assómatos findet sich eine malerische türkische Brücke, und kurz darauf folgen die Klosterruinen von Kato Moní Préveli. Die Agía-Fotiní-Kapelle ein Kilometer weiter links in der Schlucht ist wegen ihrer Fresken (um 1500) sehenswert. Schließlich ist das vielleicht

Herb-schöne Landschaft bei Zákros

6. Route (Fortsetzung)

schon 1000 Jahre alte Kloster *Piso Moní Préveli erreicht, das mit einer herrlichen Lage aufwarten kann.
Auch für Badefreunde ist diese Route zu empfehlen, da der nahegelegene Strand von Préveli mit Palmen sehr schön ist.

7. Von Sitía über den Váï-Strand nach Káto Zákros

Streckenlänge: 55 km

Von **Sitía** nimmt man die Straße nach Osten und erreicht bald Agía Fotiá, wo eine minoische Nekropole einen Besuch lohnt. Die Fahrt geht weiter nach Nordosten durch eine herbe karge Landschaft mit eigenartigem Reiz. Das festungsartige Kloster Toplú war Zentrum des Widerstands gegen die Türken. Die Straße führt nach sechs Kilometern an einer Kreuzung nach Norden und kurz darauf folgt die östlich Abzweigung zum *Váï-Strand, wo der einzige Palmenhain Kretas zahlreiche Besucher anlockt.

Abstecher nach Ítanos

Zur Straße zurückgekehrt empfiehlt sich für archäologisch Interessierte noch ein Abstecher 2 km nördlich zu den Ruinen der einst mächtigen antiken Stadt Ítanos.
Man fährt nun die Straße Richtung Süden bis Palékastro, wo die wenigen Reste von Russolákkkos, der neben Gurniá bedeutendsten Stadtsiedlung Kretas, zu finden sind. Die Route endet 25 km weiter südlich bei den Ruinen von *Káto Zákros, einem bedeutenden minoischen Palast.

Reiseziele von A bis Z auf Kreta

Agía Triáda

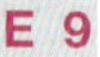

Neugriechisch

Αγία Τριάδα

Nomós: Iráklion
Hauptort: Iráklion

Lage

Etwa 2 km westlich der Ausgrabungsstätte von Festós, am Nordrand des Höhenrückens und mit dem Palast einst durch eine gepflasterte Straße verbunden, liegen die Reste der minoischen Villa Agía Triáda (geöffnet Mo. bis Sa. 8.30–15.00, So. 9.30–14.30 Uhr). Von Festós ist der Weg dorthin ausgeschildert. Um das Ausgrabungsfeld zu erreichen, muß man vom Parkplatz noch ein kurzes Stück abwärts gehen.

Hinweis

Die genaue Datierung der frühminoischen (FM I–III), mittelminoischen (MM I–III) und spätminoischen (SM I–III) Periode ist der Tabelle auf S. 35 zu entnehmen.

*Villaruinen

Da der antike Name nicht überliefert ist, erhielt die große minoische Villa ihren Namen nach der 250 m südwestlich stehenden byzantinischen Kirche Agía Triáda ('Hl. Dreifaltigkeit') aus dem 14. Jh. und dem ehemaligen gleichnamigen Dorf.
Die Gegend war etwa seit dem 3. Jt. besiedelt. Die Villa wurde um 1550 v. Chr. nach dem Aufbau des neuen Palastes in Festós errichtet, allerdings 1450 v. Chr. durch Feuer zerstört. Etwas später, in der spätminoisch III oder mykenischen Periode, war die Gegend wieder bewohnt, wie es die umfangreiche Bautätigkeit erkennen läßt. Während der klassisch-griechischen Zeit gab man Agía Triáda als Wohngegend auf, es blieb jedoch immer eine Kultstätte. Damals stand hier ein Tempel des Zeus Velchanos.
Das Areal wurde ab 1902 von italienischen Archäologen erforscht, wobei die Villa und außerordentlich reiche Funde ans Licht kamen, die sich jetzt größtenteils im Archäologischen Museum von Iráklion befinden. Dazu gehören Fresken und sehr bedeutende Werke der Steinschneidekunst – so die einzigartige Schnittervase (s. Abb. S. 149) – sowie die umfangreichste Sammlung von Linear-A-Schrifttäfelchen. Vor allem aber ist der berühmte Sarkophag von Agía Triáda (s. Abb. S. 154) zu nennen.

Rundgang

Östlich des Eingangs der Villa, die einen untypischen Grundriß in L-Form aufweist, befindet sich zunächst ein spätminoisches Heiligtum, in dem Fresken mit Delphin- und Oktopusmotiven entdeckt wurden. Nördlich stößt man auf den Wohntrakt für die Dienerschaft, westlich davon auf Magazinräume. Der Südhof war nach Ansicht von Archäologen das Zentrum der Kultfeiern von Agía Triáda. An seiner Nordostecke führt eine Treppe auf die Agorá und die Wohnstadt hinunter und im Norden des Hofes eine weitere Treppe zu einem Wohntrakt ins Obergeschoß. Dieser bestand aus prächtigen kleinen Räumen, die durch Lichthöfe erhellt wurden. Westlich schließt sich ein spätminoisch III Mégaron an, wohl einer der ersten

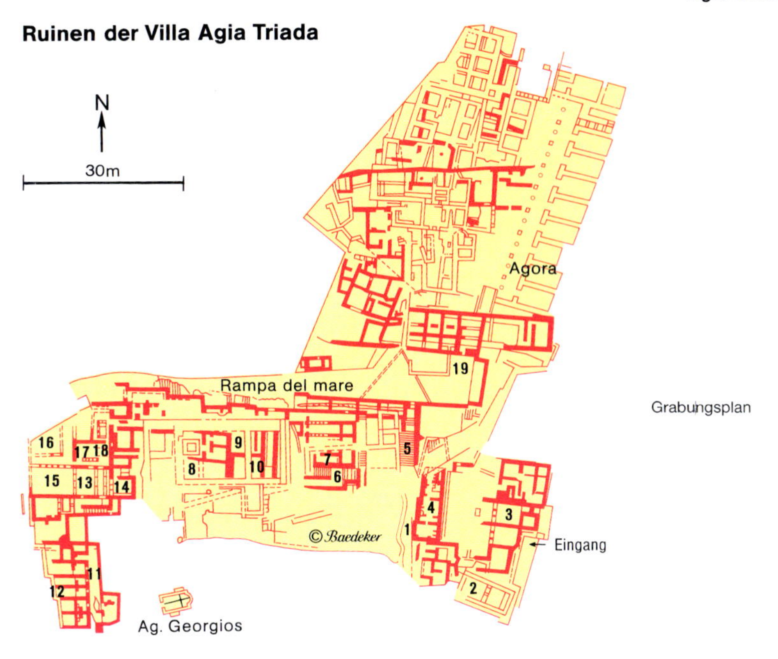

Grabungsplan

1 Minoische Straße
2 Heiligtum
3 Diener-Wohntrakt
4 Magazine
5/6 Treppe
7 Wohntrakt
8 Megaron
9/10 Magazine
11 Korridor
12 Magazine
13 Portikus
14 Privatraum
15 Hauptsaal
16 Hof
17 Archiv
18 Raum mit Fresken
19 Pfeilerhalle

Rundgang (Fortsetzung)

mykenischen Fürstenbauten auf Kreta. Innerhalb liegen Magazine, in denen Pithoi zu sehen sind. Hier wurde die berühmte Schnittervase entdeckt. Die oberhalb des Hofes stehende byzantinische Ágios-Geórgios-Kapelle stammt aus dem Jahr 1302. Einige Fresken sind erhalten.
Wenige Schritte westlich der Kapelle trifft man auf das Südende des Westflügels, wo im Korridor der wertvolle Prinzenbecher, eines der Meisterwerke der minoischen Kunst, gefunden wurde. Daran schließen sich Magazine an. Nördlich gelangt man in einen zweisäuligen Portikus, der in einen doppelten Lichthof überleitete. Ganz im Osten liegt ein heute wieder mit einem Dach versehener Privatraum, der an drei Seiten mit einer Bank versehen ist. Durch die Tür an seiner Nordseite kommt man in das sog. Schlafgemach mit einer Besonderheit: eine erhöhte Platte, die vermutlich als Untergrund für eine Schlafstelle diente.
Geht der Besucher durch den Lichthof und den Portikus zurück, wird der Hauptsaal erreicht. Dessen nördliche Türfront öffnet sich zu einem Hof, der wohl als Aussichtsterrasse benutzt wurde, da man von hier einen schönen Ausblick auf das Meer und das Ida-Gebirge hat. Östlich des Hofes befindet sich das sog. Archiv, denn hier ist der Fundort zahlreicher Tontäfelchen mit der Linear-A-Schrift. Unmittelbar östlich liegt ein kleiner Raum, in dem u. a. das sog. Wildkatzenfresko entdeckt wurde. Die von den Ausgräbern so bezeichnete Terrasse Rampa del Mare erreicht der Besucher über eine

Die Ruinen der Villa Agía Triáda mit einer beeindruckenden Treppe

Agía Triáda, Rundgang (Fortsetzung)

Treppe ganz im Norden. An ihrem Ostende steht eine Halle mit fünf Pfeilern. Weiter nördlich breitet sich ein spätminoisches Stadtviertel aus und davor der Marktplatz, die Agorá.

Nekropole

Durch das Tor an der Nordostecke des Ruinengeländes erreicht man eine Nekropole, die zwei Kuppelgräber und ein Schachtgrab umfaßt. In diesem wurde der berühmte Sarkophag von Agía Triáda gefunden, auf dem Vorstellungen vom Leben nach dem Tod deutlich werden.

Ágios Nikólaos D 15

Neugriechisch

Αγιος Νικόλαος

Hauptort des Nomós Lassíthi
Einwohnerzahl: 8500

Allgemeines

Ágios Nikólaos ist die Hauptstadt des Verwaltungsbezirks Lassíthi und einer der bedeutendsten Fremdenverkehrsorte Griechenlands. Es wird wegen der guten Strände in der Umgebung, der vielen, z. T. hervorragenden Hotels und zahlreicher Ausflugsmöglichkeiten, auch in den Ostteil der Insel, von Touristen besonders zu längerem Aufenthalt geschätzt.

*Ortsbild

Das am Westufer des sehr schönen Mirabéllo-Golfs gelegene malerische Städtchen Ágios Nikólaos nimmt vor allem durch seine mediterrane Atmosphäre ein. Es ist geprägt von einer geschäftigen Lebendigkeit, die zwar vom Tourismus beeinflußt ist, aber nicht in Rummel und Hektik ausartet. Obwohl die Platía Eleftérias Venizelú der eigentliche Mittelpunkt der Stadt ist, konzentriert sich das Leben am Hafen und an dem bezaubernden kleinen Vulisméni-See, wo es vielbesuchte Restaurants und Cafés gibt.

Blick auf den malerischen Ort Ágios Nikólaos

Geschichte

In der Antike hieß der Ort 'Lató prós Kamára' und war seit dem 3. Jh. v. Chr. Hafen der Stadt Lató Etéra. Auch in byzantinischer Zeit hatte der Hafen wirtschafftliche Bedeutung. In der Folge des Vierten Kreuzzuges war das Gebiet im 13. Jh. von Genuesen und Venezianern hart umkämpft.
Von den Genuesen oder den Venezianern wurde eine Festung errichtet, die wegen der schönen Aussicht den Namen 'Mirabello' erhielt. Der Hafen verlor an Bedeutung, nachdem die Venezianer nordwestlich des Ortes, in der Gegend von Elúnda, den besser geschützten Hafen Porto di San Nicolo angelegt hatten. Um 1870 siedelten sich mit Zustimmung der türkischen Herren Skafioten aus Westkreta hier an und nannten den bis dahin kaum bevölkerten Ort nach der Kirche Ágios Nikólaos, die auf der Landzunge am Hafen steht und dem hl. Nikolaus als Patron der Seefahrer geweiht ist.

Sehenswertes in Ágios Nikólaos

*Vulisméni-See

Am Hafen liegt der malerische, von Felswänden umgebene, 64 m tiefe Vulisméni-See, der mit dem Hafen durch einen kurzen Kanal verbunden ist. Er ist neben dem Kurnás-See im Nomós Chaniá der einzige Süßwassersee Kretas. Im 19. Jh. wurde er durch einen Stichkanal mit dem Meer verbunden. In dem See soll der Sage nach die Göttin Athene gebadet haben.

*Archäologisches Museum

Öffnungszeiten
tgl. außer Mo.
8.30–15.00

Das Archäologische Museum, das nach dem von Iráklion zweitbedeutendste Museum Kretas, wurde 1970 errichtet, um die reichen neuen archäologischen Funde aus Ostkreta aufzunehmen, die bis dahin in Iráklion untergebracht waren.
Das Museum muß man wegen seiner zauberhaften Vasen, der außergewöhnlichen Gefäße und den fremdartigen und geheimnisvollen Idolen un-

Stadtplan

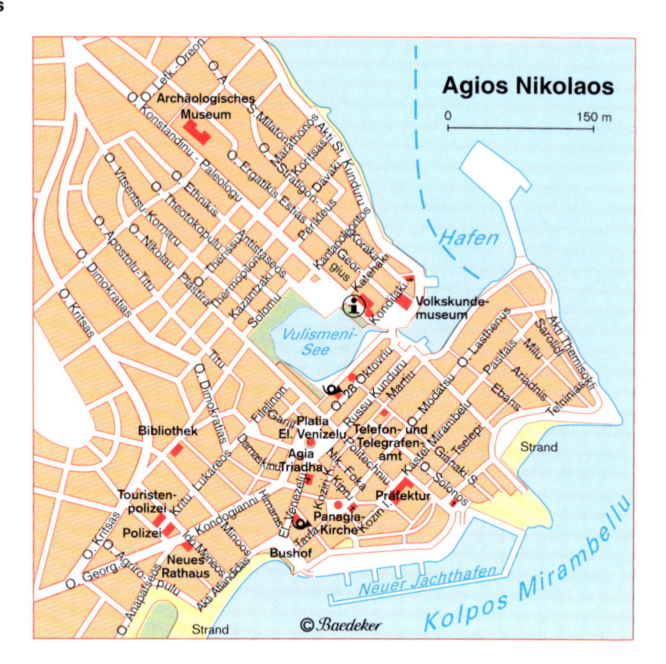

Archäologisches Museum (Fortsetzung)

bedingt besuchen. Die Exponate reichen von der neolithischen Epoche bis zum Ende der griechisch-römischen Periode, wodurch der Besucher einen guten Überblick über die Entwicklung der Kunst auf Kreta gewinnt.

Hinweis

Die genaue Datierung der frühminoischen (FM I–III), mittelminoischen (MM I–III) und spätminoischen (SM I–III) Periode ist der Tabelle auf S. 35 zu entnehmen.

Rundgang

Der Rundgang erfolgt im Uhrzeigersinn entsprechend der Saal- und Vitrinennummern auf dem Grundriß, die denen im Museum entsprechen.

Saal I

In Saal I sind Funde aus neolithischer und frühminoischer Zeit (6000–2100 v. Chr.) zu sehen.

Vitrine 1

Frühminoische Funde aus der Siedlung Furnú Korfí bei Mírtos: Gefäße im geflammten Vassilikí-Stil, Figuren, Gewichte, Spinnwirtel und die frühesten Bronzefischhaken auf Kreta.

In den folgenden Vitrinen 48, 4, 5 und 46 sind überwiegend Funde aus der frühminoischen Nekropole Agía Fotiá bei Sitía ausgestellt.

Vitrine 48

Schnabelkannen und Bronzedolche mit verstärkter Mittelrippe, darunter der mit 32 cm längste frühminoische Dolch. Von besonderem Interesse ist der hervorragend erhaltene Dolch, der mit umgebogener Spitze neben dem Toten gefunden wurde. Man hat ihn ebenfalls ‘getötet’, damit er seinen Besitzer im Jenseits wiederfindet.
Die schwarze glatte Kanne mit einem großen Henkel und einem hohen Ausguß ist eine Seltenheit.

Vitrine 3

Keramik des ‘feinen grauen Stils’.

Vitrine 4

Pyxis mit eingeritzten Zickzack-Mustern, Tassen und Schalen.

Vitrine 5

Doppelkonischer Becher mit Ritzornamenten, ein schönes Exemplar des Pírgos-Stils; Obsidianklingen und Opfergefäße.

Vitrine 6

Knochen aus dem Neolithikum und Keramik von verschiedenen Fundorten.

Vitrine 2

Das neolithische phallusartige Idol, das aus der Höhle Pelekita bei Zákros stammt, ist ungewöhnlich für Kreta.

Vitrine 46

Gefäß in einmaliger vogelartiger Form mit Strichverzierung; weitere interessante Gefäße sind die große Pyxis mit konischem Deckel und der Kernos mit zwei auf einem erhöhten konischen Fuß aufgesetzten Pyxiden; das schwarze glänzende 'birnenförmige' Gefäß ist der älteste von den Kykladen eingeführte Vasentyp.

Saal II

Die Exponate in Saal II stammen aus früh- und mittelminoischer Zeit (2500 bis 1900 v. Chr.)

Vitrine 8

Frühminoische Funde aus Mírtos: Keramikgefäße wie Tassen, Schalen und Schnabelkannen sowie Vasen im Vassilikí- und Mírtos-Stil. Erwähnenswert ist die sehr ansprechende dreifüßige Pyxis mit einem flachen Deckel.

Vitrine 9

Außergewöhnliche Fundstücke aus der frühminoischen (II–III) Nekropole auf der Insel Móchlos: Goldschmuck in Form von Bändern, Blättern und Blumen (z. B. eine Haarnadel in Form eines Gänseblümchens) sowie ein Diadem, das wertvollste Schmuckstück des Museums, auf dem Ziegen in abstrahierter Form zu erkennen sind; den Schmuck fand man in dem zer-

Archäologisches Museum Agios Nikolaos

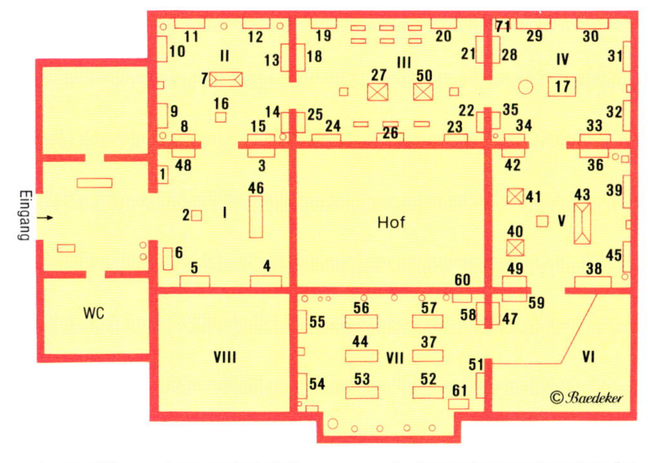

Grundriß

I Neolithikum und frühminoische Zeit (6000 – 2100 v. Chr.)
II Früh- und mittelminoische Zeit (2500 – 1900 v. Chr.)
III Mittel- und spätminoische Zeit (1900 – 1050 v. Chr.)
IV Spätminoische und geometrische Zeit (1500 – 750 v. Chr.)
V Geometrische und klassische Zeit (800 – 450 v. Chr.)
VI Archaische und klassische Zeit (550 – 400 v. Chr.)
VII Hellenistische und römische Zeit (4. Jh. v. Chr. bis 2. Jh. v. Chr.)

Archäol. Museum, Vitrine 9 (Fortsetzung)

drückten Silberväschen; Gefäße aus Stein oder Konglomeratgestein wie die 'Teekanne' in eleganter Farbigkeit. Geflammte Keramik im Vassilikí-Stil.

Vitrine 10

Steingefäße von verschiedenen Orten und Funde vom Gipfelheiligtum von Petsofás/Paléochora

Vitrine 11

Fundobjekte von verschiedenen Orten: Steingefäße; zwei interressante Exemplare der Hell-Auf-Dunkel-Malerei: ein konischer Napf, der zum Trinken verwendet wurde, und ein Becher mit einem großen Henkel und reichem Ornament.

Vitrine 12

Mittelminoische Stein- und Keramikgefäße, z.B. Schnabelkannen, aus einem Grab bei Zákros.

Vitrinen 13 und 14

Frühminoische Funde aus Mírtos: Vasen, Siegel, Figurinen und Webgewichte; besonders schön ist die helle Vase mit roter Linienverzierung im Mírtos-Stil (14).

Vitrine 15

Funde aus dem mittelminoischen Gipfelheiligtum in Priniás: Weihegaben in Form von Tieren und vor allem von Adoranten und Priesterinnen, die die Hände in Anbetungshaltung erhoben haben. Diese Figuren lassen Rückschlüsse auf die damalige Mode und Haartracht zu.

Vitrine 16

Die aus Furní stammende 'Göttin von Mírtos' ist das bedeutendste Exponat des Museums, ein Meisterwerk der FM-II-Epoche. Die stark stilisierte Figur besitzt einen glockenförmigen Körper, einen überlangen Hals und einen sehr zierlichen Kopf. Die Brüste sind aufgesetzt und das Schamdreieck gemalt. Im Arm hält sie einen kleinen Krug, der mit roten Linien im Mírtos-Stil bemalt und dessen Öffnung gleichzeitig der Gefäßausguß ist.

Glanzstück des Museums: Die Göttin von Mírtos

Saal III

Saal III präsentiert Stücke aus mittel- und spätminoischer Zeit (1900–1050 v.Chr.).

Vitrine 18

Funde aus mittelminoischen Gipfelheiligtümern: Adoranten, wobei die nackten Brüste der Frauen wohl im Zusammenhang mit der Fruchtbarkeit eine rituelle Bedeutung haben; einmalig die zusammengesetzten Stierhörner aus Stuck; ein interessantes Exemplar eines stierförmigen Rhýtons.

Vitrine 19

Funde aus dem mittelminoischen Gipfelheiligtum von Priniás: erwähnenswert ist das Rhýton in Form eines großen Stierkopfes (teilweise ergänzt).

Vitrinen 20 und 21

Funde aus der spätminoischen Villa von Makrigiálos: besonders beachtenswert ist das wunderbare Alabastron im Meeresstil (21).

Vitrine 22

Funde aus Gräbern (SM III) von Myrsíni: sehr schöne Gefäße; interessant ist der Deckel eines Rauchgefäßes mit Kulthörnern; sehr elegant die dreihenklige Amphora mit Papyrusdekor.

Vitrine 23

Spätminoische Funde aus Sitía und von anderen Stätten Ostkretas: Steingefäße, bemalte Keramik im Floral- und Meeresstil sowie Webgewichte.

Vitrine 26

Funde aus Makrigiálos: hervorzuheben ist der marmorne konische 'Kommunionskelch', der durch einen Brand unterschiedlich gefärbt ist.

Vitrine 24

Funde aus der spätminoischen Nekropole Mílatos bei Sitía: besonders sehenswert eine Sphinx aus Elfenbein; einmalig sind ein Krokodil, ebenfalls aus Elfenbein, und die Ausgußschale aus Gips wegen ihres eingeritzten Ornamentes.

Vitrine 25

Weihegaben von Gipfelheiligtümern: Adoranten, Tiere, menschliche Torsi; die männlichen Figuren sind nicht mit Phalli dargestellt, sondern tragen den typischen minoischen Lendenschurz.
In der ersten Vitrine in der Mitte sieht man eine Steinvase in Form einer Triton-Muschel mit der Darstellung von zwei Tiergottheiten, die ein Trankopfer darbringen.

Vitrine 27

Funde von verschiedenen Ausgrabungsstätten Ostkretas: selten ist ein Tonbarren aus Mália mit der bis heute nicht entzifferten Linear-A-Schrift; bemerkenswert ist zudem eine spätminoische (I) goldene Fibel mit Brombeer-Motiv und Zeichen der Linear-A-Schrift.

Vitrine 50

Schmuck von verschiedenen Fundstätten, darunter ein Stierköpfchen aus feinstem Goldblech und ein achtförmiger Miniaturschild aus Elfenbein.
In der letzten Mittelvitrine eine spätminoische (III a) Adorantin aus Myrsíni mit zylindrischem Unterkörper und vor der Brust gefalteten Händen als Kultgeste.

Die Sarkophage in diesem Raum stammen aus der SM-III-Phase von verschiedenen Orten. Die Minoer beerdigten ihre Toten in kurzen und hohen Sarkophagen aus Ton, wobei zwei Formen auftreten: die kastenförmigen mit Füßen und Deckel sowie die wannenförmigen.

Saal IV

Aus der spätminoischen und geometrischen Periode (1500 – 750 v. Chr.) stammen die Funde in Saal IV.

Vitrine 28

Gegenstände aus der Nekropole (SM III b) bei Kritsá: kelchförmige Schalen mit hohem Fuß.

Vitrinen 71, 29, 30

Exponate von verschiedenen Fundstätten Ostkretas: interessante Darstellungen haben die beiden dreihenkligen Amphoren (29), bei denen auf hellem Grund mit dunkler Farbe Vogelmotive und hängende Lyren gemalt sind; eine bemerkenswerte Schöpfung der minoischen Bronzekunst ist die Breitrandschale (29) mit Henkel.

Vitrine 31

Funde von verschiedenen Orten: Gefäße in Entenform, schöne Masken.

Vitrine 32

Ausstellungsstücke aus dem Gebiet von Sitía: der Pithos mit einfachen Linien und Kreisen zeigt den Beginn der geometrischen Dekoration.

Vitrine 33

Geometrische Keramik ebenfalls aus dem Gebiet von Sitía: die graubraune Hydria mit aufgemalter Biene zeigt bereits den Übergang zur orientalisierenden Periode.

Vitrinen 34 und 35

Funde aus verschiedenen Nekropolen (SM III): eine Seltenheit stellt das dreiteilige Kultgefäß (34) mit vier kleinen Vögeln mit geöffneten Flügeln dar, die die Epiphanie (Gotteserscheinung) symbolisieren; charakteristisch für diese Periode sind Bügelkannen, wovon die in Vitrine 34 mit dem Oktopusmotiv ein besonders schönen Beispiel ist; erwähnenswert ist noch die helle Urne (35) mit roten stilisierten Kulthörnern, eines der frühesten Exemplare für die Sitte der Totenverbrennung.

Archäologisches Museum (Fortsetzung)	In der Mitte des Raumes findet sich die außergewöhnliche Pithosbestattung eines Kindes in einem Miniatur-Tholosgrab, das im Originalzustand ins Museum gebracht wurde.
Vitrine 17	Bronzene Werkzeuge und Waffen aus verschiedenen Gräbern: sehr elegant sind die drei großen Dolche mit Elfenbeingriff.
Saal V	Saal V zeigt Exponate der geometrischen und klassischen Zeit (800–450 v. Chr.).
Vitrinen 36, 39, 45, 38 und 49	Funde aus der Gegend von Sitía: dädalische und archaische Tonstatuetten, teilweise nur die Köpfe, mit heraustretenden Augen, gestuften Frisuren und Bemalung; sie zeigen manchmal schon das 'archaische' Lächeln.
Vitrine 40	Dädalische Terrakotten aus dem Gebiet von Ágios Nikólaos: bemerkenswert ist die Tonplatte mit einer seltenen Reliefdarstellung eines Kriegers, der ein Kind hinter sich herzieht; vielleicht handelt es sich um Achilles und Troilos.
Vitrine 41	Dädalisch-orientalisierende Funde vom Gipfelheiligtum auf dem Anávlochos.
Vitrine 42	Terrakotten und Keramik, ebenfalls vom Anávlochos: Statuetten mit drehbaren Köpfen und aufgesetzten Augenplättchen; sie weisen z. T. sehr einfache Gestaltung auf. Ein Meisterwerk ist der scharf geschnittene, einst bemalte Kopf mit dem 'archaischen' Lächeln in der Mittelvitrine.
Vitrine 43	Funde aus Olús (Elúnda) und anderen Orten: Miniaturtiere wie Löwen, Schweine, Hühner und Schildkröten, die als Symbole der Fruchtbarkeit und ehelichen Treue stehen.
Saal VI	In dem bisher nur wenig eingerichteten Saal VI werden Ausstellungsstücke der archaischen und klassischen Zeit (550–400 v. Chr.) gezeigt.
Vitrinen 59 und 47	Funde aus Olús: Terrakotten von Menschen und Tieren (Sirene), keramische Erzeugnisse wie Schalen, kleine Gefäße und eine große Pyxis (47).
Saal VII	Der Besucher kann in Saal VII Exponate der griechisch-römischen Epoche (4. Jh. v. Chr. bis 2. Jh. n. Chr.), die meisten aus der Nekropole Potamós in Ágios Nikólaos, besichtigen.
Vitrine 51	Doppelhenklige Deckelgefäße, Bronzegefäße, Steinreliefs.
Vitrine 61	Weibliche Terrakottafiguren, schlichte Keramikgefäße, Striegel.
Vitrine 52	Öllampen, Amphoren, Gemmen, Webgewichte.
Vitrine 53	Vasen, Terrakotten, Öllampen.
	Interessant ist die Sitzbadewanne am Fenster. Daneben an der Wand ein Grabstein mit der Abbildung eines Ehepaares.
Vitrinen 54–56	Keramik und Kleinfunde.
	An der Rückwand ein Totenschädel mit einem einmaligen goldenen Kranz aus stilisierten Blättern. Die Silbermünze, die Kaiser Tiberius zeigt, sollte dem Verstorbenen Einlaß ins Totenreich gewähren.
Vitrine 57	Gewichte, Vasen, Bronzemünzen.
Vitrinen 60 und 58	Rotfigurige Vasen, Öllampen, darunter eine mit 70 Öffnungen (58).

Vitrine 37

Bronzeschale und -spiegel, bronzene Striegel, Ringe.

Vitrine 44

Aromaflaschen, Terrakotten, kugelförmiger bronzener Aryballos aus dem Grab des Toten mit dem goldenen Kranz, zweihenklige Bronzeschale.

Weitere Sehenswürdigkeiten in Ágios Nikólaos

Volkskunde-museum

Im Erdgeschoß des Hafenamtes stellt das Volkskundemuseum (geöffnet tgl. außer Sa. 10.00–13.30 und 18.00–21.30 Uhr) schöne Webereien, Holzschnitzereien, Trachten und byzantinische Ikonen aus.

Ágios Nikólaos: eine der ältesten Kirchen Kretas

Ágios Nikólaos (Άγιος Νικόλαος)

Auf der Halbinsel nordöstlich der Stadt (auf dem Gelände des Hotels Minos Palace, wo auch der Schlüssel erhältlich ist) steht die Ágios-Nikólaos-Kirche aus dem 10. Jh., eine der ältesten, noch intakten Kirchen Kretas. Sie weist einen klar gegliederten harmonischen Bau auf. Die einschiffige, tonnengewölbte Kirche ist kunstgeschichtlich von Bedeutung wegen ihrer Freskenreste. Diese sind vom sog. Ikonoklasmus (726–843) beeinflußt, als figürliche Darstellungen in den Kirchen verboten waren und man deshalb nur Ornamente malte. Das einzige Beispiel für diesen Ornamentenstil auf Kreta, der allerdings im 14. Jh. mit Figuren übermalt wurde, findet man hier. In der Apsis haben Reisende des 18. Jh.s ihre Spuren hinterlassen.

Umgebung von Ágios Nikólaos

Agioi Pántes (Άγιοι Πάντες)

Der Stadt vorgelagert ist die Insel Agioi Pántes, ein Reservat für die kretischen Wildziegen.

Psíra (Ψείρα)

Auf der Insel Psíra ('Laus'), im Osten des Golfes von Mirabéllo, finden sich die Reste einer mittel- bis spätminoischen Hafensiedlung. Sie ist von Ágios

Umgebung, Psíra (Fortsetzung)

Nikólaos oder von dem Dorf Móchlos mit dem Boot erreichbar. In der Siedlung fand man qualitätsvolle Fresken und Reliefs, und unter Wasser entdeckte der Meeresforscher Cousteau eine Mole und Keramik.

**Golf von Mirabéllo (Κολποσ Μιραμπέλλου; s. Abb. S. 7)

Der sehr malerische Mirabéllo-Golf mit seinem tiefblauen Wasser ist ein besonderer 'Augenschmauß'. Beeindruckende Ausblicke auf den Golf hat man von der Straße nach Elúnda – je höher die Straße ansteigt, umso schöner der Blick – und auf der sehr schönen Küstenstrecke von Ágios Nikólaos nach Gurniá.

Elúnda (Ελούνδα)

11 km nördlich von Ágios Nikólaos liegt Elúnda schön in einer Bucht, die durch die vorgelagerte Halbinsel Spinalonga vom Meer abgeschirmt ist. Die Touristensiedlung kann mit einem ansprechenden Ortsbild und einem kleinen Naturhafen, der allerdings nur eine geringe Tiefe hat, aufwarten.

Olús (Ολούς)

Am Anfang des Ortes – von Ágios Nikólaos kommend – führt rechts eine Straße zur Landenge, die nach Spinalónga führt. Auf dem Weg kommt man an großen Wasserbecken vorbei, die schon von den Venezianern angelegt und bis vor kurzem zur Salzgewinnung genutzt wurden.
An dieser Landenge, die heute von einem kleinen Kanal durchbrochen ist, stehen drei Windmühlen, die nicht mehr in Betrieb sind. Hier stößt der Besucher auf die Reste der antiken Stadt Olús, die teilweise unter dem Meeresspiegel liegt. Sie hatte besondere Bedeutung in der klassischen und hellenistischen Zeit und war vermutlich der Hafen des westlich im Landesinnern gelegenen Dréros. Die Stadt soll eine Figur der Göttin Britomartis gehabt haben, die von Dädalos geschaffen worden war. Um Christi Geburt war sie als Seeräubernest berüchtigt. Vermutlich im 4. Jh. senkte sich die Landenge durch Erdbewegungen, so daß Teile von Olús im Wasser versanken, wo man sie heute noch sehen kann.

Basilika

Rechts an den Windmühlen vorbei, hinter einer Bar weist links ein Schild zu den Resten einer frühchristlichen dreischiffigen Basilika, von der kaum noch etwas erhalten ist, bis auf die Reste eines außergewöhnlich schönen Mosaikfußbodens mit Ornamenten und Meeresmotiven.

Insel Spinalónga (Σπιναλόγκα; s. Abb. S. 8/9)

An der Nordspitze der Halbinsel Spinalónga liegt die gleichnamige kleine Felseninsel (Kalídon; 200×400 m), die von Elúnda und Ágios Nikólaos mit dem Boot zu erreichen ist. Ihre Festung, eine der bedeutendsten Kretas, wurde 1579 von den Venezianern errichtet, um den Hafen von Elúnda zu schützen. Sie galt als uneinnehmbar. So blieb sie nach der Eroberung Kretas durch die Türken (1669) noch in der Hand der Venezianer und war für viele Kreter ein Zufluchtsort vor den neuen Herren. Schließlich kam die Festung 1715 durch einen Vertrag an die Türken und blieb bis 1898 in deren Besitz.

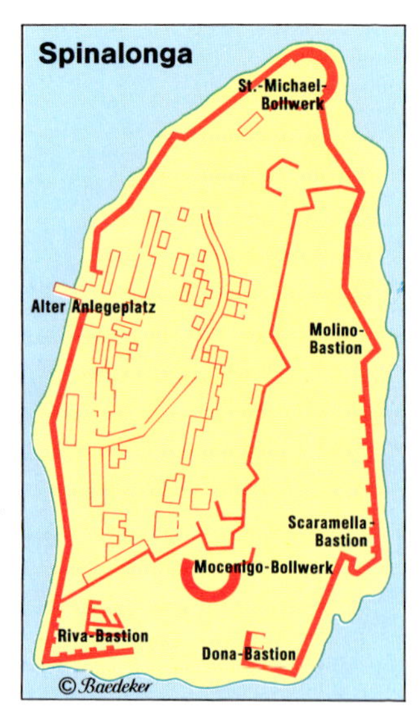

Leprastation

Von 1903 bis 1957 bestand hier eine Leprastation. Wie fast überall auf der Welt wurden die Aussätzigen aus der Gemeinschaft ausgestoßen und gezwungen, hier isoliert zu leben und zu sterben. Sie übernahmen die Häuser der Türken, die vor ihnen geflohen waren.

Umgebung, Insel Spinalónga, Leprastation (Fortsetzung)

Es bildete sich eine Art Gemeinwesen heraus. Es kam sogar zu Eheschließungen; die gesunden Kinder wurden in ein Waisenhaus aufs Festland gebracht.
Erst 1937 wurde ein Krankenhaus errichtet. 1957 löste man die Leprastation auf und brachte die letzten Aussätzigen in ein Krankenhaus nach Athen. Seither ist die Insel unbewohnt.

Festung

Am Südende der Festung (geöffnet tgl. 8.30 – 15.00 Uhr) da, wo die Boote mit den Besuchern anlegen, steht auf der linken Seite die Bastion Riva, unter der ein Gang ins Innere führt, und rechts die Bastion Dona mit dem Friedhof der Leprastation.
Auf dieser östlichen Seite lag die Hauptverteidigungslinie mit den Bastionen Scaramella und Molino. In der Mitte auf halber Höhe sieht man das starke halbrunde Mocenigo-Bollwerk, in dem eine Geschützbatterie – 1630 waren es 35 Kanonen – untergebracht war. Auf einer Felsplatte vor ihrem Eingang sind zahlreiche einfache Zeichnungen wie Segelschiffe und Wappen eingraviert, die wohl von den Leprakranken stammen.
Eine zweite Mauer verläuft auf dem Bergkamm. Im Westteil befinden sich Häuser und Magazine sowie das Haupttor. Die Nordspitze war von der Bastion San Michael geschützt.

Pláka (Πλάκα)

Das ehemalige Fischerdorf 5 km nördlich von Elúnda ist ein touristisch aufstrebender Badeort mit allen unangenehmen Begleiterscheinungen wie Bauruinen und Zersiedelung geworden. Man kann hier aber ausgezeichnet surfen. Zudem besteht die Möglichkeit, mit Booten zur Insel Spinalónga überzusetzen.

Kastélli (Καστέλλι)

Mit seinen alten venezianischen Herrenhäusern und kunstvoll geschmiedeten Toren und Geländern ist Kastélli (20 km nordwestlich von Ágios Nikólaos) eines der schönsten Dörfer der Region.

Furní (Φουρνή)

Eine hohe Platanenallee führt ins Nachbardorf Furní, in dem Ende März die Mandelbäume blühen.

Moní Aretíu

Hoch über dem Meer liegt das um 1600 gegründete und einst wohlhabende Kloster Aretíu (etwa 8 km nördlich von Kastélli) zwischen hohen Zypressen und uralten Feigenbäumen. Lange Zeit eine verlassene Ruine, wird es wieder restauriert. Von hier kann man einen schönen Ausblick genießen.

Dréros (Δρήρος)

22 km nordwestlich von Ágios Nikólaos und 2 km nordöstlich abseits der Ortschaft Neápolis liegt die ehemals bedeutende archaische Siedlung Dréros, von der nur noch wenige Mauern erhalten sind. Ein Pfad führt in etwa 10 Minuten zur Ruinenstätte auf einen Bergsattel hinauf.
An der Westseite des Geländes stößt der Besucher auf terrassenartig angelegte Räume. Die archäologischen Ausgrabungen brachten aber vor allem die mächtigen Grundmauern eines Apollonheiligtums aus dem 7. Jh. v. Chr. zu Tage, das zu den besterhaltenen und bedeutendsten archaischen Heiligtümern auf Kreta zählt.
Im Innern fand man die Reste von einem Brandopferaltar und eine Säulenbasis, in der Südwestecke eine Bank, an die später eine niedrigere Steinkiste angebaut worden war.
Hier wurden die wichtigsten Fundstücke entdeckt: ein männliches und zwei weibliche Kultbilder aus gehämmerten Bronzeblech mit Holzkernen (im Archäologischen Museum Iráklion).
Östlich vom Tempel sieht man eine große Zisterne aus dem 3. Jh. und nördlich führt eine Treppe zur Agorá hinunter, an deren Südseite noch stufenförmig angeordnete Sitzreihen zu erkennen sind.

Auf dem westlichen Gipfel des Sattels finden sich noch ein Heiligtum der Athena Poliouchos und auf dem östlichen Befestigungsanlagen von der römischen bis zur venezianischen Zeit.

*Kritsá (Κριτσά)

Ortsbild

Das 11 km südwestlich von Ágios Nikólaos entfernt liegende Kritsá zeichnet sich durch seine malerische Lage am Berghang und sein hübsches Ortsbild aus. Der Besucher findet hier viele Geschäfte mit den bekannten Webereien und Handarbeiten, die jedoch nicht alle aus griechischer Produktion stammen. Trotzdem hat sich der Ort eine gewisse Beschaulichkeit und Ursprünglichkeit bewahrt. Er wird vor allem wegen der Kirche Panagía Kera besucht.

"Griechische Passion"

Bekannt wurde Kritsá auch durch den Film "Griechische Passion", den Jules Dassin 1957 nach einem Roman des bedeutenden kretischen Dichters Níkos Kasantzákis (⟶ Berühmte Persönlichkeiten) mit einheimischen Darstellern drehte. In diesem Film wird die Passion Christi gezeigt, wobei sich Spiel und Wirklichkeit durch den Machtmißbrauch der Dorfführung zunehmend vermischen und schließlich alles in Gewalt endet.

**Panagía Kera (Παναγία Κερα)

Eine der großartigsten bayzantinischen Kunstschöpfungen ist die Kirche Panagía Kera (geöffnet Di.–Sa. 9.00 bis 15.00, So. 9.00 bis 14.00 Uhr),

Grundriß

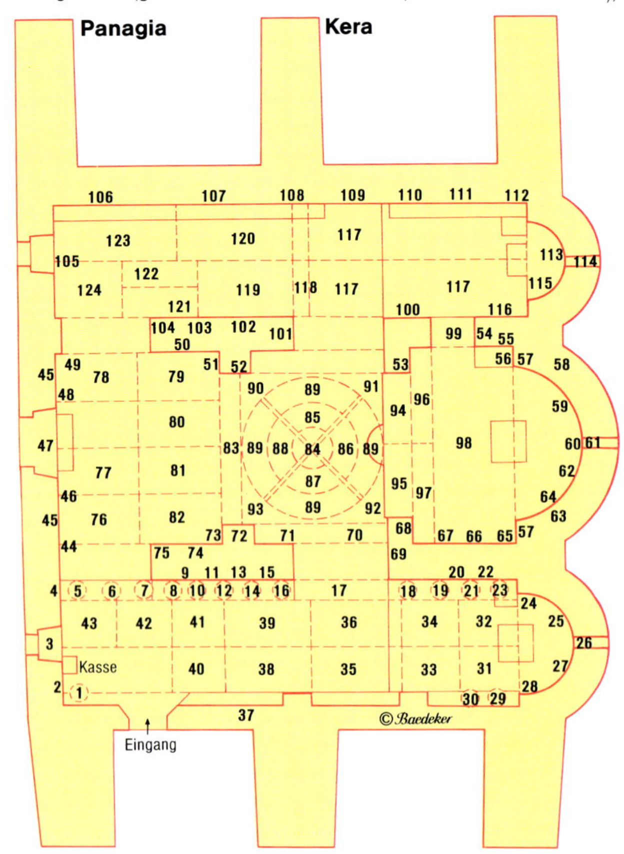

IKONOGRAPHIE

Südschiff

1 Hl. Theophano
2 Hl. Zosimos
3 Stiftungsinschrift
4 Maria Aigyptiaca
5 Hl. Justinos
6 Hl. Johannes
7 Hl. Martinos
8 Hl. Exkustodinanos
9 Hl. Irini
10 Hl. Antonios
11 Hl. Kyriake
12 Hl. Maximilianos
13 Hl. Barbara
14 Hl. Iamblichos
15 Erzengel
16 Hl. Konstantinos
17 Ornamente
18 Hl. Amonas
19 Hl. Gurias
20 Hl. Leon
21 Hl. Alexios
22 Hl. Romanos
23 Hl. Eremit
24 Petrus von Alexandrien
25 Hl. Gregorius
26 Hl. Anna
27 Hl. Athanasios
28 Hl. Eleutherios
29 Hl. Theodulos
30 Hl. Zotikos
31 Dankopfer im Haus Joachims
32 Verkündigung des Engels an Joachim
33 Anna im Gebet
34 Begegnung Joachims und Annas
35 Geburt von Maria
36 Segnung von Maria durch den Hohepriester
37 Hl. Theoodoros
38 Liebkosung Marias
39 Wasserprobe Marias
40 Tempelgang Marias
41 Traum Josephs
42 Reise nach Betlehem
43 Muttergottes mit einem Hohepriester

Mittelschiff

44 Erzengel
45 Höllenstrafen
46 Hl. Demetrios
47 Kreuzigung Christi
48 Hl. Konstantinos
49 Hl. Helena
50 Hl. Georgios
51 Hl. Franziskos
52 Hl. Sergios
53 Hl. Kyrikos
54 Hl. Titos
55 Hl. Andreas
56 Hl. Stephanos
57 Mariä Verkündigung
58 Erzengel Gabriel
59 Hl. Johannes Chrysostomos
60 Hl. Märtyrer
61 Panagía
62 Hl. Basileios
63 Erzengel Michael
64 Hl. Gregorios
65 Hl. Polykarpos
66 Hl. Eleutherios
67 Hl. Romanos
68 Hl. Julitta
69 Christus und die Muttergottes
70 Pfingsten
71 Märtyrerin
72 Hl. Bacchos
73 Hl. Petros
74 Hl. Anna und das Marienkind
75 Hl. Andreas
76 Paradies
77 Höllenfahrt Christi
78 Gastmahl des Herodes
79 Maria im Tempel
80 Abendmahl
81 Geburt Christi
82 Kindermord von Herodes
83 Merkurios Niketas
84 Engel
85 Palmenträger
86 Hl. Lazaros
87 Taufe Christi
88 Christus im Tempel
89 Die zwölf Propheten
90 Evangelist Lukas
91 Evangelist Matthäus
92 Evangelist Markus
93 Evangelist Johannes
94 Hl. Panteleimon
95 Hl. Hermolaos
96 König Salomo
97 König David
98 Himmelfahrt Christi

Nordschiff

99 Hl. Symeon Stylites
100 Hl. Antonios
101 Hl. Eugenios
102 Hl. Mardarios
103 Hl. Orestes
104 Hl. Anempodistos
105 Jüngstes Gericht
106 Die Kirchenstifter
107 Hl. Polychronia
108 Hl. Georgios Diasoreitos
109 Hl. Anastasia
110 Hl. Osia
111 Hl. Johannes Kalybitos
112 Hl. Theodosios Koinobiarches
113 Lobpreisung
114 Pantokrator
115 Hl. Johannes Chrysostomos
116 Hl. Makarios
117 Jüngstes Gericht
118 Engel
119 Paradies
120 Chor von Märtyrern und frommen Frauen
121 Die törichten Jungfrauen
122 Die klugen Jungfrauen
123 Apokalypse
124 Jüngstes Gericht

die, von Ágios Nikólaos kommend, etwa 1 km vor Kritsá auf der rechten Seite liegt. Ihre malerische Lage in einem Kiefern- und Zypressenhain vermittelt eine angenehme beschauliche Atmosphäre.
Berühmt ist die Kirche wegen ihrer restaurierten ausdrucksvollen Fresken, die die bedeutendsten von Kreta sind.
Die Panagía Kera ('Muttergottes als Herrin') ist ein sehr schöner, harmonischer dreischiffiger Bau, obwohl die drei Schiffe aus verschiedenen Zeiten datieren. Das älteste ist das Mittelschiff, das Mitte des 13. Jh.s gebaut, bereits Ende dieses Jahrhunderts teilweise zerstört und wieder errichtet

Umgebung, Panagía Kera (Fortsetzung)

wurde. Auf ihm erhebt sich ein Tambour mit flacher Kuppel. Das Südschiff der hl. Anna mit Tonnengewölbe und eigener Apsis stammt aus der ersten Hälfte des 14. Jh.s und das dem hl. Antonius geweihte Nordschiff aus der Mitte dieses Jahrhunderts. Die mächtigen Strebepfeiler wurden später angebaut.

Fresken

Die Fresken sind von unterschiedlicher Qualität. Die ältesten Fresken finden sich im Mittelschiff, in der Apsis und im Tambour (Mitte 13. Jh.), die übrigen hier stammen vom Ende des 13. Jh.s. Das Südschiff wurde während seiner Erbauung ausgemalt.
Die Malereien des Mittelschiffes zeigen, daß die Anordnung der Bilder seit mittelbyzantinischer Zeit nach streng hierarchischen Prinzipien erfolgte: von der höchsten göttlichen Macht über die himmlischen Hierarchien bis hinunter zum Menschen. Künstlerisch bedeutend ist die Himmelfahrtsszene. Im Südschiff ist die Figur der hl. Anna hervorzuheben, die durch ihre realistische Wiedergabe besticht. Am ausdrucksvollsten sind die Fresken im Nordschiff. Die einzelnen Darstellungen sind dem Grundriß auf S. 94/95 zu entnehmen.

Weitere Sehenswürdigkeiten in der Umgebung von Ágios Nikólaos

*__Lató__
(Λατό)
Lage

3 km nördlich von Kritsá liegen die Ruinen der dorischen Stadt Lató (geöffnet 9.00–15.00 Uhr). Man erreicht sie entweder auf der Straße, die am Ortseingang von Kritsá rechts abzweigt, oder auf einem Fußweg von der Panagía-Kera-Kirche, der hinter der kleinen Taverne beginnt und auf den Weg nach Lato trifft.
Von der auf einem Hügel sich ausbreitenden Ausgrabungsstätte bietet sich ein herrlicher Ausblick auf den umliegenden Bergkranz und den Mirabéllo-Golf.

Geschichte

Die Gründung von Lató y Etéra, wie es in einem Vertrag aus dem 2. Jh. v. Chr. hieß, fällt in das 8. oder 7. Jahrhundert. Es ist eine typische dorische Stadtanlage: eine an den Berghängen eines Doppelgipfels errichtete Stadt, deren Zentrum auf dem Bergsattel liegt. Die heute sichtbaren Gebäude datieren allerdings aus dem 5. und 4. Jahrhundert. Der Hafen der Stadt war Lató Kamára, der an der Stelle des heutigen Ágios Nikólaos lag. Um 1900 nahmen französische Archäologen Ausgrabungen vor, die in den letzten Jahren wiederaufgenommen wurden.

Rundgang
(s. Abb. S. 98)

Man sollte den Rundgang am unteren Stadttor beginnen, um die Anlage in ihrer Gesamtheit besser erfassen zu können. Ein Treppenweg führt zum Zentrum der Stadt. Rechts trifft man zunächst auf zwei kleine Läden und anschließend auf eine Färberei, in der eine Zisterne mit Wasserbassin und ein Trog zu sehen sind, und im übernächsten Raum auf den Laden eines Müllers mit einer steinernen Handmühle. Gegenüber erhebt sich ein Wachturm. Die Treppe weiter aufwärts folgen rechts einige zusammenhängende Räume, von denen der mittlere eine Zisterne, ein Steinmörser, eine steinerne Handmühle und einen großen Bottich enthält.
Der Weg mündet nun in einen kleinen Platz; südwestlich davon wurde ein Grab gefunden und nordöstlich sind Stufen einer Treppe zu erkennen, die ins Obergeschoß führte. Man geht nun um eine lange Halle herum, kommt an einer Exedra vorbei und erreicht den bedeutendsten Teil der Stadt, die Agorá. Diese diente als Versammlungs- und vor allem als Kultort, worauf das kleine Heiligtum hinweist. Daneben befindet sich eine tiefe Zisterne. Eine große schöne Treppe, die von Türmen flankiert wird, führt zum Prytaneion mit an den Wänden entlanglaufenden Sitzbänken und weiter zum Speisesaal, ebenfalls mit steinernen Sitzbänken. Auf der südöstlichen Hügelkuppe finden sich noch die Reste eines Tempels und eines Theaters.

Die Panagía-Kera-Kirche besitzt die bedeutendsten Fresken Kretas ▸

Ruinen der dorischen Stadt Lató

Ágios Nikólaos, Umgebung (Fortsetzung)
Krustás
Ágios Ioánnis (Άγιος Ιωάννης)

2 km südlich von Kritsá auf der Straße der Krustás sieht man rechts die Kirche Ágios Ioánnis, die einst zum Kloster Toplú in Ostkreta gehörte. Den beiden Südschiffen ist ein Querschiff vorgelagert. Bemerkenswert sind die prächtigen Ikonostasen.
Nach etwa 4 km erreicht man Kroustás und nach weiteren 4 km kommt links eine Abzweigung zu einer anderen Kirche des Ágios Ioánnis, die wegen ihrer vielen qualitätsvollen Fresken aus dem Jahr 1347 bekannt ist. Zu sehen sind: in der Apsiswölbung die Deesis, darunter vier Kirchenväter und im Gewölbe darüber eine Himmelfahrt; im Tonnengewölbe Szenen aus dem Leben Jesu, unterhalb auf beiden Seiten ein Medaillonfries mit jeweils sechs Heiligen; besonders zu erwähnen ist die Geburt Christi an der Westseite der Ikonostase.

Katharó-Hochebene (Οποπέδιου Καθαρού)

Man erreicht die einsame Katharó-Hochebene in 1150 m Höhe über eine fast 17 m lange Piste von Kritsá. Dort werden Obst, Wein und Getreide angebaut. Menschen leben auf der Hochebene nur vom 20. Mai bis zum 20. November.

Archánes **D 11**

Neugriechisch

Αρχάνες

Nomós: Iráklion
Hauptort: Iráklion
Einwohnerzahl: 4000

Allgemeines und Ortsbild

Die 16 km südlich von Iráklion, inmitten von Weinbergen gelegene kleine Stadt Archánes (von Iráklion mit dem Bus erreichbar) ist bekannt für Wein- und Tafeltrauben, vor allem für die Rosáki-Traube.

Ortsbild (Fortsetzung)

Das Zentrum wird von einer dreieckigen Platía gebildet, die von einigen Cafés gesäumt ist.

Geschichte

Schon in frühminoischer Zeit (4./3. Jt. v. Chr.) bestand an der Stelle des Ortes ein bedeutendes Kult- und Verwaltungszentrum mit Wohnstadt und außerhalb liegender Nekropole (Furní).
Bereits Arthur Evans führte 1909 hier archäologische Untersuchungen durch. Im Ort und in der Umgebung kamen Funde aus allen minoischen Perioden zutage.

Sehenswertes in Archánes

Panagía

An der Platía steht die Panagía-Kirche, die wertvolle, reich geschnitzte Ikonen enthält. Zu erwähnen sind die Gottesmutter mit Kind, der Tod Marias, Jesus mit den Jüngern in einem Weinberg und der hl. Nikolaus mit Szenen aus seinem Leben.

Minoische Ausgrabung

Von Iráklion kommend führt 150 m nach dem Ortseingang eine Straße nach links und 100 m weiter eine Straße rechts zur minoischen Ausgrabung, die allerdings nicht besonders sehenswert ist.
Die nur teilweise ausgrabenen Gebäude – es handelt sich entweder um ein Herrenhaus oder einen Palast – sind der spätminoischen Zeit um 1500 v. Chr. zuzuordnen. Erhalten sind etwa ein Dutzend Räume; in einem sind noch zwei Säulenbasen und Fußbodenreste erhalten.

Umgebung von Archánes

Nekropole Furní
Lage

Auf dem Hügel Furní nördlich des Ortes liegt die gleichnamige Nekropole, eine der größten und bedeutendsten aus der Bronzezeit im Mittelmeer-

Die Landschaft um Archánes ist von Weinbergen geprägt

Umgebung, Nekropole Furní (Fortsetzung)

raum. Da sie abgeschlossen ist und der Weg dorthin schwer zu finden ist, erkundige man sich im Kafeníon an der Platía nach dem Wächter (Fílakas) mit dem Schlüssel. Beim Ortseingang (Wegweiser) geht es rechts eine Straße hinunter über eine Brücke bis zu einem Steinbruch. Von hier folgt man einem Pfad den Höhenzug hinauf und erreicht in etwa 15 Minuten die Totenstätte.

Rundgang

Nach dem im Osten liegenden Eingang befindet sich ganz links das mykenische Thólosgrab D (um 1300 v. Chr.) mit einer reich ausgestatteten Frauengrabstätte. Die weitere Besichtigung erfolgt von Süden nach Norden. Das höher gelegene anschließende Thólosgrab E ist 1000 Jahre älter und enthielt zahlreiche Sarkophage und zwei Grabpithoi. Die Gräber weiter oberhalb stammen aus der Zeit von 2000 bis 1700 vor Christus.
Es folgt ein geschlossener Grabbezirk mit den Rundgräbern G und B und anderen Grabbauten. Das Thólosgrab G barg vorwiegend kykladische Funde, die auf eine kykladische Siedlung schließen lassen. Ganz links stößt der Besucher auf ein Felsgelände, wo Opfergaben und Tierknochen gefunden wurden. In dem nordöstlich davon gelegenen Ossuarium (3. Jt. v. Chr.) entdeckte man zahlreiche aufgestellte Schädel und Siegel, auch mit Hieroglyphen. In dem anderen Ossuarium (4./3. Jt.) rechts davon wurden vorwiegend Zweitbestattungen in Pithoi und Larnakes vorgenommen.
Das folgende Thólosgrab B (2000 v. Chr.), das aus einem Rundbau, dem Drómos, der Grabkammer und umliegenden Räumen besteht, enthält eine umlaufende Bank. Hier fand man zahllose Schädel, Keramikgefäße und Freskenfragmente.
Das anschließende Gebäude kann aufgrund der Funde (Webstuhl, Weinpresse u. a.) als Verwaltungs- und Wirtschaftsgebäude angesehen werden. Die künstliche Kultgrotte ist die einzige ihrer Art auf Kreta. Das ungeplünderte mykenische Thólosgrab A (ca. 1400 v. Chr.) setzt sich aus einem von Osten zulaufenden Drómos, dem Kuppelgrab von mehr als 5 m Durchmesser und 5 m Höhe und der Grabkammer im Süden zusammen. Auf deren Schwelle fand man einen Stierkopf und davor eine Pferdebestattung (letztere im Archäologischen Museum von Iráklion). Die zahllosen Fundobjekte wie die vielen Bronzegefäße, kostbarer Schmuck und erlesene Keramik deuten auf die Bestattung einer wohlhabenden Frau hin.
Am Ende des Ausgrabungsgeländes kann man noch sieben mykenische Schachtgräber finden.

Anemóspilia
(Ανεμόσπιλα)
Lage

Das Heiligtum Anemóspilia ('Höhlen des Windes') findet sich ebenfalls nördlich von Archánes, am Nordhang des Júchtas-Berges. Im Ort fährt man nach der Einbahnstraßengabelung 200 m weiter und dann rechts auf eine schlechte Schotterstraße (etwa 3 km); links oberhalb liegt die Ausgrabung. Da das Gelände umzäunt ist, ist es ratsam, in Archánes nach dem Wächter (Fílakas) zu fragen.

Heiligtum

Das Heiligtum (2100–1800 v. Chr.) ist optisch zwar nicht sehr interessant, aber archäologisch durchaus eine Sensation. Es besteht aus drei nebeneinanderliegenden Räumen und einer davor liegenden Querhalle, in der zahlreiche Gefäße gefunden wurden. Im mittleren Raum stand offensichtlich ein monumentales hölzernes Kultbild, von dem lediglich zwei Tonfüße erhalten blieben. Im östlichen Raum wurden viele Gefäße und Opfergaben ausgegraben.
Sensationell war die Erforschung des westlichen Raumes, wo man Beweise für Menschenopfer fand. Hier lag auf dem heute durch einen Holzkasten abgedeckten Altar ein an den Füßen gefesselter junger Mann und ein Bronzedolch, mit dem ihm die Halsschlagader geöffnet worden war. Neben ihm entdeckten die Archäologen einen Priester in ekstatischer Haltung und eine Priesterin, die mitten in der Opferung von dem herabstürzenden Gebäude erschlagen worden waren.
In der Vorhalle lag schließlich noch ein Mensch mit einem wertvollen Spendegefäß, der das Blut des Opfers zu dem Götterbild bringen sollte. Vermutlich sollte das Menschenopfer vor den Erdbeben um 1800 v. Chr. schüt-

zen, jedoch wurde die Zeremonie gerade durch den von einem Erdbeben bedingten Einsturz und Brand des Tempels auf tragische Weise beendet.

Anemóspilia (Fortsetzung)

Kirche von Assómatos (Ασώματοσ)

Von dem südlich von Archánes gelegenen Dorf Assómatos, das im 16. und 17. Jh. hier bestand, blieb nur die kleine sehenswerte Michaíl-Archangélos-Kirche (Schlüssel in der mit Bäumen bestandenen Taverne an der Platía) übrig, die bekannt ist für ihre Fresken von 1315. Die Kirche ist zu erreichen, indem man nach dem Ortsende von Archánes links den Feldweg einschlägt (immer links halten). Das Gotteshaus ist nach ca. 2 km etwas versteckt unterhalb des Weges zu finden.
Die Malereien der einfachen Einraumkirche zeigen vor allem Szenen aus dem Leben Jesu und des Erzengels Michael in einer feierlichen, teils lebhaft-bewegten Darstellungsweise.

*Júchtas (Γιούχζασ)

Der sich westlich von Archánes erhebende Júchtas (811 m ü. d. M.) ist ein langgestreckter Bergrücken, in dessen Silhouette man, mit viel Phantasie, das Profil eines Gesichtes mit Bart erkennen kann. Es soll das Antlitz Zeus darstellen, der in einer Höhle auf dem Gipfel begraben liege, wie die Kreter sagen. Diese Behauptung brachte den Inselbewohnern bei den Festlandsgriechen den Ruf der Lügenhaftigkeit ein, denn für diese ist Zeus unsterblich. Von der Höhle indes fand sich keine Spur.

Zum Gipfel führt eine sehr schlechte Fahrstraße. Der Aufstieg lohnt sich vor allem wegen dem herrlichen Blick auf die Umgebung bis nach Iráklion.
Auf dem Südgipfel steht die Kirche Aféndi Christú mit vier aneinandergereihten Kapellen. Zum Kirchenfest der Verklärung Christi am 6. August kommen die Menschen von nah und fern hierher.
An der letzten Kehre vor dem Südgipfel führt ein Pfad zum Nordgipfel, wo sich eine Sendestation erhebt. Davor breitet sich ein minoisches Gipfelheiligtum aus, das allerdings eingezäunt ist. Das Heiligtum, das von 2100 bis 1700 v. Chr. in Gebrauch war, ist von einem Mauerring (Durchmesser 735 m) umgeben. In den Räumen und auf der großen Terrasse fand man zahlreiche Idole und Weihegaben.

Vathípetro (Βαδύπετρο)

Das 3 km südlich von Archánes gelegene minoische Herrenhaus Vathípetro (geöffnet 9.00–14.30 Uhr) gefällt durch seine Lage auf einer Bergnase über einem schönen Tal.
Das Haus wurde um 1700 v. Chr. erbaut und um 1600 aufgegeben. Wahrscheinlich war eine größere palastähnliche Anlage geplant, von der der fertiggestellte Teil dann als Gutshaus benutzt wurde.
Geht man vom Eingang nach rechts, erreicht man einen Hof und dann gleich wieder rechts über einen weiteren Hof das einzige bisher bekannte dreischiffige Heiligtum. An den Hof schließt sich westlich der Hauptraum mit einer säulengestützten Vorhalle an, auf den westlich ein Magazin und Nebenräume folgen.
Ganz im Westen hinter diesem Raum befindet sich ein Zimmer und dahinter eine Nische, das als Schatzkammer mit Kultnische gedeutet wird. Hier wurden die bedeutendsten Funde gemacht. Anschließend trifft der Besucher auf einen großen Raum (überdacht) mit zwei Pfeilern und ganz hinten auf einen weiteren großen Raum mit vier Pfeilern.
Über einer Treppe liegt der interessanteste Raumkomplex (überdacht), in dem einige Pithoi und eine Weinpresse zu sehen sind. Dies belegt, daß schon die Minoer Weinbau betrieben.

Ágios Vassílios
Ágios Ioánnis Pródromos

Östlich des Dorfes Ágios Vassílios (14 km südöstlich von Archánes) steht die Kirche Ágios Ioánnis Pródromos, die wegen ihrer Fresken von 1291 bemerkenswert ist.
Folgende Motive sind dargestellt: in der Apsis die Panagía (Muttergottes), darüber eine Verkündigung und darunter die Kirchenväter; im Nordgewölbe Johannes der Täufer und die Hl. Geórgios und Dimítrios zu Pferd; im Südgewölbe die Beerdigung von Johannes dem Täufer sowie die Heiligen Barbara, Kiriakí und der Erzengel Michael.

Chaniá · Haniá B 5

Neugriechisch

Χανιά

Hauptort des Nomós Chaniá
Einwohnerzahl: 62 000

Lage und Allgemeines

Chaniá, die zweitgrößte Stadt Kretas, liegt an der Inselnordküste in der Südostecke der Bucht von Chaniá am Kretischen Meer.
Es ist ein guter Ausgangspunkt, um Westkreta kennenzulernen, das weniger mit Ausgrabungsstätten als mit landschaftlichen Schönheiten aufwarten kann.
Der Politiker Eleftérios Venizélos (⟶ Berühmte Persönlichkeiten), der in dem nahen Dorf Murnies geboren wurde und unweit der Stadt auf der Halbinsel Akrotiri bestattet ist, wird in Chaniá besonders verehrt.

*Stadtbild

Vom Stadtbild ist vor allem der von vielen Tavernen und Cafés gesäumte schöne venezianische Hafen mit der ehem. Moschee und das malerische verwinkelte Stadtviertel Topanás hervorzuheben. Es gehört zu den Höhepunkten des Besuchsprogramms von Chaniá, einige Zeit am Hafen zu verbringen.

Der venezianische Hafen ist ein Muß für jeden Besucher von Chaniá

Geschichte

Der Ort war bereits in minoischer Zeit ein bedeutender Mittelpunkt Kretas. In der klassischen Periode spielte er ebenfalls über Jahrhunderte eine führende Rolle in Westkreta, auch nach der Einnahme durch die Römer (69 v. Chr.). Im 13. Jh. wurde der Ort von den Venezianern als La Canea an der Stelle des antiken Kydonía neu errichtet und erfuhr nach einem genuesischen Zwischenspiel (1267–1290) einen wirtschaftlichen und geistigen Aufschwung, der etwa Ende des 16. Jh.s in einer Glanzzeit gipfelte. Die Venezianer umgaben die Stadt 1537 mit einer Mauer als Schutz gegen die

Geschichte (Fortsetzung)

Türken, die jedoch den Ort als ersten auf Kreta bereits 1645 einnahmen. Chaniá erhielt nun einen stark türkischen Charakter. Im Jahr 1851 verlegten die Osmanen ihren Verwaltungssitz für Kreta hierher. Während der Aufstände gegen die türkische Herrschaft flohen türkische Bewohner in die Stadt.
Nach der Befreiung von den Türken 1898 wurde Chaniá Hauptstadt des autonomen kretischen Staates unter dem Generalgouverneur Prinz Georg von Griechenland. Sie wurde von den Geschehnissen des Zweiten Weltkrieges stark in Mitleidenschaft gezogen. Die Stadt war bis 1971 Verwaltungssitz von ganz Kreta.

Sehenswertes in Chaniá

*Hafen

Im Norden von Chaniá liegt der malerische venezianische Hafen, ein lebendiger Treffpunkt der Stadt. Er wurde im 14. Jh. von den Venezianern durch Aufschüttung einer Mole angelegt, auf der die Italiener und Türken Todesurteile vollstreckten. Der Hafen hatte wegen seiner geringen Wassertiefe und des ungenügenden Schutzes gegen die Nordwinde nie eine große Bedeutung, an seine Stelle trat schon früh die Súda-Bucht. Seine Einfahrt war von Minaretts flankiert, deren Stümpfe noch zu sehen sind. Heute wird er nur von Booten angelaufen.

Hafen (Fortsetzung)

Am östlichen Hafen liegen die 1497 erbauten venezianischen Arsenale, aneinander gefügte Steinhallen mit mächtigen Tonnengewölben, von denen am Südkai sieben erhalten, allerdings ziemlich verwahrlost sind. Von den im 17. Jh. erbauten fünf Arsenalen am östlichen Kai sind noch zwei übriggeblieben. Die ursprünglich 23 einst bleigedeckten Hallen wurden zum Bau und als Winterlager der Galeeren sowie als Depot für Kriegsmaterial benutzt.

Auf der Molenspitze erhebt sich der venezianische Leuchtturm, der während der ägyptischen Herrschaft Mitte des 19. Jh.s erneuert wurde. Von hier hat man einen recht schönen Blick auf den Hafen, die Stadt und die Gipfel der Weißen Berge.

Janitscharen-Moschee

Am Ostufer des äußeren Hafenbeckens steht die imposante ehemalige Janitscharen-Moschee, die gleich nach der Eroberung der Stadt durch die Türken 1645 erbaut wurde. Die Janitscharen waren eine Kampf-Elitetruppe, zusammengesetzt aus geraubten christlichen Knaben, die zum Islam konvertieren und eine harte militäische Schulung durchlaufen mußten. Die Kuppel steht in ungewöhnlichem Kontrast zu den äußeren schlanken Stützbögen.

Altstadt

Die Altstadt, die sich südlich des Hafens ausbreitet, ist von einer 3 km langen Stadtmauer aus dem 16. Jh. umgeben.

*Topanás

Das malerischste Stadtviertel ist das westlich des Hafens gelegene verwinkelte Topanás ('Kanonenhof'), wo noch einige venezianische und türkische Bauten vorhanden sind. Diese sind teilweise sehr geschmackvoll renoviert.
Nirgends sonst auf Kreta findet man eine größere Auswahl an stilvollen kleinen Hotels.

Evraikí

Das Evraikí-Viertel breitet sich südlich des Hafens aus. Hier befand sich in venezianischer und türkischer Zeit das jüdische Ghetto. Die Juden hatten oft unter den Repressionen der Christen und Muslime zu leiden. Die meisten lebten in bescheidenen Verhältnissen, nur wenige gelangten vor allem durch Handel in einflußreichere Positionen.
1944 sollte die ganze jüdische Gemeinde auf deutschen Befehl in ein Vernichtungslager gebracht werden. Das Transportschiff explodierte auf See – ob mit Absicht oder durch Fremdeinwirkung, wie es offiziell hieß, ist ungeklärt.

Kastélli

Das älteste Viertel von Chaniá liegt auf dem Hügel im Osten der Stadt. In venezianischer Zeit standen hier die öffentlichen Gebäude, so der Palast des Rektors an der Stelle der heutigen Kaserne. Von der einstigen Pracht ist allerdings nichts mehr zu merken. Hier wurden einige minoische Ausgrabungen (s. u.) vorgenommen.

Venezianische Portale

Im Kastélli-Viertel in der Straße Lithínou 45 ist das Portal des venezianischen Archivs, 1624 erbaut, erhalten. Daneben ist ein reizvoller Innenhof und ein weiteres prächtiges Portal zu sehen.

San Marco

Ebenfalls im Kastélli-Viertel am Ágios-Títos-Platz und in der von hier abgehenden Straße Ágiu Márku findet man die Reste der venezianischen Kirche San Marco, vor allem eine Reihe von Rundbögen.

Minoische Ausgrabungen

Die minoischen Ausgrabungen liegen zwischen Häusern beiderseits der Kaneváru-Straße, ebenfalls im Kastélli-Viertel; sie sind nicht zugänglich, aber von der Straße gut einsehbar, jedoch für den Laien nicht sehr interessant. Es sind hier spätminoische und mykenische Siedlungsreste, u. a. ein Megaron, entdeckt worden.

Im malerischen Topanás-Viertel ▶

ΟΔΟΣ
Δ. ΘΕΟΤΟΚΟΠΟΥΛΟΥ

⁂Archäologisches Museum

Öffnungszeiten
Mo.–Fr.
8.30–15.00

In der ehemaligen sehenswerten Klosterkirche San Francesco (Chálidon) aus dem 16. Jh. ist das Archäologische Museum untergebracht. Als die Kirche in türkischer Zeit in eine Moschee umgewandelt wurde, errichtete man den westlichen Anbau. Die Minarettbasis in der Nordwestecke der Anlage erinnert noch an diese Zeit.
Die dreischiffige Pfeilerbasilika mit ihren harmonischen Proportionen bildet einen stimmungsvollen Rahmen für die hervorragenden Exponate aus spätneolithischer bis römischer Zeit.

Hinweis

Die genaue Datierung der frühminoischen (FM I–III), mittelminoischen (MM I–III) und spätminoischen (SM I–III) Periode ist der Tabelle auf S. 35 zu entnehmen.

Rundgang

Die Vitrinennummern des folgenden Rundganges entsprechen denen im Grundriß und im Museum.

Vitrinen 1–4

Spätneolithische bis spätminoische Funde aus den Höhlen von Plativóla und Skotinospilio: Schnabelkannen, Pyxiden und Gefäße mit einfachen Ritzmustern und Spiralmotiven sowie im genoppten Barbotine-Stil; die Dreifuß-Pyxis in Nr. 4 ist die eindruckvollste ihrer Art.

Vitrine 5

Von verschiedenen Fundorten: neolithische Steinvasen und Werkzeuge sowie frühminoische Keramik und Webspindeln.

Vitrine 6

Neolithische bis spätminoische Funde aus der Grabhöhle Mamelúku Trípa bei Chaniá: das bedeutendste Stück ist ein Teil eines Gefäßes mit Linear-B-Schriftzeichen.

Vitrine 7

Mittelminoische Funde aus Vrísses und Nerokúru: Keramik sowie Waffen und Werkzeuge.

Vitrinen 8, 9, 11–13

Spätneolithische bis spätminoische Funde aus Kastélli/Chaniá: Keramik, Steinvasen, Kleinobjekte, Webgewichte und Tonsiegel; ein meisterliches Siegel (11), auf dem ein Minoer auf einer Gebäudegruppe in felsiger Umgebung am Meer dargestellt ist; die hellgrundige Schale (12) ist ein Import aus Zypern.

Vitrine 14

Spätminoische und geometrische Funde aus einer Nekropole in Chaniá: spätminoische Keramik; bemerkenswert die Modelle von Rundhäusern; von Bedeutung ist die geometrische Scherbe mit Menschendarstellung.

Vitrinen 23–26

Geometrische Funde von den Nekropolen in Módi, bei Kavússi und Gavalomúri; charakteristisch die Schachbrettmotive.

Vitrine 29

Spätminoische, aus Chaniá stammende kupferne Grabfunde und Eichgewichte aus Blei.

Vitrine 35

Münzen aus der klassischen, hellenistischen, römischen, byzantinischen und venezianischen Epoche.

Vitrine 17

Bronzen (Spiegel, Dolche) aus einem spätminoischen Grab in Chaniá.

Im Hauptschiff sind an den Seiten u.a. folgende griechisch-römische Skulpturen zu sehen: eine an einen Baum lehnende Artemis, ein römischer Herakles, eine Hygieia-Statue aus Áptera, eine aus Hyrtakína stammende Pan-Statue und die große Figur eines Philosophen aus Elýros.
Die römischen Mosaiken (3. Jh. n. Chr.) gehörten zu einem Haus in Chaniá. Im Hauptschiff stößt man auf zwei Mosaiken mit der Darstellung von Dionysos. Das Mosaik im Seitenschiff hat Poseidon und Amymone zum Thema.

Archäologisches Museum, Vitrine 31

Exponate aus klassischer bis römischer Periode von verschiedenen Fundorten: Figuren, Masken, bemerkenswert der Miniaturschild mit zwei Kriegern und Flachreliefs von Artemis und Apollon aus der Bärengrotte von der Halbinsel Akrotíri.

Vitrine 32

Gegenstände aus klassischer und hellenistischer Zeit von verschiedenen Fundorten: Rotfigurige Tongefäße – der Lekythos wurde aus Attika importiert – und Idole.

Vitrine 27

Geometrische Funde aus der Nekropole von Gavalomúri: interessant sind die Spielsachen aus einem Kindergrab.

Vitrinen 28 und 30

Archaische Idole aus der Nekropole Axós und Keramik aus der Grabanlage in Kíssamos; beachtenswert eine weibliche Terrakottafigur, die Brüste und Scham mit den Händen bedeckt (30).

Vitrine 33

Klassische und hellenistische Exponate aus der Nekropole Falásarna: schwarzfigurige Keramik, bemerkenswert das schöne Aryballos-Gefäß aus Korinth.

Archäologisches Museum **Chania**
Ehem. Kirche San Francesco

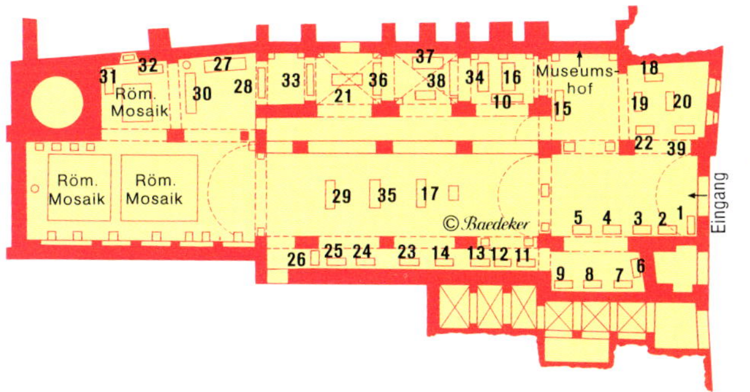

Grundriß

Vitrine 21

Funde aus der Nekropole von Áptera: hellenistische und römische Öllampen, silberne, bronzene und Knochennadeln, Spielzeug aus einem Kindergrab, Keramikplaketten.

Vitrine 36

Archaische und hellenistische Stücke: hervorzuheben ist das Urnengefäß.

Vitrine 37

Hellenistische Grabbeigaben, Statuetten, griechisch-römische Öllampen und Parfümfläschchen aus Vrísses.

Vitrine 38

Hellenistische Funde von verschiedenen Heiligtümern.

Gegenüber Vitrine 37 ist die marmorne Platte eines Opfertisches mit griechischer Inschrift aus dem Heiligtum von Lissós zu sehen.

Vitrine 34

Griechisch-römischer Schmuck.

Vitrine 16

Spätminoischer Schmuck und Siegelsteine.

Vitrine 10

Linear-A- und Linear-B-Inschriften aus Chaniá.

Vitrine 15

Spätminoische III b-Funde aus den Gräbern in Chaniá und Súda: große Bügelkannen und Krater.

Vitrinen 19 und 18

Ebenfalls aus einer spätminoischen Nekropole in Chaniá: weißgrundige Keramik, Bügelkannen und Tassen.

Vitrine 20

Spätminoische Exponate von verschiedenen Fundorten: Keramik (Kannen, Krüge, Schalen) und Bronzegefäße.

Vitrine 39

Elfenbeinerne Funde, z.B. Schilde, und eine Bronzeschale mit Linear-A-Schrift.

Vitrine 22

Spätminoische weißgrundige Keramik und Steingefäße von verschiedenen Fundorten.

Die im Museum ausgestellten spätminoischen Sarkophage von verschiedenen Ausgrabungsstätten zeigen geometrische Darstellungen und Blumendekorationen sowie Jagdszenen.
Im Museumshof ist ein türkischer Brunnen zu sehen, der ehemals an einem Platz in der Stadt stand, und ein venezianisches Marmorportal, das zu dem im Kastélli-Viertel gelegenen Zangaróla-Palast gehörte.

Weitere Sehenswürdigkeiten in Chaniá

Venezianische Loggia

In der Straße Zambelíu 43/45 stößt der Besucher auf eine venezianische Loggia im Renaissancestil, von der nur noch die Außenmauern erhalten sind. Eine Wappentafel zwischen den Fenstern des Mittelgeschosses trägt die Inschrift: "Nulli parvus est census qui magnus est animus" ("Keiner wird gering geschätzt, der einen großen Geist besitzt.").

Renieri-Palast

Im Topanás-Viertel (Odhos Móskhon) findet man den Torbogen des einst bedeutenden Renieri-Palastes, über dem das Familienwappen angebracht ist. Die humovolle Inschrift darauf lautet: "Multa tulit, fecitroque Pater, sudavit, et alsit et studuit, dulces semper requiescenerat" ("Vieles ertrug und tat der Vater, er schwitzte und fror und mühte sich, und die süße Ruhe ging ihm immer ab").

Marinemuseum

Das Marinemuseum (geöffnet 1. 5. – 31. 10. tgl. 10.00 – 16.00; 1. 11. – 30. 4. 10.00 – 14.00 Uhr) liegt an der Nordwestecke des Hafens, in dem venezianischen Firkas-Turm. Es zeigt in mehreren Räumen Schiffsmodelle, z.B. eine attische Trireme, und Schiffsinstrumente sowie eine Muschelausstellung. Zudem werden antike Seeschlachten dargestellt. Darüber hinaus sind Dokumente und Bilder zur Kriegsmarine des 19. und 20. Jh.s, so auch zur Schlacht um Kreta 1941, und zur Handelsschiffahrt zu sehen.
Am Firkas-Turm hißte am 1. Dezember 1913 König Konstantin die griechische Fahne aus Anlaß der Vereinigung Kretas mit Griechenland.

San Salvatore

Oberhalb des Marinemuseums steht die kleine venezianische Kirche San Salvatore (16. Jh.), die in türkischer Zeit eine Moschee war.

Befestigungen

Von den Befestigungen der alten Stadt ist nicht mehr viel erhalten. So sind noch Teile einer älteren byzantinisch-sarazenischen Mauer um den Kastélli-Hügel, die von den Venezianern im 13. und 14. Jh. erneuert wurde, zu erkennen. Die neueren Befestigungsanlagen (15./16. Jh.) führte wie in Iráklion der Festungsbaumeister Michele di San Michele aus. Die Wälle, die die Stadt rechteckig umschlossen, waren etwa 2 km lang. Im Osten der Stadt kann man noch ein Stück der Stadtmauern sehen. Von den Bastionen ist am besten die Shiavo an der Südwestecke erhalten, von der man einen weiten Blick auf Stadt und Umland hat. Von hier nach Norden ist die Mauer recht gut erhalten.

Ágios Nikólaos, San Rocco

Die beiden Kirchen Ágios Nikólaos und San Rocco findet man in der östlichen Altstadt an dem recht hübschen Platz 1821. Hier ist unter einer alten Platane ein Gedenkstein für Bischof Melchédisik angebracht, der 1821 von

Ágios Nikoláos, (Fortsetzung)

den Türken an diesem Baum erhängt wurde, weil er an einem Aufstand teilgenommen hatte.
Die große Nikolaus-Kirche wurde von den Venezianern für das Dominikanerkloster erbaut und in türkischer Zeit in eine Moschee umgewandelt, die zu Ehren von Sultan Ibrahim, des Eroberers von Chaniá, 'kaiserliche Moschee' tituliert wurde. Von dieser zeugt noch rechter Hand das Minarett. Die Kirche und die Inneneinrichtung gestaltete man nach 1918 neu.

San Rocco

Die kleine venezianische San-Rocco-Kirche (1630) im Renaissancestil befindet sich in schlechtem Zustand. Der hl. Rochus war der Fürbitter der Pestkranken.

Ágii Anárjiri

Etwas weiter südlich trifft der Besucher auf die Ágii-Anárjiri-Kirche aus dem 16. Jh., die in venezianischer und türkischer Zeit das einzige orthodoxe Gotteshaus war. Sie weist eine prächtig geschnitzte Ikonostase auf.

In der Markthalle kann man alle heimischen Produkte kaufen

Markthalle

Die kreuzförmig angelegte dekorative Markthalle (1911) befindet sich an der Platía 1897. An den Fisch-, Obst- und Gemischtwarenstände kann man alle Produkte des Landes kaufen.

Minarett

Nordöstlich der Markthalle in der Straße Chadzmikháli Daliáni ist noch ein kleines Minarett erhalten.

Historisches Museum

Südlich der Altstadt findet sich das in einer stattlichen Villa untergebrachte Historische Museum (Odós Sfakion Nr. 20; geöffnet Mo.–Fr. 9.00–13.00 Uhr) mit dem Stadtarchiv, das eine große Anzahl von Dokumenten, Büchern und Handschriften aufweist. Im Museum werden die Freiheitskriege gegen die Türken sowie der Zweite Weltkrieg und der Widerstand gegen die deutsche Besatzung dargestellt. Zudem sind Karten und Ansichten der Insel sowie eine Sammlung kirchlicher Gegenstände zu sehen, darunter Schnitzwerke und Handschriften. Ferner ist eine volkskundliche Abteilung

Historisches Museum (Fortsetzung)

vorhanden, die Stickereien, Webereien, Schmuck, Trachten und handwerkliche Geräte umfaßt.

Stadtpark

In dem unweit des Historischen Museums gelegenen schönen Stadtpark werden die kretischen Wildziegen Kri-Kri in Gehegen gehalten. Die Grünanlage lockt am Abend viele Einheimische ins Parkkafeníon oder ins Freilichtkino.

Chalépa

Ungefähr 1,5 km östlich des Stadtzentrums liegt die Villenvorstadt Chalépa, die um die Jahrhundertwende als Regierungsviertel angelegt wurde. Hier befinden sich das repräsentative Regierungsgebäude und verschiedene Konsulate.

Umgebung von Chaniá

Bucht von Súda

Ungefähr 4 km südöstlich der Altstadt erstreckt sich die Bucht von Súda, der größte und am besten geschützte Naturhafen der Insel. Er ist Handels- und Fährhafen von Chaniá – von hier verkehren täglich Schiffe nach Piräus – sowie Flottenstützpunkt.

Britischer Soldatenfriedhof

An der Straße von Súda zur Akrotíri-Halbinsel liegt ein gepflegter britischer Soldatenfriedhof, auf dem 1527 Gefallene aus dem Commonwealth begraben liegen, die bei der Schlacht um Kreta 1941 getötet wurden.

Festung Kalámi (Καλάμι)

Am Eingang der Súda-Bucht, in unmittelbarer Nähe der Schnellstraße findet man auf der südlichen Seite die türkische Festung Kalámi. Nach der Vertreibung der Türken diente sie als Staatsgefängnis.

Festung Súda (Σούδα το φρουριο)

Die Festung Súda, auf der Insel Súda am Eingang der Bucht gelegen, wurde seit 1570 von den Venezianern ausgebaut und diente dann als Stützpunkt im türkisch-venezianischen Krieg. Nachdem die Türken 1669 Candia (Iráklion) und damit Kreta erobert hatten, schichteten sie zur Einschüchterung 5000 Köpfe enthaupteter Christen um die Festung. Doch die Verteidiger hielten durch, und so blieb die Festung bis ins 18. Jh. im Besitz der Venezianer.

Halbinsel Akrotíri

Profítis Elías

Etwa 8 km nordöstlich von Chaniá, auf dem Berg Profítis Elías, liegt eine weiträumige gepflegte Gedenkstätte mit den Gräbern des kretischen Staatsmannes Eleftérios Venizélos (⟶ Berühmte Persönlichkeiten) und seines Sohnes Sophoklís. Hier kann man einen herrlichen Ausblick auf die Stadt bis hin zu den Weißen Bergen genießen.
Diese Gedenkstätte ist für die Kreter von herausragender nationaler Bedeutung. Hier wurde 1897 zuerst die griechische Fahne gehißt. Als die Großmächte, die gegen den Anschluß der Insel an Griechenland waren, den Hügel beschossen und dabei den Fahnenmast zerstörten, soll sich ein Kreter als Ersatz hingestellt haben, worauf das Feuer eingestellt wurde. In der Folge wurde Kreta ein Autonomiestatus zugestanden.

Moní Agía Triáda (Μονί Αγία Τριάδα)

17 km nordöstlich von Chaniá liegt das Kloster Agía Triáda (geschlossen 14.00–17.00 Uhr) von 1631, das zu den größten und bedeutendsten Klöstern Kretas gehört. Nachdem es die Türken 1821 niedergebrannt hatten, erlangte es bald nach seinem erneuten Aufbau 1830 seinen einstigen Reichtum wieder. Das Kloster heißt nach seinen Gründern, der venezianischen Familie Zangarola, auch Moní Tzangarólu.
Den Eingang der Anlage bildet ein mächtiges Portal mit Doppelsäulen, korinthischen Kapitellen und Dreieckgiebel. Die Fassade der Kirche zeigt einfachen Renaissancestil. Beeindruckend im Innern ist die reich geschnitzte Ikonostase.

Die Klosterkirche von Agía Triáda im Renaissancestil

Umgebung, Moní Agía Triáda (Fortsetzung)

Links vom Eingang gibt es noch ein kleines Ikonenmuseum mit Werken aus dem 18. und 19. Jahrhundert, unter anderem von dem Maler Emmanuel Skodilis.

*Moní Guvernéto (Μονί Γουβερνέτο; s. Abb. S. 112)

Wohl mit der schönste Ausflug von Chaniá führt zu dem beeindruckend auf einem Höhenzug gelegenen Kloster Guvernéto (4 km von Ágia Triáda entfernt; geöffnet 7.30–12.00 und 17.00–19.00 Uhr), von dem man einen herrlichen Ausblick genießen kann.
Die rechteckige Klosteranlage, die einen wehrhaften Eindruck vermittelt, weist wie viele andere Klöster nur noch wenige Mönche auf. Seine Gründung geht zwar auf das Jahr 1548 zurück, es hat jedoch durch Brände und die Revolte von 1821, als auch die meisten Mönche ermordet wurden, unter Zerstörungen gelitten, so daß die heutige Anlage aus neuerer Zeit stammt.
Wie bei Agía Triáda zeigt die Renaissancefassade der Kirche, die von einem modernen Glockenstuhl und einer Kuppel bekrönt ist, venezianischen Einfluß. Die Innenausstattung geht weitgehend auf das 19. Jahrhundert zurück.
Eine Ikone in der Vorhalle zeigt die Legende des hl. Johannes von Guvernéto, der auf der Flucht aus dem Nahen Osten nach einer Meeresfahrt auf seinem Mantel unterhalb des heutigen Klosters landete. Dort lebte er mit 98 Gefährten als Eremit in Höhlen, bis ihn ein Jäger irrtümlich erschoß. Die Höhle des Johannes ist noch vorhanden.
Im Kloster sind eine Bibliothek und eine Sammlung von byzantinischen sakralen Gegenstände (Ikonen und liturgisches Gerät) untergebracht.

Bärenhöhle

Von Guvernéto geht man auf breitem, felsigem Weg am rechten Hang abwärts bis zu einigen Hausruinen vor einer geräumigen Höhle, die nach der Form eines Stalakmiten 'Bärenhöhle' genannt wird. Vermutlich war sie schon in neolithischer und minoischer Zeit eine Kulthöhle und diente in klassischer Zeit dem Kult der Artemis, der der Bär heilig war. Heute befin-

Das festungsartige Kloster Guvernéto

Umgebung, Bärenhöhle (Fortsetzung)

det sich am Eingang links die kleine Kapelle der Panagía Arkudiótissa ('Muttergottes von der Bärenhöhle'; 16. Jh.).

Moní Katholikó (Μονί Καθολικό)

Nun führt ein schmaler Pfad in vielen Kurven abwärts zu dem grandios gelegenen verlassenen Kloster Katholikó ('Klosterkiche').
Kurz davor sieht man an der gegenüberliegenden Felswand die zahlreichen Höhlen der Eremiten und vor dem Tor zur Kirche links die Höhle des Johannes von Guvernéto, der um 1100 gewirkt hat. In dieser ca. 40 m begehbaren Höhle sind noch ein gemauerter Herd und ein Wasserbecken zu finden.
Das schmale Tor führt zu einer Terrasse vor der Felsenkirche, die eine venezianisch inspirierte Portalwand im Renaissancestil besitzt. Zahlreiche Gläubige verbringen hier in Andacht die Nacht zum 7. Oktober, dem bedeutenden Fest des hl. Johannes von Guvernéto.
Die recht gut erhaltenen Klostergebäude datieren auf das 15. und 16. Jahrhundert. Bereits in diesem Jahrhundert wurde Katholikó zugunsten von Guvernéto wieder aufgegeben, weil es einige Male von arabischen Piraten überfallen worden war.
In dem rechten zweigeschossigen Gebäude befand sich im Obergeschoß die Abtwohnung. Die zwei in die Schlucht führenden Öffnungen in der Terrasse davor sind vermutlich eine Toilettenanlage. Imponierend ist die 10 m breite, über die Schlucht führende Brücke, in deren Pfeilern Vorratsräume und eine Zisterne enthalten sind.
Sehr schön ist der Weg hinunter zum Meer, wo einst die Anlegestelle des Klosters lag.

Stavrós (Σταυρός)

Im Dorf Stavrós, westlich von Guvernéto, wurden Szenen zu dem Film "Alexis Sorbas" gedreht; am Strand hat Sorbas Sirtáki getanzt. Der Ort mit stark verschmutztem Strand lohnt aber keinen Besuch. Schöner ist das südlich von Stavrós gelegene Dorf Chorafákia. Der kleine Sandstrand in der windgeschützten Bucht fällt ganz flach ins Meer ab.

Weitere Sehenswürdigkeiten in der Umgebung von Chaniá

Ágii Theodóri (Άγιοι Θεοδώρι)

Wenn man von Chaniá nach Westen fährt, hat man nach etwa 9 km rechts einen schönen Blick auf die Insel Ágii Theodóri. Sie ist heute eines der Reservate für die kretische Wildziege.

Máleme (Μάλεμε)

Bei Máleme, 16 km westlich von Chaniá, befindet sich auf einem Hügel ein 1973 eingeweihter deutscher Soldatenfriedhof. Hier sind 4465 Soldaten, zumeist Fallschirmjäger, begraben, die bei dem Luftlandeunternehmen vom 20. 5. bis 1. 6.1941 (⟶ Geschichte), mit dem die Schlacht um Kreta begann, umgekommen sind. Die Gefallenen wurden zunächst von den Mönchen des Klosters Goniás geborgen.
Die Gräber sind in vier Blöcken angeordnet, die den Hauptkampfgebieten Máleme, Chaniá, Réthimnon und Iráklion entsprechen.

Halbinsel Rhodopú (Ροδωπού)

Allgemeines

8 km westlich von Máleme zweigt rechts eine Straße zu dem Ort Kolimbári ab, wo die sich nach Norden erstreckende Halbinsel Rhodopú beginnt. Diese grandios wirkende karge Halbinsel bildet die westliche Begrenzung des Golfes von Chaniá. Nur 6 km breit und etwa 16 km lang, erreicht sie eine Höhe von 748 m über dem Meer. Ihre Hochflächen werden als Weiden für Schafe und Ziegen genutzt.

Moní Goniás (Μονί Γωνιάσ; s. Abb. S. 114)

Das festungsartige Kloster Goniás, auch Odigítrias genannt, liegt – unweit nördlich von Kolimbári – herrlich am Meer, da wo die Bucht von Chaniá eine 'Ecke' ('gonía') bildet. Der schattige Klosterhof lädt zu einer Ruhepause ein.
Die Gründung von Goniás geht auf das Jahr 1618 zurück. Hier landeten 1645 die Türken zuerst auf Kreta, wobei das Kloster teilweise zerstört wurde; aber bereits 1662 baute man es wieder auf. Auch die Revolten des 19. Jh.s, als es Krankenhaus für die Befreiungskämpfer war, und der Zweite Weltkrieg, in dem es als Feldlager diente, hinterließen Zerstörungen. Im 19. Jh. wurden größere Erweiterungen vorgenommen. Nach dem Zweiten Weltkrieg sammelten die Mönche die Gebeine der deutschen Gefallenen, bis sie auf dem Soldatenfriedhof von Máleme beigesetzt wurden. Eine Tat, die angesichts dessen, daß das Kloster unter der Besatzung zu leiden hatte, um so mehr Bewunderung verdient.
Gegenüber dem Klostereingang ist noch ein von einem Spitzbogen überwölbter venezianischer Brunnen zu sehen. Von der Innenausstattung der Kirche, die byzantinisch-frühbarocken Stil aufweist, sind die reichgeschnitzte Tür zum Kirchenraum sowie die Rück- und Seitenwände des Bischofsthrones im Querarm hervorzuheben. Zudem enthält das Gotteshaus Ikonen (17. Jh.) an der Ikonostase und den Wänden des Langschiffes.
Auch in dem kleinen Museum kann man Ikonen vor allem des 17. und 18. Jh.s sowie sakrale Gegenstände besichtigen.
Einige hundert Meter außerhalb des Klosters befindet sich die von der autokephalen (selbständigen) Kirche Kretas unterhaltene Ökumenische Akademie, die von dem fortschrittlichen Bischof von Kissḿu und Selínu, Irenéos Galanákos, gegründet wurde. Dieser Kirchenmann hat sich in seinem Bezirk sozial engagiert, die Modernisierung der Landwirtschaft vorangetrieben und die Schiffahrtslinie ANEK gegründet. Die Akademie ist einerseits ein Forum für den Austausch innerhalb der orthodoxen Kirche sowie zwischen östlichem und westlichem Denken.

Diktýnnaion (Δικτύνναιον)

Am Nordostende von Rhodopú, an der Bucht Meniés, nahe dem Kap Skala haben deutsche Archäologen während des Zweiten Weltkrieges das Heiligtum der Nymphe Diktynna freigelegt, die mit der kretischen Britomartis identisch ist und in späterer Zeit Artemis gleichgesetzt wurde. Sie

Umgebung, Diktýnnaion (Fortsetzung)

war die Schutzherrin der Fischer und derer Netze (diktyon = Netz). Fischer waren es nämlich, die die Göttin in ihren Netzen retteten, als sie sich, um den Nachstellungen von König Minos zu entgehen, ins Meer warf.

Man erreicht die spärlichen Ruinen am besten per Boot von Chaniá oder Kolimbári aus. Vom Anlegeplatz durch ein kleines Tal mit den Ruinen eines aufgegebenen Dorfes gehend und am linken (südlichen) Hang aufsteigend, kommt der Besucher zum Grabungsgelände. Auf dem Landweg steuert man zunächst das Dorf Rhodopú an, von wo es auf schlechtem Fahrweg etwa 18 km durch eine ungewöhnliche Felslandschaft weitergeht. Anschließend sind es noch ca. 30 Min. Fußweg zur Ruinenstätte, wo auch eine malerische Bucht zum Baden einlädt.
Hier sind die Reste eines Tempels zu sehen, der im 2. Jh. n. Chr. an der Stelle eines aus dem 7. Jh. v. Chr. stammenden Vorgängerbaues errichtet wurde, ferner der zugehörige Altar, drei Zisternen und weitere Gebäude, von denen das langgestreckte am steilen Nordhang wahrscheinlich als Pilgerherberge fungierte.

Weitere Sehenswürdigkeiten in der Umgebung von Chaniá

Spiliá (Σπηλιά)

Der Name des Ortes Spiliá, 25 km westlich von Chaniá, kommt von der oberhalb gelegenen Höhle des Eremiten Johannes von Guvernéto, in der sich eine kleine Kapelle befindet. Im Dorf ist eine Panagía-Kirche sehenswert mit Fresken aus dem 14. Jh. der sog. kretischen Schule.

Episkopí (Επισκοπή; s. Abb. S. 116)

3 km südlich von Spiliá, kurz vor Episkopí findet sich eines der außergewöhnlichsten byzantinischen Bauwerke Kretas, die Michaíl-Archángelos-Kirche mit Rotunde (2. Hälfte 10. Jh.; Schlüssel in dem Haus oberhalb), deren äußerer Anblick schon einen Besuch lohnt. Die Rotunde wird von einer Kuppel bekrönt, die sich aus fünf Ringen stufenförmig zusammensetzt. Sie weist in ihrer elliptischen Form orientalische Einflüsse auf. Die Rotunde wird von einem quadratischen Bauköper umschlossen.
Der Rest des Mosaikfußbodens links im Vorraum des Gotteshauses gehörte zu der frühbyzantinischen Basilika, an deren Stelle die Kirche errichtet ist. In diesem Vorraum steht auch die Büste des letzten von den Türken hingerichteten Bischofs, denn Episkopí war, wie der Name besagt, von mittelbyzantinischer Zeit bis 1821 Bischofssitz. In der Kirche sind nur noch wenige Freskenreste zu sehen.

Agiá (Αγιά)

In dem 9 km südlich von Chaniá gelegenen Ort Agiá ist die Panagía-Kirche sehenswert, eine dreischiffige Basilika (10./11. Jh.) mit Apsiden. Die zwei Reihen von je drei Säulen – zwei aus Marmor und vier aus Granit –, die die Seitenschiffe vom Mittelschiff trennten, sind noch sehr gut zu erkennen.

Alikianú (Αλικιανού)

An der Abzweigung nach Alikianú von der Hauptstraße Chaniá – Omalós-Hochebene steht links ein Denkmal, das an 118 Partisanen erinnert, die hier von deutschen Soldaten getötet wurden. Die Totenschädel sind im Untergeschoß des Denkmals aufbewahrt.

Ágios Kír Ioánnis (Άγιος Κυριάνις)

Die Kreuzkuppelkirche Ágios Kír Ioánnis (etwas nordwestlich außerhalb von Alikianú), die inmitten üppiger Vegetation liegt, geht auf das 14. Jahrhundert zurück. Sie ist nach dem Eremiten Ái Kír Ioánnis benannt, der Westkreta nach der Befreiung von den Sarazenen für das Christentum zurückgewann und viele Kirchen baute. Die Kuppel des sehr ausgewogenen Baus, der allerdings in schlechtem Zustand ist, wurde im Zweiten Weltkrieg zerstört. Ungewöhnlich ist die Apsidenkonstruktion: eine außen fünfseitig geschlossene Mittelapsis und zwei rechtwinklig geschlossene

◀ *Eingang zum Kloster Goniás*

Die Michail-Archángelos-Kirche in Episkopí mit Rotunde

Ágios Kír Ioánnis (Fortsetzung)

Seitenapsiden. Die stark beschädigten Fresken gehen vor allem auf das 14. Jh. zurück. Außen an der Nordwand findet sich ein überwölbtes Grab.

Mesklá (Μεσκλά)

In dem 20 km südlich von Chaniá, in einem mit Südfrüchten bepflanzten Tal gelegenen Ort Mesklá findet man nach dem Ortseingang links etwas oberhalb die Einraumkapelle Sotíros Christu mit Narthex. Die Kirche wartet mit einigen beachtenswerten Fresken aus dem Jahr 1303 auf, gemalt von Theodorus Daniel und seinem Neffen Michael Beneris. Von den Fresken ist die Verklärung Christi an der Südwand hervorzuheben.
Neben der Panagía-Kirche im oberen Teil des Ortes sind Reste einer frühchristlichen Basilika erhalten.
Es ist umstritten, ob es sich bei den antiken Überresten oberhalb von Mesklá um ein zweites Rhizenía handelt.

Áptera (Απτερα)

14 km östlich von Chaniá liegt auf einem Felsplateau die Ruinenstätte Áptera, dessen Geschichte mindestens bis in dorische Zeit (ab 1000 v. Chr.) zurückreicht. Seine Blütezeit erlebte es in hellenistischer Zeit.
Von der einstigen 4 km langen Stadtmauer, die 300 v. Chr. errichtet worden war, sind noch gut erhaltene Reste vorhanden. In der Mitte des Geländes findet man eine malerische Klosteranlage, westlich davon eine rechtwinklig angelegte römische Zisterne und weiter nördlich ein dreischiffiges frühbyzantinisches Gebäude, wohl aber keine Kirche. Eine weitere römische Zisterne, ein eindrucksvoller dreigeteilter Bau, schließt sich südöstlich an. An der Südwestecke des Klosters befindet sich ein kleines Heiligtum mit zwei Räumen. Auf die Reste eines kleinen griechischen Theaters, dessen Sitzreihen noch gut zu erkennen sind, und einer byzantinischen Kirche stößt man im Süden des Geländes. Östlich des Theaters liegen ein dorisches Heiligtum und im Ostteil der Anlage ein hellenistischer Tempel. Ganz an der Nordostspitze der Ruinenstätte steht das türkische Fort Izzedin (1868/1869), von dem man einen schönen Ausblick auf die Súda-Bucht und die Halbinsel Akrotíri genießen kann.

Chaniá, Umgebung (Fortsetzung) Stílos (Στύλος)

In dem Ort Stílos, südlich von Áptera, fanden Kämpfe zwischen Kretern und Türken sowie das Ende der Schlacht um Kreta 1941 statt. Sehenswert ist die nördlich des Ortes, in einem Olivenhain gelegene Panagía-Kirche, die zum Kloster des hl. Ioánnis Theológos gehörte, das im Besitz des gleichnamigen Klosters auf der Insel Pátmos war. Eindrucksvoll ist der Bau, eine hochbyzantinische Kreuzkuppelanlage aus dem 11. oder 12. Jh., dessen Kuppel mit achteckigem Tambour von vier quadratischen Pfeilern gestützt wird. Die Mauern sind aus Quadern und Bruchsteinen mit Zwischenlagen aus Feld- und Ziegelsteinen errichtet.

Kiriakosélia (Κυριακοσέλια)

Von außergewöhnlicher Qualität sind die Fresken der Ágios-Nikólaos-Kirche in Kiriakosélia (hier ist beim Priester der Schlüssel erhältlich), südlich von Stílos. Bemerkenswert ist auch der Bau der feingliedrigen Kreuzkuppelkiche aus dem 11. bis 12. Jh., die eine Kapelle als Vorraum aufweist. Die Malereien stammen aus den Jahren 1230 bis 1236. Dargestellt sind: ganz oben in der Kuppel der Pantokrator (= allmächtiger thronender Christus); im Tambour und in den Pendentifs Propheten und Evangelisten; in den Gewölbezonen die Verklärung Christi, die Auferweckung des Lazarus, Himmelfahrt und Pfingsten; im Altarraum die thronende Muttergottes mit zwei Engeln, darunter Apostel und griechische Kirchenväter bei der Liturgie; die Verkündigung an Maria am Triumphbogen; an den Wänden Szenen aus dem Leben des Kirchenpatrons Nikoláos.

Kalíves (Καλυβεζ)

Der große Küstenort Kalíves, 18 km östlich von Chaniá, ist mit seinem kleinen Strand und wenigen Unterkünften noch recht friedvoll. An der Platía steht die Kirche Agía Paraskeví mit neuen Wandmalereien im traditionellen Stil, gestiftet von Gläubigen; Inschriften nennen die Namen der Spender.

Vrísses (Βρύσες)

Das 33 km südöstlich von Chaniá an einem Flüßchen gelegene große Dorf Vrísses ist für seine Tavernen unter schattigen Platanen, die zu einer Rast einladen, und für den ausgezeichneten Schafsjoghurt mit Honig bekannt. Ein großes Denkmal ist dem Befreiungskampf von 1897 gewidmet.

Máza (Μαζα)

In der Nähe von Vrísses liegt der Ort Máza, der wegen seiner Ágios-Nikólaos-Kirche sehenswert ist. Kunsthistorisch von Bedeutung sind die Fresken von 1325, die von dem Maler Ioánnis Pagoménos ausgeführt wurden.

Alíkampos (Αλίκαμπος)

Für Freunde der byzantinischen Wandmalerei ist ferner die Panagía-Kirche in Alíkampos (wenige Kilometer südlich von Máza) ein besonderer Genuß. Man findet das Gotteshaus kurz vor dem Ort links von einer scharfen Rechtskurve. Die einfache Einraumkapelle mit Tonnengewölbe und einer Rundapsis ist über dem Eingang mit Keramiktellern geschmückt und enthält ebenfalls Fresken (1315/1316) von Ioánnis Pagoménos. Der Stil des Malers ist eine Mischung aus volkstümlichen Elementen mit feineren Formen. Dargestellt sind: in der Apsis die Panagía, darüber die Himmelfahrt und darunter vier griechische Kirchenväter; an der Eingangswand der Tod Mariä und eine Stiftungsinschrift; im Tonnengewölbe Szenen aus dem Leben Jesu; an der Südwand der thronende Christus, der Erzengel Michael und Kaiser Konstantin mit seiner Mutter Helena.

Chóra Sfakíon · Hóra Sfakíon D 5

Neugriechisch

Χώρα Σφακίων

Nomós: Chaniá
Hauptort: Chaniá
Einwohnerzahl: 350

Allgemeines

Der malerisch an einer Bucht an der Südküste gelegene Hauptort der Sfakiá, Chóra ('Hauptort') Sfakíon, mit weiß getünchten Häusern an engen

Allgemeines (Fortsetzung)

Gassen wurde in den letzten Jahren zum Zentrum des Fremdenverkehrs dieser Region mit zahlreichen Unterkünften und Tavernen. Er ist vor allem Sammelpunkt für die Wanderer der Samariá-Schlucht, die mit dem Boot von Agía Rúmeli kommen und hier Busse zur Weiterfahrt besteigen. So bevölkern in den Nachmittagsstunden große Menschenmengen den Hafen. Von der Stadt verkehren im Sommer kleinere Schiffe zudem nach Lutró, Paleochóra und zur Insel Gávdos.
Ein sehr attraktiver Strand ist Glikánera, wo sich Süß- und Salzwasser mischen.

Geschichte

In Chóra Sfakíon, das in früheren Jahrhunderten ein wichtiger Handelsplatz war, bauten die Venezianer eine kleine Festung, deren Reste oberhalb des Ortes zu sehen sind. Der Ort war Mittelpunkt vieler kretischer Aufstände gegen die türkische Fremdherrschaft.
Von hier stammt der Freiheitskämpfer Ioánnis Vláchos, wegen seiner Bildung Daskalojánnis ('Lehrer') genannt, der wichtigste Führer der Revolution von 1770. Er ging auf Sicherheitsversprechen hin zu Friedensverhandlungen mit den Türken nach Iráklion, die ihn jedoch 1771 gefangen nahmen und bei lebendigem Leib häuteten. Der Freiheitskämpfer wurde zum Nationalhelden Kretas. Nach der Schlacht von Kreta war der Ort Ende Mai 1941 Hauptstützpunkt der englischen Truppen. Ein Gedenkstein an der Kaimauer ist diesem Ereignis gewidmet.

Sehenswertes in der Umgebung von Chóra Sfakíon

Sfakiá-Hochebene

Die Sfakiá, die sich nördlich von Chóra Sfakíon ausbreitet, ist zusammen mit der Lassíthi im Osten Kretas die dichtbesiedelste Hochebene der Insel. Ihre Bewohner gelten als traditionstreu, stolz und kämpferisch. Bis in die Mitte unseres Jahrhunderts war Blutrache an der Tagesordnung. Die Menschen hier haben immer wieder gegen Fremdherrschaften – Sarazenen, Venezianer, Türken und Deutsche – Widerstand geleistet. Das unzugängliche Gebiet konnte von den Türken nie wirklich unterworfen werden, worauf die Sfakioten heute noch stolz sind. Auffallend ist die Tatsache, daß es auf der Sfakiá viele alte und gesunde Menschen gibt. Die Bewohner züchten Vieh und bauen Kartoffeln, Wein, Obst und Walnüsse an. Eine Spezialität der Region sind Sfakianés Pítes, mit Ziegenkäse gefüllte und mit Honig bestrichene Pfannkuchen.

*Imbros-Schlucht

Die schöne und wilde Imbros-Schlucht nördlich von Chóra Sfakíon, die noch steiler und enger als die Samariá-Schlucht ist, weist eine Länge von knapp sieben Kilometern auf und erreicht an ihrer engsten Stelle nur zwei Meter Breite. Von Imbros, einem Dorf auf der Sfakiá-Hochebene, kann man in etwa drei Stunden durch die Schlucht zum Ort Komitádes wandern. In einer Taverne dort steht ein Privattaxi zur Verfügung, das den Wanderer zum Eingang der Schlucht zurückbringt.

Komitádes (Κομιτάδες)

Südlich des Dorfes Komitádes, am Ausgang der Imbros-Schlucht gelegen, findet man die Kirche Ágios Geórgios, die die ältesten sehenswerten Fresken des Malers Ioánnis Pagoménos von 1314 enthält. Es sind vor allem Szenen aus dem Leben Jesu, die Hl. Geórgios und Dimítrios sowie der Erzengel Michael dargestellt. Vor der Kirche steht ein verfallener Altar aus späterer Zeit.

Lutró (Λουτρό)

Das Dorf Lutró, 3 km westlich von Chóra Sfakíon malerisch in einer Bucht gelegen, ist am besten von dort per Schiff zu erreichen. Man kann allerdings auch mit einem mehr als zweieinhalbstündigen Fußmarsch zu dem Dorf gelangen. Baden ist überwiegend von Felsen und in kleinen Buchten möglich.
Lutró, das antike Phönix, war im Altertum ein bedeutender Hafen, wo auch Schiffe überwinterten, wie in der Apostelgeschichte zu lesen ist. Der Hafen spielte bis zum Beginn des vorigen Jahrhunderts eine gewisse Rolle.

Auf dem Kap westlich des Ortes findet man in herrlicher Umgebung einige Ruinen aus römischer und byzantinischer Zeit (Zisternen, Terrassierungsmauern, Hausfundamente und Gräber).
Zudem trifft man hier auf die Kirche Sotíros Christú, die in ihrem älteren Teil Fresken aus dem 14. und 15. Jh. enthält.

Umgebung, Lutró (Fortsetzung)

Das weit verstreut liegende Dorf Anópolis befindet sich westlich oberhalb von Chóra Sfakíon. Von der Kirche Agía Ekateríni auf einem Hügel (20 bis 30 Min. Aufstieg) südlich des Dorfes bietet sich ein beeindruckender Ausblick nach Norden auf die Weißen Bergen mit dem Pachnes (2453 m ü. d. M.) als höchster Erhebung und nach Süden zur Küste. Von Anópolis kann man auf einem Fußweg in etwa einer Stunde hinunter nach Loutró gehen.
Auf dem großen Platz im westlichen Dorfteil steht ein Denkmal für den Freiheitskämpfer Daskalojánnis (s. o.).

Anópolis (Ανόπολι)

Das weiter westlich von Anópolis liegende Dorf Arádena befindet sich an der Stelle der antiken Stadt Aradin, von der sich noch einige Ruinen in der Umgebung erhalten haben. Das Dorf kann auch mit einer Ágios-Michaíl-Archángelos-Kirche aufwarten, ein Kreuzkuppelbau mit eigenartig gerundeter Tambourkuppel, der im 14. Jh. mit antikem Material errichtet wurde und mit Fresken geschmückt ist. In den umliegenden Felsen sind zudem prähistorische, künstlich angelegte Wohnhöhlen zu sehen.

Arádena (Αράδενα)

Frangokastéllo (Φραγγοκάστελλο)

Kleine vorgelagerte Sandstrandbuchten und die schöne Bergkulisse haben Frangokastello (10 km östlich von Chóra Sfakíon) zu einem Ferienort für überwiegend junge Urlauber gemacht.

Venezianisches Kastell

Nahe dem Ufer steht ein mächtiges Kastell, das 1371 erbaut wurde und damit zu den ältesten venezianischen Anlagen Kretas gehört. Es war ursprünglich nach der benachbarten Kirche Ágios Nikítas benannt, wurde

Das mächtige venezianische Kastell Frangokastéllo

Chóra Sfakíon, Umgebung, venezianisches Kastell (Fortsetzung)

aber wegen seiner Fremdartigkeit von den Kretern in Frangokastéllo ('Kastell der Franken') umgetauft. Die Festung am Meer mit einer schönen Gebirgslandschaft im Hintergrund bietet einen reizvollen Anblick.
Das rechteckige zinnenbewehrte Mauergeviert ist an den Eckpunkten mit massiven Turmbauten verstärkt. Über dem Haupteingang an der Seeseite ist der venezianische Markuslöwe angebracht. Im Innern ist nicht mehr viel erhalten.
Das Denkmal an der Nordostecke des Kastells wurde zu Ehren von Chatzimicháli Daliánis aufgestellt, der 1828 mit 700 Sfakioten bei der Verteidigung der Festung gegen die Türken die Schlacht verlor und getötet wurde. Man sagt, daß um den Tag der Schlacht, am 17. Mai, alljährlich bewaffnete schwarze Gestalten, die Seelen der Gefallenen, am Kastell vorbeiziehen. Weil sie frühmorgens im Morgengrauen kommen, nennt man sie 'Taumänner'. Wissenschaftler meinen, es handele sich bei diesem Phänomen um Luftspiegelungen.

Ágios Nikítas

Etwas weiter östlich des Kastells, links der Straße findet man die kleine Ágios-Nikítas- Kirche, die an der Stelle einer frühchristlichen Basilika steht. Von dieser haben sich noch schöne, geometrisch gemusterte Teile des Moaikfußbodens erhalten.

Hochebene von Askifu (Ασκιφου)

Weiter nördlich führt die Straße nach Chaniá auf die fruchtbare Hochebene von Askifu (800 m ü. d. M.), wo vor allem durch Bewässerungsmaßnahmen Kartoffeln, Wein, Obst und Nüsse angebaut werden. Jahrhundertelang fanden hier Schlachten zwischen Eroberern und Sfakioten statt.

Festós · Phaistos · Phästos

Neugriechisch

Φαιστός

Nomós: Iráklion
Hauptort: Iráklion

Lage und Allgemeines

Die Ruinen von Festós (63 km südwestlich von Iráklion) liegen herrlich auf einem Höhenrücken in der reizvollen Landschaft der Messará.
Der minoische Palast mit einer Fläche von 8500 m² nimmt entsprechend seiner Größe und Bedeutung nach Knossós die zweite Stelle unter den Palästen auf Kreta ein. Hier wurde weniger restauriert als in Knossós; das Gesamtbild, das man sich vom Eingang auf den tiefer liegenden Palast verschaffen kann, ist aber sehr beeindruckend.

Hinweis

Die genaue Datierung der frühminoischen (FM I–III), mittelminoischen (MM I–III) und spätminoischen (SM I–III) Periode ist der Tabelle auf S. 35 zu entnehmen.

Geschichte

Der Sage nach soll die Stadt Festós von König Minos gegründet worden sein. Ihr Name geht auf einen Enkel von Herkules zurück. Schon im Neolithikum war der Platz besiedelt. Das älteste hier gefundene Material datiert aus der frühminoischen Periode (um 3000 v. Chr.).
Die Hochblüte des Ortes begann mit dem Bau des alten Palastes um 1900 v. Chr. In dieser Zeit hatte Festós mindestens die gleiche Bedeutung wie Knossos. Der Palast wurde durch Erdbeben und einen Brand mehrmals zerstört, zuletzt 1700 vor Christus. Den neuen, mit Knossós vergleichbaren Palast erbaute man nach 1700 v. Chr.; er wurde um 1450 v. Chr. das Opfer einer Brandkatastrophe. Festós blieb aber in nachminoischer, geometrischer und klassischer Zeit besiedelt, bis es von Górtis im 2. Jh. v. Chr. unterworfen und zerstört wurde.
Der Seher Epimenides (⟶ Berühmte Persönlichkeiten) stammte von hier.
Die 1900 begonnenen Ausgrabungen führten italienische Archäologen durch; sie dauern bis heute an.

Die meisten erhaltenen Gebäude gehören zum neuen Palast. Von den ursprünglich um einen Mittelhof gruppierten Palasttrakten sind nur die Ruinen des westlichen und nördlichen Flügels erhalten, während der südliche und östliche Flügel bei einem Erdbeben abgestürzt sind. An der West- und Nordseite des noch vorhandenen Teils kann man noch Reste des alten Palastbaus erkennen.
Es bestehen auch noch einige jüngere Gebäude, die nicht wie die anderen abgerissen wurden, um die Ausgrabungen in den minoischen Siedlungsschichten fortführen zu können. Um den Palast befinden sich an den Abhängen des Hügels minoische, geometrische und hellenistische Häuser, die errichtet wurden, als der Palast nicht mehr existierte.

Palast
Öffnungszeiten
tgl. 10.00–15.00

In den Palastruinen von Festós

Rundgang

Den Palast betritt man von der Westseite und gelangt zunächst auf den Nordhof, der von Norden nach Süden von einer minoischen gepflasterten Straße durchzogen ist und an den Gebäude aus hellenistischer Zeit grenzen. Eine schmale Treppe führt zum Westhof, der zum alten Palast gehört. An den hiesigen Sockelquadern sind noch die Spuren des Brandes, der den alten Palast zerstört hat, zu sehen. Der Hof weist an seiner Nordseite eine breite Treppe auf und wird von einem diagonal verlaufenden Prozessionsweg durchzogen. Eine schmalere Abzweigung von diesem Weg nach Westen leitet zu einem zisternenartigen Rundbau, an dem eine Straße mündet, die von der Wohnstadt zum Westhof hinaufführte. Dort wo der Prozessionsweg am alten Palast endet, befindet sich dessen Haupteingang mit einer Mittelsäule, von dem ein Korridor zum mittleren Hof führt. Nördlich des Korridors liegen Magazine, in denen man noch Pithoi an ihrem ursprünglichen Platz sehen kann. Das Heiligtum mit den drei Räumen an der nordöstlichen Ecke des Westhofes besitzt eine runde Felsaushöhlung für Opfergaben. Weiter östlich führt eine großartige, knapp 14 m breite Treppe zum Propylon des neuen Palastes, das eine 1,3 m starke Säule zwischen zwei Anten aufweist. Durch zwei Räume gelangt man in einen durch drei Säulen begrenzten Lichthof. Eine Treppe führt hin-

Grabungsplan

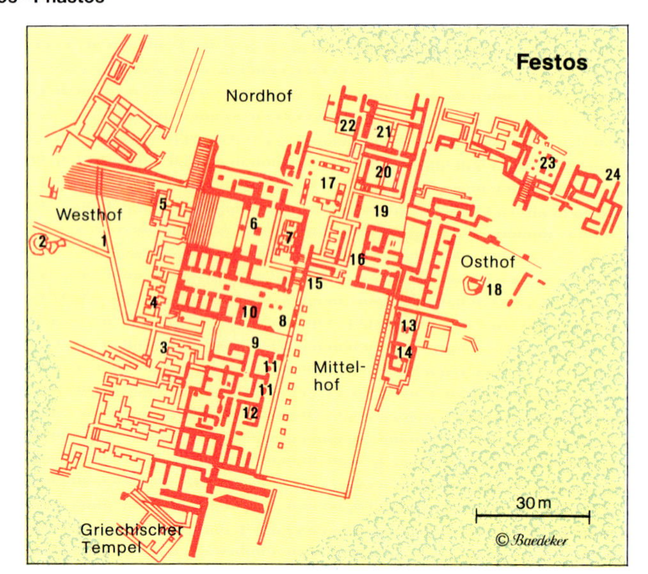

1 Prozessionsweg
2 Rundbau
3 Haupteingang
4 Magazine
5 Heiligtum
6 Propylon
7 Lichthof
8 Säulenhalle
9 Magazineingang
10 Wächterraum
11 Räume mit Alabasterbänken
12/13 Pfeilerraum
14 Kultbecken
15 Altar
16 Korridor
17 Peristyl
18 Schmelzofen
19 Kleiner Hof
20 Megaron der Königin
21 Megaron des Königs
22 Kultbecken
23 Peristyl
24 Töpferwerkstätten

Palast, Rundgang (Fortsetzung)

unter zu einer Säulenhalle mit zwei Mittelsäulen, die sich im Westen zu einem breiten Gang öffnet, der zu beiden Seiten von Magazinräumen gesäumt ist. Weiter nach Süden folgt ein Korridor, der auf den Mittelhof führt. Folgt man ihm, so liegt links der Wächterraum. Zum Mittelhof hin befinden sich anschließend zwei mit Alabasterbänken ausgestattete Räume, die vielleicht für Opferzeremonien benutzt wurden. Noch weiter südlich liegt ein Raum mit zwei Pfeilern, der wohl als Pfeilerkrypta diente.
In der Südwestecke der Anlage steht ein griechischer Tempel. Der große Mittelhof (43×23 m), dessen Südostecke bei einem Erdrutsch zerstört wurde, war wahrscheinlich von Säulenkolonnaden gesäumt. An seiner Nordostecke befindet sich ein Raumkomplex, der aus einem Hauptraum, einem Pfeilerraum und einem Lichthof besteht. Am Ende dieses Komplexes führen einige Stufen in ein Kultbecken. Bei der gestuften Konstruktion in der Nordwestecke des Mittelhofes handelt es sich wahrscheinlich um einen Altar. Ein zweiflügeliges Portal, flankiert von zwei Halbsäulen und zwei Nischen für Wächter oder Kultobjekte (vielleicht Doppeläxte), führt an der Nordseite des Hofes zum Nordtrakt, dem vornehmsten Teil des Palastes mit den königlichen Gemächern. Vom anschließenden Korridor leiten links Treppen zu einem Peristyl. Der Gang mündet in einen kleinen Hof, von wo es ostwärts weiter in den Osthof mit einem Schmelzofen geht.
Nördlich des kleinen Hofes liegen die Gemächer der Königin. Das mit Gipsplatten verkleidete Mégaron besaß einen Lichthof, der durch vier Säulen begrenzt war. Das sich nördlich anschließende Mégaron des Königs mit Polythyra weist im Osten einen durch zwei Säulen abgegrenzten Lichthof auf. Von der offenen Veranda mit drei Säulen nördlich des Mégarons

bietet sich eine prächtige Aussicht auf die Messará-Ebene mit der Gebirgsumrahmung.
Westlich ist über mehrere Stufen ein Kultbecken zu erreichen. In dem etwas abgesetzten Baukomplex im Nordosten, wo der berühmte 'Diskos von Festos' (heute im Archäologischen Museum Iráklion) gefunden wurde, ist vor allem das Peristyl zu nennen. Östlich schließen sich Töpferwerkstätten an.

Palast, Rundgang (Fortsetzung)

Sehenswertes in der Umgebung von Festós

*Vóri (Βώροι)

Im Dorf Vóri (Bóroi), 5 km nördlich von Festós, gibt es seit 1988 das schönste und interessanteste Museum für kretische Volkskunde (geöffnet tgl. 10.00 bis 18.00 Uhr). Die didaktisch gut aufgebaute Sammlung aus den letzten drei bis fünf Jahrhunderten umfaßt die Bereiche Fischerei, Land- und Forstwirtschaft, Viehzucht, Handwerke (Metallbearbeitung, Schuhmacherei), Weberei, Korbflechterei, Töpferei und anderes Kunsthandwerk. Zudem sind Haushaltswaren, sakrale Gegenstände, Musikinstrumente und Waffen zu sehen.

Ágios Ioánnis (Άγιος Ιωάννης)

In dem gleich südlich von Festós gelegenen Dorf Ágios Ioánnis ist die Kirche Ágios Pávlos, am Ortsende in einem Kirchhof gelegen, architektonisch bemerkenswert. Sie besteht aus drei Bauabschnitten, wovon der östliche überkuppelte kubische Bauteil der älteste ist, der wahrscheinlich als Baptisterium bis ins 4./5. Jh. zurückreicht. 1303 wurde der mittlere Zentralbau mit hoher Tambourkuppel und im 15./16. Jh. der offene Narthex in venezianischem Stil angebaut. Die Freskenreste gehen auf die Jahre 1303/1304 zurück. An der Innenseite der Ostmauer der Kirchhofs befindet sich ein kleines Beinhaus.

Moní Odigítrias (Μονί Οδηγήτριας)

Das festungsartige Kloster Odigítrias, das einsam 12 km südlich von Festós im westlichen Asterússia-Gebirge liegt, stammt aus venezianischer Zeit. Die nur noch von ganz wenigen Mönchen bewohnte Anlage ist der Panagía Odigítrias ('Wegweiserin Maria') geweiht. Hier verteidigte sich 1829 der Freiheitskämpfer Xopatéras ('Expater') mit seiner Familie und ein paar Mönchen tagelang gegen die Türken.
In der zweischiffigen Kirche sind wertvolle Ikonen des Malers Ángelos sowie alte Meßgewänder und liturgisches Gerät zu sehen. Zudem enthält das Südschiff einige Fresken.

Kalí Liménes (Καλόι Λιμένες)

Der 30 km südlich von Festós, an einer geschützten Bucht gelegene Ort Kalí Liménes besteht aus nur wenigen Häusern. Westlich und östlich des Ortes findet man wunderschöne Badestrände.
Kalí Liménes ist bekannt aus der Apostelgeschichte (Kap. 27, V. 8), wonach der Apostel Paulus auf seiner Reise nach Rom hier landete. Die Kirche westlich des Ortes oberhalb der Bucht erinnert an ihn.

Pitsídia (Πιτσίδια)

Das reizvolle Dorf Pitsídia, 5 km südwestlich von Ágios Ioánnis, ist für Individualreisende eine gute Alternative zum überlaufenen Mátala. Allgemeiner Treffpunkt sind die Platía und das alte Kafeníon Kóstas. In der Ouzerie Fábrika spielen häufig kretische Musiker.

Kommós (Κομμός)

Kommós (3 km westlich von Pitsídia), seit mittelminoischer Zeit (ab 2100 v. Chr.) besiedelt, war einer der Häfen von Festós. Im 1. Jh. v. Chr. wurde es aufgegeben. Seit 1976 führen kanadische Archäologen hier Ausgrabungen durch.
Zu sehen sind überwiegend im Norden und in der Mitte mehrere Grundrisse von spätminoischen und mittelminoischen Häusern, eines mit sieben Räumen, und eine Straße. Zudem fand man im Süden ein gut erhaltenes klassisch-hellenistisches Heiligtum, dessen Gründung auf das 8./7. Jh. v. Chr. zurückgeht und das 150 v. Chr. zerstört, aber bis 125 n. Chr. weiterbenutzt wurde. Es weist zwei Bauten mit umlaufenden Bänken, zwei Mit-

Festós, Umgebung, Kommós (Fortsetzung)

telsäulen und einen Opferaltar auf. Östlich des Tempels findet man einen Rundbau, dessen Zweck nicht zu bestimmen ist.

Mátala (Μάταλα)

5 km südwestlich von Pitsídia erreicht man das Meer bei Mátala, das in minoischer Zeit wahrscheinlich der Hafen für Festós, in römischer Zeit für Górtis war. In den Felswänden der flachen Hafenbucht sind Höhlen zu finden, die in frühchristlicher Zeit als Gräber dienten. Im Jahr 826 gingen hier die Sarazenen an Land. Auch Zeus soll, dem Mythos nach, in Gestalt eines Stieres mit der aus Phönikien entführten Prinzessin Europa hier gelandet sein. In den sechziger Jahren war Mátala als Paradies für Hippies, die in

Der Strand von Mátala bietet mit den Kalkfelsen einen schönen Anblick

den Höhlen am Strand lebten, bekannt geworden. Als sich die nachfolgenden Rucksacktouristen und Aussteiger hier auf Dauer einrichten wollten, wurden sie vor allem aus hygienischen Gründen vertrieben. Heute sind die Höhlen durch einen nachts verschlossenen Zaun vom Strand getrennt. Mátala ist noch immer, vor allem bei jungen Leuten, ein beliebter Badeort. Tagsüber kommen noch eine große Anzahl von Ausflüglern hinzu. Mátala, ein Touristenort mit zahlreichen Tavernen und Souvenirläden, besitzt einen schönen Strand, der mit den Kalkfelsen einen reizvollen Anblick bietet.

Gávdos (Insel) F/G 5

Lage

Kretas westlicher Südküste etwa 37 km (20 sm) im Libyschen Meer vorgelagert, ist die Insel Gávdos der südlichste Punkt Europas. Man erreicht sie von Paleochóra (55 km) und Chóra Sfakíon (37 km) mit dem Schiff.

Allgemeines

Die flache bewaldete Insel ist 35 km^2 groß; ihre höchste Erhebung beträgt 345 m über dem Meer. In den vier winzigen Dörfern wohnen im Sommer nur noch etwa 80 und im Winter 40 Menschen. Von Paleochóra fährt zwei-

mal wöchentlich ein Post- und Versorgungsboot hinüber, das auch Passagiere mitnimmt. Im Sommer werden zusätzlich Tagesausflüge von Paleochóra und Chóra Sfakíon angeboten.
Auf Gávdos gibt es einen Priester und einen Lehrer, und im Sommer schickt der Staat noch einen Polizisten und einen Arzt in den Hauptort Kástri. Die Inselbewohner leben schlecht von der Landwirtschaft, die auf dem kargen, wasserarmen Boden betrieben wird. Im Frühjahr und Herbst, wenn viele Zugvögel hier rasten, ist Gávdos ein Paradies für Ornithologen.

Gávdos, Allgemeines (Fortsetzung)

Gávdos ist wahrscheinlich das mythologische Ogygia (Odyssee VII, 244), die Insel der Kalypso, deren Gefangener Odysseus sieben Jahre lang war. Sicher ist es jedoch mit der Insel Clauda aus der Apostelgeschichte identisch. Hierher wurde Paulus auf seiner Reise von Caesarea nach Rom durch einen Schiffbruch verschlagen. 1941 bombardierten die Deutschen den Leuchtturm im Nordwesten der Insel, und einige deutsche Soldaten waren die folgenden drei Jahre im Dorf Ámbelos stationiert.

Geschichte

Die Insel hat an landschaftlichen Schönheiten vor allem mehrere gute Strände zu bieten. Es wird von Rucksacktouristen besucht, die bevorzugt am Strand von Sarakinikó kampieren. Nur hier und im Dorf Kástri gibt es Privatzimmer zu mieten.
Zudem sind auf der Insel ein von den Deutschen zerbombter Leuchtturm und drei Höhlen am Meer zu sehen.

Sehenswertes

Górtis · Gortyn E 10

Γόρτυν

Neugriechisch

Nomós: Iráklion
Hauptort: Iráklion

45 km südlich von Iráklion liegen westlich des Ortes Ágii Déka zu beiden Seiten der Hauptstraße Iráklion – Festós die Reste der römischen Inselhauptstadt Górtis.

Lage

In minoischer Zeit (3./2. Jt. v. Chr.) stand Górtis im Schatten von Festós. Die erste Blütezeit erlebte es in der dorischen Periode (6./5. Jh. v. Chr.). Der Stadt brachte nach und nach die ganze Messará-Ebene unter ihre Herrschaft, was in der Eroberung von Festós (3. Jh. v. Chr.) und von dessen Hafen Mátala gipfelte. Sie gewann damit neben dem eigenen Hafen Lébena einen zweiten hinzu. In den folgenden Jahrhunderten kämpfte Górtis mit Knossós um die Vormachtstellung in Mittelkreta. Hannibal fand hier Zuflucht, als er 189 v. Chr. vor den Römern floh. Die zweite außerordentliche Blütezeit erfolgte, als Górtis nach der Unterwerfung durch die Römer (69 v. Chr.) Inselhauptstadt und Sitz des Prätors von Creta-Cyrenaika wurde. Der Apostel Paulus setzte hier Titus als Bischof ein, unter dem die Insel christianisiert wurde. Wahrscheinlich schickte er ihm den im Neuen Testament enthaltenen Titus-Brief. Im Jahr 330 n. Chr. kam die Stadt zu Byzanz und bestand bis zum Eindringen der Sarazenen 826. Seit den achtziger Jahren des vorigen Jahrhunderts führen italienische Archäologen in Górtis Ausgrabungen durch.

Geschichte

Die Überreste von Górtis liegen verstreut nördlich und südlich der Hauptstraße. Geführte Touren beschränken sich auf eine knappe Besichtigung der wichtigsten Ruinen im nördlichen Teil; es lohnt aber auch im Olivenhain südlich der Straße herumzustreifen und die anderen Überreste der Stadt zu entdecken.

***Anlage**
Öffnungszeiten
Tgl. 8.30 – 15.00

Der Rundgang beginnt mit den Nordteil der Anlage. Gleich nach dem Eingang stößt der Besucher links auf die eindrucksvolle Titus-Basilika (wahr-

Rundgang

Anlage, Rundgang (Fortsetzung)

scheinlich 6. Jh.), eines der bedeutendsten christlichen Baudenkmäler Kretas. Die Reliquie des hl. Titus, die sich heute in der Ágios-Títos-Kirche in Iráklion befindet, wurde hier verehrt. Nach der Zerstörung der Kirche durch die Sarazenen 823 wurde das Gotteshaus 965 wieder aufgebaut und im 14. Jh. erneuert. In türkischer Zeit verfiel es und wurde von den Bewohnern der umliegenden Dörfer als Baumaterial verwendet.

Die dreischiffige Basilika in Form eines lateinischen Kreuzes mit Vierungskuppel weist am Querhaus zwei Apsiden auf. Ihr tonnengewölbter östlicher Teil ist erhalten geblieben. Das Bema verfügt über zwei Innenapsiden, die links zur Próthesis mit den Resten zweier Bischofsgräber und rechts zum Diakónikon führen. Über die antike Agorá geht man weiter zum römischen Odéon (Konzerthaus) aus dem 1. Jh. v. Chr., das im 3. und 4. Jh. erneuert wurde.

Die Orchéstra ist mit weißen und schwarzen Marmorplatten ausgelegt, und an die Skené grenzen zwei Portiken. Im kreisförmigen, das Odéon umrundenden Portikus sind 12 von einst wohl 20 griechischen Gesetzestafeln aus der Zeit um 500 bis 450 v. Chr. aufgestellt. Auf 42 Steinblöcken ist im 'bustrophedón' ('wie ein Ochse pflügt'), d. h. in abwechselnd von links nach rechts und von rechts nach links geschriebenen Zeilen, das Zivil- und Strafrecht der dorischen Stadt Górtis (s. Abb. S. 41) festgehalten – das älteste bekannte europäische Gesetz und damit ein einzigartiges Zeugnis des Rechtswesens. Bemerkenswert an diesen Gesetze ist das

Grabungsplan

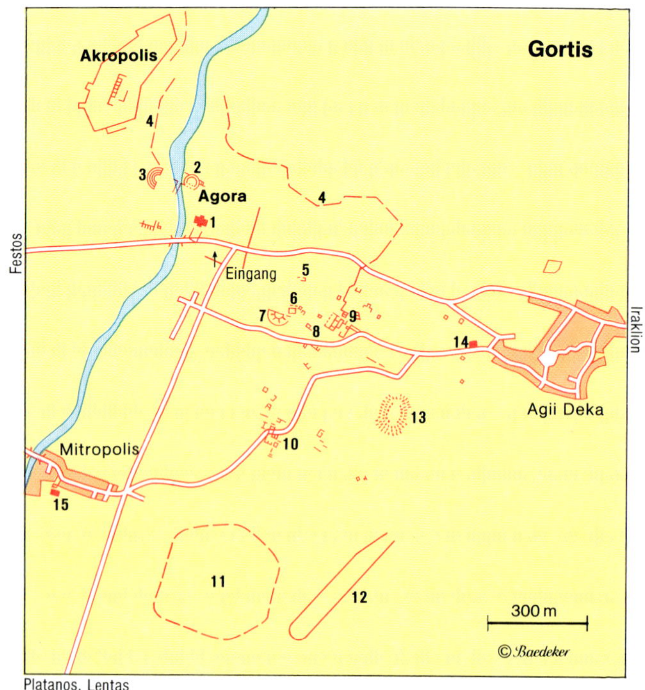

1 Titus-Basilika
2 Odeion
3 Theater
4 Wasserleitung
5 Heiligtum der ägypt. Götter
6 Tempel des Apollon Pythios
7 Theater
8 Prätorium
9 Nymphaion
10 Thermen
11 Gräberfeld
12 Circus
13 Amphitheater
14 Museum
15 Dreikonchenanlage

Anlage, Rundgang (Fortsetzung)

milde Straßmaß – es gibt keine Todesstrafe – und die vermögensrechtlich bevorzugte Stellung der Frau.
Westlich des Odéons am Abhang des Hügels liegen die eindrucksvollen Reste eines griechischen Theaters mit einer Cávea von 120 m Umfang. Auf der darüberliegenden Akrópolis sind Ruinen aus griechischer und römischer Zeit zu sehen, z.B. Magazine und ein Tempel (7. Jh. v. Chr). Den zu diesem Heiligtum gehörenden Altar findet man etwas hangabwärts. An der Akropolis entlang und an dem Hang weiter östlich verlaufen Wasserleitungen, die das Wasser aus der Gegend von Zarós herantransportierten.

Südlich der Straße findet man im frei zugänglichen Olivenhain viele römische Ruinen. Von dem Heiligtum der Isis- und des Serapis, die von den Römern nach der Eroberung Ägyptens verehrt wurden, ist u.a. noch ein Architrav erhalten, auf dem die beiden Gottheiten genannt werden. Vor der südlichen Außenwand führen einige Stufen in eine kleine Krypta mit zwei Statuennischen. Der weiter südlich gelegene Tempel des Apollon Pythios (3./2. Jh. v. Chr.), dessen Kern auf das 6. Jh. zurückgeht, besteht aus einem Prónaos mit sechs dorischen Halbsäulen und einem Raum, der durch zweimal vier Säulen in drei Schiffe geteilt ist. In römischer Zeit (2. Jh. n. Chr.) wurde eine Mittelapsis angebaut. In dem Heiligtum wurde ein Tempelschatz gefunden. Davor steht ein fünfstufiger Altar. Im Südwesten des Tempels befindet sich noch ein Theater. Das Prätorium, der Sitz des römi-

Titus-Basilika: ein bedeutendes christliches Baudenkmal

schen Statthalters, weiter östlich gelegen, stammt aus dem 2. Jh. und wurde im 4. Jh. erneuert. Es weist eine portikusgesäumte Halle mit drei Apsiden, die sog. Basilika, Bäder und einen Tempel auf. Auf dem Platz fanden öffentliche Versammlungen und Gerichtsverhandlungen statt. Folgt man dem Weg weiter, liegt links das Nymphaion, eine kleine Brunnenanlage aus dem 2. Jahrhundert. Im südlichen Bereich finden sich Thermen (2. Jh.), ein Gräberfeld, ein 374 m langer Circus und ein Amphitheater (beide ebenfalls 2. Jh.).

Das Odéon (Konzerthaus) von Górtis

Anlage, Rundgang (Fortsetzung)

Interressant ist noch die frühchristliche Dreikonchenanlage (5./6. Jh.) am Ortsrand von Mitrópolis. Schöne Mosaiken mit geometrischen und figuralen Motiven sind in der südlichen Konche erhalten.

Sehenswertes in der Umgebung von Górtis

Ágii Déka (Άγιοι Δέκα)

Der Name des Ortes Ágii Déka ('Heilige Zehn'), unmittelbar östlich von Górtis, geht darauf zurück, daß zehn Christen unter der Herrschaft von Kaiser Decius im Jahr 250 mit dem Schwert hingerichtet wurden. Sie hatten sich geweigert, an der Einweihung eines heidnischen Tempels teilzunehmen. In der gleichnamigen Kirche im Ort sind neben interessanten Ikonen der Stein zu sehen, der als Richtblock gedient haben soll.

Plátanos (Πλάτανος)

In dem 6 km südlich von Górtis gelegenem Ort Plátanos sind für den archäologisch Interessierten zwei sehr bedeutende frühminoische Rundgräber (etwa 2500 v. Chr.) zu besichtigen. Man erreicht diese, indem man im Ort an einer Gabelung rechts den Weg nach Pómbia einschlägt und sich dann nochmals nach rechts hält. Der östliche Thólos ist mit 13 m innerem Durchmesser der größte seiner Art auf Kreta. Der gepflasterte Platz diente wohl kultischen Zwecken. Die von Osten zugänglichen Gräber, die typisch für die Messará sind, waren Familien- oder Sippengräber, die jahrhundertelang benutzt wurden. Wenn sie belegt waren, bettete man die Gebeine der älteren Bestatteten in die dafür angebauten Kammern (Ossuarien) um.

Léntas (Λεντας)

In Léntas (17 km südlich von Górtis) sind die Reste der griechisch-römischen Stadt Lébena (phönikisch-semitisch 'Löwe') zu besichtigen. Dieser Name kommt von dem westlich gelegenen löwenförmigen Felsen.
Eine bedeutende Rolle spielte Lébena in griechisch-römischer Zeit als Hafen von Górtis. Außerdem war es bereits seit dem 4. Jh. v. Chr. für seine Thermalquellen berühmt, zu denen Heilungssuchende aus ganz Griechen-

Górtis, Umgebung, Léntas (Fortsetzung)

land kamen. Die oberhalb des Ortes liegende Ruinenstätte wurde von italienischen Archäologen ausgegraben. – Hier an der Südküste sind einige schöne Strände zu finden.
In der Mitte der einstigen Stadt Léntas steht ein Asklepios-Tempel (3. Jh. v. Chr.; 2. Jh. n. Chr. erneuert), dessen Wand interessanterweise außen aus Bruchsteinen und innen aus Ziegeln besteht. Im Innern sind noch zwei Säulen und die Basis eines Kultbildes – hier standen die Statuen von Asklepios und Hygieia – sowie Mosaikreste zu sehen. In dem Raum unmittelbar nördlich befindet sich ein schönes Mosaik mit Seepferd und Palmetten. Im Boden ist eine 2 m tiefe Grube mit runder Öffnung eingelassen, die in einen unterirdischen Raum führt. Hier bewahrte man den Tempelschatz auf, der allerdings schon in der Antike geraubt wurde. Von der sich nördlich anschließenden monumentalen Marmortreppe ist ebenso wenig erhalten wie von dem östlich angrenzenden Portikus. Südöstlich dieses Komplexes findet man die heute noch genützte Heilquelle und südlich einige große Becken, die wahrscheinlich zum Baden verwendet wurden. Das langgestreckte Haus im Dorf und das größere Gebäude weiter südlich waren wahrscheinlich Gästehäuser.
Die Ágios-Ioánnis-Kapelle (11. Jh.; östlich der Tempelanlage) steht in den Ruinen einer überwiegend aus antikem Baumaterial erbauten byzantinischen Basilika (5./6. Jh.). Ihre Fresken stammen aus dem 14./15. Jahrhundert. Östlich von Léntas findet man noch zwei frühminoische Rundgräber.

Gurniá

E 15

Γουρνιά

Neugriechisch

Nomós: Lassíthi
Hauptort: Ágios Nikólaos

Gurniá: eines der frühesten Beispiele europäischen Städtebaus

Gurniá

Lage

Etwa 20 km südöstlich von Ágios Nikólaos unmittelbar an der Küstenstraße liegt das Ruinenfeld der nur teilweise freigelegten Siedlung Gurniá auf einem kleinen Hügel.

Hinweis

Die genaue Datierung der frühminoischen (FM I–III), mittelminoischen (MM I–III) und spätminoischen (SM I–III) Periode ist der Tabelle auf S. 35 zu entnehmen.

*Stadtanlage
Öffnungszeiten
Tgl. außer Di.
8.30–15.00

Die typische Stadtanlage mit engen gepflasterten Gassen, kleinen Wohnhäusen sowie erhöht gelegenem Palast und Heiligtum vermittelt einen lebendigen Eindruck vom Aussehen einer mittelminoischen Ortschaft. Sie ist eines der frühesten Beispiele für europäischen Städtebau.
Von hier kann man zugleich einen sehr schönen Ausblick auf das Meer genießen.

Geschichte

Das Stadtgebiet war von 3300 bis um 1100 v. Chr. besiedelt. Die heute sichtbaren Bauten gehen auf die Periode von 1800 bis 1500 v. Chr. zurück, die auch die Blütezeit der Stadt markiert. Der Name Gurniá ('Krüge'), der aus neuerer Zeit stammt, weist darauf hin, daß hier viele Krüge gefunden wurden. In den Jahren 1901 bis 1904 erforschten amerikanische Archäologen das Areal.

Grabungsplan

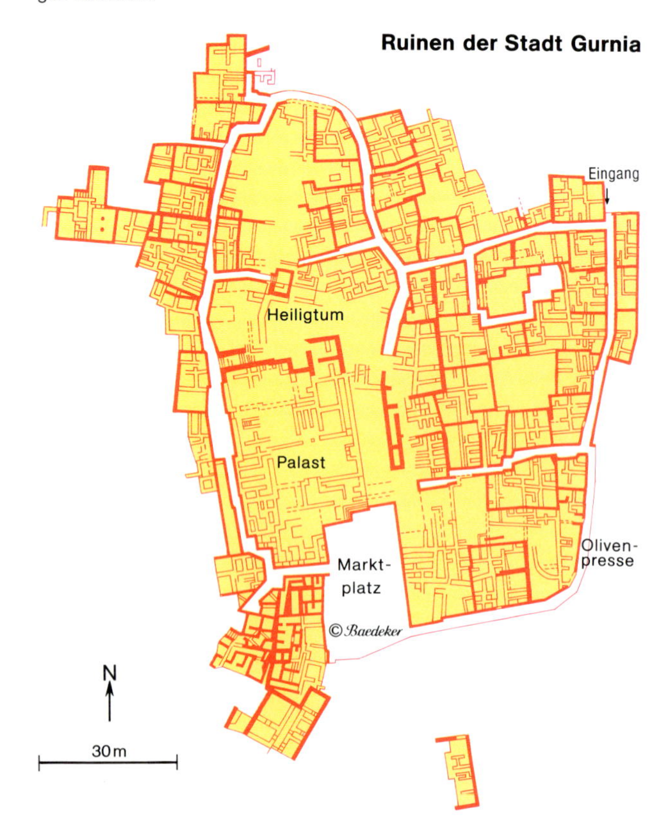

Gurniá, Stadtanlage, (Forsetzung) Rundgang

Die Stadt, die von einer Ringstraße durchzogen ist, war von relativ wohlhabenden Händlern, Bauern, Handwerkern und Fischern bewohnt. Die kleinen, wahrscheinlich zwei- bis dreistöckigen Häuser, deren untere Mauern aus Bruchsteinen bestanden, hatten meistens gemeinsame Wände und verfügten über winzige Zimmer. Viele Alltagsgegenstände wurden hier gefunden; zu sehen sind noch Mörser und Steinbecken.
Oben auf dem Hügel liegt der Marktplatz, nördlich ein kleiner Palast, zu dem eine kleine Schautreppe führt. Eine Halle ist noch zu erkennen, an die im Westen Magazine grenzen. Nördlich des Palastes stößt der Besucher auf ein kleines Heiligtum aus SM III, zu dem eine kleine Stichstraße von der Ringstraße hinführt. Hier wurden zahlreiche Weihegaben gefunden, so Frauenstatuetten, Tierplastiken und Votivtäfelchen.

Sehenswertes in der Umgebung von Gurniá

Vassilikí (Βασιλική)

Bekannt geworden ist Vassilikí (5 km südöstlich von Gurniá) durch die bedeutende frühminoische Keramik mit rot- und schwarzgeflammter Musterung, die man nach dem Fundort Vassilikí-Stil nennt.
Hier ist eine bedeutende frühminoische Siedlung (2700 – 2300 v. Chr.) zu sehen, die 150 m nach dem Ort auf einer Hügelkuppe liegt. Die Ausgrabungen förderten einen Hof und ein Wohnquartier mit außergewöhlich kleinen Räumen zutage. Einige Platten des Hofes, an deren Rändern man kleine Vertiefungen sehen kann, wurden für Opfergaben benutzt.

Haniá

⟶ Chaniá

Herakleion

⟶ Iráklion

Hóra Sfakíon

⟶ Chóra Sfakíon

Ida-Gebirge · Psiloritis D/E 9/10

Nomós: Réthimnon
Hauptort: Réthimnon

*Landschaftsbild

Der mythenumwobene Ida ('Waldgebirge') ist mit seinem breiten Massiv der höchste und eindrucksvollste Gebirgszug Kretas; der Psiloritis ('der Höchste') ragt mit 2456 Metern ü. d. M. auf. In der Idäischen Höhle soll der Sage nach der griechische Göttervater Zeus aufgewachsen sein.

Wanderung

Sehr lohnend ist die Besteigung des Psiloritis, entweder vom Ort Kamáres zur Kamáreshöhle und weiter zum Gipfel oder von der Nída-Hochebene, die über Anógia auf einer Schotterstraße zu erreichen ist. Sie ist allerdings praktisch nur in den Monaten Juni bis September möglich. Die Wanderung, die man mit einem Führer unternehmen sollte, erfordert gute Kondition. Wetterfeste und warme Kleidung, feste Schuhe mit Profilsohle, Proviant, Wasser und ein Schlafsack für die Kamáres-Tour sind erforderlich.

Aufstieg von Kamáres

Der Aufstieg von Kamáres (600 m ü. d. M.) ist vor allem dann ratsam, wenn man die Kamáreshöhle (1525 m ü. d. M.) sehen möchte. Dann muß man entweder in der Höhle, auf der Alm Kólita oder auf dem Psiloritis übernachten. Den Weg läßt man sich am besten von der Snack-Bar an der Hauptstraße aus zeigen. Dem roten Punkt folgend gelangt man in etwa 3 Std. zu der Höhle unterhalb des 1981 m hohen Berges Márvi mit seinem markanten Doppelgipfel.

Kamáreshöhle (Σπηλια Καμαρες)

Die Kamáreshöhle (1525 m ü. d. M.), die in mittelminoischer Zeit ein Heiligtum für die ganze Messará-Ebene war, grub man 1913 aus. Dabei wurden zahlreiche polychrome Gefäße aus mittelminoischer Zeit im nach der Höhle benannten 'Kamáres-Stil' gefunden, die heute im Archäologischen Museum Iráklion zu bewundern sind. Sie bestehen aus feinstem Ton – die sog. Eierschalenkeramik war besonders dünn – und sind mit weißen, gelben und roten Pflanzen- und Spiralmustern auf dunklem Grund verziert.

Das mythenumwobene Ida-Gebirge

Der Route führt weiter in etwa 3 1/2 Std. zur Alm Kólita. Kurz darauf stößt der Weg, von der Nída-Hochebene kommend, auf diese Route (weitere Beschreibung s. u.). Der Aufstieg dauert je nach Kondition und Pausen 6–7 1/2 Stunden.

Nída-Hochebene

Die vom Dorf Anógia über eine 21 km lange Piste zu erreichende Nída-Hochebene ist vor allem Schaf- und Ziegenweide. Die Fahrt dorthin geht durch eine wildromantische Gebirgslandschaft, vorbei an mehreren Almen bis zu dem 13 km entfernten Paß auf 1500 m Höhe, von wo man einen schönen Blick auf die Hochebene hat.

Der Wirt der staatseigenen Taverne, dem einzigen festen Bau der Ebene, zeigt Wanderfreunden den Weg zur Idäischen Höhle. Von der Análipsis-Kirche geht der Weg in Serpentinen aufwärts zu der an der Nordflanke des Ida, auf 1540 Meter Höhe gelegenen Höhle.

Ida-Gebirge (Fortsetzung)
Idäische Höhle
(Ιδαικη Σπηλια)

Die Idäische Höhle (Idéon Ándron) ist neben der Díktäischen Höhle auf der Lassíthi-Hochebene die berühmteste Höhle Kretas ist.
Hier wurde dem Mythos nach Zeus von Nymphen mit Milch der Ziege Amaltheia und mit Honig großgezogen. Seine Mutter Rhea hatte ihn hierhergebracht, um ihn vor seinem Vater Kronos zu schützen. Dieser verschlang nämlich alle seine Kinder, weil ihm prophezeit worden war, daß er durch einen Sohn seine Macht verlieren würde. Rhea beauftragte die Kureten, ihre Priester, durch das Aneinanderschlagen ihrer Bronzeschilde Krach zu machen, damit Kronos das Geschrei des Kindes nicht hören konnte.
Die Höhle war von minoischer bis römischer Zeit ein Kultort.
Links vom Eingang wurde ein hervortretender Fels in einen Altar umgewandelt. Die seit dem Jahr 1884 erforschte Höhle besteht aus einem großen Hauptraum und drei Nebenräumen, von denen der mittlere, das Allerheiligste, in 8 m Höhe nur mit einer Leiter erreichbar ist. In ihr fand man bedeutende Bronzestücke, darunter die berühmten Kuretenschilde (im Archäologischen Museum Iráklion), Keramik, Gold- und Silberobjekte sowie römische Öllampen.

Aufstieg von der Nída-Hochebene

Von der Nída-Hochebene dauert der Aufstieg auf den Psiloritis und zurück einen Tag. Ausgangspunkt ist auch hier die Análipsis-Kirche. Der Weg ist teilweise mit roten Punkten und Steinzeichen markiert.
Auf dem Gipfel ist eine Kirche, eine Schutzhütte und eine Zisterne mit Schmelzwasser zu finden. Es bietet sich dem Wanderer ein großartiger Rundblick: im Südwesten zur Insel Gávdos, zu den Weißen Bergen im Westen, im Norden nach Iráklion, zum Bergland der Lassíthi im Osten und im Süden über die Messará zu den Asterúsia-Bergen.

Ierápetra

E 15

Neugriechisch

Ιεράπετρα

Nomós: Lassíthi
Hauptort: Ágios Nikólaos
Einwohnerzahl: 11 000

Lage und Allgemeines

An der Südküste Kretas liegt inmitten eines reichen Gemüse- und Obstanbaugebietes, das mit Gewächshäusern übersät ist, das schon afrikanisch anmutende Ierápetra, die südlichste Stadt Europas. Die Landwirtschaft, deren Hauptanbauprodukte Gurken und Tomaten sind, bestimmt das Leben der Menschen hier. Während Ierápetra im Hochsommer oft unter Hitze leiden muß, ist es im Winter der angenehmste Aufenthaltsort der Insel. Selbst im Dezember und Januar kann man noch im Libyschen Meer baden.
Für die Fremden ist die mit vielfarbigen Marmor- und Travertinplatten gepflasterte Uferpromenade das Zentrum, denn hier reihen sich vielbesuchte Tavernen und Cafés aneinander. Südlich liegt die Altstadt, der sich nördlich die Neustadt mit Markthalle, Behörden und Geschäften anschließt. Gute Strände finden sich zu beiden Seiten der Uferpromenade.

Geschichte

Ierápetra nahm im Altertum als Hierapydna eine strategisch wichtige Stellung für den Afrikahandel ein. Zu einer der bedeutendsten Städte Kretas stieg es im 4. und 3. Jh. v. Chr. auf. Eine wichtige Rolle spielte der Ort auch in römischer Zeit, als es mit zahlreichen prächtigen Bauten wie Theatern, Tempeln und Bädern ausgesattet war. Von diesen ist allerdings nur noch wenig in der Umgebung zu finden. Im 4. Jh. war Ierápetra Bischofssitz. Durch die arabischen Überfälle im 9. Jh. erlitt es schwere Zerstörungen. Venezianern und Türken diente der Ort als Festung. Im Jahr 1798 soll Napoleon auf seinem Zug nach Ägypten eine Nacht hier verbracht haben. Der örtlichen Überlieferung nach ist er mit fünf Seeleuten an Land gegan-

Geschichte (Fortsetzung)

gen, um frisches Wasser zu besorgen. Er kam mit einem einheimischen Notar ins Gepräch, der den Kaiser nicht erkannte und ihn zu sich nach Hause einlud. Am nächsten Morgen fand der Notar im Bett des Gastes nach dessen Abreise einen Zettel mit dem Namen Napoleons.

Sehenswertes in Ierápetra

Altstadt

An der südlichen Ecke der Stadt auf einem vorspringenden Kap steht die im 13. Jh. von den Venezianern erbaute Hafenfestung mit Zinnen und Türmen an den vier Eckpunkten. Dahinter erstreckt sich die Altsadt mit kleinen Gassen aus der Türkenzeit. Unweit nördlich der Festung findet man das kleine, zweigeschossige Napoleon-Haus ('spíti toú Napoléon'), wo der Kaiser übernachtet haben soll (s. o.). An der stillen Platía steht eine Moschee mit restauriertem Minarett, daneben ein türkischer Brunnen mit Nischen und Kapitellen.

Stadtplan

Archäologisches Museum

In einer vormals türkischen Schule befindet sich ein kleines Archäologisches Museum (Odos Adrianú; geöffnet tgl. außer Mo. 8.30–15.00 Uhr) mit viel Keramik, darunter geflammte Ware im Vassilikí-Stil und Steinschalen aus Móchlos, sowie Münzen. Hervorzuheben ist ein besonders schöner minoischer Sarkophag mit Darstellungen aus dem täglichen Leben und eine hervorragende Statue der Göttin Demeter (2. Jh. n. Chr.).

Umgebung von Ierápetra

Episkopí (Επισκοπή)

Von architektonischer Besonderheit ist die Kirche Ágios Geórgios (12./ 13. Jh.) in Episkopí, 7 km nördlich von Ierápetra. Der Bau mit zwei Konchen weist feingliedrige Blendbögen aus Ziegelsteinen am Kuppelansatz auf. Das Südschiff ist durch eine dem Ágios Charálambos geweihte Ka-

Promenade von Ierápetra

Umgebung, Episkopí (Fortsetzung)

pelle ersetzt worden. Zu beachten ist noch die Ikonostase mit einem großfigurigem geschnitzten Kreuz.

Anatolí (Ανατολή)

Das 640 m hoch gelegene Bergdorf Anatolí, 18 km nordwestlich von Ierápetra, erreicht man nach einer schönen Fahrt durch reizvolle Berglandschaften. Auf phantastisch anmutenden Felsbuckeln wachsen Kiefern, und im März blühen hier Mandelbäume. Von dem Dorf bietet sich eine schöne Aussicht.

Christós (Χριστός)

Das Bergdorf Christós (25 km nordwestlich von Ierápetra) liegt 700 m hoch auf einem steilen Hang. Vor dem Ortseingang rechts steht etwas erhöht die Wallfahrtskirche Agía Paraskewí.

Mírtos (Μύρτος)

12 km westlich von Ierápetra liegt der Ort Mírtos. Das einstige Hippiedorf bietet einen langen Sandstrand und in Richtung Tértsa einsame Badebuchten.

Pírgos (Πύργος)

Unmittelbar östlich des Ortes haben Archäologen 1970 auf dem Hügel Pírgos die spärlichen Überreste eines mittelminoischen Herrenhauses (1600 v. Chr.) freigelegt. Zu sehen ist im Süden ein gepflasterter Hof mit einer runden Zisterne, an die sich nördlich eine Vorhalle anschließt, hinter der die zahlreichen Räume der Villa liegen. – Vom Hügel hat man einen weiten Blick auf das Küstenland und die Libysche See.

Fúrnu Korífi (Φόυρνου Κορύφη)

Auf dem Berg Fúrnu Korífi, 2 km östlich vom Mírtos wurde 1968 eine bedeutende frühminoische Siedlung (2500 – 2150 v. Chr.) entdeckt. Dabei kam umfangreiche Keramik im geflammten Vassilikí-Stil und im Ágios-Onúfrios-Stil mit diagonalem Linearmuster zutage. Die Siedlung besteht aus mehr als 100 miteinander verbundenen Räumen, die auf die Wohnstätte eines Familienclans hindeuten. Es wurden auch zwei Heiligtümer und Kernoi entdeckt.

Ierápetra, Umgebung (Fortsetzung)
Árvi (Αρβη)

Die Fahrt zu dem in einer von Bananenstauden, Apfelsinenbäumen und Gemüse geprägten Gegend liegendem Dorf Árvi an der Südküste (39 km westlich von Ierápetra) ist landschaftlich sehr reizvoll. Es ist kein schöner, aber recht uriger Badeort mit guten Sand- und Kieselstränden. In 30 Minuten kann man zum verlassenen Kloster Ágios Antónios wandern.

Áno Viánnos (Άνω Βιάννος)

In dem Ort Áno Viánnos, 36 km westlich von Ierápetra inmitten von Olivenhainen gelegen, kann man direkt an der Hauptstraße unweit der Dorfkirche einem Ikonenmaler bei der Arbeit zusehen.
Schon in früh- und mittelminoischer Zeit (3./2. Jt. v. Chr.) war die Gegend besiedelt. Hier lag die griechische Stadt Viennos, die einen selbstständigen Stadtstaat bildete. In venezianischer Zeit war Viánnos ein bedeutender Ort in Südkreta.
Sehenswert in Áno Viánnos ist die Kirche Agía Pelagía mit Fresken aus dem Jahr 1360. Von besonderem ikonographischen Interesse sind im Kirchenraum die Szenen aus dem Leben der hl. Pelagía. Auf dem Gurtbogen kann man die Hl. Zehn von Ágii Déka sehen.

Keratókambos (Κερατόκαμπος)

Die kleine, locker bebaute Küstensiedlung Keratókambos, 43 km westlich von Ierápetra, bietet einen langen kinderfreundlichen Strand. Viele ehemalige Gastarbeiter in Deutschland werben mit Schildern wie ‘Speiselokal Morgenstern’ und ‘Kaufladen’ um Kunden.

Inseln Chrissí und Kufonísi

Ierápetra rund 18 km (10 sm) südlich vorgelagert sind die 5 km lange Insel Chrissí und weiter östlich, etwa 5 km vor Kap Gudúra, die Insel Kufonísi. Täglich fahren Ausflugsboote von Ierápetra und Makrigiálos nach Chrissí (‘Goldene Insel’), die auch den weniger klangvollen Namen Gaiduronissi (‘Eselsinsel’) trägt. Im Sommer sind drei Tavernen geöffnet, ansonsten ist das mit Kiefern und Wacholder bewachsene Eiland unbewohnt. Man kann an großartigen Sandstränden in kristallklarem Wasser baden oder Wanderungen unternehmen.
Die kleine, ebenfalls unbewohnte Insel Kufonísi, die gelegentlich im Sommer auf Bootsausflügen von Makrigiálos angelaufen wird, bietet nicht nur Strände, sondern auch Ausgrabungen.

Iráklion · Herakleion C 11

Neugriechisch

Ηρακλειο

Nomós: Iráklion
Inselhauptstadt
Einwohnerzahl: 110 000

Bedeutung

Iráklion, die etwa in der Mitte der Nordküste gelegene größte Stadt Kretas, ist zugleich Verwaltungssitz und wirtschaftliches Zentrum der Insel mit deren wichtigstem Handelshafen. Zudem hat der Erzbischof von Kreta hier seinen Sitz. Die Stadt ist ferner kulturelles Zentrum der Insel; einige Fakultäten der Universität von Kreta, zahlreiche Schulen, eine Bibliothek und einige Museen, darunter das bedeutende Archäologische Museum, befinden sich hier.

Stadtbild

Obwohl Iráklion eine lange Geschichte hat, sind nur noch wenige historische Bauwerke erhalten. Eine große Anzahl der alten Bausubstanz wurde durch neue Bauten ersetzt, so daß das Stadtbild dadurch geprägt ist und deshalb wenig Ansprechendes besitzt.

Allgemeines

Die Sehenswürdigkeiten von Iráklion liegen fast alle innerhalb der weitgehend noch gut erhaltenen venezianischen Stadtmauer. Die Atmosphäre der geschäftigen Stadt erlebt man am besten auf der Platía Venizélu mit dem Morosini-Brunnen, wo viele Restaurants, Tavernen und Cafés auf Gä-

ste warten. Von diesem Areal gehen die Schlagadern der Stadt aus: die Leoforos Dikeossínis, die wichtigste Straße der Stadt, mit Geschäften, großen Gerichts- und Verwaltungsgebäuden und Cafés, ferner die zum Hafen führende Odos 25 Avgústu mit Banken, Reisebüros und Autovermietungen, die Fußgängergasse Odos Dedalu mit Souvenirgeschäften, Reisebüros und Restaurants, dann die Marktgasse Odos 1866 mit Lebensmittelgeschäften und die Haupteinkaufsstraße der Einheimischen, die Odos Kalokerinú. Der zweite zentrale Punkt der lebhaften Stadt ist die weitläufige und verkehrsreiche Platía Eleftérias, wo das außerordentlich sehenswerte Archäologische Museum zahllose Besucher anlockt und einige große Cafés zu finden sind.

Allgemeines (Fortsetzung)

Geschichte

Iráklion war schon in minoischer Zeit Hafenplatz von Knossós. In der Antike hieß es laut Überlieferung Heraklea nach Herakles, der seine siebte Arbeit verrichtete, indem er den Kretischen Stier von Kreta entführte. Von der Geschichte in römischer und frühbyzantinischer Zeit ist kaum etwas bekannt. Im Jahr 824 n. Chr. wurde die Stadt von den Sarazenen erobert und unter dem Namen 'Rhabd el Chandak' ('Grabenburg') zum militärischen Hauptquartier ausgebaut. Der byzantinische Feldherr Nikephóros Fokás nahm sie 961 wieder ein, plünderte sie und zerstörte die Festung. Man kürzte den Ortsnamen in Chandax. Aus Sicherheitsgründen gründete Phokás eine neue Stadt 19 km südlich der alten, indem er dort das Kastell Témenos errichten ließ. Die Siedler zogen jedoch Chandax vor, so daß dieses wieder aufgebaut wurde.
Nachdem Kreta 1204 an Venedig gefallen und es in Kämpfen den Genuesen abgerungen worden war, wurde die Stadt Sitz des Gouverneurs der Insel und erhielt wie die ganze Insel den Namen Candia. Die Stadt erlangte

Geschichte (Fortsetzung)

Bedeutung für den Levantehandel der Venezianer. Sie erhielt in der folgenden Zeit viele prächtige Bauten, weil alle vornehmen venezianischen und griechischen Familien hier Wohnsitze haben mußten. Gegen die Fremdherrschaft kam es zu mehreren Revolutionen, so in den Jahren 1274 bis 1277, als der Herzog von Kreta und viele Adlige getötet wurden, und von 1458 bis 1460. Die Venezianer ließen die Stadt seit 1538 durch den Baumeister Michele Sanmicheli mit einer gewaltigen, festungsartig ausgebauten Mauer umgeben.
Nach der Einahme Kretas durch die Türken 1648 belagerten diese Candia 21 Jahre lang, an dessen Verteidigung auch französische und deutsche Truppen beteiligt waren. Der lange und blutige Kampf, der auf venezianischer Seite 31 000 und auf türkischer 119 000 Opfer forderte, endete 1669 mit der Übergabe der Festung an die Türken. Fast alle Christen verließen die zerstörte Stadt. Die Einheimischen nannten Candia nun Megálo Kástro ('Große Burg'). Unter dieser Bezeichnung erscheint es auch in dem berühmten Roman "Alexis Sorbas" des kretischen Dichters Níkos Kasantzákis (⟶ Berühmte Persönlichkeiten).
Die Stadt wurde Sitz eines Paschas, verlor aber ihre wirtschaftliche Bedeutung. Im 16. und 17. Jh. befand sich hier eine bedeutende Malerschule, aus der auch der berühmte Maler El Greco (⟶ Berühmte Persönlichkeiten) hervorging. Erst mit dem Anschluß Kretas an Griechenland 1913 gewann Iráklion seine führende wirtschaftliche Stellung zurück. Im Zweiten Weltkrieg wurde es zur Hälfte zerstört. Inselhauptstadt wurde Iráklion 1971.

Sehenswertes in Iráklion

*Morosini-Brunnen (s. Abb. S. 140)

Der schöne Morosini-Brunnen, der Mittelpunkt der Stadt, wurde von dem venezianischen Generalproveditore Francesco Morosini im Jahr 1628 unter Einbeziehung von vier wahrscheinlich aus dem 14. Jh. stammenden Löwen errichtet. Er besteht aus acht dreiviertelkreisfömigen Becken, die wiederum kreisförmig angeordnet sind. Ihre Außenwände sind mit Themen aus der griechischen Mythologie, z. B. Europa auf dem Stier, und Fabelwesen verziert.

Ágios Márkos

Die dem Schutzheiligen Venedigs geweihte San-Marco-Kirche (gegenüber dem Morosini-Brunnen), bereits 1239 von den Venezianern erbaut, war in venezianischer Zeit Sitz des lateinischen Erzbischofs der Insel und die Hof- und Grabkirche der Herzöge von Kreta. In den Jahren 1303 und 1508 wurde sie durch Erdbeben stark beschädigt. Als türkisches Gotteshaus mit dem Namen Dephterda-Moschee nutzte man sie von 1669 bis 1915. Die 1960 restaurierte Kirche dient heute der Stadt als Ausstellungs- und Veranstaltungsraum.
Der Campanile, der einst rechts von der Kirche stand, wurde von den Türken durch ein Minarett ersetzt, von dem noch die Grundmauern erhalten sind. Die beiden Seitenschiffe der Basilika sind durch sechs Arkaden mit je fünf grünen Marmorsäulen mit dem Mittelschiff verbunden. An der Nordwand sieht man ein schönes Portal mit Spitzbogen. Die größte Sehenswürdigkeit ist eine Sammlung von Freskenkopien aus bekannten kretischen Kirchen, so der Panagía Kerá in Kritsá.

*Venezianische Loggia, Zeughaus

Etwas weiter nördlich sieht der Besucher die Loggia, einer der schönsten und harmonischsten venezianischen Bauten Kretas. Sie wurde ebenfalls von Francesco Morosini, dem Erbauer des gleichnamigen Brunnens, in den Jahren 1626 bis 1628 errichtet. Die Loggia war Versammlungsort für die Beamten und venezianisch-kretischen Adligen, und die Türken benutzten sie als Verwaltungsgebäude. Nach den Beschädigungen im Zweiten Weltkrieg baute man sie wieder auf.
Der zweigeschossige Bau mit Dachbalustrade weist sieben Arkaden an seiner Längsseite und je zwei Arkaden an den Schmalseiten auf. Im Erdge-

Der schöne und harmonische Bau der venezianischen Loggia ▶

Venetian
Loggia

Der Morosini-Brunnen bildet den Mittelpunkt der Stadt

Venezianische Loggia, Zeughaus (Fortsetzung)

schoß sind dorische und im Obergeschoß ionische Säulen zu sehen. Auf den Metopen zwischen den beiden Geschossen sind Kriegstrophäen und der Markuslöwe dargestellt.
An der Ostseite der Loggia schließt sich das große venezianische Zeughaus (Armeria) aus dem 17. Jh. an, in dem heute das Rathaus untergebracht ist.

Sagredo-Brunnen

Den kleinen Sagredo-Brunnen nördlich des Gebäudekomplexes ließ der Duca Sagredo im Jahr 1602 erbauen; er ist nicht mehr in der Originalfassung erhalten. Die stark beschädigte Frauenfigur, flankiert von ebenfalls teilweise zerstörten ionischen Pilastern, und die Platte mit der Inschrift 'Cura Sagredi profluit ista ducis' ('Dieser Brunnen fließt dank dem Herzog Sagredo') sind originale Bauteile.

Ágios Titos

Die Gründung der Ágios-Titos-Kirche (geöffnet tgl. 7.00–12.00 und 17.00 bis 20.00 Uhr) etwas weiter nördlich, die nach dem hl. Titus, dem ersten Bischof von Kreta, benannt ist, geht auf das 10./11. Jh. zurück. Das Gotteshaus wurde mehrmals durch Erdbeben und Feuer zerstört und immer wieder auf- und umgebaut. 1862 wandelten es die Türken in eine Moschee um und erneuerten diese 1872 nach einem weiteren Erdbeben mit dekorativer islamischer Außengestaltung. Nachdem die Türken die Insel verlassen hatten, wurde die Kirche zum orthodoxen Gotteshaus umgestaltet. Der islamische Zentralbau mit Zentralkuppel und vier Kuppeln über den Gebäudeecken erhielt drei Apsiden. Zwei islamische Gebetsnischen findet man noch in der Außenwand bzw. im Narthex.
Die Innenausstattung ist zwar neu, aber wegen der reichen Schnitzereien, z. B. einer Ikonenwand, sehenswert. In der kleinen Titus-Kapelle, die von der Vorhalle zugänglich ist, wird der Schädel des hl. Titus in einem kostbaren Goldbehälter verwahrt. Nachdem er 1669 bei der Eroberung Candias durch die Türken nach Venedig gebracht worden war, gab man ihn 1966 an Iráklion zurück.

Geht man die Odos 25 Avgústu bis zum Ende, kommt man zum alten venezianischen Hafen mit dem eindrucksvollen Kastell Kules (geöffnet Di. – So. 8.30 bis 15.00 Uhr). An den Außenseiten des in den Jahren 1523 bis 1540 erbauten Kastells sind Hochreliefs mit Markuslöwen zu sehen. Im Nordosten erkennt man den Stumpf eines Minaretts. Zum offenen zinnenbewehrten Obergeschoß führt eine Rampe, die dem Transport von Geschützen diente. Dort befinden sich zahlreiche Magazine, Wohnräume und Kasematten.

Kastell Kules (s. Abb. S. 62)

Am alten Hafen sind noch einige venezianische Arsenale mit Tonnengewölbe erhalten. Sie dienten als Werften für Galeeren, die hier gebaut und repariert wurden.

Arsenale

**Archäologisches Museum (Etagengrundriß s. S. 144/145)

Die bedeutendste Sehenswürdigkeit der Stadt und eine der größten von Kreta ist das in der östlichen Altstadt gelegene Archäologische Museum, das die großartigen Funde aus den Palästen und Wohnbauten von Knossós, Festós, Agía Triáda und anderen Ausgrabungsstätten der Insel enthält und damit ein Bild ihrer reichen vorgriechischen Blütezeit vom 5. Jahrtausend an wiedergibt.
Mit seinen einmaligen Exponaten der außergewöhnlichen minoischen Kultur ist es ein absolutes Muß für jeden Kreta-Besucher.

Öffnungszeiten
Mo. 12.30 – 19.00
Di. – So.
8.00 – 19.00

Die genaue Datierung der frühminoischen (FM I – III), mittelminoischen (MM I – III) und spätminoischen (SM I – III) Periode ist der Tabelle auf S. 35 zu entnehmen.

Hinweis

Der Rundgang erfolgt, beginnend im Erdgeschoß, entsprechend der Saal- und Vitrinennummerierung, die der auf dem Grundriß und der im Museum entspricht, wobei zu beachten ist, daß die Aufstellung der Vitrinen noch nicht endgültig ist und damit wechseln kann.

Rundgang

Saal I

In Saal I sind Funde aus dem Neolithikum und der minoischen Vorpalastzeit (5000 – 2100 v. Chr.) zu sehen.

Vitrine 1

Keramik mit einfachen eingeritzten Mustern aus Knossós, Votivtiere, weibliche Idole und Kultgefäße; Äxte, Keulen und Knochenwerkzeuge von verschiedenen Fundorten.

Vitrine 2

Gefäße und ein Adorant aus Knossós sowie ein Siebgefäß aus Festós.

Vitrine 3

Konische Becher im sog. Pírgos-Stil und Gefäße mit einfachen linearen Ornamenten des Onúfrios-Stils.

Vitrinen 4 und 5

Funde aus den Rundgräbern von Lébena (Léntas): Keramik, Schmuck, Steingefäße und bronzene Speerspitzen.

Vitrine 6

Gefäße im Vassilikí-Stil mit geflammten Mustern und charakteristischen schnabelartigen Ausgüssen.

Vitrine 7

Einzigartige kunstvolle Steingefäße von der Insel Móchlos: bemerkenswert der meisterhaft gearbeitete Gefäßdeckel mit einem liegenden Hund als Henkel (s. Abb. S. 142).

Vitrine 8

Keramik aus Vassilikí und Móchlos mit weißen und roten Mustern auf schwarzem Grund: hervorzuheben sind das Modell eines heiligen Schiffes und eine Göttin mit entblößten Brüsten.

Vitrine 9

Gefäße im Barbotine-Stil mit aufgesetzten Tontupfen: sehr schöne Schnabelkanne mit Henkel.

Archäologisches Museum (Forts.)
Vitrine 10

Gefäße wie Becher, Kannen und Obstschalen aus der minoischen Siedlung bei Palékastro: besonders eindrucksvoll eine Votivschale mit plastischer Innendekoration, die eine Schafherde mit Hirten darstellt.

Vitrine 11

Stein- und Elfenbeinsiegel aus den Gräbern der Messará und von Furní u. a. in Tierform: hervorzuheben ist das zylinderförmige Siegel des babylonischen Königs Hammurabi, das 14seitige Elfenbeinsiegel, eines der ältesten minoischen Schriftzeugnisse, und das Siegel in Form einer Fliege.

Vitrine 12

Kultgefäße und Vasen von verschiedenen Fundorten: interessant sind das Opfergefäß in Form eines Stieres mit drei Akrobaten, also eine Darstellung des kultischen Stierspiels, und die sehr schöne Schnabelkanne mit rotem Strichdekor.

Meisterhaft gearbeiteter Gefäßdeckel mit einem liegenden Hund

Vitrine 13

Obsidianklingen, Kykladenidole und Steingefäße von verschiedenen Ausgrabungsstätten.

Vitrine 14

Klingen, die ältesten Kupferarbeiten Kretas, und silberne Speerspitzen von mehreren Fundorten.

Vitrine 15

Gegenstände aus den Gräbern der Messará: Opfergefäße, Tonplastiken in Tierform, z. B. ein Stier mit einem Akrobaten.

Vitrinen 16 und 17

Schmuck aus Bergkristall, Karneol und Gold, z. B. ein winziger Frosch, von verschiedenen Fundorten.

Vitrine 18

Siegel u. a. aus Elfenbein und Steatit mit teilweise hieroglyphischen Zeichen.

Vitrine 18 A

Schmuck aus der Nekropole Furní; das Kykladenidol aus Elfenbein weist auf die intensiven Handelskontakte Kretas hin.

Archäologisches Museum (Forts.)

Saal II

In Saal II sind vor allem Funde aus Knossós, Mália und von Gipfelheiligtümern aus der alten Palastzeit (2050–1800 v. Chr.) ausgestellt.

Vitrine 19 — Schöne Vasen im Vassilikí-Stil, Kultgefäß mit der Darstellung einer Göttin.

Vitrine 20 — Glockenartige Kultgegenstände mit Hörnern und aufgemaltem Gesicht.

Vitrine 21 — Weibliche und männliche Adoranten, Tierplastiken und Opfergeräte.

Vitrine 21 A — Bronzene Doppeläxte, miniaturhafte Tieridole und Steingerät mit ägyptischen Hieroglyphen.

Vitrine 22 — Schöne Keramik im Kamáres-Stil mit weißen und roten Mustern auf schwarzem Grund.

Vitrine 23 — Sog. Eierschalenkeramik mir sehr feinen Wandungen und kleine Gefäße aus Fayence und Gold.

Vitrine 24 — Männliche und weibliche Adoranten; bedeutendes sog. Dreisäulenheiligtum mit Tauben, die die Erscheinung der Gottheit symbolisieren; Altäre mit Kulthörnern; eine miniaturhafte Sänfte.

Vitrine 25 — Fayenceplättchen mit der Darstellung verschiedener Hausfassaden, die wahrscheinlich Teile einer Verzierung oder vielleicht Spielzeug waren; beachtenswert der schöne Dolch mit goldenem Griff.

Vitrine 26 und 26 A — Keramik mit plastischen Tier- und Pflanzenmotiven, goldene Anhänger und Siegel.

Vitrine 27 — Keramik im Kamáres- und Barbotine-Stil.

Vitrine 28 — Feingearbeitete vielfältige Siegel mit figuralen und ornamentalen Mustern.

Vitrine 29 — Vorratsgefäße im Kamáres-Stil: schöner Pithos mit Palmenschmuck.

Saal III

Funde aus der Alten Palastzeit (2050–1800 v. Chr.) von Festós finden sich in Saal III.

Vitrinen 30–32, 32 A — Gefäße im Kamáres- und Barbotine-Stil, z. T. mit Oktopusmotiven; hervorzuheben sind: eine Fruchtpresse (30); ein aufhängbares Gefäß (31) mit großer seitlicher Öffnung, vielleicht eine Lampe; eine schöne Vase mit aufgesetzten Muscheln (32); Fruchtständer mit weißer Bemalung (32 A).

Vitrine 33 — Ton- und Steingeschirr, feine Vasen im Kamáres-Stil, Kernos mit zwölf Löchern für Opfergaben, Vase mit der Darstellung von zwei Adoranten, ein Rhýton mit einem Ausguß in Form einer Lilienblüte.

Vitrine 33 A — Einzigartig ist der Ständer, vielleicht eines Gefäßes, mit der plastischen Darstellung des Meeresgrundes mit Delphinen.

Vitrinen 34–36 — Kunstvolle Keramik im Kamáres-Stil, z. T. 'Eierschalenkeramik' (Becher, Schalen): meisterhaft gearbeitet sind die feinwandige Tasse mit Henkel und die Schnabelkanne mit weißen Doppelspiralen (34); bemerkenswert die Reibe (35).

Vitrine 37 — Fragmentarische Siegel, z. T. mit Schriftzeichen.

Vitrine 38 — Kamáres-Keramik: Tassen, Amphoren, Pithoi; Rhýta, z. T. in Form von Stierköpfen.

Vitrine 39 — Vorratsgefäße im Barbotine-Stil mit Reliefschmuck: bemerkenswert die prachtvolle Amphore und die elegante Kanne mit weißen Spiralmustern.

Archäologisches Museum (Forts.)

Vitrine 40

Siegelsteine mit hervorragendem ornamentalem und figuralem Schmuck, auch Tierdarstellungen.

Vitrine 41

Der berühmte tönerne 'Diskos von Festós' (s. Abb. S. 37) – einer der wertvollsten Gegenstände des Museums – mit spiralenförmig von außen

Grundriß

Archäologisches Museum Iraklion

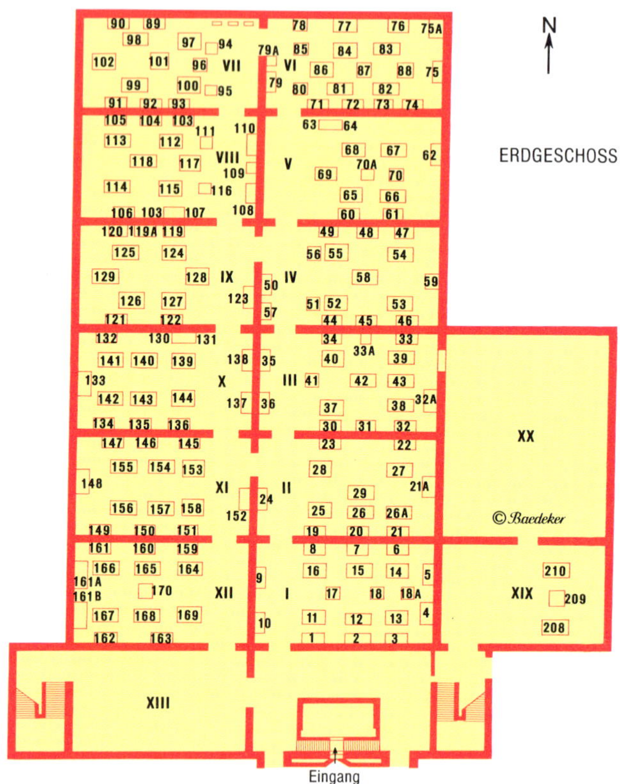

- I Neolithikum, Vorpalastzeit (5000 – 2100 v. Chr.)
- III Alte Palastzeit: Knossos, Malia (2100 – 1800 v. Chr.)
- III Alte Palastzeit: Festos (2050 – 1800 v. Chr.)
- IV Neue Palastzeit: Knossos, Festos, Malia (1800 – 1410 v. Chr.)
- V Späte Neue Palastzeit: Knossos (1450 – 1410 v. Chr.)
- VI Neue Palastzeit, Nach-Palastzeit: Knossos, Festos, Archanes (1600 – 1300 v. Chr.)
- VII Neue Palastzeit, Nach-Palastzeit: Mittelkreta (1800 – 1300 v. Chr.)
- VIII Neue Palastzeit: Kato Zakros (1800 – 1410 v. Chr.)
- IX Neue Palastzeit Ostkreta (1800 – 1410 v. Chr.)
- X Nach-Palastzeit: Mittel- und Ostkreta (1410 – 1050 v. Chr.)
- XI Subminoikum (1050 – 990 v. Chr.) Frühgeometrische Zeit (990 – 810 v. Chr.)
- XII Reifgeometrische Zeit (810 – 710 v. Chr.) Orientalisierende Zeit (710 – 620 v. Chr.)
- XIII Minoische Sarkophage
- XIX Archaische und dädalische Monumentalkunst (620 – 480 v. Chr.)
- XX Skulpturen aus altgriechischer, hellenistischer und römischer Zeit (5. Jh. v. Chr. – 4. Jh. n. Chr.)

Vitrine 41 (Fortsetzung)

nach innen verlaufenden Hieroglyphen, das weltweit älteste Zeugnis eines Schriftdrucks.

Vitrine 42

Kultgegenstände: tönerne Opfertische, darunter eine Darstellung mit zwei Tauben, die die Erscheinung der Gottheit symbolisieren.

Grundriß

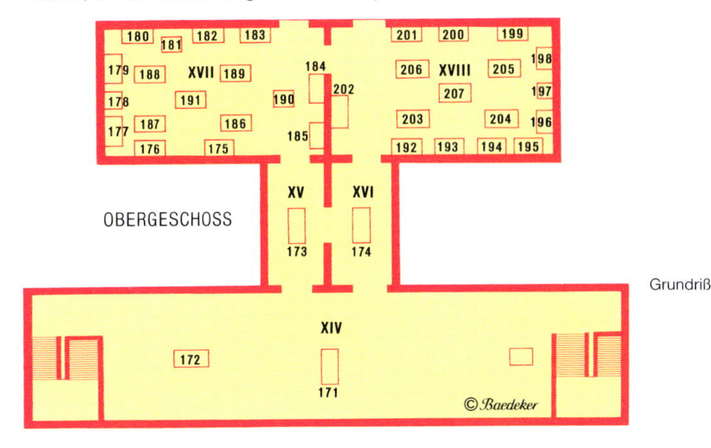

XIV, XV, XVI
Neue Palastzeit:
Fresken aus Zentral- und Ostkreta
(1800 – 1410 v. Chr.)

XVII
Sammlung Giamalakis
XVIII
Kleinkunst (7. Jh. v. Chr. bis 4. Jh. n. Chr.)

Vitrine 43

Königliches Geschirr im Kamáres-Stil: bemerkenswert ein großer Fruchtständer mit spitzenartigem Rand und Spiralmustern und ein großer Krater mit plastischen weißen Blüten.

Saal IV

In Saal IV sind die berühmtesten Funde des Museums der Neuen Palastzeit (1800 – 1410 v. Chr.) aus den Palästen von Knossós, Festós und Mália zu finden, darunter das Stierrhyton (Vitrine 51) und die Schlangengöttin (Vitrine 50).

Vitrinen 44 und 45

Keramik: bedeutend sind eine Amphore und zwei Schalen, beide mit Linear-A-Schriftzeichen; 'Lilienvasen'.

Vitrine 46

Gefäße für den Schlangenkult: Tonröhren mit aufgesetzten Schalen; einige Gefäße mit den heiligen Symbolen Doppelaxt und Knoten.

Vitrine 47

Bronzefunde; besonders schön der Griff einer Kultaxt, vielleicht ein Zepter, in Form eines Panthers.

Vitrine 48

Lampen, Opfertisch und Gefäße: bemerkenswert ein Krug im sog. Meeresstil (Darstellung von Meerestieren)

Vitrine 49

Keramik und Gefäße mit Linear-A-Inschriften: wunderschön die Schnabelkanne mit feinem Schilfdekor – ein Meisterwerk (s. Abb. S. 7).

Vitrine 50

Kultgegenstände aus den unterirdischen Schatzkammern des Zentralheiligtums von Knossós: berühmt sind die drei sog. Schlangengöttinnen (s. Abb. S. 39) mit Schlangen als Kultattributen.
Bemerkenswert sind auch die fliegenden Fische und die Rosetten aus Bergkristall.

Archäologisches Museum (Forts.)
Vitrine 51

Das Stierrhýton (s. Abb. S. 1), einer der bedeutendsten Funde der minoischen Kultur, ist eine meisterhafte Arbeit aus Steatit – z. T. ergänzt; die Augen sind aus Bergkristall und Jaspis.

Vitrine 52

Schwerter mit wertvollen Griffen aus Elfenbein und Bergkristall, auf einem Goldgriff ein Akrobat; Steingefäße mit Gravierungen: besonders interessant eine Opferszene vor einem Höhlenheiligtum und die Darstellung von Kultsymbolen wie dem Knoten und der Doppelaxt.

Vitrine 53

Metallgegenstände: eine große Baumsäge, Kanne, Schalen.

Vitrine 54

Keramik: Vasen mit Vögeln und Scheiben.

Vitrine 55

Kultgegenstände: Marmorkreuz, zwei schön gearbeitete Fayenceplättchen, auf denen eine Kuh ihr Kalb und eine Wildziege ihr Junges säugt; Votivgewänder.

Vitrine 56

Ein Stierspringer aus Elfenbein bei dem kultischen Stiersprung – eine sehr bedeutende Arbeit.

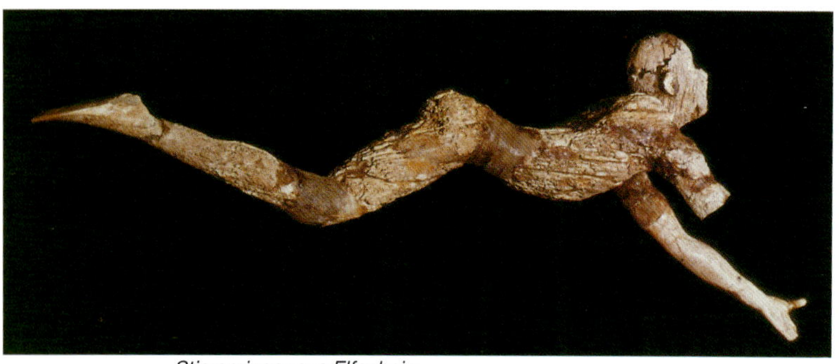

Stierspringer aus Elfenbein

Vitrine 57

Beeindruckendes königliches Spielbrett aus Elfenbein mit Gold-, Silber-, Bergkristall- und Lapislazuli-Einlagen sowie mit vier Spielsteinen, ebenfalls aus Elfenbein.

Vitrinen 58 und 59

Kultrhýta aus Alabaster, z. B. in Form eines Löwinnenkopfes (59), und aus Marmor sowie eine Tritonmuschel.

Saal V

Funde der Neuen Palastzeit (1800–1410 v. Chr.) aus dem Palast von Knossós sind hier ausgestellt.

Vitrine 60

Gefäße, u. a. im Florastil.

Rechts neben der Vitrine sieht man einen Alabasterpithos mit eingeritzten und applizierten Spiralmustern.

Vitrine 61

Steinfriese mit plastischen halben und ganzen Fächerrosetten; sehr selten die Bronzestatuette eines Gottes mit spitzer Kappe.

Vitrine 62

Öllampen aus Porphyr; großes Steingewicht (29 kg), ebenfalls aus Porphyr, mit Oktopusverzierung; interessant die Frisur aus schwarzem Stein; importierte Gegenstände aus dem Orient und Ägypten: von dort der Alabasterdeckel einer Pyxis mit einer Hieroglyphenkartusche mit dem Namen eines Pharaos aus der Hyksos-Dynastie.
Neben der Vitrine 62 steht das Modell der königlichen Villa von Knossós.

Keramik, Tassen, Schalen, Becher und dreifüßiger Opfertisch. — Vitrine 63/64

Siegel aus Halbedelsteinen von verschiedenen Fundorten. — Vitrine 65

Trankopfergefäße aus Alabaster mit Spiralverzierung, die wohl kurz vor der Zerstörung des Palastes noch für Kulthandlungen benutzt wurden. — Vitrine 66

Große Gefäße und Gefäßscherben im Flora-, Meeres- und dem nur in Knossós vorgefundenen Palaststil; Deckel mit der Darstellung von drei Vögeln (68). — Vitrinen 67 und 68

Tontäfelchen mit Linear-A- und Linear-B-Schrift, wovon die erste noch nicht entziffert und die zweite als archaisches Griechisch idendifiziert ist. — Vitrine 69

Kleinkunst und Schmuck; interessant das Modell eines minoischen Hauses (70 A). — Vitrinen 70 und 70 A

In Saal VI sind Exponate der Neuen und Nach-Palastzeit (1600–1300 v. Chr.) aus Nekropolen im Gebiet von Knossós, Festós und Archánes zu sehen. — **Saal VI**

Terrakottagegenstände mit der Darstellung von kultischen Szenen: in einem rechteckigen Raum vier Personen, wahrscheinlich die vergöttlichten Toten, vor denen zwei Personen Opfergaben absetzen; vier Figuren tanzen einen kultischen Kreistanz; eine Figur beobachtet eine nicht mehr erkennbare Kultszene. — Vitrine 71

Sehr schöne Stein- und Tonvasen. — Vitrine 72

Keramik: Kanne mit Noppen (74); bedeutend die Terrakotta-Statuette der Kurotrofos, wahrscheinlich eine Göttin mit dem neugeborenen Gotteskind. — Vitrinen 73 und 74

Bronze- sowie Ton- und Steingefäße. — Vitrine 75

Pferdeskelett, das so übereinandergeschichtet gefunden wurde. — Vitrine 75 A

Dreihenklige Amphore mit Helmen aus Eberzähnen; zauberhaft die Kanne mit Vögeln und Fischen. — Vitrine 76

An der Wand findet sich die Rekonstruktionszeichnung eines Grabes.

Waffen, ein Goldbecher mit Spiralmuster. — Vitrine 77

Einzigartig auf Kreta ist der Helm aus Eberzähnen. — Vitrine 78

Stein- und Tongefäße mit Vogel- und Fischmustern; Tritonmuschel. — Vitrine 79

Zylindrische Pyxis aus Elfenbein mit der Darstellung einer Stierjagd. — Vitrine 79 A

Eines der bedeutendsten Gefäße dieser Epoche ist die sehr gut erhaltene prachtvolle Kultkanne nach einem metallenen Vorbild mit aufgesetzten Zacken. — Vitrine 80

Schmuck: die Halsketten mit herzförmigen Efeublättern sind die ältesten dieser Art, Ringe, Diademe; Toilettenartikel, kleine Gewichtswürfel zum Wiegen der Seelen im Totenreich, Schiffsmodell aus Elfenbein. — Vitrine 81

Verschiedene Gefäße: schöne Vase aus Alabaster mit Kartusche von Pharao Thutmosis III; große Amphoren (83). — Vitrinen 82 und 83

Waffen: Schwert mit Goldgriff, auf dem ein Löwe, der eine Wildziege jagt, dargestellt ist. — Vitrine 84

Vitrine 85	Bronzehelm mit Wangenschutz, der einzige minoische Metallhelm.
Vitrinen 86–88	Schöner Schmuck und sonstige Grabbeigaben: ein Meisterwerk ist der Ring aus Isópata mit vier tanzenden Frauen und einer Gestalt, wahrscheinlich eine Göttin, die vom Himmel herabschwebt (87); bemerkenswert auch das kostbare Elfenbeinplättchen mit einer Wildziege (88).
Saal VII	Aus Villen, Herrenhäusern und Kultgrotten der Neuen und Nach-Palastzeit (1600–1300 v. Chr.) stammen die Exponate in Saal VII. Gleich rechts stehen die größten bekannten Doppeläxte und Kulthörner und links drei große bronzene Dreifußkessel.
Vitrinen 89–91	Steinlampen, Vasen, Kleinplastiken wie die ausdrucksvollen kleinen Adoranten (89), Keramik, ein schönes Rhyton aus Obsidian.
Vitrine 92	Adoranten, Doppeläxte, Votivtiere.
Vitrine 93	Amphoren, Kanne mit Doppeläxten und Kultknoten, interessant die verkohlten Lebensmittel wie Getreide und Hülsenfrüchte.
Vitrine 94	Ein weiteres Glanzstück des Museums ist die sog. Schnittervase aus Steatit mit einer sehr lebendigen Darstellung: Männer ziehen fröhlich und singend von der Getreideernte heim.
Vitrine 95	Auch der sog. Prinzenbecher oder Rapportbecher aus Steatit zeigt schönen Reliefschmuck: vor einem jungen Mann mit Zepter steht ein Würdenträger mit einem Schwert über der Schulter, dem drei Männer, die Tierfelle tragen, folgen.
Vitrine 96	Konisches Kultrhyton aus Steatit mit Darstellungen von Faust- und Ringkämpfen sowie des Stierspiels.
Vitrinen 97 und 98	Bronzene Schwerter und Adoranten, Doppeläxte, eine mit Hieroglyphen (98), und verschiedene Kleinfunde.
Vitrine 99	Als Zahlungsmittel benutzte bronzene Barren, einige mit Inschriften, von je 1 Talent = 29 kg.
Vitrine 100	Bronzene Werkzeuge, zwei Töpferscheiben und Kleinfunde.
Vitrine 101	Goldschmuck: das bedeudendste Meisterwerk sind die berühmten Bienen von Mália (s. Abb. S. 55) als Anhänger; ein Goldring mit der einzigartigen Darstellung eines Schiffes vielleicht mit einer Göttin vor einem Baumheiligtum; Doppeläxte, Stierköpfe.
Vitrine 102	Adoranten, bronzene Tierplastiken, z. B. die älteste Darstellung von Pferden, Ziegen; Tritonmuschel aus Obsidian.
Saal VIII	In Saal VIII sind Funde aus dem Palast von Káto Zákros der Neuen Palastzeit (1800–1410 v. Chr.) ausgestellt.
Vitrine 104	Kultgefäße aus Ton mit achtförmigen Henkeln.
Vitrine 105	Stein-, Ton- und Bronzegefäße, darunter ein Räuchergefäß, verziert mit Efeublättern.
	Links von Vitrine 105 stehen drei große Pithoi, der mittlere mit Linear-A-Schriftzeichen. Darüber an der Wand ist eine Fries aus dem Speisesaal des Palastes mit plastischen Spiralmustern angebracht.
Vitrinen 106 und 103/107	Zahlreiche Rhýta und Gefäße wie Kannen und Krüge im Flora- und Meeresstil.

Die sog. Schnittervase aus Steatit

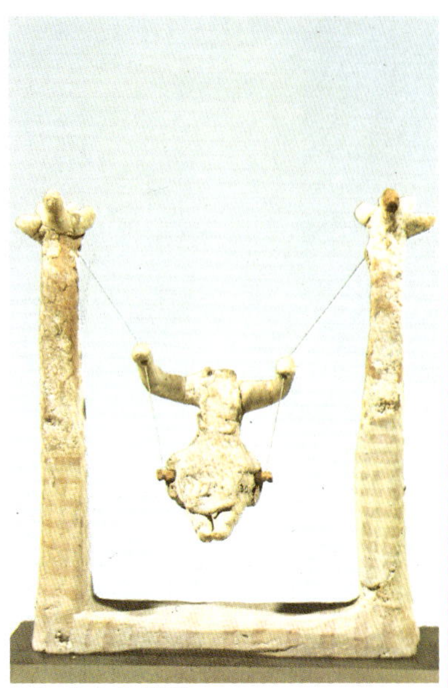
Schaukelnde Göttin

Archäologisches Museum (Forts.)

Vitrine 108 — Keramik- und Steingefäße; vor allem zu erwähnen ist das steinerne Kapitell mit Ábakus.

Vitrine 109 — Ein weiteres Glanzstück: das Rhyton aus Bergkristall mit einem Henkel aus Kristallperlen, geschmückt mit einem vergoldetem Perlenkranz (s. Abb. S. 55).

Vitrine 110 — Rhýton im Meeresstil mit Seesternen und Tritonmuscheln; kleiner Kopf einer Wildziege.

Vitrine 111 — Bedeutendes Rhýton aus graugrünem Stein mit der Darstellung eines Gipfelheiligtums (Umzeichnung an der Wand), das mit Kulthörnern, Spiralmustern und Wildziegen geschmückt ist.

Vitrine 112 — Schwerter, bronzene Äxte und Gebrauchsgegenstände.

Vitrine 113 — Fragmentarische Elefantenstoßzähne, Kupferbarren, Vasen im Meeresstil.

Vitrine 114 — Steinerne Gefäße: Rhýta, Kelche und Becher.

Vitrine 115 — Bronzene Werkzeuge, z. B. Baumsägen.

Vitrine 116 — Rhýton aus Steatit von gleicher Qualität wie das in Vitrine 51.

Vitrine 117 — Kleinkunst: Äxte und ein Schmetterling aus Elfenbein, Katzenkopf, Fayence-Muschel.

Vitrine 118 — Kultgefäße: steinernes Rhýton mit kleeblattförmigem Fuß, grau-weiß geäderte Amphore.
An der Westwand stehen sechs große Pithoi, teilweise mit Linear-A-Schriftzeichen.

Archäolgisches Museum (Forts.) **Saal IX**	In Saal IX sind Funde aus Ostkreta, ebenfalls aus der Neuen Palastzeit (1800–1410 v. Chr.), zu besichtigen.
Vitrinen 119, 119 A, 120, 121	Keramik mit Flora- und Meeresstildekor sowie steinerne und bronzene Gefäße, kleine Tonplastiken, Kernos und Flasche mit Oktopus-Motiv (120).
Vitrine 122	Schöne Rhyta, z. B. in Gestalt eines Stieres mit feinem Netzdekor; Gefäß in Form eines Henkelkorbes mit Doppeläxten.
Vitrine 123	Adoranten aus Terrakotta, Tonkäfer.
Vitrine 124	Siegelabdrücke mit vielfältigen kultischen Motiven; Elfenbeinfunde: einmalig sind die Figuren eines sitzenden und stehenden Kindes, bedeutend auch die Plättchen mit Kultknoten und Doppeläxten.
Vitrinen 125–127	Keramik, teilweise im Meeresstil, und steinerne Gegenstände; Bronzearbeiten (127).
Vitrine 128	Meisterhafte Siegelsteine aus Halbedelsteinen mit der Darstellung von Tieren und Kultszenen sowie Porträts, z. B. das eines bärtigen Mannes.
Vitrine 129	Z. Zt. ohne Exponate.
Saal X	Saal X zeigt Funde aus Zentral- und Ostkreta, vorwiegend aus Kammergräbern, der Nach-Palastzeit (1410–1050 v. Chr.).
Vitrine 130/131	Verschiedene Gefäße wie Vasen, Becher und Schalen sowie Kultgefäße.
Vitrine 132	Räuchergefäße mit Vogelmustern: Thymiaterion; Priesterinnen tanzen zur Musik eines Lyraspielers.
Vitrine 133	Weibliche Kultidole mit erhobenen Händen und als Kopfschmuck Kultattribute wie Mohnkapseln, Doppelhörner und Vögel.
Vitrine 134	Keramik, steinerner Kernos mit fünf Opferschalen.
Vitrine 135	Weibliche Gottheiten mit Kultattributen wie Schlangen und Diadem, schöne Votivstatuetten, wohl für den Schlangenkult genutzte Tonröhren.
Vitrinen 136–138	Schöner Krug mit Spiralmustern (136); Pyxis, in der man Schmuck fand (137); Tierplastiken und Kinderurnen (138).
Vitrinen 139–141	Formen für Kultobjekte wie Doppeläxte und Hörner (139); Modell eines Heiligtums (140); Kratere, einer mit der Darstellung eines Reiters (141).
Vitrinen 142 und 143	Tonröhren (142); Sammlung von Idolen, einzigartig die schaukelnde Göttin mit zwei Vögeln (143; s. Abb. S. 149).
Vitrine 144	Bronzene Gegenstände wie Waffen, Werkzeuge und die älteste auf Kreta gefundene Fibel.
Saal XI	In Saal XI werden Funde der subminoischen und geometrischen Periode (1050–710 v. Chr.) von verschiedenen Orten gezeigt.
Vitrinen 145 und 146	Vasen und ringförmiger Kernos mit kleinen Pithoi und menschlichen Figuren (145); Keramik und bronzener Dreifuß (146).
Vitrinen 147 und 148	Bronzestatuetten (147); Göttinnen mit erhobenen Händen, Rhýton in Form eines Ochsenkarrens (148).
Vitrine 149	Votivgegenstände aus der Höhle der Eileithyia, der Göttin der Fruchtbarkeit und Geburt.

Vasen und verschiedene Funde wie Götteridole, Schmuck und bronzene Gegenstände. — Vitrinen 150 und 151

Z. Zt. leer. — Vitrine 152

Die ersten Gegenstände aus Eisen auf Kreta: Waffen, Werkzeuge und Schmuck. — Vitrine 153

Kultgegenstände und Vasen, tönernes Modell mit Kulthörnern (154); Amphoren (155). — Vitrinen 154 und 155

Große Vasen und Krüge, ein riesiger Krater mit der Darstellung von Adoranten und Pferden. — Vitrine 156

Amphoren und Urnen mit Mäander-, Rosetten und Spiralmustern. — Vitrine 157

Kultobjekte: Schmuckstücke, bronzene Votivgaben und Skarabäen. — Vitrine 158

Saal XII

Aus der geometrischen und orientalisierenden Epoche (810–620 v. Chr.) stammen die zentralkretischen Funde in Saal XII.

Keramik, tönerne und bronzene Statuetten, Steingefäße; hellenistische Figuren und Votivgegenstände (161). — Vitrinen 159–161

Bonzebleche aus dem Hermes Dendritis geweihten Heiligtum von Sými mit Jagdszenen. — Vitrine 161 A

Vasen und Kleinplastiken; einzigartig die Darstellung eines Liebespaares, wahrscheinlich Theseus und Ariadne, auf dem Hals eines Kruges; bedeutend die Gefäßurne mit der Szene einer Totenklage (beide 163). — Vitrinen 162 und 163

Herausragend der Bronzegürtel mit der Darstellung von zwei Frauen und einem Mann, die von Bogenschützen vor angreifenden Streitwagen geschützt werden. — Vitrine 164

Aschenurnen; Grabfunde: zu erwähnen ist das kesselförmige Mischgefäß mit plastischen Greifenköpfen (168). — Vitrinen 165–168

Bronzene Gegenstände: bemerkenswert der fragmentarische Untersatz eines Kessels mit der Darstellung eines Paares, vielleicht Theseus und Ariadne, auf einem Schiff (169); Goldschmuck (170). — Vitrinen 169 und 170

Saal XIII

In Saal XIII sind minoische Sarkophage zu sehen. Man unterscheidet zwischen eckigen und ovalen Typen, in denen die Toten in Hockstellung bestattet wurden. Die Sarkophage sind vorwiegend mit Flora- und Faunamotiven geschmückt. Zudem ist hier das Holzmodell des Palastes von Knossós aufgestellt.

Saal XIX (am Ende des Rundgangs erreichbar)

In Saal XIX ist die dädalische und archaische Monumentalkunst (620 bis 480 v. Chr.) zu sehen, wobei die bedeutendsten Stücke dieses Raumes von den Tempeln aus Rhizenía stammen.

Westwand: Reiterfries vom Tempel A in Rhizenía mit orientalischem Einfluß; Skulpturen von einem Tempel aus Górtis; Vögel aus Kalkstein von dem Zeus-Thenatas-Heiligtum in Amnisós; fragmentarische sitzende Göttin aus Kalkstein, ebenfalls aus einem Tempel in Górtis; Kopf aus Axós; Stele aus Dréros; Reliefs mit Göttinnen.
Nordwand: Torso aus Eleuthérna; tönerne Traufe aus dem Zeus-Tempel aus Palékastro.
Südwand: aus diesem Tempel auch der Zeus-Hymnus; Säulenkapitell in Blütenform und Löwenkopf aus Festós; Torso der sitzenden Göttin von Máles; Oberkörper einer Sitzstatue aus Astrítsi.

Vitrinen 208 und 209

Votivschilde und Handpauken (Tympana) aus der Idäischen Grotte.

Vitrine 210

Drei aus bronzenen Blechen gearbeitete Statuetten mit der Darstellung der Götter Apollon, Artemis und Leto.

Am Durchgang zu Saal XX sieht man den plastischen Schmuck vom Eingang des Tempels A von Rhizenía: zwei symmetrisch angeordnete Göttinnen über zwei Reliefs mit Panthern und äsenden Hirschen, an der Unterseite das Relief der Göttinnen.

Saal XX
(am Ende des Rundgangs erreichbar)

Saal XX präsentiert Skulpturen der klassischen, hellenistischen und römischen Epoche (480 v. Ch. – 337 n. Chr.).
Südwand: Fragmentarische Metope eines Tempels aus Knossós mit der Darstellung der Tötung des Erymantischen Ebers durch Herakles; monumentale Grabstele aus Iráklion mit einer Abschiedsszene; fragmentarische Grabstele mit der Abbildung eines Bogenschützen aus Agía Pelagía.
Westwand: Sarkophag aus Iráklion; Mosaik aus Knossós mit der Abbildung von Poseidon; fragmentarisches Portal mit Farbspuren.
Nordwand: Kopien aus Górtis: Athena-Parthenos nach Phidias; der berühmte Speerträger von Polyklet; knieende Aphrodite.
Ostwand: Marmorner Sarkophag aus Mália mit der Inschrift 'Polybos'; Leda mit dem Schwan; verschiedene fragmentarische Sarkophage mit Reliefs.
Mitte: Kolossalstatue von Apollon aus dessen Tempel in Górtis.

Saal XIV (Obergeschoß)

In Saal XIV sind die berühmten Fresken der Neuen Palastzeit (1800 bis 1410 v. Chr.) aus Zentral- und Ostkreta zu besichtigen. Diese Meisterwerke sind zwar größtenteils rekonstruiert, vermitteln aber einen sehr guten Eindruck von der verfeinerten minoischen Kultur.
Nordwand (v. r. n. l.): Drei Fragmente von Prozessionsfresken mit Opfertiere führenden Priesterinnen; Katzen lauern Vögel auf; eine Göttin sitzt vor einem Heiligtum; eine betende Frau zwischen Blumen; Greif; mehrere Fragmente des großen Prozessionskorridorfrieses von Knossós mit Gabenträgern und Musikanten; fragmentarischer Stierfuß.
Südwand (v. r. n. l.): Sehr schöne, feingearbeitete rote und weiße Lilien; kultischer Stiersprung: der Akrobat läßt sich von dem Stier an den Hörnen im Salto über den Rücken schleudern (s. Abb. S. 26); Rebhühner, eine sehr lebendige und farbenfrohe Darstellung; Spiralmuster; Delphine aus dem Gemach der Königin in Knossós; drei elegante blaue Hofdamen; feines Flachreflief eines Stierkopfes; der bekannte Lilienprinz (s. Abb. S. 57) mit einer Krone aus Lilien; achtförmiger Schild.

Vitrine 171
Sarkophag von Agía Triáda
(s. Abb. S. 154)

Der berühmte Sarkophag von Agía Triáda (um 1400 v. Chr.), der einzige minoische Steinsarg, enthielt wahrscheinlich den Leichnam eines Königs. Die außerordentlich gut erhaltenen Fresken zeigen Szenen von Kulthandlungen, wobei die Frauen an der weißen und die Männer an der braunen Farbe erkennbar sind. So bringt eine Priesterin auf einem Altar vor einem mit Doppelhörnern geschmückten Kultbau ein Opfer dar. Der Vogel auf der Doppelaxt daneben symbolisiert die Anwesenheit der Gottheit. Eine weitere Priesterin führt ein blutiges Stieropfer aus, begleitet von einem Flötenspieler. Von rechts, von der Schmalseite kommen zwei Göttinnen in einem von zwei Greifen gezogenen Wagen. Zu diesen Szenen gehören auf der anderen Längsseite die zwei von einem Lyraspieler begleiteten Priesterinnen, die Opferflüssigkeiten in einen Mischkrug gießen. Der zweite Teil dieser Seite stellt eine andere Szene dar: ein Toter, erkennbar an den fehlenden Armen, steht vor einem Grabbau. Ihm bringen drei Männer zwei Tiere und wahrscheinlich eine Totenbarke. Von der Schmalseite bewegen sich von rechts zwei Frauen und weitere Gabenbringer auf die Szene zu.

Vitrine 172

Freskenfragmente: Blumen, Hofdame, Fragmente einer weiblichen Figur.

"Die Pariserin": Inbegriff weiblicher Schönheit ▶

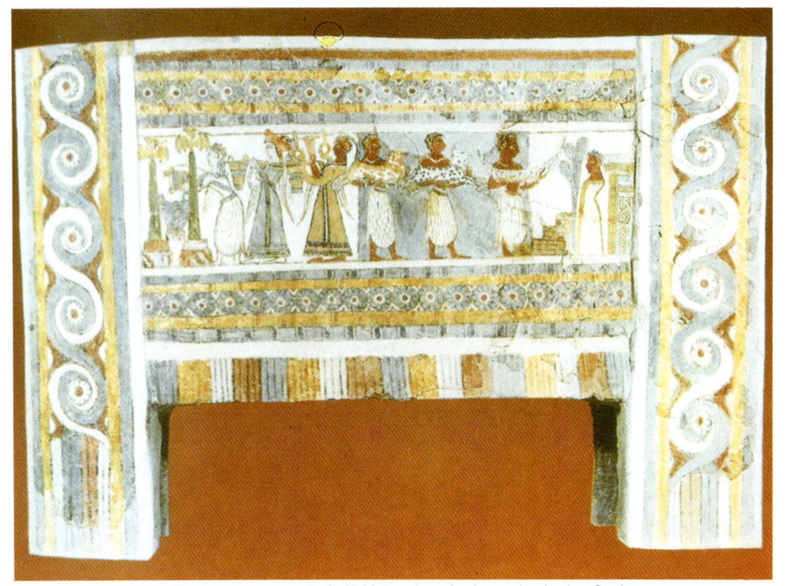

Sarkophag von Agía Triáda: der einzige minoische Steinsarg

Archäologisches Museum (Fortsetzung)
Saal XV

In Saal XV sind Fresken der Neuen Palastzeit (1800 bis 1410 v. Chr.) von Knossós und Tílissos zu sehen.
Westwand: Zeremonieller Tanz von Priesterinnen im heiligen Hain; dreigegliedertes Heiligtum mit einer großen Schar von Zuschauern; die sog. Pariserin, eine Priesterin mit dem Kultknoten im Nacken (s. Abb. S. 153); Opferszene mit einer männlichen und weiblichen Gottheit.
Nordwand: Blau bemalte Stuckdecke mit Spiralmuster und Rossetten.
Ostwand: Wettkampfszenen; aneinandergebundene Greife.

Vitrine 173

Freskenfragmente: Labyrinth; Finger, der ein Halsband mit Anhängern in Form von Menschenköpfen hält; Sphingen.

Saal XVI

Ebenfalls aus der Neuen Palastzeit stammen die Fresken in Saal XVI.
Westwand: Der Krokuspflüger, der früher als Mensch und heute als Affe angesehen wird, wie die Darstellung mit den Originalfragmenten verdeutlicht; der 'Hauptmann der Schwarzen'; Tänzerin aus dem Gemach der Königin in Knossós; Dreisäulenheiligtum.
Ostwand: Blauer Vogel; Affen; auf einem Felsen sitzende Göttinnen.
Südwand: Kultknoten.

Vitrine 174

Freskenfragmente: sogenanntes Sänften-Fresko, Stierkopf und -spiel, Hofszene.

Saal XVII

In Saal XVIII ist die Sammlung des verstorbenen Arztes Stylianos Giamalákis, die 1962 in staatlichen Besitz überging, ausgestellt. Sie umfaßt minoische Meisterwerke und geometrische, archaische, griechische, römische und byzantinische Funde.

Saal XVIII

In Saal XVIII sind in Fortsetzung von Saal XII des Erdgeschosses Exponate aus archaischer, griechischer und römischer Zeit (7. Jh. v. Chr. bis 4. Jh. n. Chr.) zu sehen.

Weitere Sehenswürdigkeiten in Iráklion

Bembo-Brunnen

Am Ende der Odos 1966, südwestlich des Archäologischen Museums befindet sich der Bembo-Brunnen, den 1588 Zuanne Bembo unter Einbeziehung antiker Stücke erbauen ließ. Auf einem mit Akanthusblättern verzierten antiken Sockel steht zwischen Pilastern und Säulen eine kopflose römische Statue. Ebenfalls antik ist der Sarkophag, der als Becken dient. Neben den Pilastern sind die Wappen venezianischer Familien und darüber ein Löwenkopf bzw. ein geflügelter Markuslöwe angebracht.
Daneben sieht man ein türkisches polygonales Brunnenhaus, in dem heute ein Kiosk untergebracht ist.

Santa Maria dei Crocioferi/ Panagía Stavrofóron

Etwas weiter südwestlich steht die Klosterkirche Santa Maria Dei Crocioferi, die auf Griechisch Panagía Stavrofóron ('Marienkirche der Kreuzfahrer') heißt. Die schöne dreischiffige Basilika der Venezianer stammt aus dem 14. Jahrhundert.

Ágios Minás

Die relativ große Metropolitenkirche Ágios Minás am Ekateríni-Platz, die Hauptkirche der Stadt, wurde in der zweiten Hälfte des 19. Jh.s im neobyzantinischen Stil erbaut. Der Grundriß der fünfschiffigen Anlage mit Vierungskuppel ist ein lateinisches Kreuz. Ihre Ausstattung ist zwar sehr prächtig, aber künstlerisch nicht besonders bemerkenswert.
Westlich steht die kleine alte Ágios-Minás-Kirche, die in einigen Bauphasen entstand, wobei der älteste Teil wohl auf das 15./16. Jh. zurückgeht. Die größte Kostbarkeit des Gotteshauses sind die reich geschnitzten Ikonostasen, die in den Jahren 1740 bis 1760 von den Brüdern Gastrofilákos geschaffen wurden.

*Ikonenmuseum ehem. Agía-Ekateríni-Kirche (s. Abb. S. 156)

In der Agía-Ekateríni-Kirche (1555) etwas nordöstlich war im 16. und 17. Jh. die bedeutende Hochschule der Mönche vom Berg Sinai untergebracht. Hier studierten viele bekannte Kreter jener Zeit wie die Maler

Beim Bembo-Brunnens sind antike Bauteile zu sehen

In der Agía-Ekateríni-Kirche ist heute das Ikonenmuseum untergebracht

Ikonenmuseum (Fortsetzung)

Michael Damaskinós (⟶ Berühmte Persönlichkeiten) und El Greco (⟶ Berühmte Persönlichkeiten) sowie die Dichter Vitzéntios Kornáros (⟶ Berühmte Persönlichkeiten) und Géorgios Chartátzis (⟶ Berühmte Persönlichkeiten). Das Bildungszentrum war ein sehr wichtiger Ort des Austausches zwischen orthodoxer und lateinischer Kultur. In türkischer Zeit war die Kirche eine Moschee und in den letzten Jahrzehnten Bibliothek und Veranstaltungsort, bis sie zum Museum für Ikonen und andere sakrale Gegenstände umfunktioniert wurde.
Die bedeutendsten Exponate des Ikonenmuseums (geöffnet Mo.–Sa. 10.00–13.00, Di., Do., Fr. auch 16.00–18.00 Uhr) sind sechs Ikonen von Damaskinós, die in den Jahren 1580 bis 1591 für das Kloster Vrondísi gemalt wurden. Die an den Wänden des Langhauses hängenden Kunstwerke zeigen folgende Darstellungen: an der Nordwand die Anbetung der Heiligen Drei Könige, Abendmahl und Gottesmutter des brennenden Dornbusches (links unten signiert); an der Südwand die Heilige Liturgie, das Ökumenische Konzil von Nikäa und Christus mit Maria Magdalena/Noli me tangere. Ein weiteres Meisterwerk der Sammmlung ist die ausdrucksstarke Fanurios-Ikone (ebenfalls an der Nordwand des Langhauses), auf der der Heilige in großer Anmut dargestellt wird. Daneben befindet sich noch eine Ikone (15.Jh.) von hoher Qualität mit zwei sehr fein gearbeiteten Szenen: Christus erscheint Maria Magdalena und Wunder des hl. Fanurios. In den Vitrinen werden Kirchenbücher, ein Epitáphios (Trage für Prozessionen) und liturgische Gewänder gezeigt. Schließlich kann man noch bedeutende Freskenfragmente im nördlichen Kreuzarm und der anschließenden Agía-Déka-Kirche sehen.

Priuli-Brunnen

In der Nähe des Neárchu-Platzes an der Kum-Kapi-Bucht steht der Priulioder Delimarkos-Brunnen, der 1666 von dem Generalproveditore Antonio Priuli im Renaissancestil errichtet wurde. Er war das letzte Bauwerk der Venezianer, nachdem die Türken die Wasserleitung zwischen dem Berg Júchtas und der Stadt zerstört hatten.

Baedeker Special

Ikonen – heilige Bilder

Die transportablen Kultbilder mit den Darstellungen von Heiligen und biblischen Szenen nennt man in der orthodoxen Kirche Ikonen ('Bilder'). Auch heute noch sind sie neben der Heiligen Schrift ein Grundpfeiler der orthodoxen Glaubenswelt.
Man findet die heiligen Bilder außer in Gotteshäusern auch in vielen Privatwohnungen und -fahrzeugen. Sie werden mit Edelmetallen und -steinen, kostbaren Vorhängen, Ringen und Uhren geschmückt, auf Reisen mitgenommen und sind das Ziel von Wallfahrten.
Ikonen bringen den Menschen die Heiligen nahe, weshalb sie große Verehrung genießen. Diese Verehrung gilt nicht der Abbildung, sondern dem Heiligen, der der Ikone gleichgesetzt wird.
In den Kirchen sind die Ikonen nach einem bestimmten Schema angebracht an der Ikonostase, einer hohen hölzernen Wand, die den Altarrraum vom Gemeinderaum trennt. Auf dem Pult in der Mitte wird jeweils die Ikone des Tagesheiligen oder -festes ausgelegt.
Die Ikonenmalerei gilt als liturgische Handlung, die ursprünglich nur von Priestern ausgeführt werden durfte. Sie ist hinsichtlich Komposition und Farbgebung sowie der Materialien genau festgelegt, so daß der Maler kaum Freiheit bei der Gestaltung des Bildwerks hat und keinen eigenen Stil entwickeln kann. Der Künstler darf in die Bilder keinen persönlichen Ausdruck bringen und bleibt namenlos. Seine Aufgabe ist die Erhaltung der Tradition. Deshalb gleichen sich viele Ikonen, unabhängig von dem Jahrhundert, aus dem sie stammen. Der venezianische Einfluß hat zwar einige Lockerungen der byzantinischen Formensprache bewirkt, inhaltlich jedoch blieb es bei den überlieferten Vorgaben.
Für die Darstellungsweise ist charakteristisch, daß Natur und Architektur durch Abstrahierung in den Hintergrund treten, um die zeitlose Göttlichkeit oder Heiligkeit der Figuren hervorzuheben. Die Flächigkeit der Ikonen ist durch die fehlenden Schatten bedingt, was mit der Auffassung zusammenhängt, daß das göttliche Licht alles durchdringt.
Anziehend für den Betrachter ist die einzigartige Farbigkeit der Bilder, die in einem komplizierten Herstellungsprozeß erreicht wird. Der Farbauftrag erfolgt meist auf Holz mit Mineralfarben und wird mit einer Schicht aus gekochtem Leinöl überzogen. Dies garantiert die erstaunliche Haltbarkeit der Malerei, zumal die Ikonen nicht nur betrachtet, sondern geküßt und berührt werden.

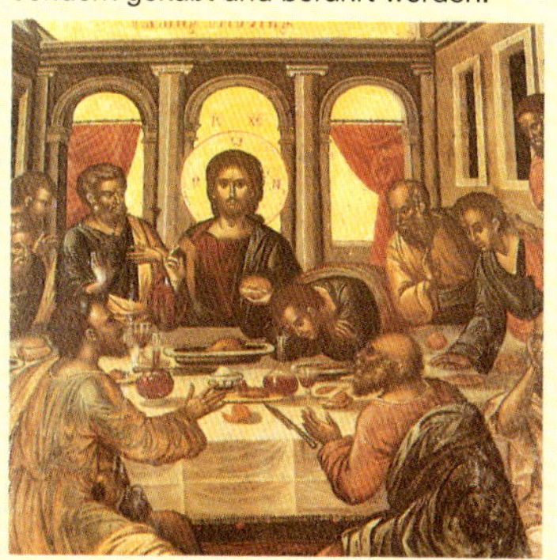

"Letztes Abendmahl" des bedeutenden Ikonenmalers Michael Damaskinós

Es gibt zahlreiche Geschichten über wundertätige Ikonen. So wurde beispielsweise die Marienikone des Klosters Kardiótissa geraubt und nach Konstantinopel gebracht, wo man sie an eine Säule ankettete. Sie ist jedoch auf wundersame Weise samt Säule ins Kloster zurückgekehrt. Die Säule und die Ikone sind dort heute noch zu sehen.

***Historisches Museum**

Das 1953 eröffnete Historische Museum (geöffnet Mo.–Fr. 9.00–17.00, Sa. 9.00–14.00 Uhr) etwas weiter östlich, das in einem neoklassizistischen Gebäude untergebracht ist, beherbergt Ausstellungsstücke von der Spätantike bis in die Gegenwart.

Untergeschoß

Raum 1: Frühchristliche Bauteile (Ambo, Chorschranken, Kapitelle) von der Titus-Kirche in Górtis; Reliefplatten eines Brunnens (12. Jh.) aus einem Haus in Iráklion.
Raum 2: Metopen der venezianischen Loggia in Iráklion; Platte vom Eingang der San-Demetrio-Bastion mit dem Markuslöwen und der Inschrift 'Regnum Cretae Protego' ('Ich schütze das Königreich Kreta'); Grabplatten venezianischer Adliger, u. a. von Ioánnis Paschaligos mit einer Inschrift aus dem Jahr 1605.
Raum 2 A: Rundfenster und Engelsrelief aus der zerströten San-Francesco-Kirche in Iráklion; Christuskopf im gotischen Stil, der einzige seiner Art auf Kreta; Torso des hl. Onufrios.
Raum 3: Grabsteine und Inschriften von verschiedenen Orten; türkische Wandmalereien mit der Darstellung der Belagerung Iráklions.
Raum 4: Türkische, manche mit turbanartigen Knäufen, und jüdische Grabsteine.

Erdgeschoß

Raum 5: Bronzegegenstände, insbesondere liturgisches Gerät, des 6. Jh.s aus der Titus-Kirche in Górtis; Thron und Buchständer aus dem Kloster Valsomónero; Ikonen vom 15. bis 18. Jh. aus verschiedenen kretischen Kirchen: bedeutend das Werk 'Panagía Zoodóchos Pigí' (1655) aus dem Kloster Saviathianon.
Raum 6: Ikonensammlung des ehem. Klosters Panagía Guverniótissa; in den Vitrinen Keramik (16./17. Jh.); liturgische Gewänder und liturgisches Gerät aus dem Kloster Assómatos; Schmuck und Siegel; Münzen aus byzantinischer, arabischer und venezianischer Zeit.
Raum 7: Exponate der venezianischen und türkischen Periode sowie der Zeit des kretischen Staates (1898–1908): Waffen; Lithographie mit der Darstellung der Sprengung des Kosters Arkádi; Ornat und Schreibtisch des Prinzen Georg von Griechenland.

Zwischengeschoß

Flur: dokumentarische Fotografien der Schlacht um Kreta zwischen deutschen und britischen Truppen 1941.
Rechter Raum: Arbeitszimmer des griechischen Ministerpräsidenten Emanuíli Tsudéros; Briefmarkensammlung; historische Landkarten und Ansichten: bemerkenswert eine utopische Karte Großgriechenlands (1797) des Dichters Rhígas.
Linker Raum: Bibliothek und Arbeitszimmer des Dichters Níkos Kasantzákis (⟶ Berühmte Persönlichkeiten).

Obergeschoß

Flur: Kretische Trachten: Männertracht mit Schaftstiefeln, Pluderhosen (vrákes) und Kopftuch mit Fransen (saríki oder mandíli); Frauentracht mit einfarbigem Rock (fústa), bunt bestickter Schürze und Bolero (zipóni) sowie Jackenbluse (sákkos).
Raum 8–10: Web- und Handarbeiten (17.–19. Jh.); Schmuck; Musikinstrumente, Hochzeitsbrote; Truhen; Haushaltsgegenstände.
Raum 11: Kretisches Bauernhaus mit Herd, Bettkasten und Webstuhl.

San Pietro

Unweit nordöstlich des Historischen Museums befindet sich die Ruine der venezianischen ehemaligen Klosterkirche San Pietro aus der ersten Hälfte des 14. Jh.s. Sie war in türkischer Zeit eine Moschee, wie ein Minarettstumpf zeigt.

Stadtmauer

Die mindestens seit byzantinischer Zeit bestehende Befestigung der Stadt wurde vor allem unter den Venezianern im 16. Jh. nach Plänen des veronesischen Baumeisters Michele San Micheli erweitert. Der etwa 3 km lange Mauerring besteht aus fünf Bastionen und zwei Halbbastionen, die mit Geschützkasematten in mehreren Geschossen versehen waren. Einige

Stadtmauer (Fortsetzung)

Bastionen verfügten über sog. Kavaliere, besonders erhöhte Teile für Geschütze. Vor der Mauer lag ein heute teilweise noch erkennbarer, 20 bis 60 m breiter Trockengraben und jenseits noch ein Ring von nicht mehr erhaltenen polygonalen Vorbastionen. Die Festungsbauten waren durch ein unterirdisches, 15 bis 20m tiefes Tunnelsystem miteinander verbunden. Von den acht Stadttoren sind die meisten noch vorhanden.

Martinengo-Bastion

Von der Martinengo-Bastion im Süden, deren Kavalier noch zu sehen ist, hat man einen guten Überblick über die Stadt. Auf ihr befindet sich das Grab des großen kretischen Dichters Níkos Kasantzákis (⟶ Berühmte Persönlichkeiten), der hier beigesetzt wurde, weil die Kirche dem Freidenker eine Bestattung in geweihter Erde verweigert hatte. Es ist mit einem schlichten Platte und einem einfachen Holzkreuz versehen und trägt die Inschrift 'Ich erhoffe nichts, ich fürchte nichts, ich bin frei!'.

Umgebung von Iráklion

Amnissós (Αμνιςός)

Der 7 km östlich von Iráklion gelegene Ort Amnissós war in minoischer Zeit wahrscheinlich ein Hafen von Knossós. Später befand sich hier ein Heiligtum, das zum Kultplatz der Eileithyia-Grotte gehörte. Die Siedlung wurde in türkischer Zeit aufgegeben.
Von der Stadt ist nur noch wenig erhalten, so Hafenanlagen, Häuser und eine mächtige Brunnenanlage. Am westlichen Bergfuß zum Meer hin sind die Überreste des berühmten archaischen Zeus-Thenátas-Altars zu sehen. Zudem wurde hier eine minoische Villa, das sog. Haus des Hafenkommandanten, gefunden. Ferner trifft man auf die Ruinen einer weiteren minoischen zweistöckigen Villa (um 1800 v. Chr.; um 1650 durch Feuer zerstört), die wegen der hier gefundenen wunderschönen Fresken (im Archäologischen Museum Iráklion) 'Lilienvilla' genannt wird. Sie weist eine gepflasterte Terrasse, von wo man einen Ausblick aufs Meer hat, und eine durch einen Polythyron zu betretende große Halle auf.

Eileithya-Höhle (Ειλειθυια-Σπηλια)

Die Grotte für Eileithya, eine frühe kretische Geburtsgöttin, liegt 1 km südlich von Amnissós, wenige Meter unterhalb der Straße bei einem Feigenbaum. Sie ist verschlossen und nur mit besonderer Erlaubnis des Archäologischen Museums Iráklion zu besichtigen.
In neolithischer Zeit war die Höhle Wohnplatz und vom 3. Jt. v. Chr. bis zum 6. Jh. n. Chr. Kultstätte für mehrere Kulturen und Religionen, was viele Keramik- und Idolfunde belegen. Die 63 m lange und 19 m breite Höhle beherbergt Stalakmiten mit Kultspuren. So wird ein hügelförmiger Stalagmit 'der Nabel' genannt, weil er mit seiner Einbuchtung wie der Bauch einer schwangeren Frau aussieht. In der Antike haben Schwangere ihren Bauch daran gerieben, weil sie glaubten, dadurch eine gute Entbindung zu haben. Ein anderer Stalagmit in Form eines Phallus ist von Mauern umgeben. Die Wandnischen sind gerahmt von Stalaktiten und Sinterbecken mit – wie man glaubte – heilkräftigem Wasser. In hinteren Teil der Höhle führt ein schmales Loch in einen unterirdischen Kultraum mit vier zusammenhängenden Kammern.

Níru Cháni (Νιρού Χάνι)

15 km östlich von Iráklion direkt an der Küstenstraße sind die Reste eines spätminoischen, recht gut erhaltenen Herrenhauses (1700 v. Chr.; geöffnet tgl. außer Mo. 8.30–15.00 Uhr) bei Níru Cháni zu sehen, das 1919 u. a. von Arthur Evans ausgegraben wurde. Viele Kultgegenstände wurden hier gefunden: Schalen, Altäre und die größten bisher bekannten Doppeläxte (im Archäologischen Museum Iráklion).
Nach dem Eingang betritt man zunächst einen mit Schieferplatten gepflasterten Hof und kommt anschließend in eine mit zwei Säulen versehene Vorhalle, die in den mit Steinplatten ausgelegten Hauptraum führt. Dessen westliche Tür führt auf einen Gang, der in einem Lichthof endet. Von hier gelangt man zum Heiligtum, dem sog. Raum der vier Doppeläxte. Am Ende des Ganges führte eine Treppe ins Obergeschoß. Durch einen

Umgebung, Níru Cháni (Fortsetzung)

ehemals mit Fresken geschmückten Korridor kommt der Besucher vom Hauptraum links in einen mit Wandbänken ausgestatteten Raum, der als Empfangsraum oder Bankettsaal diente. Östlich liegt ein dunkler, einst durch Lampen erhellter Raum, und im Süden finden sich zwei Räume, das sog. Altarmagazin, das viele Gefäße und Dreifüße enthielt. Nördlich der Wohnanlage befinden sich zahlreiche Magazine, in denen man viele Pithoi entdeckte.

Höhle von Skotinó (Σκοτεινο Σπηλια)

Die Höhle von Skotinó liegt 23 km westlich von Iráklion und 1,5 km südlich des gleichnamigen Ortes. Sie diente von mittelminoischer bis römischer Zeit als Kulthöhle und wurde von den Venezianern, die sie für das Labyrinth hielten, als Sehenswürdigkeit aufgesucht. Aber es finden sich hier auch eine Kirche und Überreste eines älteren Gotteshauses. In der Höhle, die mit 100 m Länge und 40 m Breite eine der größten Kretas ist, sind Stalagmiten zu sehen.

Arolíthos

Das erst 1987 künstlich geschaffene Arolíthos (13 km westlich von Iráklion), das zwar ein touristisches, aber doch idyllischen Dorf ist, soll alte kretische Traditionen bewahren. In vielen Werkstätten wird von zum Großteil in Trachten gekleideten Mitarbeitern nach alten Methoden u. a. gewoben, getöpfert und gebacken.

Ein spätminoisches Herrenhaus in Tílissos

***Tílissos** (Τύλισος)

Sehenswerte Überreste dreier spätminoischer Herrenhäuser (geöffnet von 8.30 bis 15.00 Uhr) sind am Ortsrand des Dorfes Tílissos, 2 km südlich von Arolíthos, zu besichtigen. Bei den hier durchgeführten Ausgrabungen kamen verschiedene Typen dieser Herrenhäuser (17./16. Jh. v. Chr.) zutage. Die Bauzeit war auch die Blütezeit des recht wohlhabenden Ortes, der nach seiner Zerstörung um 1500 v. Chr. bald wieder besiedelt wurde. Diese Siedlung hatte dann bis in byzantinische Zeit Bestand.
Architektonisch bemerkenswert sind die sorgfältig aus großen Quadern gearbeiteten Mauern, die durch senkrechte Holzbalken stabilisiert wurden.

Tílissos (Fortsetzung)

Die Wände waren verputzt und bemalt, und die Fenster öffneten sich nach innen zu den Lichthöfen. Die Häuser waren mit Flachdächern gedeckt.

Haus B

Nach dem Eingang stößt man rechts auf Haus B, das kleinste Gebäude, das regelmäßig gebaut und schlecht erhalten ist.

Haus A

Haus A, das größte Gebäude, ist in einen Südteil (Wohnräume) und einen Nordteil (Magazine und Nebenräume) getrennt. Der an der Ostfassade gelegene, mit zwei Pfeilern versehene Zugang öffnet sich in einen Vorraum, an dessen Rückseite eine Treppe ins Obergeschoß führte. An dem links abgehenden Korridor liegt rechts ein Vorratsraum mit einem Mittelpfeiler und am Ende ein großer Raum mit einem Lichthof. An diesen grenzt nochmals ein Raum. In der Kammer dahinter wurden mächtige Bronzekessel (im Archäologischen Museum Iráklion) gefunden. Der Nordteil des Hauses umfaßt zwei große Magazine mit mächtigen Pfeilern, in denen viele Pithoi entdeckt wurden, und eine Reihe kleiner Kammern.

Haus C

Bei Haus C, dem vornehmsten Gebäude, führt der im Osten liegende Eingang ebenfalls in einen Vorraum, an den sich rechts ein Wärterraum anschließt. Von diesem Vorraum geht ein Korridor ab, wo rechts Räume mit noch erhaltenen Böden liegen und links eine Treppe ins Obergeschoß führte. Links von dieser liegt ein Raum, der wahrscheinlich kultischen Zwecken diente. Am Ende des Ganges befinden sich rechts Magazine mit einem gemeinsamen Eingang; in einem ist noch eine Säulenbasis zu sehen. Gegenüber der Treppe kommt man in einen weiteren Korridor, an dem sich links eine Treppe und rechts ein kleiner Saal mit gut erhaltenen Wänden befinden. Von hier führt nochmals ein Gang nach Osten und endet an einer Treppe. Nördlich liegt ein weiterer Saal und nordwestlich davon ein anderer Saal, der sich mit drei Pfeilertüren und einer Vorhalle mit zwei Säulen auf einen Lichthof öffnet.
An der Nordostecke des Komplexes findet man eine Zisterne, von der aus ein tönernes Leitungssystem die Häuser mit Wasser versorgte. Nördlich des Hauses erbaute man in mykenischer Zeit ein Mégaron, von dem die Unterbauten der Säulen des Vorraums, die Mauer der Cella und eine wuchtige Schwelle erhalten sind. Daneben steht auf einem gepflasterten Hof der Altar eines klassischen Heiligtums.

Sklavókambos (Σκλαβόκαμπος)

9 km westlich von Tílissos liegen links der Straße die wenigen Reste des spätminoischen Herrenhauses Sklavókambos aus der Zeit um 1500 v. Chr., das in den dreißiger Jahren ausgegraben sowie im Zweiten Weltkrieg und durch Straßenbau beschädigt wurde.
Der Haupteingang des Hauses im Osten führt durch eine Tür mit zwei Zwischenpfeilern in einen Aufenthaltsraum. Westlich schließt ein Raum an, der als Heiligtum gedeutet wird. Unter der noch weiter westlich gelegenen Treppe fand man eine mit einem Loch versehene Steinplatte mit einer Abwasserleitung, wahrscheinlich ein Abort. Ganz im Nordwesten ist eine Veranda mit drei Sützen zu sehen. Das Zentrum des Herrenhauses bildet ein Lichthof.

Anógia (Ανώγεια)

Das über 700 m hochgelegene Großdorf Anógia (20 km westlich von Iráklion) wurde 1944 von deutschen Truppen als Rache für die Entführung ihres Generals von Kreipe nach Ägypten völlig zerstört, alle männlichen Einwohner wurden erschossen. An dieses Ereignis erinnert eine Gedenktafel am modernen Rathaus. Ein paar alte Häuser sind dennoch im untersten Ortsteil mit schöner Platía zu finden. Hier weist ein Schild zum nahen Museum von Alkiwíades Skulás Grílios, einem naiven Maler und Holzschnitzer. Das Dorf, das früher ein Zentrum der Handweberei war, ist bekannt für sein Festival und in der Saison oft überlaufen. Es ist Ausgangspunkt für Bergtouren ins Ida-Gebirge.

Axós (Αξός)

In dem schon in minoischer Zeit besiedelten Bergort Axós, 5 km nordwestlich von Anógia, sind vor allem die byzantinischen Kirchen sehenswert. Die

Umgebung, Axós (Fortsetzung)

Agía Iríni bildet eine reizvolle Kombination zwischen einer älteren Einraumkapelle und einer als Narthex vorgelagerten Kreuzkuppelkirche. Der Tambour gefällt durch seine eleganten Blendarkaden.
Die auf einem Friedhof stehende einfache Einraumkapelle Ágios Ioánnis mit schönen Fresken aus dem 14. und 15. Jh. ist auf den Fundamenten einer frühchristlichen Basilika erbaut, von deren Mosaikfußboden noch Reste vorhanden sind.
Von dem oberhalb der Kirche gelegenen antiken Axós findet man nur noch wenige Ruinen. Von dort bietet sich jedoch ein schöner Ausblick.

Moní Savathianón (Μονή Σαββαθιανόν)

Die Fahrt in das 18 km westlich von Iráklion gelegene Nonnenkloster Savathianón führt von Rogdiá durch Weinberge und bietet herrliche Ausblicke auf die Bucht von Iráklion. Die malerische gepflegte Anlage befindet sich am Ende eines Tales und ist von hohen Bäumen umgeben. Sie weist zwei Kirchen auf, die mit Ikonen des 17./18. Jh.s geschmückt sind. Hervorzuheben ist die Ikone (1741) des hl. Antonius mit Szenen aus seinem Leben.

Fódele (Φόδελε)

Das inmitten von Orangen- und Olivenhainen gelegene, hübsche Dorf Fódele (29 km westlich von Iráklion), ist von einem mit Bäumen bestandenen Bach durchflossen, an dem sich gegenüber der Ortsmitte ein schattiger Picknickplatz befindet. Besonders schön ist es, hier die Zeit der Orangenblüte, wenn das ganze Tal mit Duft erfüllt ist, zu erleben.
In dem Dorf wurde wahrscheinlich der berühmte Maler El Greco (⟶ Berühmte Persönlichkeiten) geboren. In der Dorfmitte unter einer uralten Platane steht eine Gedenktafel für den Maler, die von der Universität Valladolid in Spanien gestiftet wurde. In der Dorfkirche gibt es ein Buch mit Reproduktionen der bekanntesten Gemälde El Grecos. Wenn man nördlich des Ortszentrums links über eine Brücke aufwärts geht, kommt man zur Panagía-Kirche, einer gut proportionierten Kreuzkuppelkirche als Vierpfeilertypus aus dem 13. Jh., die über einer dreischiffigen Pfeilerbasilika des 8. Jh.s errichtet wurde. Im Innern beeindrucken qualitätsvolle Fresken vor allem aus dem 13. Jahrhundert.
Von der Kirche führt links ein Pfad hinauf zu dem angeblichen Geburtshaus von El Greco.

Moní Agía Iríni (Μονή Αγίας Ειρήνης)

Das in der Nachkriegszeit erbaute Kloster Agía Iríni liegt 25 km südwestlich von Iráklion auf einem grünen Hügel oberhalb des Ortes Krusónas. Die 24 Nonnen pflegen liebevoll den blumenreichen Innenhof und leben vom Verkauf ihrer selbstgefertigten Handarbeiten.

Agía Varvára (Αγία Βαρβάρα)

Das Dorf Agía Varvára befindet sich 30 km südlich von Iráklion auf 600 m Höhe. Am nördlichen Ortseingang bezeichnet ein weißgetünchter, ‘Nabel Kretas’ genannter Fels, auf dem die Profítis-Ilías-Kirche steht, den geographischen Mittelpunkt Kretas.

Priniás (Πρινιάς)

Bei dem Ort Priniás, 5 km nördlich von Agía Varvára, sind auf dem Berg Patéla (680 m ü. d. M.) die spärlichen Reste des antiken Rhizenía zu sehen. Man erreicht das Grabungsgelände, wenn man etwa 2 km nördlich des Ortes bei einer Felsformation rechts eine Anhöhe emporsteigt; etwa 200 m vor der Ágios-Panteléïmon-Kapelle breitet sich rechts das umzäunte Gelände aus. Von hier oben hat der Besucher einen spektakulären Blick aufs Meer und die Umgebung.
Der schon seit spätminoischer Zeit besiedelte Berg wurde in der spätklassischen und hellenistischen Periode durch eine Umfassungsmauer und ein Kastell befestigt.
Bei den Ausgrabungen kamen die Grundmauern zweier Tempel aus dem 7. und 6. Jh. v. Chr. zutage, die ältesten erhaltenen archaischen Tempel Kretas. Das nördliche, Rhea geweihte Heiligtum A setzt sich aus einem Prónaos und einer Cella mit einer Sitzbank an der Südseite zusammen. Der schmälere und in der Achse etwas verschobene Tempel B besteht ebenfalls aus diesen beiden Teilen und einem Opistódomos. In beiden Gebäuden fanden sich ungewöhnliche rechteckige Opferstätten, die aus mit Ton

überzogenen Steinhaufen, eingefaßt von Steinplatten, bestanden. Berühmt ist Tempel A durch den einmaligen plastischen Bauschmuck: ein Reiterfries und die Türumrahmung der Cella mit der Darstellung der Göttin Britomartis (im Archäologischen Museum Iráklion).

Umgebung, Priniás (Fortsetzung)

Östlich der Tempel und im Norden des Geländes finden sich Reste der Siedlung aus geometrischer Zeit und westlich die Grundmauern eines quadratischen Kastells (4. Jh. v. Chr.) mit vier vorspringenden Ecktürmen.

Zarós (Ζαρός)

Das 47 km südwestlich von Iráklion gelegene große Dorf Zarós in 340 m Höhe erreicht man auf der Straße von Agía Varvára nach Kamáres. An dieser Straße steht vor dem Ort Gérgeri eine Gedenkstätte, die an die Erschießung von 25 Geiseln durch die Deutschen 1944 erinnert.
Zaros ist bekannt für seine Forellenzucht und seine vielen guten Wandermöglichkeiten. Forellen ißt man gut in der Taverne "Votomos".
500 m hinter dem Ort führt ein Weg 2 km aufwärts zu der zweischiffigen Klosterkirche Ágios Nikólaos mit Fresken aus dem 15. Jahrhundert. Oberhalb liegt eine Höhle mit der Agios-Efthímios-Kapelle, die man in 40 Min. erreichen kann. Dort hat man einen weiten Blick über die südlichen Ausläufer des Ida-Gebirges bis zur Messará. Von den wenigen erhaltenen Fresken aus dem 14. Jh. ist die Darstellung von Christus als Schmerzensmann von guter künstlerischer Qualität.
Die Legende berichtet, daß der hl. Efthímios, der in der Höhle lebte, aus Not einige Früchte stahl. Er wurde dabei erwischt und angeschossen, worauf er starb. Deshalb gilt er als Schutzpatron für diejenigen, die in einer Notlage stehlen.

Moní Vrondísi (Μονή Βροντησίου)

Vom Kloster Vrondísi, 4 km westlich von Zarós, kann man einen weiten Blick ins Tal genießen. Vor dem Eingang der Anlage steht links unter einer mächtigen Platane ein schöner Brunnen (15. Jh.) in venezianischem Stil mit der Darstellung von Adam und Eva. Als Wasserspender dienen vier Köpfe, die die personifizierten Flüsse des Paradieses darstellen.

Die Kirche des Klosters Vrondísi mit einem alten Glockenturm

Umgebung, Moní Vrondísi (Fortsetzung)

Das Gründungsdatum des Klosters ist unbekannt, die heutigen Gebäude stammen aus den Jahren 1630/1639. In dem älteren Teil der Kirche lassen sich allerdings Fresken bereits aus dem 14. Jh. nachweisen. Die Ágios-Antónios-Kirche, ein Schmuckstück byzantinischer Kunst, besteht aus zwei verschieden hohen Schiffen – das nördliche ist das ältere – und einem vorgebauten Glockenturm. Dieser in venezianischem Stil gehaltene Campanile ist einer der ältesten Kretas. Im Südschiff sind qualitätsvolle Fresken zu sehen. Einzigartig für die Insel ist in der Apsis die Darstellung des Abendmahls; ungewöhnlich sind im Gewölbe die zahlreichen Heiligen. Im Gewölbe des Altarraums sieht man Engel, die das Leichentuch Christi tragen. An der Ikonostase sind hervorzuheben die Ikone von Ángelos mit dem Symbol des Weinstocks, eine Panagía Odigítria und der hl. Antónios.

Die Klosterkirche von Valsomónero besitzt hervorragende Fresken

*Moní Valsomónero (Μονή Βαλσαμόνερο)

Das Kloster Valsomónero ('Balsamwasser') liegt 2 km von dem Ort Vorízia und 8 km von Zarós entfernt. Es ist nur mit dem Wärter in Vorízia zu besichtigen, der den Schlüssel für die Kirche hat. Man erreicht das Kloster, indem man nach dem Ort links den schlechten Weg zum unteren Dorf einschlägt.
Die Anlage zeichnet sich durch eine wunderschöne Lage aus, mit herrlichem Blick auf das Ida-Massiv.
Von den Klostergebäuden sind nur noch einige Reste vorhanden, während die Klosterkirche Ágios Fanúrios mit ihren berühmten Fresken sehr gut erhalten ist. Ihre Südfassade in gotisch-venezianischem Stil weist einen schönen Glockenstuhl auf. Ältester der aus verschiedenen Bauphasen stammenden Teile ist das größere Nordschiff, das um 1330 entstanden und der Panagía geweiht ist. Der Bau des schmaleren, Johannes dem Täufer geweihten Südschiffes geht auf das Jahr 1400 zurück. Den beiden Schiffen wurde im Jahr 1426 ein Querschiff angefügt. Der sich anschließende Narthex (15./16. Jh.) ist mit einem verzierten spitzbogigen Tor und einem darüber liegenden Rundfenster versehen.
Bei den Ikonostasen fehlen zwar die Bilder, aber sie sind prächtig mit Weinlaubschnitzereien und Muscheln verziert.

Von besonderem kunstgeschichtlichen Interesse sind die hervorragenden Fresken (14./15.Jh.). Folgende Darstellungen sind zu sehen: im Südschiff über dem Eingang der Kindermord von Bethlehem, links und über den gegenüberliegenden Bögen Szenen aus dem Leben Johannes des Täufers, an der Nordwand die Kreuzigung und daneben die Grablegung Christi, in der Apsis nochmals Johannes der Täufer, an der Südwand der Judaskuß. Im Nordschiff erkennt man: an der Südwand Hieronymus mit dem Löwen, in der Wölbung meist Szenen aus dem Leben Christi, an der Nordseite von links nach rechts Christus, der hl. Johannes von Damaskus, die Geburt Marias, nochmals Hieronymus mit dem Löwen und Christus zwischen zwei Engeln, in der Apsis Mariä Verkündigung. Im Querschiff sind vor allem erwähnenswert: in der Konche der Apsis Christus Pantokrator, darüber die Dreifaltigkeit und darunter die heilige Liturgie. Der Narthex ist mit dem Stammbaum Jesse bemalt.

Iráklion, Umgebung, Moni Valsomónero (Fortsetzung)
*Fresken

In dem Weinbauerndorf Mirtiá, 17 km südlich von Iráklion, befindet sich im Zentrum des Ortes das 1983 eingeweihte Kasantzákis-Museum, in dem zahlreiche Erinnerungsstücke (persönliche Dinge, Bücher, Ölbilder, Zeichnungen) an Kretas größten Dichter Níkos Kasantzákis (⟶ Berühmte Persönlichkeiten) ausstellt sind. Für Freunde des Schriftstellers ist der Besuch ein Muß, obwohl einige Exponate allzusehr das 'Heldische' von Kasantzákis herausstellen. Eine mehrsprachige Dia-Schau erzählt vom Leben des Schriftstellers.

Mirtiá (Μυρτιά)

18 meist ältere Mönche leben noch in dem blumenreichen Kloster Angarathós (23 km südlich von Iráklion) aus venezianischer Zeit, das vermutlich schon im Jahr 960 gegründet wurde. In der 1941 neu gebauten Klosterkirche ist die Ikone mit der ungewöhnlichen Darstellung der stillenden Muttergottes sehenswert.

Moní Angarathós (Μονή Αγκαραθόυ)

In Émbaros, 46 km südöstlich von Iráklion, lohnt die einfache Einraumkapelle Ágios Geórgios wegen ihrer einmaligen Fresken einen Besuch. Die recht gut erhaltenen Malereien aus den Jahren 1436 und 1437 sind das älteste Werk von Mánuel Fokás.

Émbaros (Εμπαρος)

In dem 31 km südöstlich von Iráklion gelegenen Dorf Thrapsanó findet man viele Töpferwerkstätten direkt an der Hauptstraße, die kunsthandwerkliche Kleinarbeiten anfertigen. Das Dorf mit seinen verwinkelten Gassen und alten türkischen Häusern hat sich seit Jahrhunderten kaum verändert.

Thrapsanó (Θραψανό)

In dem Dorf Asími, 50 km südlich von Iráklion gelegen, findet jeden Donnerstagmorgen ein großer Bauernmarkt statt.

Asími (Ασήμι)

Tsútsuros, 76 km von Iráklion entfernt an der landschaftlich eindrucksvollen Südküste in einer weiten Bucht gelegen, bietet schöne Strände. Etwas oberhalb des Strandes liegt eine der kretischen Fruchtbarkeitsgöttin Eileithyia geweihte Höhle, in der zahlreiche Funde aus geometrischer Zeit gemacht wurden.

Tsútsuros (Τσούτσουρος)

Kastélli Kíssamos B 2

Καστέλλι Κίσσαμου

Neugriechisch

Nomós: Chaniá
Hauptort: Chaniá
Einwohnerzahl: 3000

Kastélli Kíssamos, Kretas westlichste Stadt, liegt im Süden der von zwei Halbinseln gesäumten Kissámu-Bucht und ist Zentrum des in dieser Gegend intensiv betriebenen Weinbaus.

Lage und Allgemeines

Allgemeines (Fortsetzung)

Der einzige Reiz des noch weitgehend vom Tourismus unberührten Ortes besteht denn auch in dieser Lage an der weiten Bucht vor dem Hintergrund grüner Hügel.

Geschichte

In der Antike war Kastélli unter dem Namen Kíssamos der Hafen des einige Kilometer weiter südlich gelegenen Polirinía; diese Funktion hatte es auch unter den Römern, Byzantinern und Venezianern, die den Ort befestigten. Aufgrund des wachsenden Ruhms des nahegelegenen Diktýnna-Heiligtums konnte sich Kíssamos in der römischen Epoche von Polirinía lösen und eigenständig entwickeln. In venezianischer Zeit war Kastélli Sitz eines katholischen Bischofs.
Erhalten blieb hier nur ein kleiner Rest der Stadtmauer aus dieser Periode, da die Mauer und die Moscheen nach dem Ersten Weltkrieg abgetragen und zum Ausbau des Hafens verwendet wurden.

Umgebung von Kastélli Kíssamos

Polirinía (Πολυρηνία)

Etwa 30 Gehminuten oberhalb des modernen Dorfes gleichen Namens (6 km südlich von Kastélli Kíssamos) liegen frei zugänglich auf einem Hügel verstreut die Ruinen der Stadt Polirínia, die von den Dorern im 8. Jh. v. Chr. gegründet wurde. In der griechischen Periode war sie neben Falásarna die wichtigste Stadt Westkretas. Von jener Zeit zeugen nur noch wenige Grundmauern auf der Akrópolis am nördlichen Hang; aus der byzantinischen Epoche blieb eine Kirche erhalten, in der man viele antike Architekturelemente verbaute; aus venezianischer Periode stammen die wuchtigen Burgmauern.
Von hier oben kann man einen schönen Blick auf den Golf von Kissámu genießen.

Kefáli (Κεφάλι)

Die Fahrt zu dem Ort Kefáli, 29 km südlich von Kastélli Kíssamos, führt durch Kastanienwälder und Olivenhaine, an mit Steineichen bestandenen Hängen und hohen Platanen vorbei. Das Dorf selbst schmiegt sich unterhalb der Hauptstraße an einen Hang. Beim Bummel durch enge, gewundene Gassen sieht man schöne Innenhöfe, Gemüse- und Obstgärten sowie einige Ruinen venezianischer Herrenhäuser.
Auf dem Friedhof steht die kleine Einraumkapelle Sotirós Christú mit zwei Jochen und Tonnengewölbe. Sie wurde im Jahr 1320 reich mit Fresken in zwei unterschiedlichen Stilrichtungen ausgemalt.

Váthi (Βάθη)

Das gut einen Kilometer südlich von Kefáli gelegene Dorf Váthi kann mit zwei freskierten kleinen Kirchen aufwarten. Die nur noch fragmentarisch vorhandenen Malereien der im Ort stehenden Einraumkapelle Ágios Geórgios stammen laut Stifterinschrift aus dem Jahr 1284.

Südlich des Dorfes findet man die Michaíl-Archángelos-Kirche, die recht gut erhaltene Fresken des 14. Jh.s besitzt.

Moní Chrissoskalítissa (Μονή Χρισοσκαλίτισσα)

Das kleine weiße Kloster Chrissoskalítissa aus dem 17. Jh., 10 km von Váthi entfernt, ist vor allem wegen seiner Lage auf einem niedrigem Fels über dem Meer besuchenswert. Das modern wirkende Kloster ist in seiner wechselvollen Geschichte oft aufgegeben worden; 1944 zerstörten die Deutschen viele seiner Gebäude. Heute leben hier nur noch ein Mönch und eine Nonne.

Elafónissos (Ελαπόνηοι)

6 km südlich südlich des Klosters Chrissoskalítissa liegt ein südseehafter Strand, dem die kleine Insel Elafónissos vorgelagert ist. Im Sommer wird sie mit dem Festland durch einen Sandstreifen verbunden, das Meer schimmert dann in vielen Blau- und Grüntönen. Das Ufer fällt kinderfreundlich sanft ab; der durch winzige Muschelteilchen rosa gefärbte Sandstrand mit winzigen Nebenbuchten bietet Schatten unter Tamarisken. Leider ist dieses Strandparadies durch Abfälle von Badenden und von nicht immer

Kloster Chrissoskalítissa in herrlicher Lage

gleich sichtbaren Teerklümpchen verunreinigt. Im Sommer wird es von Ausflugsbooten aus Paleochóra angelaufen.

Elafónissos (Fortsetzung)

Falásarna (Φαλάσαρνα)

Die im 5./4. Jh. v. Chr. gegründete Stadt Falásarna, 19 km westlich von Kastélli Kíssamos, wurde wahrscheinlich aufgegeben, als sich im 4. oder 6. Jh. hier die Küste durch tektonische Bewegungen um fast 7 m anhob und damit die Hafenanlagen trocken lagen und unbenutzbar wurden.

Auf dem Ausgrabungsgelände stößt der Besucher zunächst auf die Nekropole der antiken Stadt und links auf einen 'Thron', dessen Bedeutung bis heute Rätsel aufgibt. Von besonderem Interesse sind die Hafenanlagen mit einem 5 m hohen erhaltenen Wachturm und ein zum Meer führender Kanal. Zudem wurde eine sich am Berg hinziehende Stadtmauer aus regelmäßigen Quadern mit einigen vorspringenden Turmfundamenten freigelegt. Folgt man dieser, kann man in der Bucht nördlich des Kaps sehen, wie hoch einst das Wasser stand. Überreste eines Bauwerks mit einigen Treppenstufen liegen auf dem Bergsattel, von wo man einen schönen Blick genießen kann.
Für Badefreunde gibt es südlich von Kap Kútri einen herrlichen kilometerlangen Sandstrand.

Tigáni (Τηγάνι)

Der weiße Sandstrand von Tigáni, der an der Westküste der Halbinsel Gramvúsa liegt, ist nur nach dreistündiger Wanderung von Kalivianí zu erreichen. Gelegentlich werden auch Bootstouren von Kastélli Kíssamos organisiert.

Inseln Gramvúsa (Γραμβούσα)

Westlich der Nordspitze der Halbinsel Gramvúsa liegen die beiden Inseln Gramvúsa und Ágria Gramvúsa, die nur von Kastélli Kíssamos mit dem Boot zu erreichen sind.
Über der westlichen Steilküste der ersteren Insel erhebt sich in 135 m Höhe ein Kastell, das die Venezianer auch nach der Eroberung Kretas

Kastélli Kíssamos, Umgebung, Inseln Gramvúsa (Fortsetzung)

durch die Türken 1669 halten konnten. Venezianisch ist auch die kleine katholische Kirche mit Renaissancefassade.
Um 1800 war Gramvúsa ein überaus gefürchtetes Seeräubernest; allein in zwei Jahren, von 1825 bis 1827, wurden von den Piraten 155 Schiffe gekapert. Daraufhin zerstörte eine britisch-französische Strafexpedition den damals von etwa 6000 Menschen bewohnten Seeräuberort und befreite viele in Höhlen schmachtende Gefangene. Diese Höhlen sind auch heute noch sichtbar.

Káto Zákros E 18

Neugriechisch

Κάτω Ζάκρος

Nomós: Lassíthi
Hauptort: Ágios Nikólaos

Lage

Von Sitía gelangt man auf einer zunächst nur mäßigen, in ihrem letzten Abschnitt dann jedoch prächtigen Panoramastraße hoch über dem Meer zu den 46 km südöstlich gelegenen Ruinen von Káto Zákros in der gleichnamigen Bucht.

Minoisches Herrenhaus

Ein kurzes Stück nach dem Ortsausgang von Zákros liegt rechts der Straße ein spätminoisches Herrenhaus.

Tal der Toten

Um die Ausgrabungsstätte zu erreichen, sollte man nach dem Ort Zákros den Weg durch das Tal der Toten wählen, das nach den minoischen Begräbnisstätten benannt wurde. Hier achte man auf die Felshöhlen, in denen die Toten bestattet wurden.

Hinweis

Die genaue Datierung der frühminoischen (FM I–III), mittelminoischen (MM I–III) und spätminoischen (SM I–III) Periode ist der Tabelle auf S. 35 zu entnehmen.

Geschichte

Das Gebiet ist seit frühminoischer Zeit (2700–2250 v. Chr.) besiedelt. Der Palast mit der Hafenstadt bestand von 1600 bis 1410 v. Chr. und erlebte durch den Handel mit Ägypten und dem Orient seine größte Blüte. Nach der Zerstörung der Stadt durch die Mykener wurde zwar der Ort für mehr als ein Jahrhundert nochmals besiedelt, der Palast aber weder wiederaufgebaut noch geplündert.
Die Ausgrabungen, bei denen viele seltene Fundstücke zutage kamen, wurden von dem britischen Archäologen David G. Hogarth 1901 begonnen und von Nikolaos Platon von 1962 bis heute fortgesetzt.

***Palastruinen**
Öffnungszeiten 8.30–15.00

Der Besucher betritt das Ausgrabungsgelände von Osten über die Hafenstraße, an der Häuser mit Werkstätten und Läden liegen, links beispielsweise eine Metallschmelze. Die Straße führt links zu einer Treppenstraße zum Nordosthof, an dessen Nordecke sich ein Kultbassin befindet. Auf der Westseite dieses Hofes kommt man durch einen engen Korridor in den 30 x 12 m großen Mittelhof. Die quadratische Einfassung in der Nordwestecke des Hofes wird als Altar gedeutet.
Ein Portikus im Nordosten des Mittelhofes leitet in eine 9 x 12 große Halle mit sechs Pfeilern, die wohl als Küche und Speisesaal gedient hat. In dem benachbarten kleinen Raum wurden viele Küchengeräte entdeckt. Daneben führt eine Treppe ins Obergeschoß.
An der Nordseite des Mittelhofes leitet ein schmaler Korridor zu einem quadratischen Raum mit Ziegelfußboden, von wo im Norden Vorratskammern sowie südöstlich eine Vorhalle mit einer Säule und die Haupttreppe erreichbar sind. Kehrt man zurück, kommt man im Südwesten in einen von Säulen gesäumten Lichthof. Diesem schließt sich ein Säulensaal an, der für königliche Repräsentationszwecke genutzt wurde. An ihn grenzt süd-

Palastruinen (Fortsetzung)

lich der sog. Bankettsaal, wo zahlreiche Trinkgefäße gefunden wurden. Der Raum westlich wird als Werkstatt bezeichnet, weil man hier große Mengen verschiedener Steinarten entdeckte.

Ebenfalls westlich folgt die sog. Schatzkammer mit Steinkästen, in denen feinste Keramik, Steingefäße und Einlegearbeiten mit kostbaren Materialien wie Elfenbein und Bergkristall zutage gefördert wurden (im Archäologischen Museum Iráklion). In das benachbarte Kultbassin führen einige Stufen hinunter.

Westlich gelangt man in das Heiligtum, in dem religiöse Feiern und Zeremonien stattfanden. Ihm schließt sich das sog. Archiv an, wo Tontäfelchen mit Linear-A-Inschriften gefunden wurden. Die südwestlich angebaute Werkstatt mit Toilette hat einen separaten Eingang im Süden.

Grabungsplan

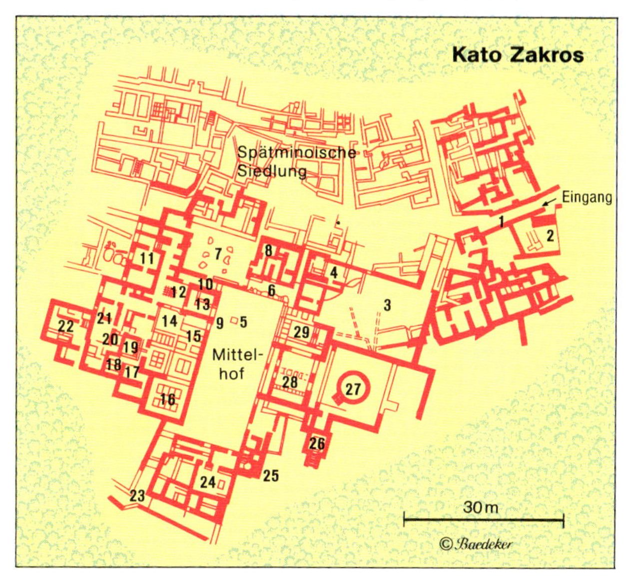

1 Hafenstraße
2 Metallschmelze
3 Nordosthof
4 Kultbassin
5 Quadratische Einfassung
6 Portikus
7 Küche und Speisesaal
8 Raum mit Küchengerät
9 Zugänge zum Westfügel
10 Korridor
11 Vorratskammern
12 Raum mit Ziegelfußboden
13 Vorhalle
14 Lichthof
15 Großer Säulensaal
16 Bankettsaal
17 Werkstatt
18 Schatzkammer
19 Kultbassin
20 Heiligtum
21 Archiv
22 Werkstatt
23 Südzugang
24 Werkstätten und Lagerräume
25 Runder Brunnen
26 Quadratisches Becken
27 Gr. rundes Wasserbecken
28 Megaron des Königs
29 Megaron der Königin

In der Südwestecke des Mittelhofes liegt der Südzugang des Palastes mit einem langen Durchgang, der zu dem südlichen Stadtviertel führte. Werkstätten und Lagerräume waren im Südflügel untergebracht.

Im Ostflügel finden sich ein runder Brunnen, nordöstlich ein quadratisches Becken mit Stufen und anschließend ein großes rundes Wasserbecken, in das Stufen hinabführen, wahrscheinlich eine Zisterne. Von den beiden westlich angrenzenden Räumen bezeichnet man den nördlichen als 'Megaron der Königin' und den südlichen als 'Megaron des Königs'. Sie werden zum Hof hin durch eine mit Pfeilern versehene Veranda abgeschlossen. – Nördlich an die Palastanlage grenzen die Wohngebiete.

Knossós D 11

Neugriechisch

Κνωσός

Nomós: Iráklion
Hauptort: Iráklion

Lage

Etwa 5 km südöstlich von Iráklion (regelmäßige Busverbindungen in 15 Min.) liegen nahe der Ortschaft Makritíchos die Ausgrabungen der weitläufigen minoischen Palastanlage von Knossós, der ältesten Hauptstadt der Insel.

**Palastanlage

Nirgendwo sonst auf Kreta erhält man einen so umfassenden und anschaulichen Eindruck von der minoischen Palastarchitektur, nicht zuletzt dank umfangreicher Rekonstruktionen. Wandteile und Säulen, ja sogar ganze Säle sind entsprechend den Grabungsergebnissen in farbigem Beton wiedererrichtet worden. Die ins Archäologische Museum von Iráklion verbrachten Freskenreste hat man an Ort und Stelle durch Kopien ersetzt, so daß der Besucher trotz mancher Kritik an den Rekonstruktionen ein sehr plastisches Bild von einem der größten minoischen Paläste erhält, der sich heute noch über eine Grundfläche von rund 20000 m^2 erstreckt mit etwa 800 Räumen. Vermutlich war der Palast in seiner Blütezeit zwischen 1600 und 1400 v. Chr. noch sehr viel größer und wies sogar vier Stockwerke auf, so daß nach Schätzungen der Archäologen wohl 10000 Menschen in der Palastanlage selbst und im Umkreis gelebt haben.
Obwohl Forscher wie H. Wunderlich die These vertreten haben, der Palast von Knossós sei der kultische Zentralbau einer Nekropole nach Art der ägyptischen Totentempel und P. Faure den großen Palast ausschließlich als ein Heiligtum ansah, ist die Mehrzahl der Gelehrten überzeugt, daß die Palastanlage einem mächtigen Herrscher als Residenz diente und zugleich Verwaltungs- und Wirtschaftszentrum sowie religiöser Mittelpunkt eines größeren Territoriums war.

Geschichte

Die Anfänge der Besiedlung von Knossós gehen in die Jungsteinzeit zurück. Die Reste eines neolithischen Holzhauses sind auf etwa 6500 bis 6100 v. Chr. datiert worden. Insgesamt haben die Archäologen zehn Siedlungsschichten im Bereich des Westhofes nachweisen können. Der erste Palastbau aus der Zeit von 2000 v. Chr. wurde auf einem niedrigen, leicht abschüssigen Hügel oberhalb des Kératos-Tales über einer 6,5 m hohen Schicht aus Wohnschutt terrassenförmig errichtet. Er bildete den Auftakt des minoischen Palastbausystems mit seinen Zentralhöfen und komplizierten Raumgefügen von Repräsentationssälen, Privatgemächern, Kultarealen und Werkstätten bis zu Magazinen, die durch Korridore und Treppenanlagen verbunden waren. Um 1700 v. Chr. geht die Alte Palastzeit mit der Zerstörung des Baus durch ein Erdbeben zu Ende.
Ein neuer, noch prächtigerer Palast mit mehreren Stockwerken und aufwendigen Innendekorationen entstand 1600 v. Chr., dessen eindrucksvolle Überreste heute noch zu sehen sind. Mit der Übernahme der Herrschaft durch die Mykener stagnierte der Palastbau um 1400 v. Chr in Knossós und andernorts auf Kreta, wo die Paläste sogar zum Teil zerstört und nicht wieder aufgebaut wurden. Die Eroberer nutzten zwar die Palastanlage in Knossós weiter, veränderten sie aber nach eigenen Bedürfnissen. Möglicherweise fiel in diese Zeit die Entstehung eines neuen Herrschaftgebiets unter einem mächtigen König, das ägyptische Quellen als Menus oder Minus bezeichnen. Es ist nicht auszuschließen, daß hierin die Ursprünge für die Namensgebung des sagenhaften Königs Minos liegen.
Um 1375 v. Chr. wurden große Teile des Palastes durch Feuer vernichtet, ob durch einen Aufstand oder eine Naturkatastrophe bleibt ungeklärt. Die anschließenden Renovierungen und Umbauten ließen allerdings von der

Knossós: der größte und prächtigste minoische Palast ▶

Palastanlage, Geschichte (Fortsetzung)

minoischen Architektur nur noch wenig übrig. Gegen 1200 v. Chr. wurde der Palast von Knossós schließlich durch fremde Eindringlinge vollends zerstört. Im Verlauf des 10. Jh.s v. Chr. drangen die Dorer in das Gebiet von Knossós ein, ohne daß sich dadurch ein neues Herrschaftssystem entwikkeln konnte.
Im 8. und 7. Jh. stand Knossós unter dem Einfluß der griechischen Lebenswelt und gelangte zu einer bescheidenen Wirtschafts- und Kulturblüte. In dieser Zeit kamen auch die griechisch-kretischen Mythen und Sagen auf um König Minos, Ariadne und Theseus. Die Griechen meinten, daß es sich bei dem Palast von Knossós wegen seiner Kompliziertheit und Unübersichtlichkeit um das Labyrinth von Minos handele. Das Wort 'Labyrinth' leitet sich nämlich von dem lydischen Begriff 'labrys' ('Doppelaxt') ab und bedeutet demnach 'Haus der Doppelaxt'. Diese war ein zentrales Kultsymbol der minoischen Kultur. Seit dem 6. Jh. wurden offenbar unter dem verwirrenden Eindruck der weitläufigen Palastruinen Goldmünzen in Knossós geprägt, die das Labyrinth (s. Abb. S. 25) und den Minotauros als Ziermotiv zeigen. Außerdem gab es drei Heiligtümer für Zeus, Hera und Demeter.
Erst im 4. Jh. v. Chr. erreichte Knossós wieder eine Art Vorherrschaft, mußte aber in der Folgezeit ständig mit anderen Stadtstaaten auf der Insel um den Machterhalt kämpfen. Im Jahr 67 v. Chr. besetzten die Römer Kreta, und Knossós wurde unter dem Namen Colonia Julia Nobilis neben Górtis ein Zentrum ihrer Herrschaft. Als die Byzantiner im 4. Jh. n. Chr. die Insel in Besitz nahmen, war Knossós immer noch bewohnt, doch dann verlieren sich Einzelheiten im Dunkel der Geschichte folgender Epochen, und die Palastruinen verschwinden von der Bildfläche.
Erst 1878 entdeckte der Hobbyarchäologe Mínos Kalokerinós den minoischen Palast von Knossós wieder und grub zwei Magazinräume im Westflügel aus. Nach der Unabhängigkeit Kretas gelang es dem britischen Archäologen Arthur Evans (⟶ Berühmte Persönlichkeiten), das Palastgelände zu erwerben und im Frühjahr 1900 mit der systematischen Ausgrabung zu beginnen. Mit zeitweilig 200 Arbeitern förderte er bis 1903 einen Großteil der Palastanlage ans Tageslicht und beschäftigte sich auch die nächsten Jahrzehnte bis zu seinem Tod 1941 mit der wissenschaftlichen Erforschung von Knossós. Die Grabungen gehen bis heute durch die britische Archäologische Schule weiter und konzentrieren sich nunmehr auf die Umgebung des Palastes.
Evans hat nicht nur die erste umfassende Chronologie der minoischen Palastkultur erstellt, sondern ist auch verantwortlich für die konkreten Raumbenennungen wie z. B. Baderaum der Königin, Thronsaal oder Halle der Doppeläxte, obwohl diese Funktionen nicht durch archäologische Funde bewiesen sind. Zur Erleichterung der Orientierung der Besucher sind diese Raumbezeichnungen jedoch bis heute gebräuchlich.

Rundgang
Westhof

Den Palastbezirk betritt man heute über den großen gepflasterten Westhof, in dessen südwestlicher Ecke eine Bronzebüste von 1935 an Arthur Evans erinnert. Leicht erhöhte Rampenwege führen in Richtung Theater und Westeingang. Vor der monumentalen Westfassade mit dem Magazintrakt befinden sich zwei Altarsockel, die vermuten lassen, daß der Westhof kultischen Zwecken diente, möglicherweise als Sammelpunkt für Prozessionen, die anschließend zum Theater oder zum Prozessionskorridor und weiter zum Zentralhof führten. Die etwa 5 m tiefen ringförmigen Gruben mit darin gefundenen Kultgeräten und Tierknochen in der Mitte des Westhofes dienten als Abfallgruben bei Opferungen, stammen aber aus der Alten Palastzeit und wurden später bei der Planierung des Hofes zugeschüttet.

Westeingang

In das Innere des jüngeren Palastes gelangt man durch vier Haupteingänge, die nach den vier Himmelsrichtungen ausgerichtet sind. Die Westpropyläen in Form eines kleinen Torbaus zeigen noch die steinerne Basis für eine Holzsäule, die das Portal teilte und die Überdachung trug. Durch ein Vestibül, dessen Wand ursprünglich mit einem Stierspielfresko geschmückt war, führt der Weg in einen quadratischen Raum, in dem das Wach- und Empfangspersonal untergebracht war.

Palastanlage, Rundgang (Fortsetzung) Südflügel

Anschließend öffnete sich dem Besucher in minoischer Zeit eine Tür zum Prozessionskorridor, der seinen Namen von einem Freskenzyklus erhielt mit etwa 500 lebensgroßen männlichen und weibliche Gabenträgern, die auf eine weibliche Gestalt (Königin oder Göttin) zuschritten. Der Korridor verläuft zunächst in südlicher Richtung und knickt dann nach Osten ab. Auf diese Weise erhält man auch Zugang zum Südflügel des Palastes mit einem ausgeklügelten Korridorsystem, das mit dem Südeingang in Verbindung steht, von dem einst ein säulenumstandener getreppter Weg ins Freie führte. In der Nähe liegt das Südgebäude mit einer Art Pfeilerkrypta, wo Kultgegenstände gefunden wurden, so daß es sich möglicherweise um das Wohnhaus eines Priesters handelt.
Folgt man anschließend dem Prozessionskorridor in östlicher Richtung und biegt dann nördlich ab, so erreicht man den Korridorteil mit dem dort gefundenen Fresko des sog. Lilienprinzen (s. Abb. S. 57). Eine als Südpro-

Thronsaal mit Alabasterthron und Freskenkopien

pyläen bezeichnete fresken- und säulengeschmückte Durchgangshalle (u.a. mit Kopien von jugendlichen Opfergefäßträgern) leitet zu einem monumentalen Treppenaufgang, der den Zugang in den ersten Stock ermöglicht, zum sog. Piano Nobile. In dessen Mitte lagen einst Kulträume mit dem auf Fresken abgebildeten Dreisäulenheiligtum, das wohl das Ziel der festlichen Prozessionen war. Vom Nord-Südkorridor des ersten Stocks blickt man auf die westlichen Magazinkammern mit großen Vorratsgefäßen aus Ton. Ein rekonstruierter Raum birgt einige Freskenkopien aus verschiedenen Palastgemächern.
Von dort gelangt man über eine kleine Wendeltreppe in den Vorraum des Thronsaales im Erdgeschoß des Westflügels. Sinnvoll ist jedoch ein kleiner Umweg über den Mittelhof, von wo man die einst mehrstöckigen, terrassenförmg mit Treppen, Säulengängen und Veranden angelegten Flügel des Palastes mit ihren Schaufassaden besser wahrnehmen kann. Dabei bemerkt man als Bauzier an den verschiedenen Fassadenteilen und an den Treppenläufen stilisierte Stierhörner.

Palastanlage, Rundgang (Fortsetzung) Westflügel

Vom Mittelhof aus, wo Kulthandlungen und Hoffeste stattfanden, hat man den besten Blick auf den Westflügel mit dem großen Treppenhaus und der links davon gelegenen dreiteiligen Kultfassade eines Heiligtums, in dem vermutlich geheime Mysterien vollzogen wurden. Dahinter befinden sich Räume mit Säulenbasen und einer Steinbank, die zum Zentralheiligtum mit seinen unterirdischen Schatzgruben überleiten. In den einst nur mit Fakkeln zu beleuchtenden sog. Pfeilerkrypten wurden wahrscheinlich Erd- und Fruchtbarkeitsgottheiten verehrt. Die Doppelaxtzeichen verleihen dieser Raumgruppe Heiligkeit. Rechts vom säulengeschmückten Treppenhaus liegt der Zugang durch einen Vorraum mit Porphyrschale zum Thronsaal mit angrenzendem Kultraum. An der Nordwand des Thronsaales steht der Alabasterthron, den Sitzbänke flankieren und Freskenkopien mit Greifenmotiven hinterfangen. In der Westwand führt eine Treppe zu einem nur künstlich beleuchtbaren Kultraum, und in der Südwand leiten Stufen hinab in die Kultgrotte für eine Muttergottheit.

Grabungsplan

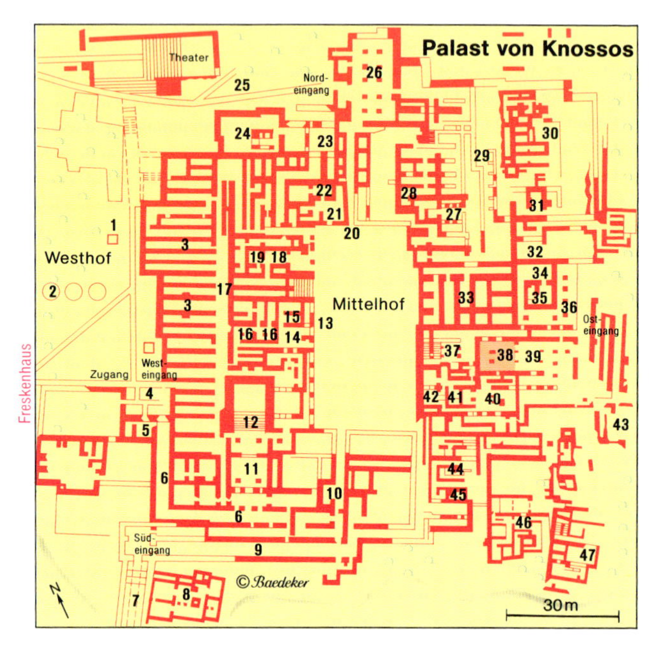

1 Altarsockel
2 Gruben
3 Vorratskammern
4 Westpropyläen
5 Wächterraum
6 Prozessionskorridor
7 Säulentreppe
8 Südgebäude
9 Südkorridor
10 Korridor
11 Südpropyläen
12 Treppe
13 Heiligtum
14 Vorraum
15 Zentralheiligtum
16 Pfeilerkrypta
17 Magazinkorridor
18 Thronsaal
19 Kultraum
20 Nordrampe
21 Gefängnis
22 Kultraum
23 Nordwestpropyläen
24 Kultareal
25 Königliche Straße
26 Zollhaus
27 Nordosthalle
28 Nordostmagazine
29 Töpferwerkstätten (?)
30 Keramikwerkstätten
31 Magazin
32 Lichthof
33 Raum mit Wasserbecken
34 Töpferei
35 Steinmetz-Werkstatt
36 Ostveranda
37 Großes Treppenhaus
38 Halle der Doppeläxte
39 Megaron des Königs
40 Megaron der Königin
41 Baderaum der Königin
42 Boudoir der Königin
43 Ostbastionen
44 Heiligtum der Doppeläxte
45 Kultbassin
46 Haus mit heiliger Tribüne
47 Südostgebäude

Palastanlage, Rundgang (Fortsetzung) Nordflügel

Ein rampenartiger Weg führt vom Mittelhof zum nördlichen Palastflügel mit einer Raumgruppe an der Nordwestecke, die der Archäologe Evans als Gefängniszellen interpretierte. Die dahinter- und darüberliegenden Zimmer dienten offenbar als Kulträume und waren mit schönen Wandmalereien ausgeschmückt, darunter ein Affe im Palastgarten, die Darstellung eines heiligen Hains und einer dreiteiligen Kultfassade in Miniaturformat. Die Nordrampe, die z.T. mit hochgesetzten Säulengängen oder Veranden mit stuckierten Stierrelieffresken flankiert war, stellt auch die Verbindung mit der nördlichen Pfeilerhalle her, die Evans als Zollhaus deutete, da er annahm, daß die vom Hafen in den Palast kommenden Besucher ihre Gaben dort registrieren ließen. Vermutlich handelt es sich aber um eine große Halle für kultische und höfische Feste.
Nahebei befinden sich die Nordwestpropyläen und ein sog. Einweihungsareal, das aus einem Hof mit einem tiefer gelegenem Kultbassin besteht, wo vermutlich rituelle Reinigungen vollzogen wurden. Westlich des Nordeingangs führt die königliche Straße als Prozessionsweg zum sog. Theaterbezirk, der von zwei großen, rechtwinklig aufeinanderstoßenden Freitreppen gebildet wird. Möglicherweise sahen die Einwohner von diesen Schautreppen den Stierspielen zu oder empfingen hohe Gäste und vollzogen kultisch-höfische Zeremonien. Folgt man der königlichen Straße noch weiter westlich, erreicht man das sog. Haus der Fresken, das wohl einem Palastbeamten gehörte, aus dem u.a. das Fresko des blauen Vogels stammt.

Rekonstruktionszeichnung

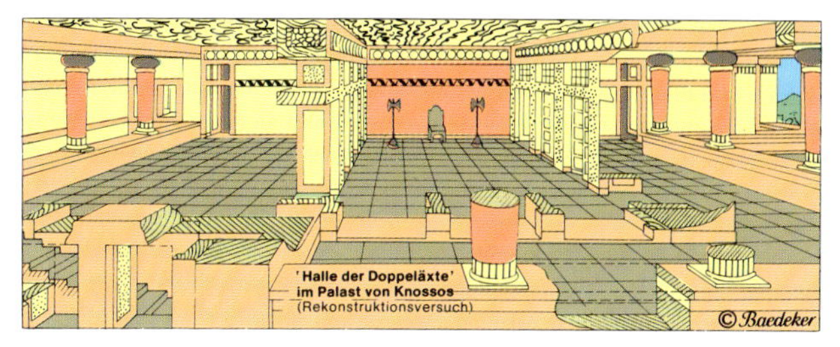
'Halle der Doppeläxte' im Palast von Knossos (Rekonstruktionsversuch)

Ostflügel

Im nordöstlichen Palastareal fällt zunächst eine mehrfach abknickende Schachttreppe auf mit parallel dazu verlaufenden Abflußrinnen und Senkkästen für Regenwasser, das in der Nähe der Ostbastion in zisternenartigen Becken aufgefangen wurde. Ein Teil des weitverzweigten Wasserrohrleitungssystems ist in einem Lichthof zu sehen, und in einem weiteren Raum befindet sich ein steinernes Wasserbecken in Verbindung mit den dort untergebrachten Werkstätten.
Die Nordosthalle beeindruckte einst durch die vier kräftigen Säulen, von denen noch Basen erhalten sind. Die angrenzenden Magazinräume dienten wohl als Lager für Keramikwaren, denn in der Nähe befanden sich die Töpferwerkstätten, die allerdings auch als Stallungen gedeutet werden. Weitere Keramikwerkstätten und Magazine mit imposanten Vorratsgefäßen schlossen sich daran an.
Im Nordosttrakt lag offenbar das Wirtsschaftszentrum des Palastes, denn auch die Räume mit einer weiteren Töpferei sowie die Werkstatt der Steinschneider deuten darauf hin. Architektonisch eingerahmt wurde der Wirtschaftsflügel durch eine offene Säulenveranda, die den Blick auf den Osteingang und das Kératostal freigeben. Manche Forscher vermuten, daß von hier auch den Stierspielen im Tal zugesehen wurde. Die Stützmauern in Hanglage stammen noch vom älteren Palastbau (vor 1700 v.Chr.).
Wendet man sich dem südöstlichen Palastteil zu, so gelangt man über das große eindrucksvolle, drei tiefer gelegene Geschosse verbindende Treppenhaus mit zahlreichen Originalbauteilen zunächst in den Saal der königlichen Wache mit Schildfresken und dann in die Halle der Doppeläxte, wohl

Palastanlage, Rundgang, Ostflügel (Fortsetzung)

ein offizieller Empfangsraum, der bereits zu den königlichen Gemächern gehört und mit eingeritzten Doppelaxtmotiven an der Westwand zum Lichthof verziert war. Zusammen mit dem Megaron des Königs, in dem sich eine Holzthron-Nachbildung befindet, bildet die gestaffelte Raumgruppe ein eindrucksvolles Bild der minoischen Wohnkultur, die sich auch im Megaron, Baderaum und Boudoir der Königin nachvollziehen läßt. Das Herrengemach und das Frauengemach waren mit Fresken geschmückt, darunter Rosetten- und Laufspiralmotive, Delphin- und Tanzdarstellungen. Die Gemächer waren durch Pfeiler und Säulen untergliedert, die Wände von mehreren Türen durchbrochen, so daß insgesamt ein farbenfroher, offener und luftiger Raumeindruck entstand.
Im südöstlichen Teil des Palastes befindet sich noch ein weiteres kleineres Kultbassin und ein kammerartiges Heiligtum der Doppeläxte, benannt nach der hier gefundenen Doppelaxt aus Speckstein als Symbol göttlicher Macht. Südöstlich wird schließlich der Palastbezirk begrenzt vom Südostgebäude und vom Haus mit der heiligen Tribüne. Darin befindet sich ein gepflasterter Raum mit einer von Säulen flankierten und erhöht liegenden tribünenartigen Vorrichtung, die wohl der Aufstellung eines Kultbildes diente.

Umgebung von Knossós

In der Umgebung der Palastanlage von Knossós liegen weitere minoische Ausgrabungen, die jedoch eingezäunt und nur mit Sondergenehmgiung zugänglich sind.

Königliche Villa

Die nordöstlich vom Knossós-Palast gelegene sog. königliche Villa inmitten der noch verschütteten minoischen Stadt ist wohl keine Dépendance des Hauptpalastes gewesen, wie Evans vermutete, sondern ein Privathaus in Hanglange mit einst drei Geschossen (1500–1450 v. Chr). Eine ungewöhnliche Treppenhauskonstruktion erschließt den Zugang zu den einzelnen Stockwerken. Eingangshalle mit Toilette und Badezimmer liegen im Erdgeschoß, das als Haupträume außerdem eine Innere Halle, eine Säulenhalle, einen Lichthof und eine Art Pfeilerkrypta für kultische Zwecke birgt.

Kleiner Palast

An der Straße von Iráklion nach Knossós liegt am Ortsanfang von Knossós eine Gebäudegruppe aus der Zeitspanne von 1600 bis 1500 v. Chr., die aus großzügigen Repräsentationssälen und Kulträumen besteht. Wie im Hauptpalast finden sich auch hier Megaronanlagen, Pfeilerkrypten und Kultbassins. In Erweiterung der einfachen Lichthöfe kommt hier als architektonische Neuerung ein säulenumstandener Hof (Peristyl) vor. Im sogenannten Fetischheiligtum fand man Steinidole, die um 1300 v. Chr. entstanden sind.

Karawanserei

Südöstlich vom Knossós-Palast unweit der Straße nach Archánes liegt ein Gebäude (1600–1500 v. Chr.), das Karawanserei oder auch Gästehaus genannt wird. Die Teilrekonstruktionen zeigen zwei Räume, in denen u. a. ein gemalter Fries mit Rebhühnern (vor Ort als Kopie) gefunden wurden. Zahlreiche Brunnenbecken und ein Brunnnenhaus mit Tonbadewannen versorgten einst die Besucher mit frischem Quellwasser.

Tempelgrab

Südlich von Knossós, ebenfalls an der Straße nach Archánes, liegt die 1931 von Evans ausgegrabene hochherrschaftliche Totenstätte (1600 bis 1500 v. Chr.), die aus einem Tempel genannten Kultbau und der Grabkammer im Fels besteht. Ein eher unscheinbarer Eingang führt in eine von zwei Säulen gestützte Vorhalle und weiter in einen gepflasterten Hof, wo sich vermutlich die Trauergemeinde versammelte mit Blick auf eine monumentale Schauwand, die der Palastarchitektur nachempfunden war.
Im verandaartigen Obergeschoß mit Zugang über eine Schachttreppe im Innern fand die priesterliche Totenfeier statt, und im Untergeschoß gelangte man durch ein Tor in eine innere Halle und weiter durch ein Pfeilerheiligtum zur höhlenartigen Grabkammer, die ausgegipst und bemalt war zur Aufnahme des Sarkophags.

Lassíthi-Hochebene D/E 13/14

Λασίθιου — Neugriechisch

Nomós: Lassíthi
Hauptort: Ágios Nikólaos

Lage

Etwa 50 km südöstlich von Iráklion und 30 bis 40 km westlich von Ágios Nikólaos – beide Strecken sind landschaftlich sehr reizvoll – breitet sich das runde fruchtbare Karstplateau Lassíthi (820 m ü. d. M.) im Díkti-Gebirge aus, mit einer Größe von 8x5 km.

*Landschaftsbild

Die Lassíthi-Hochebene bietet mit den sie umrahmenden Bergen einen sehr schönen Anblick, der noch durch die alten, mit Segeltuch bespannten Windräder ('Tal der Windmühlen') unterstrichen wird. Diese Windräder, die nur zwischen Mitte Juni und Mitte September zur Bewässerung in Betrieb sind, werden allerdings zunehmend durch Motorpumpen ersetzt.

Lassíthi-Hochebene – ein Bilderbuchmotiv

Allgemeines

Die Bewässerung durch die Segelwindräder, die das Wasser in Sammelbecken und dann in die schachbrettartig angelegten Bewässerungsgräben pumpen, bewirkt eine reiche Vegetation. Hauptanbauprodukte sind vor allem Kartoffeln und Äpfel sowie Weizen. – Die Dörfer liegen alle am Rand der Lassíthi, am Fuß des Gebirges.

Geschichte

Die Hochebene, die bereits in neolithischer Zeit besiedelt war, bildete immer wieder ein Rückzugsgebiet der Einheimischen, so in nachminoischer Zeit, als sich die Dorer an den Küsten niederließen, und später vor den venezianischen Eroberern. Diese vertrieben im Jahr 1263 alle Bewohner von der Lassíthi und den umliegenden Bergen und verboten jegliche Neubesiedlung und landwirtschaftliche Nutzung der Hochebene. Erst 200

Geschichte (Fortsetzung)

Jahre danach erlaubten die Venezianer wegen Lebensmittelknappheit wieder die Besiedlung und Bebauung des Gebiets. Auch in der folgenden Zeit war die Lassíthi Zufluchtsstätte für die Landbevölkerung Ostkretas und Operationsbasis der Aufständischen gegen die Türken, die 1867 die Hochebene verwüsteten.

Sehenswertes auf der Lassíthi-Hochebene

Ágios Geórgios (Άγιος Γεώργιος)

In dem Ort Ágios Geórgios am Südrand der Lassíthi kann man das von einem Verein getragene Volkskundemuseum (geöffnet 10.00–16.00 Uhr) besuchen. Es ist in einem Haus untergebracht, das als einziges auf der Lassíthi seine Originalform von 1800 bewahrt hat. Es besitzt aus Sicherheitsgründen keine Fenster. Im Hauptraum sind ein Kamin mit Kochutensilien und der für jeden Haushalt obligatorische Webstuhl zu sehen. Unter dem Bett im Nebenraum ist die Weinpresse versteckt. Die Tongefäße im Vorratsraum erinnern stark an minoische Vorbilder. Im Stall kann man landwirtschaftliche Geräte und in einem weiteren Raum Werkzeuge von verschiedenen Handwerksberufen wie Schmied, Schreiner und Schuster besichtigen. Im Neubau nebenan sind Stickereien und moderne Malerei ausgestellt.

Der Eingang zur Diktéon Ándron, dem Geburtsort von Zeus

*Tropfsteinhöhle Diktéon Ándron (Δικτάιο Αντρο)

Am Südwestrand der Ebene, oberhalb des Dorfes Psichró liegt die vielbesuchte Tropfsteinhöhle Diktéon Ándron, die Diktäische Höhle (geöffnet 10.30–17.00 Uhr). Dorthinauf führt ein steiler Fußweg in etwa 15 Minuten; für den Aufstieg kann man auch Esel mieten. Die Höhle ist nicht elektrifiziert; Führer mit Gaslampen bieten sich an. Es empfiehlt sich, eine Taschenlampe und einen Pullover oder eine Jacke mitzunehmen sowie feste Schuhe zu tragen. Im Innern ist es nämlich recht feucht und kühl.
In der Höhle wurde der Sage nach Zeus geboren, weil seine Mutter Rhea fürchtete, Vater Kronos würde den Sohn wie schon dessen Geschwister

Lassíthi-Hochebene, Tropfsteinhöhle Diktéon Ándron (Fortsetzung)

als Konkurrenten um die Macht verschlingen. Diese Sage macht auch die besondere Anziehungskraft der Höhle aus. Die Höhle diente mindestens seit der mittelminoischen Periode lange Zeit als Kultort.
Von dem gewaltigen Eingang (14x8 m) kommt der Besucher zunächst in die Oberhöhle, in der man ganz rechts einen heiligen Bezirk mit Keramik, Altären und Idolen fand. Die anschließende Unterhöhle ist reich mit beeindruckenden Tropfsteinen ausgestattet. Auf dem Grund breitet sich im Frühjahr und Winter ein kleiner Teich aus, in dem Zeus gebadet worden sein soll. Rechts davon hängt ein Stalaktit, der 'Mantel des Zeus' genannt wird. Links befindet sich ein kleiner Raum, wo in einer Nische der Sage nach Zeus geboren wurde. In der Unterhöhle fanden sich zahlreiche Weihegaben wie Messer, Werkzeuge und Doppeläxte.

Kárfi (Κάρφι)

Der Ausflug zu der nachminoischen Siedlung (1050–990 v. Chr.) auf dem 1100 m hohen Berg Kárfi nördlich der Lassíthi ist weniger von archäologischem Interesse, denn es sind nur noch wenige Überreste vorhanden, als wegen der landschaftlichen Schönheit zu empfehlen.
Das Ausgrabungsgelände ist entweder gut 2 km oberhalb des Dorfes Kerá in etwa 1 Std. Aufstieg oder von Tzermiádon über das Níssimos-Plateau zu erreichen. Auf letzterem Weg kommt man an kleinen Thólosgräbern vorbei. Von der bedeutenden, auf mittelminoischen Resten erbauten Siedlung mit etwa 3500 Einwohnern wurden etwa 100 Räume oder Häuser mit gemeinsamer Fassade, gepflasterte Gassen und Plätze gefunden. Das Bauprinzip ist schon mykenisch. Hervorzuheben sind das sog. Haus des Stadtherrn, das an den Stadtplatz grenzt, und ganz im Norden ein Tempel, dessen nördliche Wand abgestürzt ist und in dem sich eine gemauerte Bank und ein Altar befinden.
Die wichtigsten, auf dem Gelände gemachten Funde sind große weibliche Tonidole (im Archäologischen Museum Iráklion).

Mália (Ort) D 13

Neugriechisch

Μάλια

Nomós: Iráklion
Hauptort: Iráklion

Lage und Allgemeines

Der immer mehr vom Tourismus geprägte Badeort Mália liegt 34 km östlich von Iráklion an der Nordküste in einer intensiv landwirtschaftlich genutzten Gegend (Orangen, Melonen, kretische Bananen). Er bietet kilometerlange hervorragende Sandstrände mit Dünen und viele Wassersportmöglichkeiten. Im kleinen historischen Ortskern ist sogar noch ein wenig kretische Atmosphäre zu spüren. Ruhe sucht der Besucher im Badeort aber vergeblich: Mopeds und Musik vielerorts sorgen für akustische 'Untermalung'. Etwas Abgeschiedenheit findet man nur am alten Hafen im Osten des langen Sandstrandes.

Umgebung von Mália

Limín Chersoníssu (Λιμην Χερσονησου)

Chersónissos (11 km nordwestlich von Mália), eines der großes Fremdenverkehrszentren von Kreta, besteht aus dem alten, zwischen Olivenhainen gelegenen Dorf Chersónissos abseits der Küste mit schönem Dorfplatz und dem Badeort Limín Chersoníssu ('Hafen der Halbinsel') mit Dutzenden von Hotels, Diskotheken, Cafés und Tavernen. Die Sand-Kies-Strände sind für den Touristenandrang schon zu klein.
Überreste von frühchristlichen dreischiffigen Basiliken mit Fußbodenmosaiken findet man im westlichen Ortskern von Limín Chersoníssu auf einer kleinen Halbinsel oberhalb des Bootshafens sowie im Osten auf dem Gelände des Hotels "Nora". Direkt auf der Hafenpromenade steht noch ein

Umgebung, Limín Chersoníssu (Fortsetzung)

römischer Brunnen aus dem 2./3. Jh. mit Mosaiken – Verweis auf die Bedeutung des Ortes in jener Zeit.
Im Freilichtmuseum Lychnostatis (geöffnet tgl. außer Mo. 9.30 bis 14.00 Uhr), bei Limín Chersoníssu am Meer gelegen, kann der Besucher ein typisches kretisches Dorf mit einer Kapelle, Windmühle, Weberei und Färberei sehen. Außerdem werden in einem Garten Kräuter und Blumen gezogen.

Höhle von Mílatos (Μίλατος Σπηλια)

3 km östlich des Ortes Mílatos (13 km östlich von Mália) liegt die weitverzweigte gleichnamige Tropfsteinhöhle; der Weg dorhin ist ausgeschildert. Im Jahr 1823 wurden 2700 Frauen und Kinder sowie 150 Männer, die sich vor den Türken in der Höhle versteckt hatten, wochenlang von diesen belagert. Nachdem sich die Versteckten hatten ergeben müssen, wurden viele von ihnen getötet sowie Frauen und Männer in die Sklaverei verkauft. Zum Gedenken an dieses Ereignis steht in der Höhle eine Kapelle und ein kleines Beinhaus mit den Gebeinen einiger Opfer.

Potamiés (Ποταμιές)

Etwa 200 m vor dem Ort Potamiés, 11 km südöstlich von Mália auf dem Weg zur Lassíthi-Hochebene gelegen, führt links ein Weg zum verlassenen Kloster Guverniótissa, wahrscheinlich um das Jahr 1000 erbaut, von dem vor allem die kleine Kreuzkuppelkirche (Schlüssel im Kafeníon in Potamiés) beeindruckt. Zunächst erreicht man die Kapelle Sotíros Christú, die mit gefühlvollen Fresken aus der ersten Hälfte des 14. Jh.s ausgemalt ist. Die Panagía-Guverniótissa-Kirche weist einen hohen Tambour mit Blendbogengliederung auf. Das Innere schmücken lebendige, jedoch teilweise nur noch schlecht erhaltene Fresken aus der zweiten Hälfte des 14. Jh.s.

Avdú (Αβδού)

In dem 6 km südöstlich von Potamiés gelegenem Ort Avdú sind mehrere byzantinische Kirchen zu sehen. Die bekannteste ist die Einraumkapelle Ágios Antónios, die erreichbar ist über den Weg, der gegenüber dem ersten Kafeníon nach dem Ortseingang, von Potamiés kommend, abzweigt. Sie weist ungewöhnlich ausdrucksvolle Fresken in dominierenden Brauntönen aus dem frühen 14. Jh. auf. Im nördlichen Teil des Tonnengewölbes sind dargestellt: die Kreuzigung, Abendmahl und Fußwaschung; der südliche Teil des Gewölbes zeigt folgende Szenen: Verklärung, Höllenfahrt, Geburt und Taufe Christi.
Wenn man vor dem Ortseingang rechts die Straße einschlägt, kommt man zum gut 1 km entfernten, ebenfalls sehenswerten Ágios-Konstantínos-Kirchlein. Die Einraumkapelle beherbergt leider schlecht erhaltene Fresken der Brüder Manuel und Johannes Fókas aus dem Jahr 1445.
Am Dorfende steht noch die Panagía-Kirche, eine Kreuzkuppelkirche, vermutlich aus dem 16. Jh. mit venezianisch-gotischen Stilelementen.

Mochós (Μοχός)

Das 400 m hoch gelegene große Bergdorf Mochós gilt als 'kretische Alternative' zum 12 km entfernten Mália. Hier kann man auf der schönen Platía unter Maulbeerbäumen und Platanen in den Tavernen die Ruhe genießen.

Krássi (Κράσι)

Auf dem Weg zur Lassíthi-Hochebene kann man unter einer der ältesten und mächtigsten Platanen Kretas in dem Dorf Krássi (7 km östlich von Avdú) rasten. Wenige Schritte davon entfernt ist ein venezianisches Brunnenhaus zu sehen.

Moní Kardiótissa/ Kera (Μονύ Καρδιώτιςςα)

Kurz unterhalb des 560 m hoch gelegenen Ortes Kerá, gut 1 km südlich von Krássi befindet sich das Kloster Kardiótissa (geschlossen 13.00 bis 15.30 Uhr), das auch Kerá genannt wird. Die von Zypressen umgebene kleine Anlage bietet mit seinem stimmungsvollen kleinen Hof und dem blumenreichen Gärtchen einen malerischen Anblick.
Wie andere kretische Klöster auch war es in der Zeit der türkischen Herrschaft Bildungsstätte für die christlich-orthodoxe Bevölkerung.
Die vor der Südfassade aufgestellte eingezäunte Säule ist mit einer Legende verknüpft: Die wundertätige Marienikone an der Ikonostase im Kir-

In Krássi steht eine der ältesten Platanen Kretas ▶

Moní Kardiótissa (Fortsetzung)

cheninnern war geraubt und nach Konstantinopel gebracht worden, wo sie an eine Säule angekettet wurde. Das heilige Bild ist jedoch auf wundersame Weise samt Säule ins Kloster zurückgekehrt.
Die aus Bruchsteinen gebaute Kirche aus dem 14. Jh. umfaßt drei Schiffe, wobei nur das Mittel- und Nordschiff Apsiden aufweisen. Der Narthex ist an der Westfassade mit Blendbögen aus Ziegelmauerwerk verziert.
Das Innere wurde mit schönen Wandmalereien ausgestattet. Folgende Darstellungen sind zu sehen: im Südschiff Szenen zum Jüngsten Gericht sowie Christus zwischen Maria und Johannes dem Täufer, Engel, Christus mit den klugen und törichten Jungfrauen; im Mittelschiff Szenen aus dem Leben Jesu, u.a. Geburt und Höllenfahrt Christi, Pfingsten; im Nordschiff Fragmente von Heiligenbildern; im Tonnengewölbe eine grandiose Himmelfahrt und Szenen aus dem Leben Marias, u.a. Engel verkündigt Joachim die Geburt Marias, Mariä Geburt, Tempelgang Marias; in der Apsis Panagía mit dem Christuskind.

Pigí (Πηγή)

Im Ort Pigí, 27 km südwestlich von Mália, ist die Ágios-Panteléimon-Kirche architektonisch von Interesse. Sie liegt südlich des Dorfes unter hohen Eichen an einer Quelle, die einst ein vielbesuchtes Heiligtum war. Darauf weist auch der Ortsname Pigí ('Quelle') hin.
Das dreischiffige Gotteshaus mit einem Spitztonnengewölbe (12./13. Jh.) ist teilweise aus byzantinischen und römischen Bauelementen errichtet. So finden sich beispielsweise Marmorblöcke mit griechischen Inschriften im Mauerwerk sowie im Innern eine aus vier korinthischen Kapitellen zusammengesetzte 'Säule' und an der Südwand Grabstelen aus römischer Zeit. Die Südfassade ist reich mit Blendbögen verziert, und die drei Apsiden sind mit Bogenfenstern versehen. Der Kirchenraum enthält Fresken des 13. und 14. Jh.s: die Apsis wird beherrscht von Maria mit dem Jesusknaben, flankiert von zwei Engeln, darunter sieht man Christus mit den Jüngern beim Abendmahl und noch weiter darunter Kirchenväter.

Lilianó (Λιλιανό)

In dem 8 km südlich von Pigí gelegenem Ort Lilianó steht die sehenswerte Ágios-Ioánnis-Basilika, die wahrscheinlich aus dem 11./13. Jh. stammt. Die Kirche umfaßt einen Narthex und drei tonnengewölbte Schiffe, die in drei Apsiden enden. Bei ihrem Bau wurden antike Bauteile verwendet, so z.B. Grabplatten an der Außenmauer und Säulen mit korinthischen Kapitellen. Auf der teilweise noch erhaltenen Säule an der Südwand befand sich wahrscheinlich eine über Stufen erreichbare Kanzel. Einen befremdenden Eindruck hinterlassen Reste von Inschriften deutscher Flieger aus dem Zweiten Weltkrieg, die die Kirche als Befehlsstand benutzten.

Sklaverochórion (Σκλαβεροχώρι)

Links vor dem Ort Sklaverochórion, von dem 4 km entfernten Pigí kommend, steht die Einraumkapelle Ossódhia Theotóku aus dem 13./14. Jh. mit hervorragenden Fresken (15. Jh.). Hervorzuheben ist die seltene Darstellung des hl. Franziskus an der Nordwand.

Mália (Palastruinen)

Neugriechisch

Μάλια

Nomós: Iráklion
Hauptort: Iráklion

Lage

34 km westlich von Ágios Nikólaos, bei dem Urlaubszentrum Mália (von dort nach einem einstündigen Strandspazierweg zu erreichen) in einer fruchtbaren, von Windrädern bewässerten Niederung liegen die Reste des mittelminoischen Palastes von Mália, der neben den Palästen von Knossós und Festós die wichtigste Anlage Kretas ist.

◂ *Das malerische Kloster Kardiótissa/Kera*

Hinweis

Die genaue Datierung der frühminoischen (FM I–III), mittelminoischen (MM I–III) und spätminoischen Periode (SM I–III) kann der Tabelle auf S. 35 entnommen werden.

Geschichte

Der Sage nach war König Sarpedon, der Bruder von Minos, Besitzer des Palastes. Siedlungsreste lassen sich bis in die FM II-Periode zurückverfolgen. Der Palast wurde in MM II (1900–1800 v. Chr.) errichtet, in MM III (1800–1700 v. Chr.) erneuert und um 1420 durch die Mykener zerstört. Mália entwickelte sich durch seine Lage am Schnittpunkt des Hauptverkehrsweges zwischen Mittel- und Ostkreta bald zu einer der bedeutendsten Städte der Insel.
Die archäologischen Ausgrabungen wurden von Chatzidákis begonnen und von der französischen Schule fortgesetzt, die sie heute weiterführt. Da der minoische Name des Palastes nicht bekannt ist, nannte man ihn nach dem nahegelegenen Ort Mália.

***Palastruinen**
Öffnungszeiten
8.30–15.00

Zu sehen sind heute überwiegend die Ruinen des neuen Palastes, vom älteren Komplex ist nur noch wenig vorhanden. Die Baukonzeption weist eine archaischere und weniger verfeinerte Art wie Knossós auf.

Rundgang

Man betritt zunächst den Westhof und erreicht über eine gepflasterte Gasse den Nordeingang. Es folgt ein Vorhof, an den hinter einem gewinkelten Portikus im Norden und Osten Magazine und im Westen Werkstätten angrenzen. Ein weiterer Hof schließt sich an. Westlich führt eine Vorhalle in die königlichen Privatgemächer, die u. a. ein Polithyron und südwestlich anschließend ein Bad umfassen.
Südlich dieser Raumfolge fand sich ein Archiv. Vor dem Korridor, der von dem erwähnten Hof zum Mittelhof führt, liegt ein in späterer Zeit schrägwinklig errichteter Raum, der wahrscheinlich als Heiligtum gedient hat. An der Nordseite des Mittelhofes, in dessen Mitte ein Altar steht, befindet sich ein Vorraum mit einem Pfeiler und ein Pfeilersaal, der nach Ansicht der

Palastruinen von Mália: die nach Knossós und Festós wichtigste Anlage

Palastruinen Malia

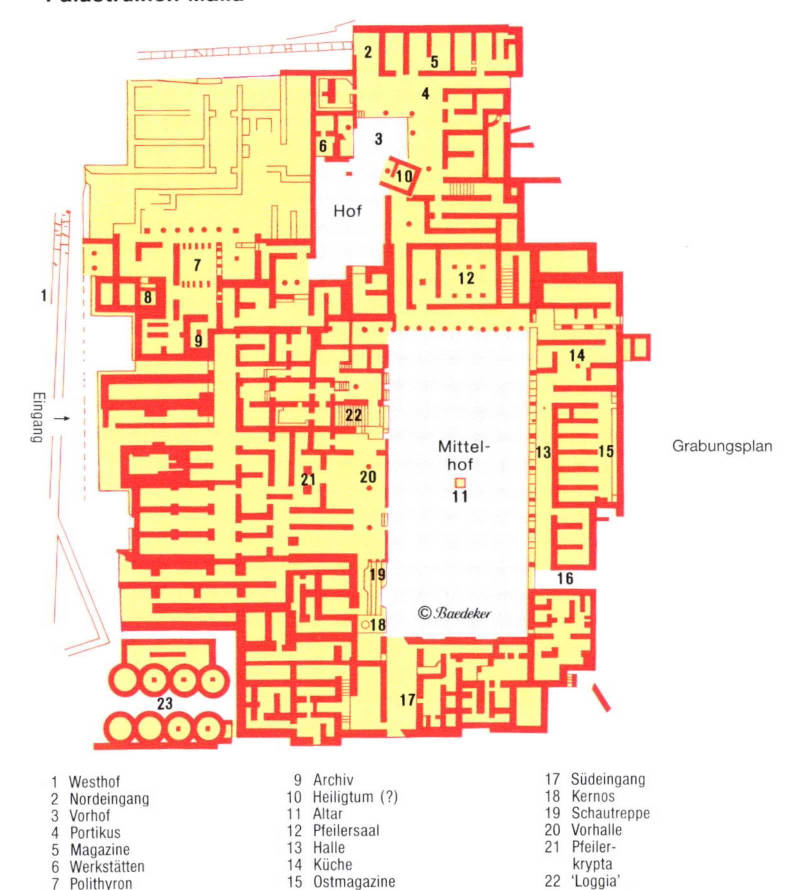

Grabungsplan

1 Westhof
2 Nordeingang
3 Vorhof
4 Portikus
5 Magazine
6 Werkstätten
7 Polithyron
8 Bad
9 Archiv
10 Heiligtum (?)
11 Altar
12 Pfeilersaal
13 Halle
14 Küche
15 Ostmagazine
16 Südosteingang
17 Südeingang
18 Kernos
19 Schautreppe
20 Vorhalle
21 Pfeiler-krypta
22 'Loggia'
23 Rundbauten

Palastruinen, Rundgang (Fortsetzung)

Archäologen als Speisesaal genutzt wurde. Seine Ostseite ist von einer Halle begrenzt, die abwechselnd von Pfeilern und Säulen gegliedert wurde. Dahinter liegen nördlich die Küche und im Osten Magazine, in denen im Fußboden noch Abflußrinnen für ausgelaufene Flüssigkeiten zu erkennen sind. Südlich davon stößt man auf den Südosteingang und an der Südwestecke des Mittelhofes auf den Südeingang des Palastes. In dieser Ecke ist der berühmteste Fund von Mália zu sehen: ein Kernos, ein runder Opfertisch mit Vertiefungen für Früchte als Ernteweihegaben. Daneben findet sich eine Schautreppe. Weiter nördlich kommt man in eine von zwei Säulen getragene Vorhalle mit anschließender sog. Pfeilerkrypta. Die Treppe ins Obergeschoß und die 'Loggia', ein ehemals prunkvoller Raum, schließen sich nördlich an.
An der Nordwestecke der Palastanlage befinden sich acht Rundbauten, die entweder als Zisternen oder Getreidespeicher gedeutet werden.

Mália (Forts.)
Umgebung des Palastes
Haus E

Von der ausgedehnten minoischen Stadt, die den Palast umgab, sind noch die Reste eines größeren Hauses (Haus E), dessen Funktion noch nicht geklärt ist, zu sehen. Dieses liegt nach 100 Metern rechts an der Fahrstraße, die von der Hauptstraße zum Palast führt.

Quartier Delta

Westlich das Palastes befindet sich das Quartier Delta, in dem ein gutes Beispiel minoischer Wohnarchitektur zu finden ist. Über den gepflasterten Eingangsbereich des Hauses kommt man in einen Gang, der nördlich ins Bad und zur Toilette führt und im Hauptraum mit nördlich anschließendem Lichthof endet. Südlich liegen Vorrats- und Wirtschafträume. Eine Treppe führte ins Obergeschoß zu den Wohnräumen.

Hypostylkrypta

Die sog. Hypostylkrypta nordwestlich der Palastanlage ist eine Folge von eingetieften Räumen, die über eine Treppe mit einer Reihe von Magazinen verbunden sind. Wahrscheinlich handelt es sich hier um einen Versammlungsort für profane Zwecke.

Heiligtum

Südwestlich des lokalen Museums fand man Reste eines Heiligtums, wie die hier entdeckten Stierhörner beweisen.

Nekropole Chrysólakkos

Geht man weiter nach Norden, kommt man am Quartier A vorbei zur Nekropole Chrysólakkos ('Goldhöhle'), die Begräbnisstätte der Stadt, die seit FM III benutzt wurde. Die 30x39 m große Anlage, die von einer Mauer mit großen Blöcken umgeben ist, umfaßt einen Kultraum mit einem Altar und viele Bestattungskammern. Zudem besitzt sie an der Ostseite eine Pfeilerhalle. In der Nekropole wurde der berühmte Anhänger in Form von Bienen gefunden (im Archäologischen Museum Iráklion; s. Abb. S. 55).

Paleochóra D 2

Neugriechisch

Παλαιοχώρα

Nomós: Chaniá
Hauptort: Chaniá
Einwohnerzahl: 1400

Lage und Allgemeines

Paleochóra liegt 77 km südwestlich von Chaniá an der Südküste auf einem Kap. 'Die Braut des Libyschen Meeres', wie die Einwohner ihren früher sehr isoliert gelegenen Küstenort nannten, ist inzwischen ein gut besuchter Badeort mit langen Kies- und Sandstränden, darunter der frequentierte Páchia-Strand in der Westbucht.
Das ganze Dorfzentrum ist voll mit Tavernen; es gibt nur kleine Pensionen und Apartmenthäuser. Die Ursprünglichkeit des Ortes geht im Sommer verloren, wenn die Zahl der Individualtouristen die der Einheimischen weit übersteigt.
Im Jahr 1282 erbauten die Venezianer hier das Kastell Selínu, von wo man auf die Insel Gávdos blicken kann.

Umgebung von Paleochóra

Anídri (Ανύδροι)

Zu dem 180 m hoch gelegenen Bergdorf Anídri über der Südküste, 5 km nordöstlich von Paleochóra, kann man eine sehr schöne Wanderung unternehmen. Hier ist die in der Dorfmitte stehende Ágios-Geórgios-Kirche (im Kafeníon nach dem Schlüssel fragen) sehenswert. Sie war eine Einraumkapelle, die mit der im 20. Jh. südlich angebauten Kapelle durch deren Verlängerung nach Westen und den Durchbruch ihrer Südwand verbunden wurde. Die Wandmalereien im Kircheninnern von Ioánnis Pagoménos aus dem Jahr 1323 sind zum Teil noch gut erhalten. Hervorzuheben sind die Darstellungen des Kirchenpatrons, des hl. Georgs.

Umgebung, Anídri (Fortsetzung)

Zwei Kilometer unterhalb des Dorfes liegen drei kleine, nur zu Fuß oder per Boot zu erreichende Strandbuchten, die Anídri Beach.

Prodrómi (Προδρόμι)

Sehr malerisch wirkt die oberhalb von Prodrómi (5 km nordöstlich von Anídri) gelegene Kirche Panagíatis Skafidianís, die eine Apsis mit Ziegeldekoration aufweist. Sie besitzt zudem sehenswerte Fresken aus dem Jahr 1347. Sehr schön ist die Darstellung der Pferde der Hll. Georg und Dimítrios an der Südwand.

Kándanos (Κάντανος)

18 km nördlich von Paleochóra liegt das große Dorf Kándanos, das 1941 von der Wehrmacht als Vergeltungsaktion für den Überfall auf einen deutschen Fallschirmjägerzug zerstört wurde. Eine nationalsozialistische und eine griechische Gedenktafel erinnern an die Opfer beider Seiten. Fast alle Gebäude des Ortes wurden nach dem Krieg neu errichtet.

Teménia: Sotíros-Kirche

Anisaráki (Ανισαράκι)

In dem Ort Anisaráki, 2 km westlich von Kándanos, sind vier einfache byzantinische Einraumkapellen sehenswert. Die Agía-Anna-Kirche besitzt Fresken aus dem Jahr 1462 und eine für Kreta seltene steinerne Ikonostase. Auf dem Friedhof steht die Paraskeví-Kirche mit z.T. stark verblichenen Fresken aus der ersten Hälfte des 14. Jh.s. Ziegeldekor schmückt die Apsis-Außenwand der Kirche Ágios Geórgios, die im Innern Fresken aus der Zeit um 1400 birgt. Die Panagía-Kirche schließlich ist vollständig mit Fresken ausgemalt, die teilweise sehr schlecht erhalten sind.

Teménia (Τεμένια)

In Teménia, 11 km südlich von Kándanos, ist die in ihrer Architektur einzigartige Sotíros-Kirche aus dem 13./14. Jh. sehenswert, die 1 km südlich des Ortes auf einem Hügel rechts der Straße liegt. Das Gebäude besteht aus der älteren östlichen Einraumkapelle mit einfachem Tonnengewölbe und einer Apsis sowie einer jüngeren westlichen kleinen Kreuzkuppelkirche, die jedoch architektonisch interessanter ist. Deren Kuppel ist mit kaum drei Metern recht niedrig, und die Querarme sind durch schmale

Umgebung, Teménia (Fortsetzung)

Nischen erweitert. Bei den Fresken ist die Pfingstdarstellung von besonderer künstlerischer Qualität; ikonographisch herausragend sind die seltenen Pilatusszenen.

Moní (Μονή)

In Moní, 8 km östlich von Teménia, ist die landschaftlich reizvoll gelegene Ágios-Nikólaos-Kirche von Interesse. Man erreicht man sie, indem man von Norden kommend am Dorfrand bei einem Brunnen – in dem Haus hier ist der Kirchenschlüssel zu haben – links einen Pfad hinuntergeht. Der einschiffige Bau weist dicke Mauern mit großen Pfeilern und einen später angebauten Kreuztonnen-Westnarthex (2. Hälfte 14. Jh.?) auf. Der ungewöhnliche freistehende Glockenturm mit Wendeltreppe verleiht ihm einen einzigartigen Anblick.
Ioánnis Pagoménos hat die Fresken, die heute teilweise zerstört sind, im Jahr 1315 gemalt. Unter den Malereien ragt das überlebensgroße Porträt des Kirchenpatrons hervor.

Súgia (Σούγια)

Der 6 km südlich von Moní gelegene Ort Súgia an der Südküste besitzt zwei gute, im Sommer recht belebte Kieselsteinstrände, die an einigen Stellen von Höhlen gesäumt sind, die herrlich schattige Liegeplätze bieten. Die Dorfkirche ist an der Stelle einer frühchristlichen Basilika errichtet, von der sich ein sehenswerter Mosaikfußboden aus dem 6. Jh. erhalten hat. Dessen Dekor besteht vorwiegend aus geometrischen Mustern, aber auch aus figürlichen Darstellungen wie Vögeln und dem Christussymbol des Fisches.

Lissós (Λισσός)

Von Súgia, das auf der Straße und per Boot von Paleochóra zu erreichen ist, führt ein Pfad in etwa 1 1/2 Std. über die westliche Höhe in die Nachbarbucht Ágios Kirikós. Zu dieser kommt man von Súgia zwar auch mit dem Boot, die kleine Wanderung dorthin ist aber wegen des landschaftlichen Reizes zu empfehlen. Die Bucht ist die Stelle des antiken Lissós, das besonders in römischer Zeit für seine Heilquellen berühmt war.
In Lissós sind vor allem noch die Überreste vom Tempel des Asklepios-Heiligtums aus hellenistischer Zeit zu sehen. Von dem Tempel sind Cellamauern, ein Mosaikfußboden, eine Basis für Kultstandbilder und daneben ein Opferkasten erhalten. Unter dem Fußboden läuft das Wasser von der heiligen Quelle zu einem Brunnen in der Nordwestecke des Tempelinnern. Weiterhin sind im Norden des Geländes spätrömische Häuser und am Westhang Grabstätten aus hellenistischer und römischer Zeit zu finden.
In der Nähe des Ufers stehen eine Ágios-Kirikós-Kapelle und westlich des Tempels eine Panagía-Kapelle; beide wurden über den Resten frühchristlicher Basiliken erbaut.

Sklavopúla (Σκλαβοπούλα)

Die Fresken der Ágios-Geórgios-Kirche in dem 20 km nördlich von Paleochóra gelegenen Ort Sklavopúla gehören mit der Entstehungszeit um 1300 zu den ältesten Kretas; sie sind allerdings nur teilweise erhalten. Unter den Malereien sind die Darstellungen der Hll. Geórgios und Theodoros sowie des Erzengels Michael hervorzuheben.
In einem Olivenhain finden sich zwei weitere Kapellen: die Panagía-Kapelle und die Sotíros-Christú-Kapelle, die beide schlecht erhaltene Fresken des 15. Jh.s bergen.

Phästos, Phaistos

→ Festós

Psiloritis

→ Ida-Gebirge

Réthimnon

C 7

Neugriechisch

Ρέθυμνον

Hauptort des Nomós Réthimnon
Einwohnerzahl: 20000

Lage und Allgemeines

Réthimnon liegt auf einer kleinen Halbinsel an der Nordküste. Sie ist die drittgrößte Stadt Kretas und Verwaltungssitz des gleichnamigen Nomós. Von der venezianischen wie auch von der türkischen Herrschaft geprägt, weist es eine reizvolle Kulturmischung auf. Auf geistigem und kulturellem Gebiet hat Réthimnon einiges zu bieten. So ist die Philosophische Fakultät der Universität von Kreta hier beheimatet, und es gibt ein Theater und eine Philharmonische Gesellschaft. Im Sommer finden in der Stadt Gastspiele griechischer und ausländischer Musik- und Theatergruppen statt.
Der Dichter Pantélis Prevelákis (⟶ Berühmte Persönlichkeiten) hat seine Heimatstadt Réthimnon in dem Buch "Chronik einer Stadt" beschrieben.
An der äußeren Hafenmole beginnt der 12 km lange Sandstrand, der von vielen Hotels, Pensionen und Appartmenthäusern gesäumt wird. Auf der Landseite dehnt sich jenseits der ehemaligen Stadtmauer, deren Verlauf heute weitgehend von einer Hauptverkehrsstraße markiert wird, die weitläufige Neustadt aus.

Geschichte

Von der Stadtgeschichte ist wenig bekannt. Besiedelt war die Halbinsel von Réthimnon vielleicht erst seit spätminoischer Zeit. In der Antike erlebte die Stadt unter dem Namen Rhythymna ihre Blützeit mit der Prägung von eigenen Münzen. Für die Venezianer war sie die wichtigste Stadt nach Iráklion und Chaniá. Im Jahr 1303 erlitt Réthimnon durch ein Erdbeben große Zerstörungen. Nach der Eroberung von Konstantinopel und des Peloponnes durch die Türken siedelten sich 1460 Flüchtlinge von dort in der Stadt

Der reizende venezianische Arimóndi-Brunnen im Stadtzentrum

Geschichte (Fortsetzung)

an. Einige Überfälle von Piraten im 16. Jh. veranlaßten die Venezianer zum Bau einer Stadtmauer und der Fortezza. Schon 1646 eroberten die Türken Réthimnon und machten es zu ihrem Verwaltungszentrum.

Sehenswertes in Réthimnon

⁘Altstadt

Die malerische Altstadt mit ihren reizenden kleinen Gassen, den zahlreichen Überresten aus venezianischer Zeit, den türkischen Häusern mit überdachten Holzgitterbalkonen und den Moscheen und Minaretts ist äußerst stimmungsvoll.

Megáli Porta

Am Beginn der Antitaséos-Straße, in der ein buntes Geschäftstreiben herrscht, hat sich noch eines der alten venezianischen Stadttore erhalten, die Megáli Porta (16. Jh.).

San Francesco

Die einschiffige ehemalige Klosterkirche San Francesco (geöffnet tgl. 9.00 bis 15.00 Uhr) aus dem 16./17. Jh., in einer von der Antitaséos-Straße abgehenden kurzen Sackgasse gelegen, ist heute ein wichtiges Veranstaltungs- und Ausstellungsgebäude. An ihrer Nordseite besitzt sie ein schönes Renaissance-Portal mit korinthischen Pilastern und Halbsäulen.

Ein weiteres venezianisches Portal, an dem auf beiden Seiten die Reliefs von Markuslöwen zu sehen sind, führt neben der Kirche auf den großen Hof einer Schule. In türkischer Zeit setzte man ihm ein kleineres Tor ein, das mit Halbmonden geschmückt ist.

San Francesco (Fortsetzung)

Markant im Stadtbild ist die Moschee tis Nerandses (Odos Vernardo) mit ihren drei Kuppeln und ihrem Minarett, das allerdings zur Zeit wegen Einsturzgefahr geschlossen ist. Heute ist hier eine Musikschule mit Konzertsaal untergebracht.

Moschee tis Nerandses

Ebenfalls in der Odos Vernardo finden sich mehrere venezianische Häuser mit türkischen Holzaufbauten, z. B. Nr. 16, 30 und 36.

Venezianische Häuser

Im Zentrum des Tavernenviertels steht der sehr schöne venezianische Arimóndi-Brunnen (Platía Títu Peticháki) aus dem Jahr 1623, der drei wasserspeiende Löwenköpfe zwischen schlanken, mit korinthischen Kapitellen geschmückte Halbsäulen aufweist. Auf einem Architrav ist eine fragmentarische Inschrift zu erkennen. In türkischer Zeit erhielt der Brunnen ein Vordach mit einer Kuppel, von dem man noch Reste sehen kann.

*Arimóndi-Brunnen (s. Abb. S. 189)

Die venezianische quadratische Loggia (Odos Arkadiu) mit drei Bogenstellungen aus dem 17. Jh. war Treffpunkt des venezianischen Adels.

Venezianische Loggia

An der Ostseite der Altstadt liegt der romantische venezianische Hafen mit Mole und Leuchtturm. Dieser über Jahrhunderte unverändert gebliebene Hafen hatte immer wieder das Problem von Sandablagerungen. Heute ankern hier Yachten und Fischerboote. Im Hafen, der von vielen Cafés, Tavernen und Fischrestaurants gesäumt wird, herrscht vor allem abends reges Leben.

*Venezianischer Hafen (s. Abb. auf der Titelseite)

Im Zentrum für zeitgenössische Kunst und in der C.–Kanakakis-Galerie (Odos Messlongion; geöffnet tgl. 10.00 – 13.00 und 18.00 – 22.00 Uhr) finden Wechselausstellungen statt.

Zentrum für zeitgenössische Kunst

*Archäologisches Museum

Das 1990 im ehemaligen venezianischen Gefängnis neu eingerichtete Archäologische Museum bietet eine für Kreta in museumspädagogischer Hinsicht einmalige Ausstellung mit hervorragend präsentierten Exponaten.

Öffnungszeiten
Tgl. außer Mo. 8.30 – 15.00

Die genaue Datierung der frühminoischen (FM I – III), mittelminoischen (MM I – III) und spätminoischen (SM I – III) Periode ist der Tabelle auf S. 35 zu entnehmen.
Die Vitrinen im Museum sind nicht numeriert; der Rundgang erfolgt im Uhrzeigersinn.

Hinweise

Neolithische Funde (5700 – 2800 v. Chr.) aus verschiedenen Höhlen: Keramik, Steinwerkzeuge, Fruchtbarkeitsidole.

Vitrinen 1 und 2

MM II-Keramik aus Monastiráki und Apodhúlu: Tonmodell eines Heiligtums.

Vitrinen 3 und 4

Heiligtum von Vrýsini aus MM II: Terrakotten, Bronzen, Fruchtbarkeitsidole. In der Raumecke ist eine Serpentinstein-Öllampe von dem Landsitz Mixórruma bei Spilí aufgestellt.

Vitrine 5

Funde aus Gräbern von verschiedenen Orten: Steinvasen, Keramik (MM III bis SM III).

Vitrinen 6 und 7

SM III-Grabfunde aus Arméni und Apostóloi: bronzene Doppeläxte und Werkzeuge sowie Messer.

Vitrinen 8 und 9

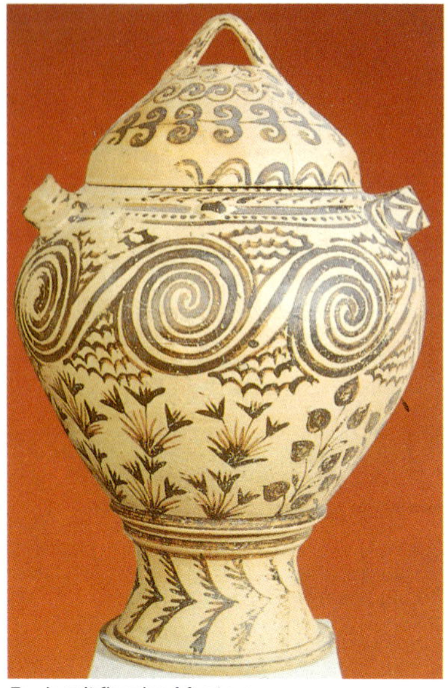

Pyxis mit floralen Mustern

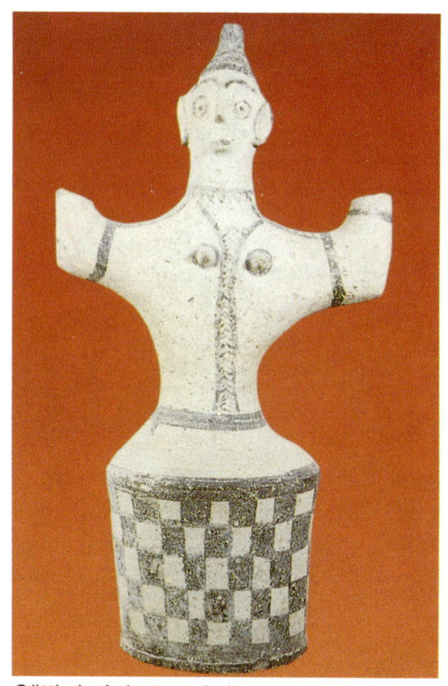

Göttin in Anbetungshaltung

Vitrinen 8 und 9 (Fortsetzung)

In der Raumecke stehen Grabstelen aus Arméni (SM III).

Vitrine 10

Bedeutende Exponate von Arméni und Pegalochorió (SM III): Schmuck und Siegelsteine; einzigartig ist ein Korb aus organischem Material mit Bronzeklammern.

Vitrine 11

SM-III-Funde von Heiligtümern und Nekropolen: Göttinnen mit erhobenen Händen.

Vitrinen 12 und 13

Spät- und subminoische Keramik von verschiedenen Orten.

Vitrine 14

Geometrische Funde aus der Nekropole von Elefthérna: Keramik, Terrakottaidole und Stierköpfe von Opfergefäßen.

Vor den Vitrinen stehen Sarkophage aus der mykenischen Nekropole von Arméni, die zu den herausragenden Ausstellungsstücken des Museums gehören. Besonders interessante Verzierungen sind die Jagdszenen und Kulthornmotive.

Die marmorne Dionysosskulptur (um 300 n. Chr.) mit einem Satyr stammt ebenfalls aus Eleftérna.

Vitrinen 15–18

Funde aus der römischen Nekropole von Stavroménos: Öllampen, z. B. mit Liebesdarstellung (15); Kosmetikutensilien und Vasen (16); Marmorgefäße und Schmuck (17); Glasgefäße (18).

Vitrine 19

Stücke aus einen Schiffswrack, entdeckt bei Agía Galíni: römische Bronzeskulpturen.

Vitrine 20

Römische Marmor- und Alabasterköpfe von griechischen Göttern sowie Öllampen aus Argirúpoli.

Archäologisches Museum (Forts.) Vitrinen 21 und 22

Münzen aus verschiedenen Epochen: bemerkenswert eine Goldmünze aus Knossós mit der Darstellung eines Labyrinths (s. Abb. S. 25).

An der Schmalseite der Wand findet sich eine Marmorstatue der Göttin Artemis (2. Jh. v. Chr.). Gegenüber bei dem Pfeiler stehen von rechts nach links: römischer Dionysos ohne Kopf (Fundort: Réthimnon); Athlet mit Hund aus Stavroménos (um 460 v. Chr.); Kind mit Ente und Frucht (um das 3. Jh. v. Chr.).

Vitrinen 23 und 24

Terrakotten, ausdrucksvolle weibliche Tonfiguren und Köpfe der dädalischen und archaischen Epoche von verschiedenen Orten.
An der Wand sieht man Inschriften und rechts eine Grabstele aus Eleftérna (6. Jh. v. Chr.).

Vitrine 25

Hellenistische Terrakotten und Vasen von verschiedenen Orten.

Vor dieser Vitrine steht ein Marmorbecken mit Inschrift aus dem 3. Jh. n. Chr., gefunden in Réthimnon.
Zudem sind in diesem Teil des Museums zahlreiche Marmorstatuen aus der Zeit vom 1. Jh. v. Chr. bis 4. Jh. n. Chr. zu sehen: einige Frauenstatuen mit auswechselbarem Kopf; Faustina d. Ä. aus Lappa; Aphrodite aus Lappa, deren Fuß auf dem Rücken einer Ente steht und die eine aufwendige Frisur trägt; zwei römische Kinderköpfe; eine Dionysos-Figur aus Pigí.

Weitere Sehenswürdigkeiten in Réthimnon

*Fortezza

Eine der Hauptsehenswürdigkeiten der Stadt ist die Fortezza (geöffnet Di. – So. 8.00 – 18.30 Uhr) auf einem Hügel, von wo man eine schönen Rundblick hat. Sie wurde von den Venezianern von 1573 bis 1580 errichtet. Ihre Außenmauern sind am besten erhalten, während die Bauten im Innern

Die Moschee auf der Fortezza mit mächtiger Kuppel

Fortezza (Fortsetzung)

größtenteils zerstört sind, zum einen durch Erdbeben und zum anderen durch Bombenangriffe im Zweiten Weltkrieg. Nach der Eroberung der Stadt durch die Türken wandelten diese die im Zentrum der Festung gelegene Nikolauskirche in eine Moschee um (nach 1646) und versahen sie mit einer gewaltigen Kuppel. Die Moschee mit schöner Gebetsnische (Mihrab) ist neben den Resten einer Kapelle und zahlreichen Zisternen heute noch zu sehen.
Im Sommer finden auf der Fortezza kulturelle Veranstaltungen unter freiem Himmel statt.

Moschee Kara Mussa Pascha

Die kleine Kara-Mussa-Pascha-Moschee (Odos Arkadiu) weist Reste früherer Bemalung in der Gebetsnische und alte türkische Grabsteine auf.

Moschee Velí Pascha

Die von mehreren Kuppeln gekrönte Velí-Pascha-Moschee aus dem 17. Jh. weist ein mit Rankenmotiven verziertes Portal auf.

Stadtpark

Im Stadtpark, der grünen Oase an der Grenze zwischen Alt- und Neustadt, leben in kleinen Freigehegen u. a. einige kretische Wildziegen. In der zweiten Julihälfte findet hier Kretas größtes Wein-Festival statt.

Umgebung von Réthimnon

Pánormos (Πάνορμος)

In griechischer Zeit war Pánormos (22 km östlich von Réthimnon) der Hafen der antiken Stadt Eleuthérna, von dem an der Küste noch geringe Reste zu sehen sind. Oberhalb des Ortes finden sich die Grundmauern der frühbyzantinischen Basilika Agía Sofía aus dem 5. Jh., die bereits im 7. Jh. zerstört wurde. Die dreischiffige Kirche weist eine Mittelapsis und einen Narthex auf.
Im Westen schließt sich ein ummauerter Hof mit quadratischer Zisterne in der Mitte an. Vorhanden sind zudem noch einige Säulenreste und Kapitelle.

Melidóni-Höhle (Σπηλον Μελιδόνοι)

Die von der Küstenschnellstraße gut ausgeschilderte Melidóni-Höhle, 11 km südlich von Pánormos bei dem gleichnamigen Ort Melidóni gelegen, steht wie das Kloster Arkádi im Zusammenhang mit dem griechischen Widerstand gegen die Türkenherrschaft.
In der Tropfsteinhöhle hatten sich 1824 etwa 340 griechische Frauen und Kinder sowie 30 kretische Widerstandskämpfer vor den Türken versteckt. Sie wurden entdeckt und auf grausame Weise getötet oder bei lebendigem Leib verbrannt.
Ein Altar und ein Gedenkstein in der frei zugänglichen Höhle, die aus mehreren Räumen besteht, erinnern an dieses Ereignis. In klassischer Zeit wurde hier Hermes verehrt.

Báli (Μπάλι)

Das ehemalige Fischerdorf Báli (31 km östlich von Réthimnon; s. Abb. S. 220) in einer sehr schönen Bucht hat sich durch mehrere große Hotel- und Bungalowanlagen stark gewandelt. Nur am winzigen Hafen hat sich noch etwas Ursprünglichkeit erhalten.
Man badet am besten an einem kleinen Sandstrand in einer nördlich des Dorfes gelegenen Felsbucht.

Episkopí (Επισκοπι)

Episkopí, 47 km östlich von Réthimnon, kann mit einer eindrucksvollen Ruine einer Kreuzkuppelkirche, die im 13. Jh. gegründet wurde, aufwarten. Sie ist zwar Ágios Ioánnis geweiht, wird aber 'Frankoklissá' genannt, was 'Frankenkirche', aber auch katholische Kirche bedeutet. Das auf den Resten eines älteres Baus stehende Gotteshaus wurde mehrfach umgebaut, so im Jahr 1568, wie die Jahreszahl über der Nordtür angibt.
Von den ursprünglich fünf Kuppeln sind noch zwei erhalten. Der Narthex im Westen ist kaum noch zu erkennen. Ungewöhnlich ist die zweigeschossige Mittelapsis ausgebildet: unten vierseitig und oben dreiseitig mit Blendbögen und einem schönen dreibogigen Fenster.

Episkopí (Fortsetzung)

Von der Innenaussstattung sind noch Freskenreste (Gottesmutter mit Engeln, Pfingsten), an der Südwand ein Grab und in der Mittelapsis eine Priesterbank zu sehen.

Marulás (Μαρουλάς)

In dem küstennahen Dorf Marulás, 10 km südöstlich von Réthimnon im Vorland des Ida-Gebirges gelegen, hat sich noch viel venezianische und türkische Bausubstanz erhalten. Es wird mit Hilfe der EU in ein großes Feriendorf verwandelt. Die Eigentümer der vom Verfall bedrohten Häuser bekommen für die Sanierung und Restaurierung im historischen Stil finanzielle Unterstützung und müssen dafür ihre Häuser fünf Jahre lang vom Staat an Urlauber vermieten lassen.

Olivenhain bei Pigí

Etwa 10 km östlich von Réthimnon, bei Pigí, breitet sich der ausgedehnteste Olivenhain im Mittelmeerraum mit 1,5 Mio. Ölbäumen aus.

*Moní Arkádi (Μονή Αρκάδιου)

Lage

23 km südöstlich von Réthimnon liegt eindrucksvoll auf einem 500 m hohen Plateau das festungsartige Klosters Arkádi, das Nationalheiligtum der Kreter und eine der großen Sehenswürdigkeiten der Insel.

Geschichte

Das Kloster wurde wahrscheinlich schon im 10./11. Jh. gegründet, die heutigen Gebäude stammen aus dem 17. Jh. und mußten nach der Katastrophe von 1866 restauriert werden.
Es spielte eine herausragende Rolle im 18. und 19. Jh. als Zentrum von Aufständen gegen die türkische Herrschaft. Ein einschneidendes Datum für die Geschichte dieses Befreiungskampfes war der 8. November 1866, als sich hier etwa 1000 Patrioten, davon 300 bewaffnete Kämpfer, unter Führung des Abtes Gavriel vor den 15 000 Türken verschanzten. Nachdem deren Befehlshaber die Kreter vergeblich aufgefordert hatte, sich zu erge-

Grundriß

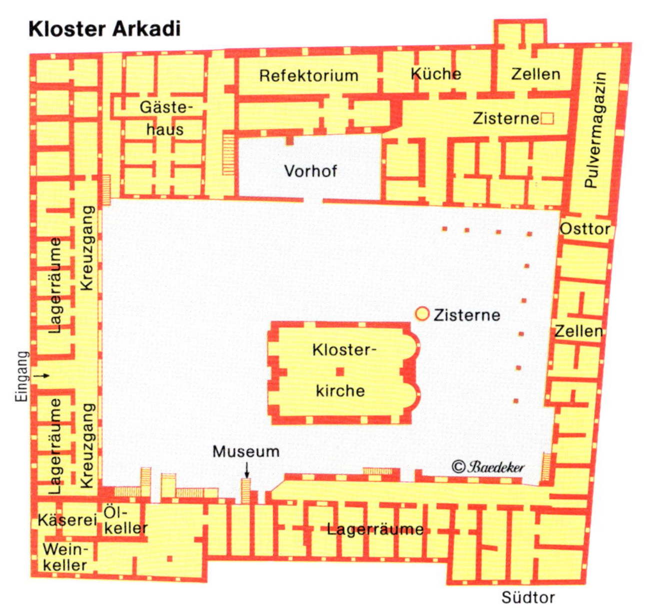

Moní Arkádi, Geschichte (Fortsetzung)

ben, drangen die Türken tags darauf nach der Sprengung des Tores mit einer Kanone ins Innere. Hier kam es zu einem schrecklichen Gemetzel. Als keine Hoffnung mehr auf Rettung bestand, sprengten der Abt und Konstantínos Giabudákis das Pulvermagazin, wohin sich die meisten Menschen zurückgezogen hatten, in die Luft. Nur 114 Menschen überlebten die Sprengung. Seither ist der 8. November der Nationalfeiertag der Kreter.

Klosteranlage

Die rechteckige Klosteranlage besitzt Zugänge an allen vier Seiten. Die Wohn- und Wirtschaftstrakte umschließen einen Innenhof, in dessen Mitte die Klosterkirche (1587) steht. Deren prachtvolle venezianische Fassade ist eine reizvolle Mischung aus Renaissance- und Barockelementen. Die beiden seitlichen Portale führen ins Kircheninnere, dazwischen befindet sich ein Scheinportal. Kannelierte Doppelsäulen mit korinthischen Kapitellen, kräftige Gesimse und geschweifte Giebelaufsätze sowie spitze Ecktürmchen gliedern die Fassade. Zudem fällt der offene, zweibogige Glokkenstuhl mit volutengeschmücktem Aufsatz ins Auge. Das Innere der Kirche stammt weitgehend vom Anfang unseres Jahrhunderts; die aus Olivenholz geschnitzte Ikonostase wurde 1927 angefertigt.
Im Westtrakt, durch den man die Anlage betritt, sind Lagerräume untergebracht und im Nordteil das Gästehaus, das Refektorium, die Küche und schließlich in der Nordostecke das mit der Klostergeschichte besonders eng verbundene Pulvermagazin, das nicht wieder aufgebaut wurde. Die Mönchszellen befinden sich im Osttrakt und weitere Lagerräume im Südteil. Hier ist auch ein kleines Museum eingerichtet, in dem man anhand einer Reliefdarstellung die Kämpfe von 1866 nachvollziehen kann. Zudem bewahrt es Ikonen, liturgisches Gerät und Gewänder sowie Porträts der Freiheitskämpfer und das Banner der Aufstandes von 1866 auf.
Außerhalb des Haupteingangs liegen die ehemaligen Ställe des Klosters und dahinter ein Beinhaus mit den Gebeinen der Opfer von 1866.

Weitere Sehenswürdigkeiten in der Umgebung von Réthimnon

Eléfterna (Ελέυθερνα)

Bei dem Dorf Eléfterna, 5 km nordöstlich vom Kloster Arkádi, liegt das antike Eleuthérna, das vor allem in dorischer Zeit von Bedeutung war. Von den Überresten der auf einer Felskuppe gelegenen Stadt ist die Ruine eines mächtigen Turmes aus römisch-frühbyzantinischer Zeit beeindrukkend. Auf den Terrassen dahinter finden sich noch Hausfundamente, und an der Westseite des Bergrückens sind noch zwei große Zisternen mit wuchtigen Pfeilern erhalten. – Gut 1 km nördlich ist eine malerische hellenistische Brücke zu sehen.

Margarítes (Μαργαρίτες)

Margarítes, das bekannteste Töpferdorf Krets, liegt 6 km nordöstlich von Eléfterna ganz im Grünen auf einem Hügel. Hier haben sich überwiegend junge Kunsthandwerker und Keramik-Künstler niedergelassen. Auch heute noch werden wie zu minoischer Zeit die großen Pithoi hergestellt.
Ein Besuch des Ortes lohnt sich auch wegen einiger byzantinischer Kirchen. So besitzt z.B. die Ágios-Ioánnis-Kirche gute Fresken von 1383.

Prasiés (Πρασσιέσ)

Das ursprüngliche Bergdorf Prasiés, 11 km südlich von Réthimnon, ist ein schönes Ausflugsziel. Man bummelt durch das Dorf und läßt es sich dann bei einfacher Hausmannskost in der Taverne "Prasiés" schmecken.

Méronas (Μέρωνας)

In Méronas, 24 km südöstlich von Prasiés, ist die dreischiffige Panagía-Kirche sehenswert. Das Äußere besticht durch harmonischen Architekturschmuck: Blendbögen und Pilaster an den Apsiden. Im Innern sind zahlreiche, teilweise noch nicht freigelegte Fresken von ausgezeichneter künstlerischer Qualität vorhanden. Die schlecht erhaltene Panagía-Ikone vom Ende des 14. Jh.s ist das zweitälteste Tafelbild Kretas.

◀ *Kloster Arkádi: Nationalheiligtum der Kreter*

Umgebung (Fortsetzung) Thrónos (Θρόνος)

Ganz in der Nähe von Méronas liegt Thrónos (22 km südöstlich von Prasiés), dessen Panagía-Kirche in der Dorfmitte von Interesse ist. Sie birgt Fresken aus dem 14. und 15. Jh., von denen die im Altarraum etwas älter und die im Kirchenraum jünger sind. Der Mosaikfußboden im Innern, von dem außerhalb des Gotteshauses auch noch Teile zu finden sind, stammt von einer frühchristlichen Basilika.
Thrónos nimmt die Stelle der antiken Stadt Sybrita ein, die wohl in dorischer Zeit gegründet wurde. Einige Ruinen dieser Stadt findet man oberhalb des Dorfes.

Moní Assómaton (Μονή Ασώματον)

Das 43 km südöstlich von Réthimnon gelegene Kloster Assómaton aus dem 17. Jh., das in eine landwirtschaftliche Schule umgewandelt wurde, zeigt venezianische Einflüsse. Die kleine Kirche beherbergt eine prächtige Ikonostase.

Lambiótes (Λαμπιότεσ)

Bei Lambiótes, 5 km südlich des Klosters Assómaton, ist eine der Panagía geweihte Einraumkapelle mit Fresken aus der zweiten Hälfte des 14. Jh.s sehenswert.

Vizári (Βιζάρι)

Eine der wichtigsten Sehenswürdigkeiten der Gegend, die Ruinen einer frühchristlichen Bischofsbasilika, liegt gut ein Kilometer westlich von Vizári (3 km südöstlich von Lambiótes). Man erreicht sie, indem man den Weg gegenüber der Post einschlägt, dann scharf nach rechts abbiegt, einem Bachlauf folgt, den man rechts überquert, und dem Pfad schließlich noch etwa 500 m folgt. Die große Kirche aus dem 7. Jh. weist drei Schiffe mit gleichvielen Apsiden und einen Narthex auf. In der Apsis des südlichen Seitenschiffes ist noch ein längliches Taufbecken zu sehen.

Apodúlu (Αποδούλου)

Gut 1 km vor Apodúlu (13 km südlich von Vizári) liegt links oberhalb der Straße ein mykenisches Kuppelgrab.
Eine weitere Sehenswürdigkeit von Apodúlu ist die Ágios-Geórgios-Kirche, bei der die großen Arkaden auffallen. Die Fresken mit volkstümlichen Charakter stammen aus der Mitte des 14. Jh.s.

Agía Paraskeví (Αγία Παρασκευί)

18 km südlich von Vizári liegt der Ort Agía Paraskeví, wo die Panagía-Kirche wegen ihrer hervorragenden Fresken aus dem Jahr 1516 einen Besuch lohnt.

Míli (Μύλοι)

Rechts der Straße vom 8 km entfernten Réthimnon her liegt das moderne Míli, 1,5 km weiter links unten im Tal das alte, inzwischen menschenleere Míli, das man in 20 Minuten erreicht. Das malerische Dorf wurde wegen ständigen Steinschlags verlassen. Man geht durch verlassene Gassen an Blumengärten und überwucherten Innenhöfen vorbei, sieht neben der alten Kirche vom Herbst bis zum Frühjahr einen Wasserfall und kann ungestört den Vögeln lauschen.

Chromonastíri (Χρομοναστήρι)

Das 3 km südlich von Míli gelegene Dorf Chromonastíri weist noch venezianische und türkische Bauten auf.
Wer sich für byzantinische Kunst interessiert, kann von hier zu zwei kleinen alten Kirchen wandern. Ágios Eftíchios, einer der wichtigsten Sakralbauten Kretas, erreicht man, indem man am nördlichen Dorfeingang den Weg in östliche Richtung geht. Die Kirche stammt aus dem 10. Jh. und verbindet die Basilika- mit der Kreuzkuppelform. In der Apsis sind spärliche Freskenfragmente vorhanden.
Das zweite sehenswerte Gotteshaus ist die Kreuzkuppelkirche Panagía Kera, die in verschiedenen Bauphasen des 11. bis 14. Jh.s entstand. Von der Innenausstattung sind eine bis unter die Kuppel reichende Ikonenwand und gut erhaltene Fresken zu erwähnen. Besonders eindrucksvoll ist hierbei die Déesis in der Apsiswölbung.

Arméni (Αρμένοι)

Nördlich von Arméni (etwa 9 km südlich von Réthimnon) legten Archäologen direkt neben der Hauptstraße eine große minoische Nekropole frei.

In viele der mehr als 100 Gräber kann man hineinschauen. Es handelt sich um kleine Felskammergräber mit drei bis fünf Meter langen Dromoi, einige mit Stufen. Die hier gemachten Funde sind in den Archäologischen Museen Réthimnon und Chaniá ausgestellt, darunter einige bemalte Totenkisten, die Larnakes.

Umgebung, Arméni (Fortsetzung)

Auf der Fahrt zum Préveli-Kloster kommt man nach der Abzweigung von der Hauptstraße Réthimnon – Agía Galíni bei Koxare in Richtung Süden durch die wilde beeindruckende Kurtaliótiko-Schlucht. In deren Mitte führt ein Weg in die Tiefe, wo eine Ágios-Nikólaos-Kirche steht und einige Quellen entspringen.

Kurtaliótiko-Schlucht (Φαραλλι Κουταλιώτικο)

Das Mönchskloster Préveli, 28 km südlich von Arméni, ist vor allem wegen der grandiosen Landschaft und seiner beeindruckenden Lage sehenswert.

Moní Préveli (Μονη Πρέβελη)

Kloster Préveli: Stätte des Widerstandes gegen Fremdherrschaften

Auf der Fahrt dorhin trifft man etwa 3 km nach dem Ort Assómatos an einem Flußlauf auf eine sehr malerische einbogige türkische Brücke aus dem Jahr 1850 mit alter Pflasterung.

Türkische Brücke

Kurz darauf folgen die nicht zugänglichen, aber von der Straße einsehbaren Ruinen von Kato Moni Préveli – der ältere Name ist Moní Méga Potamú ('Kloster am großen Fluß') –, das bis ins 16. Jh. zurückreicht.

Kato Moní Préveli

Ein Kilometer weiter liegt links in der Schlucht die Einraumkapelle Agía Fotiní mit guten Fresken aus der Zeit um 1500. Zu erwähnen sind die eindrucksvollen weiblichen Heiligen an der Südwand.

Agía Fotiní

Nach weiteren 3 km ist das Hauptkloster Piso Moní Préveli (geöffnet 9.00 bis 19.00 Uhr) erreicht. Die vielleicht schon 1000 Jahre alte Anlage, deren Gebäude aber sehr viel jünger sind, gehörte mit seinen umfangreichen Ländereien zu den wichtigsten Klöstern Mittelkretas. Das Kloster spielte

*Piso Moní Préveli

Umgebung, Piso Moní Préveli (Fortsetzung)

eine Rolle in zahlreichen Aufständen gegen die Türkenherrschaft im 18. und 19. Jahrhundert. Im Zweiten Weltkrieg war es ein Zentrum des Widerstandes gegen die deutschen Besatzer. Von hier gelang mit Hilfe der Mönche vielen Engländern, Australiern und Neuseeländern die Flucht mit dem U-Boot nach Ägypten.

Von dem Friedhof mit zwei Grabkapellen links vor dem Kloster hat man einen guten Gesamtüberblick über die Anlage. Ins Auge fallen die mit spitzen Hauben versehenen Schornsteine des Zellentraktes.

Nach dem Klostereingang kommt man zunächst in einen tiefer gelegenen Hof mit einem Brunnen, der eine Inschrift vom 15. Juni 1701 trägt – das älteste Datum für die Anlage. Die dem Apostel Johannes geweihte Klosterkirche aus dem Jahr 1836 weist zwei Schiffe mit Apsiden und an der Westseite einen Glockenstuhl auf.

Von der Innenausstattung sind die Ikonostase mit vielen alten Ikonen, die geschnitzte Kanzel und ein ebenfalls mit Ikonen versehener Buchständer zu erwähnen. Zudem findet sich auf dem Altar im Südschiff ein prächtig verziertes goldenes Kreuz mit einem Splitter vom Kreuz Christi, dem Heilkraft zugeschrieben wird.

Der schöne Strand von Préveli

Westlich der Kirche befinden sich das Gästehaus und unterhalb das schöne kleine Museum, in dem kostbare Meßgewänder und liturgisches Gerät, Bischofskronen, darunter eine reich mit Diamanten und Smaragden geschmückt, und Votivgaben ausgestellt sind. Das wichtigste Dokument des Museums ist die Urkunde vom 1798, in dem das Kloster direkt dem Patriarchen von Konstantinopel unterstellt wird.

Strand von Préveli

Am schönen, inzwischen vielbesuchten Strand von Préveli an der Mündung des Megálu Potamú kann man unter Palmen zwischen Felsen baden. Man erreicht ihn, indem man die Straße zum Kloster etwa 1 km zurückgeht und dann den Weg einschlägt, der über ein Plateau in die Schlucht hinunterführt.

Réthimnon, Umgebung, Plakiás (Πλακιάς)

Der beliebte Badeort Plakiás (13 km nordwestlich vom Préveli-Kloster) in der Plákias-Bucht an der Südküste mit 2 km langem Sandstrand ist durch zahllose Neubauten verschandelt.

Lambíni (Λαμπίνη)

Lambíni, etwa 17 km südlich von Arméni gelegen, ist wegen einer der Panagía geweihten, recht formschönen Kreuzkuppelkirche (Schlüssel im Kafeníon in Mixórruma) aus dem 14. Jh. besuchenswert. Die Fassade und die Tambourkuppel sind mit feingliedrigen Blendbögen geschmückt. Am Eingang findet man eine Gedenktafel, die an einen Aufstand gegen die Türken im Jahre 1827 erinnert. Diese steckten die Kirche in Brand, in die die Einheimischen geflüchtet waren. Die Fresken im Innern sind leider in keinem guten Zustand.

Spíli (Σπήλι)

Das große Bergdorf Spíli (5 km weiter auf der Hauptstraße nach Agía Galíni), Sitz eines Priesterseminars, ist berühmt wegen seiner vielen Quellen. Tagsüber halten hier viele Ausflugsbusse und Mietwagen, abends lebt man fast nur unter Einheimischen. Hauptsehenswürdigkeit des Ortes ist ein venezianischer Brunnen mit Löwenköpfen als Wasserspeiern.

Agía Galíni (Αγία Γαλίνι)

24 km südöstlich von Spíli liegt am Golf der Messará das einst idyllische Dorf Agía Galíni ('Heilige Ruhe'), wo sich heute viele Hotel- und Appartmenthäuser über die Hänge ausbreiten. Inzwischen ist der Ort nur für Gäste zu empfehlen, die Trubel und Kontakt suchen.

Rústika (Ρούστικα)

Der malerische Gebirgsort Rústika (16 km südlich von Réthimnon) mit venezianischer Bausubstanz lädt zu einem Bummel ein. Auch die zweischiffige Panagía-Kirche lohnt einen Besuch. Sie besitzt wertvolle Fresken aus den Jahren 1381/1382 im Nordschiff und eine wundertätige Ikone.
Am oberen südlichen Ortsrand findet man das von einem üppigen Garten umgebene Kloster Profítis Ilías aus dem 19. Jahrhundert.

Georgiúpolis (Γεωργιούπολη)

Der Ortsname Georgiúpolis (23 km westlich von Réthimnon) erinnert an den Hochkommissar Prinz Georg. Der einst stille Ort mit seiner großen Platía, einem idyllischen Fischerhafen in einer Bachmündung und schönen Sandstränden wird durch Hotelneubauten erschlossen.

Kurnás-See (Λιμνη Κουρνά)

Der Kurnás-See, Kretas einziger Binnensee, liegt von Bergen umrahmt unweit der Bucht von Georgiúpolis. In dem Süßwassersee gibt es Schlangen und bis zu 7 kg schwere Fische. Man kann hier baden und mit dem Tretboot fahren; für das leibliche Wohl sorgen einige Tavernen.

Samariá-Schlucht

Neugriechisch

Φαράγγι Σαμαριάς

Nomós: Chaniá
Hauptort: Chaniá

Lage

Etwa 42 km südlich von Chaniá liegt das Dorf Omálos ('eben', 'flach') am Rande der gleichnamigen fruchtbaren Hochebene (1050 m ü. d. M.). Dort wo die Straße nach weiteren sechs Kilometern am Paß von Xilóskalo (1227 m ü. d. M.) endet, beginnt die berühmte Samariá-Schlucht in den Weißen Bergen (Léfka Óri).

** Landschaftsbild

Die Samariá-Schlucht, die längste Europas, ist einer der landschaftlichen Höhepunkte Kretas, die von zahllosen Touristen – an manchen Tagen sind es 2000 bis 3000 – aufgesucht wird. Sie ist 18 km lang, bis 600 m tief und bei den 'Eisernen Toren' ('Síderoportes') nur 3 bis 4 m breit.
Die Schlucht wurde im Jahr 1965 zum 4500 ha großen Nationalpark erklärt, um die kretische Wildziege Kri-Kri, die schon auf minoischen Kunstwerken

Landschaftsbild (Fortsetzung)

abgebildet war, zu retten. Die scheuen Tiere bekomt man jedoch kaum zu Gesicht. Man trifft fast nur auf verwilderte Hausziegen.
Die Schlucht ist zudem die Heimat zahlreicher Pflanzen (Kiefern, Platanen, Kermeseichen, Zedern, Feldahorn sowie Zypressen mit einem Umfang bis zu 7 m) und Tiere (Adler, Falken, Schleiereulen). Darüber hinaus finden sich hier endemische Pflanzen, d.h., die sonst nirgends auf der Welt vorkommen.

Geöffnet ist die Schlucht von 6.00 bis 16.00 Uhr (Eintrittsgebühr); der nächtliche Aufenthalt ist verboten. Nach 16.00 Uhr darf man von beiden Seiten nur noch 2 km in die Schlucht hineingehen. Vom 1. 11. bis 9. 4. wird die Klamm wegen Steinschlag- und Hochwassergefahr gesperrt.

Wanderung

Die einmalige Wanderung durch die Samariá-Schlucht vom Endpunkt der Straße bis hinunter zum Libyschen Meer ist 18 km lang und dauert etwa sechs Stunden. Für die Unternehmung sind festes Schuhwerk, Sonnenschutz und Proviant, besonders Wasser, unerläßlich.
Durch Schlucht wandert man am besten im Rahmen eines von einem Reisebüro organisierten Ausflugs.
Man wird dabei auf die Ómalos-Hochebene hinaufgefahren und am Ende der Wanderung von Agía Ruméli mit dem Boot nach Chóra Sfakíon oder nach Paleochóra gebracht, wo die Busse für die Rückfahrt warten.
Wer jedoch den langen Fußweg durch die Klamm scheut, braucht trotzdem nicht auf den Anblick der Eisernen Tore zu verzichten. Die Reisebüros bieten nämlich eine Tour an, bei der man hin und zurück mit dem Boot nach Agía Rúmeli fährt und so insgesamt nur etwa 8 km in überwiegend flachem Gelände gehen muß.
Wer die Wanderung auf eigene Faust unternehmen möchte, nimmt von Chaniá den ersten Linienbus nach Xylóskala. In Ómalos werden einige einfache Privatzimmer vermietet. Von Chóra Sfakíon und Paleochóra fahren Linienbusse zurück nach Chaniá.

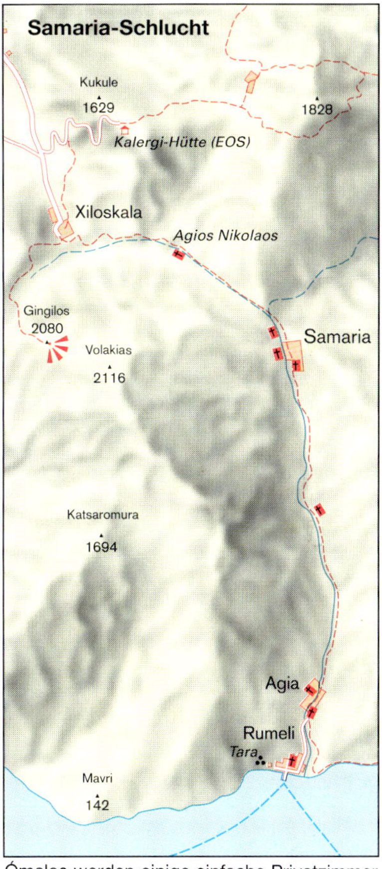

◀ *Samariá-Schlucht: die nur 3 bis 4 m breiten Eisernen Tore*

Samariá-Schlucht, Wanderung (Fortsetzung) Wegverlauf

Die Wanderung beginnt an der Xylóskala, der 'Holztreppe', von wo man einen eindrucksvollen Blick hinunter in die Schlucht und auf die umliegenden Berge hat. Kurz vorher führt links ein Pfad aufwärts zur Kalérgi-Hütte (1680 m ü. d. M.) des griechischen Bergsteigerklubs EOS, die Übernachtungsmöglichkeiten bietet.
Der steile, früher 'hölzerne' Serpentinenweg führt im Anblick des 2080 m hohen Gíngilos durch Zypressen und Kiefern abwärts. Dabei sieht man je nach Jahreszeit Weiße Lilien, Weiße Päonien und Alpenveilchen und an den Felswänden, häufig senkrecht über dem Abgrund, endemische Pflanzen. Nach einer Viertelstunde ist ein kleiner Rastplatz über einer steilen Felswand erreicht und eine halbe Stunde später die Quelle Nerutsiko ('Wässerchen'; 940 m ü. d. M.) unter einer alten Platane. Zwischen immer höher ansteigenden Felsen geht es weiter steil abwärts bis auf den Grund der Schlucht, die von einem Bach durchflossen wird. Der nächste Rastplatz liegt bei der Quelle Riza Sikias ('Wurzel der Feige').
Man kommt an der Alm Ágios Nikólaos mit der kleinen gleichnamigen Kirche vorbei, die in einer Höhe von 660 Metern zwischen Zypressen – die mächtigste mit einem Stammumfang von mehr als 7 m – steht. Der Wanderer erreicht nun das verlassene Dorf Samariá (300 m ü. d. M.), das von den Bewohnern aufgegeben werden mußte, als die Schlucht zum Nationalpark erklärt wurde. Hier ist ein schattiger Rastplatz mit Brunnen angelegt. Es geht vorbei an der Kapelle Ossia Maria (1379), deren Name, verkürzt zu 'Sa Maria', auf das Dorf und die Schlucht überging.
Auf dem weiteren Weg verengt sich die Schlucht immer mehr, bis sie bei den 'Eisernen Toren' nur noch 3 bis 4 m breit ist – der eindruckvollste Teil der Wanderung. Die Felswände ragen hier fast 600 m senkrecht auf. Die letzten vier Kilometer legt man dann in einer weiten, kahlen und schattenlosen Küstenebene bis Agía Ruméli zurück.

Agía Ruméli (Αγία Ρουμέλη)

Von Agía Ruméli am Ausgang der Samariá-Schlucht gibt es Bootsverbindungen nach Paleochóra im Westen und Chóra Sfakíon im Osten.
Hier lag einst die antike Stadt Tárra. Die Panagía-Kirche wurde im Jahr 1500 an der Stelle eines antiken Tempels erbaut. Auf der westlichen Bergseite erheben sich die Ruinen eines türkischen Kastells.

Ágios Pávlos (Άγιος Πάυλος)

Empfehlenswert ist von Agía Ruméli der etwa 4 km lange Fußweg, der stets knapp oberhalb des Strandes entlangführt, zur Ágios-Pávlos-Kirche aus dem 10./11. Jh. in eindrucksvoller Lage am Meer. Die architektonisch harmonische Kreuzkuppelkirche, die aus Quadern und Bruchsteinen errichtet ist, weist im Innern einige Fresken auf. Die Malereien stellen u. a. Szenen aus dem Leben Christi dar.
Der Legende nach soll der Apostel Paulus hier gelandet sein und in einer nahegelegenen Quelle getauft haben, was jedoch in der bilblischen Apostelgeschichte nicht belegt ist.

Sitía D 17

Neugriechisch

Σητεία

Nomós: Lassíthi
Hauptort: Ágios Nikólaos
Einwohnerzahl: 7000

Lage und Allgemeines

Die kleine Landstadt Sitía, die östlichste Stadt Kretas, ist ein in der Südwestecke der gleichnamigen Bucht malerisch gelegener Hafenort, dessen überwiegend neuere Bebauung sich breit ausladend einen niedrigen Hang hinaufzieht. Die Uferstraße, die im Osten am guten Sandstrand beginnt, führt um den Hafen herum. An dessen zentrumsnaher Mole liegen Fischer-

Malerische Gasse in Sitía ▶

L'ESCALIER
BAR

Lage und Allgemeines (Fortsetzung)

boote und Yachten und an der äußeren Mole Frachter und Fähren. Schiffsverbindungen bestehen vor allem mit den Inseln Kárpathos und Rhódos sowie zu den Kykladen.
Der zentrale Platz von Sitía ist die Platía Iróon Politechníu, der mit seinen Palmen und Cafés der ideale Ort ist, um die ruhige Atmosphäre des Städtchens in sich aufzunehmen. Im Umkreis befinden sich alle wichtigen Geschäfte und Tavernen.

Geschichte

Sitía, das schon in minoischer Zeit besiedelt war, hieß in der Antike Etía, wobei allderdings nicht klar ist, ob dieses an der heutigen Stelle oder landeinwärts lag. Es wurde in den Jahren 1303 und 1508 durch Erdbeben und 1538 von dem türkischen Admiral Chaireddin Barbarossa zerstört, der die gefangenen Männer auf seine Galeeren zwang sowie Frauen und Kinder in die Sklaverei verkaufte. Nach der erneuten Zerstörung durch die Türken 1651 verließen die Venezianer die Ortschaft, deren Neubesiedlung erst 1870 durch die Türken stattfand. Deshalb stammen die meisten Häuser in der Altstadt aus der Zeit um die Jahrhundertwende.
Sitía ist die Heimat von Vintzéntios Kornáros (⟶ Berühmte Persönlichkeiten), der die noch heute in Griechenland bekannte epische Dichtung "Erotokritos" (hg. 1713) schrieb.

Sehenswertes in Sitía

Festung Kasárma

Die Festung Kasárma ('casa di arma' = 'Waffenhaus'), das einzige bedeutende Bauwerk von Sitía, stammt in seinem heugien Erscheinungsbild aus dem Jahr 1631. Erhalten blieb neben den zinnenbekrönten Mauern ein dreigeschossiger Turm. Von der Festung hat man einen schönen Ausblick. Im Sommer finden hier Theater- und Konzertaufführungen statt.

Römische Fischbecken

Unterhalb der Festung Kasárma am Meer liegen knapp unter dem Wasserspiegel Fischbecken in Hufeisenform aus römischer Zeit, in dem frische Fische aufbewahrt wurden.

Stadtplan

Archäologisches Museum

Hinweis

Die genaue Datierung der frühminoischen (FM I–III), mittelminoischen (MM I–III) und spätminoischen (SM I–III) Periode ist der Tabelle auf S. 35 zu entnehmen.

Rundgang

Der Rundgang im Museum (geöffnet Di. – Sa. 8.45 – 15.00, So. Fei. 9.30 bis 4.30 Uhr) erfolgt im Uhrzeigersinn, wobei die Nummerierung der Vitrinen mit denen auf dem Grundriß und im Museum übereinstimmt.
Gleich nach dem Eingang ist in der Mitte eine Elfenbeinstatuette aus Palékastro zu sehen.

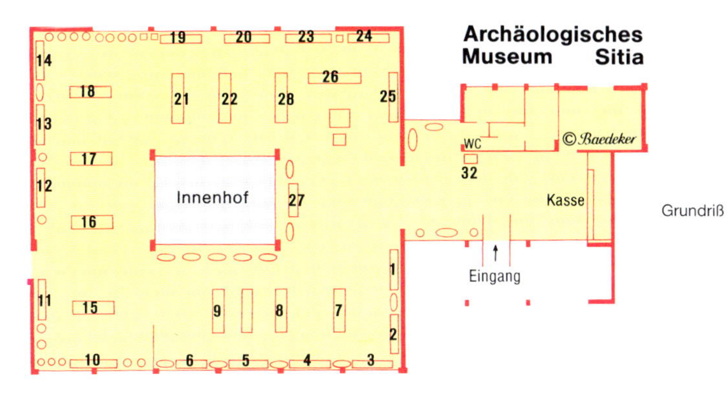

Grundriß

Vitrine 27

Neolithische Steinäxte und Scherben aus der Höhle von Pelekita.

Vitrinen 1 und 2

FM II-Funde aus der Nekropole von Agía Fotiá: Keramik, Obsidianklingen.

Vitrine 3

Mensch- und Tieridole von verschiedenen Gipfelheiligtümern aus der Umgebung von Sitía.

Vitrine 4

Minoische Keramik von verschiedenen Fundorten.

Vitrine 5

Stücke aus Palékastro: beachtenswert sind zwei Rhytha mit Stierhornmotiven.

Vitrine 6

Keramik von verschiedenen Orten.

Vitrinen 7 – 9

Stücke von verschiedenen Fundorten, u. a. von der Nekropole auf der Insel Móchlos.

Zwischen den Vitrinen 8 und 9 sind in einer unnummerierten Vitrine neuere Ausgrabungsfunde aus Petras zu sehen.

Vitrine 10

Funde aus dem Gebiet und dem Palast von Zákros.

Aus diesem Palast stammt auch die Weinpresse links neben der Vitrine.

Vitrinen 11, 15, 16, 12, 17, 13, 18, 14

Ebenfalls Funde aus dem Palast von Zákros: Keramik mit Reliefschmuck und Oktopusmotiven, Tassen, Kannen und Steingeräte; erwähnenswert das Stierhorn (18).

Vitrine 19

Funde aus Sitía.

Vitrine 20

Archaische Funde aus dem Heiligtum von Russa Ekklissía.

Vitrine 21

Geometrische Funde aus Ágios Geórgios und Turtulí: Grabbeigaben.

Vitrine 22

Votiv-Terrakotten des archaisch-geometrischen Heiligtums von Sitía.

Vitrinen 28, 23, 26

Hellenistische Funde von Zíros, Xirókambos und Sitía: Münzen (28), Fragment eines Bronzediskus (26).

Zwischen den Vitrinen 23 und 24 steht eine Getreidemühle, ebenfalls aus hellenistischer Zeit.

Vitrinen 24 und 25

Römische Funde von verschiedenen Orten.

In diesem Museumsteil kann man in der Mitte noch ein hellenistisches Terrakottamodell aus Tripitó und einen antiken Marmorkopf sowie an der Wand Unterwasserfunde aus dem Küstengebiet der Insel Kufonísi sehen. Spätminoische Sarkophage sind vor den Fenstern zum Innenhof aufgestellt. Gegenüber dem Eingang findet sich ein Statuensockel aus Ítanos (1. Jh. n. Chr.) mit Grabgedichten.

Weitere Sehenswürdigkeiten in Sitía

Folkoremuseum

In der Odos Therissu befindet sich ein kleines interessantes Folkloremuseum (geöffnet Di., Do., Fr. 9.00–13.00 und 17.00–20.00, Mi. 17.00 bis 20.00, Sa. 9.00–13.00 Uhr). Hier ist eine Sammlung von Hausrat, Trachten, Arbeitsgeräten sowie von alten Stick- und Webarbeiten in original kretisch eingerichteten Räumen untergebracht.

Umgebung von Sitía

Agía Fotiá
(Αγία Φωτιά)

Etwa 5 km östlich von Sitía befindet sich nördlich von Agía Fotiá eine frühminoische Nekropole mit vielen kleinen Schacht- und Kammergräbern (man frage in der Keramikwerkstatt an der Hauptstraße nach dem Weg).

Moní Toplú
(Μονή Τοπλού)

16 km östlich von Agía Fotiá – man durchfährt eine herbe Landschaft von eigenartigem Reiz – steht das festungsartige Kloster Moní Toplú (geöffnet 9.00–13.00 und 14.00–18.00 Uhr), das mindstens bis auf die erste Hälfte des 14. Jh.s zurückgeht. In dem Namen steckt das türkische Wort 'top' ('Kanone'), was darauf hinweist, daß das Kloster in venezianischer Zeit zur Abwehr von Seeräubern eine Kanone besaß. Die Anlage, die ursprünglich Panagía Akrotirianí ('Gottesmutter der Landzunge') hieß, wurde mehrfach zerstört, so 1612 durch ein schweres Erdbeben. Das Kloster war Stützpunkt des Widerstandes gegen die Türken und Zufluchtsstätte vor den Deutschen im Zweiten Weltkrieg.
Durch ein schönes Rundbogentor gelangt man zunächst in einen Vorhof und durch das Tor des Glockenturms (1558) in den malerischen Innenhof, der von dreistöckigen Gebäuden mit Galerien umgeben ist, von denen die Möchszellen zugänglich sind. Bei der Architektur ist der venezianische Einfluß unverkennbar.
An der Fassade der Klosterkirche sind einige interessante Steintafeln zu sehen: ein Relief der Panagía mit dem Kind, zwei Inschriften, die vom Wiederaufbau des Klosters 1612 unter dem Abt Gávriil Pantógalos mit finanzieller Unterstützung Venedigs berichten, sowie eine weitere Inschrift, die einen Vertrag (70 v. Chr.) zwischen Ítanos und Hierapytna (Ierápetra) zum Gegenstand hat. Die Kirche weist zwei Schiffe auf: das nördliche ältere ist der Gottesmutter und das südliche jüngere dem Evangelisten Johannes geweiht. Im Nordschiff wurden wertvolle Fresken des 14. Jh.s freigelegt. Unter den Ikonen ragt vor allem die von Ioánnis Kornáros von 1770 heraus, die in Miniaturmalerei zahlreiche biblische Szenen darstellt. Die Hauptthemen sind (v. o. n. u.): Heilige Dreieinigkeit, Taufe Christi, Muttergottes mit Adam und Eva und Höllenfahrt Christi.

Umgebung, Moní Toplú (Fortsetzung)

Im Museum wird die Rolle des Kloster bei den Befreiungskämpfen des 19. und 20. Jh.s beleuchtet; zudem sind Stiche und Urkunden zur Kirchengeschichte ausgestellt.

*Váï-Bucht (Βάι Φινικοδασός; s. Abb. S. 212/213)

Bei dem bescheidenen Flecken Váï, 9 km nordöstlich vom Kloster Toplú, findet sich an der gleichnamigen schönen Sandbucht der einzige Palmenhain Kretas. Er ist zwar im Sommer überlaufen, lohnt aber der ungwöhnlichen Landschaft wegen einen Besuch. Wohnen und Zelten kann man hier allerdings nicht. Von dem Restaurant etwas oberhalb hat man einen guten Überblick über den Strand und die Felsenküste.
Der Überlieferung nach geht die Entstehung des Palmenhains auf die Sarazenen zurück, die hier im Jahr 824 lagerten und nach dem Essen Dattelkerne liegenließen, aus denen dann die Palmen wuchsen.

Überreste des antiken Ortes Ítanos

Ítanos (Ιτανος)

3 km weiter nördlich liegen die antiken Reste von Ítanos bei Erimúpolis, die nur dem archäologisch besonders Interessierten zu empfehlen sind. Bedeutung hatte der Ort in antiker Zeit als Hafenplatz für den Mittelmeerhandel. Durch das Bündnis mit Hierapytna (Ierápetra) im 2. Jh. v. Chr. beherrschte Ítanos zusammen mit diesem Ostkreta. Nach dem Erdbeben im Jahr 795 wurde die Stadt wiederaufgebaut und im 15. Jh. wegen Piratenüberfällen endgültig aufgegeben.
Auf dem an der Küste liegenden Felsen lag einst die Akropolis, von wo sich ein schöner Ausblick auf die Küste bietet. Unterhalb sieht man noch Teile eines Stadtviertels. Ebenfalls am Hang der Akropolis finden sich zudem die Grundmauern einer dreischiffigen, teilweise aus Spolien errichteten Basilika (5./6. Jh.), in deren Mittelschiff in mittelbyzantinischer Zeit eine kleine kreuzförmige Kirche erbaut wurde.
Nördlich der Stadt stößt man auf eine große Nekropole mit einem gut erhaltenen Grab aus hellenistischer Zeit.
Drei grobsandige, schöne und wenig besuchte Badestrände laden hier zum Baden ein.

Umgebung (Fortsetzung)
Palékastro
(Παλάικαστρο)

Palékastro, das östlichste Großdorf Kretas, 23 km östlich von Sitía, ist ein beliebter Urlaubsort für junge Individualreisende. Auf der ursprünglichen Platía herrscht reges Treiben.

Russolákos

In Strandnähe wurden die Grundmauern und Straßenzüge einer minoischen Stadt mit Namen Russolákkos ('rote Höhle') freigelegt. Da wie bei Ítanos nicht mehr allzu vielzu sehen ist, sind sie nur für den archäologisch spezialisierten Besucher von Interesse.
Russolákkos, die neben Gurniá bedeutendste minoische Stadtsiedlung Kretas, erlebte ihre Blütezeit in der MM III-Periode und ging in SM III unter. In der Antike war es unter dem Namen Heleia bekannt. Ein großer Teil der Anfang des Jahrhunderts durchgeführten Ausgrabungen wurde im Zweiten Weltkrieg zerstört.

Petsofás

Südlich auf dem Petsofás-Hügel liegen die Reste des gleichnamigen Gipfelheiligtums; von hier kann man eine großartige Aussicht genießen.

Angáthia
(Ανκάθια)

In dem idyllischen kleinen Dorf zwischen Palékastro und dem Sand-Kies-Strand Chióna kann man ruhige Ferien verbringen.

Achládia
(Αχλάδια)

Ein Besuch von Achládia, 8 km südlich von Sitía, empfiehlt sich wegen dem spätminoischen, vollständig erhaltenen Kuppelgrab, das allerdings schwer zu finden ist (1 km östlich des Ortes führt links leicht aufwärts der Weg dorthin). Ein steiler Drómos leitet in das 4m hohe Grab, an dessen Rückseite sich eine kleine Grabkammer befindet.

Káto Episkopí
(Επισκοπή)

Architektonisch bemerkenswert ist die Bischofskirche Ágii Apóstoli aus dem 11. Jh. in Káto Episkopí, 3 km südlich von Sitía. Sie hat einen dreijochigen Aufbau mit kurzen Seitenarmen, die innen halbrund und außen dreiseitig sind. Über dem mittleren Joch erhebt sich eine achteckige Tambourkuppel mit Trompen. Die Apsis ist nur innen aus der dicken Ostmauer herausgearbeitet und deshalb von außen nicht sichtbar. Die Kirche soll zwei Altäre besessen haben, einen für den lateinischen und einen für den orthodoxen Ritus.

Zú
(Ζού)

Fährt man 2 km weiter südlich, liegen vor dem Ort Zú rechts oberhalb die wenigen Reste eines minoischen Herrenhauses aus der MM III-Periode. Sichtbar ist u. a. noch ein Raum mit einer Sitzbank.

Presós
(Πραισός)

14 km südlich von Sitía findet man die Reste der antiken Stadt Presós, das von dem gleichnamigen, sehr ruhigen Dorf in einem halbstündigen Spaziergang erreichbar ist. Besondere Bedeutung hatte die Stadt als Rückzugsgebiet der minoischen Bevölkerung, die ihre Sprache bis in griechische Zeit bewahren konnte.
Der Besucher trifft auf ein tholosförmiges Grab und in den Fels gehauene Kammergräber. Auf drei Hügeln sind Architekturreste zu sehen. Die von einer Mauer umschlossene Stadt lag auf zwei der Hügel. Reste eines Heiligtums befinden sich auf dem Hügel außerhalb der Stadt, dem sog. Altarhügel. Der höchste Hügel zeigt gut erhaltene Quadermauern und ein hellenistisches Haus mit einem Becken zum Auffangen von Regenwasser und mit einer Olivenpresse.

Chandrás-Hochebene

Von Néa Presós führt die Straße südlich weiter auf die schöne Chandrás-Hochebene, ein Zentrum der Sultaninenproduktion. Die Dörfer hier haben sich noch ihre Ursprünglichkeit bewahrt.

Woíla

Etwa 1 km nördlich des Ortes Chandrás erkennt man am Hang die Ruinen des zerstörten mittelalterlichen Dorfes Woíla. Erhalten ist ein Wohnturm einer venezianischen Adelsfamilie, die zum Islam übertrat. Außerdem sind noch eine Ágios-Geórgios-Kirche aus dem 16. Jh., die eine Grabstätte der Familie Salamós mit einem bemerkenswerten Fresko aufweist, und schöne türkische Brunnen zu sehen.

Umgebung (Fortsetzung)

Zíros (Ζίρος)

In Zíros, 4 km östlich von Chandrás, steht eine Agía-Paraskeví-Kirche mit Fresken aus dem Jahr 1523 und einem Ossuarium. In diesem sind die Gebeine der Einwohner des einst südwestlich gelegenen Ortes Skaliá enthalten, das von den Türken im 17. Jh. zerstört wurde.

Etiá (Ετιά)

Beim Weiler Etiá, 4 km westlich von Chandrás, ist ein dreistöckiger venezianischer Palazzo zu sehen. Er wurde Ende des 15. Jh.s von der Familie de Mezzo erbaut und während der Revolution von 1897 von den Griechen zerstört. Erhalten sind noch einige Räume des teilweise restaurierten Gebäudes.

Makrigialós (Μακρυγιαλός)

Der mit dem benachbarten Análipsis zusammengewachsene Badeort Makrigialós, 29 km südlich von Sitía, ist Ziel vieler Pauschalreisender und deutscher Familien. Der Sandstrand ist lang, aber schmal.
Von der Hauptstraße leitet ein Wegweiser zur frei zugänglichen Ruine einer spätminoischen Villa.
Nahe der Dorfkirche sind die eingezäunten und völlig von modernen Häusern gesäumten Grundmauern einer römischen Villa (1. Jh. n. Chr.) mit zahlreichen um einen Hof gelegenen Zimmern zu erkennen.

Moní Kapsá (Μονή Καψά)

Das am Ausgang einer Schlucht einsam gelegene Kapsá-Kloster (35 km südlich von Sitía), das nur noch zwei Mönchen bewohnen, wurde wahrscheinlich im 15. Jh. erbaut. Man verehrt hier Johannes den Täufer, dessen Leben auf einer schönen Ikone dargestellt ist. Im Kloster ist zudem das Grab des Mönchs Josíf Gerondojánnis zu sehen, der Wunderheilungen vollbrachte. – Von der Anlage hat man einen schönen Ausblick auf die Insel Kufonísi.

Moní Faneroméni (Μονή Φανερομένις)

Verläßt man Sitía auf der Straße nach Ágios Nikólaos, zweigt nach etwa 2 km ein Schotterweg zu einer kleinen Bucht ab, in der man am Kiesstrand oder von Felsplatten baden kann.
Von der kleinen Taverne gelangt man in etwa 30 Gehminuten zum verlassenen Kloster Faneroméni, das inmitten eines meist menschenleeren Ortes mit gepflegten Häusern steht. Der Ort ist nur zur Zeit der Wein- und Olivenernte bewohnt.

Chamési (Χαμέζι)

In dem noch sehr urwüchsigen Bergdorf Chamési, 10 km westlich von Sitía, lohnt das kleine private Volkskundemuseum – im Kafeníon unterhalb des Museums danach fragen – einen Besuch. Es ist ein mit zahlreichen Gebrauchsgegenständen eingerichtetes einräumiges Bauernhaus.
Von der Straße nach Ágios Nikólaos biegt man nach dem Ortsende auf einer Paßhöhe unterhalb von zwei Windmühlenstümpfen nach links auf einen Feldweg ab, der nach 700 m auf einer Hügelkuppe endet. Hier stehen die Grundmauern eines mittelminoischen Gutshofes mit ungewöhnlichem ovalen Grundriß.

Móchlos (Μόχλος)

Das Fischerdorf Móchlos, 30 km westlich von Sitía an der Küste gelegen, hat noch seinen ursprünglichen Charakter bewahrt.
Auf der dem Ort 150 m vorgelagerten gleichnamigen Insel wurden zahlreiche Grabkammern freigelegt, in denen Geräte und Grabbeigaben aus frühminoischer Zeit (in den Archäologischen Museen von Iráklion und Sitía) gefunden wurden.

Kavússi (Καβούσι)

3,6 km von Kavússi (46 km westlich von Sitía) entfernt liegt der kleine, kaum besuchte kinderfreundliche Sand-Kiesstrand Paralía Thólu.

Praktische Informationen von A bis Z

Praktische Informationen von A bis Z

Anreise

Mit dem Flugzeug

Von Deutschland besteht zwischen Frühjahr und Herbst Charterflugverkehr ab Berlin-Schönefeld, Berlin-Tegel, Dresden, Düsseldorf, Erfurt, Frankfurt am Main, Friedrichshafen, Hamburg, Hannover, Köln, Leipzig, München, Nürnberg, Paderborn und Stuttgart nach Iráklion sowie ab Frankfurt am Main und Stuttgart nach Chaniá; ferner täglicher Linienflugverkehr z. B. ab Frankfurt am Main und München nach Athen und Saloniki mit Anschlüssen nach Kreta.
Aus Österreich existiert einmal wöchentlich Flugverkehr von Wien nach Iráklion; ansonsten bestehen tägliche Direktverbindungen von Wien nach Athen und Saloniki.
In der Schweiz gibt es täglich Flüge von Zürich nach Athen und mehrmals wöchentlich nach Saloniki.
Von Athen fliegt Olympic Airways täglich nach Chaniá und Iráklion, von Saloniki gibt es mehrmals wöchentlich Flugverbindungen nach Iráklion und einmal wöchentlich nach Chaniá.

Sondertarife

Über Sondertarife (z. B. für Kinder, Studenten, Senioren; flieg & spar-Tarife und super-flieg & spar-Tarife) informieren Reisebüros und Fluggesellschaften.

Mit dem Auto

Von einer Anreise mit dem Auto auf dem direkten Landweg durch das kriegsgeschädigte ehemalige Jugoslawien nach Griechenland ist derzeit dringend abzuraten. Auch ein Umweg über die Länder Ungarn, Rumänien und Bulgarien kann nicht empfohlen werden, da nicht nur lange Wartezeiten an den Grenzen und Tankstellen, Treibstoffmangel und schlechter Straßenzustand in Kauf genommen werden müßten, sondern auch mit technischer oder ärztlicher Hilfe nach Pannen bzw. Unfällen in der Regel nicht gerechnet werden kann. Auf jeden Fall sollte man sich über die aktuelle Situation vor Reiseantritt bei einem Automobilclub informieren.
Wer auf sein eigenes Auto nicht verzichten will, sei auf die Anreise über Italien und die zahlreichen ⟶ Autofähren von Italien nach Griechenland verwiesen. Durch die wesentlich größere Nachfrage ist die rechtzeitige Buchung der Fähre absolut notwendig. Die Überfahrt am Wochenende sollte vermieden werden.
Verkehrsverbindungen vom griechischen Festland nach Kreta oder zu verschiedenen Inseln bzw. von einer Insel zur anderen ⟶ Inselspringen und ⟶ Kreuzfahrten.

Grenzübergänge

Die Grenzübergänge von und nach Griechenland sind rund um die Uhr besetzt. Möglichkeiten für den Übergang (u. a.):
Bulgarien: über Kulata/Promachon
Türkei: über Edirne/Kastanea und über Ipsala/Kipi

◀ *Váï-Strand: der berühmte Palmenstrand von Kreta*

Anreise (Fortsetzung)

Büros der Griechischen Zentrale für Fremdenverkehr finden sich an den Grenzübergängen.

Mit dem Europabus

Über Verbindungen mit Touringbussen (Europabussen) nach Griechenland informiert die Deutsche Touring Gesellschaft (Am Römerhof 17, D-60486 Frankfurt am Main, Tel. 069/7903-50).

Mit der Eisenbahn

Die Deutsche Bahn bietet derzeit keine Verbindungen mehr von München über Saloniki nach Athen an. Von ihr übernommen hat Optima Tours (Karl-Str. 56, D-80333 München, Tel. 089/592272) die Bedienung der Route nach Saloniki, und zwar jeweils ab Österreich mit dem Autoreisezug Optima Express, Verladestelle Pöchlarn bei Melk a. d. Donau, oder mit dem Schlafwagen ab Parndorf am Neusiedler See.

Antiquitäten

Ausfuhr von Originalen verboten!

Die Ausfuhr von antiken Gegenständen und Kunstwerken, z. B. von Ikonen, ist unter Androhung hoher Strafen verboten. Über Ausnahmen entscheidet das Kultur- und Wissenschaftsministerium:
Ministry of Culture and Sciences
Odos Aristidu 14, GR-10186 Athens, Tel. (01) 3243015–20

Kopien

Unproblematisch sind Erwerb und Ausfuhr von Kopien antiker Museumsstücke (u. a. Fresken, Ikonen, Schmuck), wie sie z. B. in den Museumsläden in Iráklion zu bekommen sind.

Apotheken

Allgemeines

Man erkennt die Apotheken an dem runden Schild mit Kreuz über dem Eingang sowie an der Aufschrift 'ΦΑΡΜΑΚΕΙΟΝ'. Meistens sind auch deutsche Arzneimittel und Babynahrung vorrätig.

Öffnungszeiten

Mo., Mi. 8.30–15.30, Di., Do., Fr. 8.30–14.00 und 17.00–20.00 Uhr.

Notdienst

An jeder Apotheke findet man Hinweise auf die nächste Apotheke, die Notdienst macht. Die täglich auch auf Kreta erscheinende englischsprachige Zeitung "The Athens News" nennt außerdem unter dem Stichwort 'Chemists/Pharmacies' die Apotheken, die Nacht-, Sonn- und Feiertagsdienst haben.

Apothekennotruf

Tel. 100 (Polizei, die den Notruf weiterleitet).

Ärztliche Hilfe

Polizeinotruf

Tel. 100
Die Polizei leitet alle Hilferufe an die entsprechenden Stellen weiter.
Touristenpolizei (Auskunft, auch über Unterkunft) ⟶ Notdienste

Unfallrettung

Tel. 166

Feuerwehr

Tel. 199

Weitere Notrufnummern

⟶ Notdienste

Krankenhäuser, Arztzentren

Auf Kreta ist ärztliche Versorgung durch Krankenhäuser und Arztzentren (Kentra Ygieias) gewährleistet.

Ärztliche Hilfe (Fortsetzung) Adressen deutschsprachiger Ärzte

Adressen deutschsprachiger Ärzte sind bei der Botschaft der Bundesrepublik Deutschland in Athen und den Konsulaten auf Kreta (⟶ Diplomatische und konsularische Vertretungen) oder täglich 8.00 – 20.00, in der Hauptreisezeit 7.00 bis 23.00 Uhr, beim Telefonarzt des ADAC-Ambulanzdienstes in München zu erfahren.
Telefon von Kreta: (0049 89) 767676.

Kostenregelung

Griechenland hat die Europäische Konvention unterzeichnet, in der Regelungen über medizinische Behandlungen, einschließlich der Kosten, festgelegt sind.
Vor einem Kreta-Aufenthalt empfiehlt es sich, die neuesten Bestimmungen bei der zuständigen Krankenkasse zu erfragen und sich einen Auslandskrankenschein zu besorgen. Nützlich ist auch ein bei vielen Krankenkassen erhältlicher Patienten-Paß, eine Verständigungshilfe (in mehreren Sprachen, darunter auch in griechisch) für den Krankheitsfall; gewünschte Arzneimittel oder zutreffende Krankheiten müssen hier nur angekreuzt werden.
Der Abschluß einer Auslandskranken- und Unfallversicherung ist immer ratsam; sie übernimmt auch die Kosten eines Rücktransports (Luftrettungsdienst ⟶ Notdienste), der sehr teuer werden kann.

Auskunft

Ellinikós Organismós Turismú · EOT
Griechische Zentrale für Fremdenverkehr · GZF
Auslandsvertretungen

Deutschland

Direktion für Deutschland:
Neue Mainzer Straße 22
D-60311 Frankfurt am Main
Tel. (069) 236561 – 3

Weitere Büros in Deutschland:

Wittenbergplatz 3A, D-10789 Berlin, Tel. (030) 2176262 – 3

Pacellistraße 5, D-80333 München, Tel. (089) 222035/6

Abteistraße 33, D-20149 Hamburg, Tel. (040) 454498

Österreich

Opernring 8, A-1010 Wien, Tel. (01) 5125317

Schweiz

Löwenstrasse 25, CH-8001 Zürich, Tel. (01) 2210105

Lokale Informationsstellen

Ágios Nikólaos

Municipality of Ágios Nikólaos
Akti Kunduru 20, GR-73100 Ágios Nikólaos, Tel. (0841) 22357

Chaniá

Informationsbüro im Pantheon-Gebäude
Odos Kriari 40, GR-73100 Chaniá, Tel. (0821) 26426, 42624

Ierápetra

Municipality of Ierápetra
Ierápetra Museum
Odos K. Andrianu 2, GR-72200 Ierápetra, Tel. (0842) 22246

Iráklion

Directorate of Tourism for Crete
Odos Xanthulidu 1, GR-71202 Iráklion, Tel. (081) 228225 und 228203

Community of Limín Chersonissu
Ipokratus, GR-70014 Limín Chersonissu, Tel. (08 97) 227 64

Auskunft (Forts.)
Limín Chersonissu

Community of Paleochóra
GR-73001 Paleochóra, Tel. (08 23) 415 07

Paleochóra

Municipality of Réthimnon
Eleftériu Venizélu, GR-74100 Réthimnon, Tel. (08 31) 291 48 und 241 43

Réthimnon

Municipality of Sitiá
Iroon Polytehniu, GR-72300 Sitiá, Tel. (08 43) 249 55

Sitiá

Weitere Auskunftsstellen

Zimmerreservierungen

Die Informationsbüros der Griechischen Fremdenverkehrszentralen nehmen keine Hotelzimmerreservierungen entgegen. Schriftliche Bitten um Reservierung von Unterkünften sind zu richten an:

Griechische Hotelkammer

Xenodochiako Epimelitirio · XENEPEL
Stadiu 24, GR-10564 Athen
Telefax: (01) 322 54 49 und 323 69 62

Touristenpolizei

Auskünfte erteilt auch die Fremden- bzw. Touristenpolizei (Astynomia Allodapon) ⟶ Notdienste. Befindet sich keine Touristenpolizei am Ort, wende man sich an eine Polizeiwache.

Auskunftsstellen für Archäologie

Deutsche Archäologische Gesellschaft und
Deutsches Archäologisches Institut, Podbielskiallee 69–71
D-14195 Berlin, Tel. (030) 830 08–0

Außenstelle in Athen: Fidiu 1, GR-10678 Athen,
Tel. (01) 362 00 92 und 362 02 70

Deutsch-Griechische Gesellschaften

Vereinigung der Deutsch-Griechischen Gesellschaften
Dürenstraße 24, D-53173 Bonn, Tel. (02 28) 35 95 02

Goethe-Institute
Chaniá

Digeni Akrita 1, P.O.B. 73100, GR-73133 Chaniá, Tel. (08 21) 418 74

Autobus

Die Insel Kreta ist von einem dichten Linienbusnetz durchzogen. Hauptknotenpunkt der Fernbuslinien ist der Busbahnhof A bei der Fähranlegestelle am Hafen von Iráklion, wo sich auch die zentralen KTEL-Auskunftsbüros befinden: Tel. (081) 24 50 19, 24 50 20, 24 50 17, 25 59 65.
Busfahrpläne in englischer Sprache sind in den größeren Touristeninformationsbüros (⟶ Auskunft) sowie an den Busbahnhöfen in Ágios Nikólaos, Chaniá, Ierápetra, Iráklion, Kastélli Kíssamos, Réthimnon und Sitiá erhältlich; Iráklion, Chaniá und Réthimnon verfügen über mehrere Busbahnhöfe (Achtung: Die verschiedenen Busbahnhöfe innerhalb eines Ortes sind Standplätze für Ziele in unterschiedliche Richtungen; genaue Information ist ratsam). Meist halten Busse auch außerhalb von Bushaltestellen auf Zuwinken an.
Busfahrkarten sollten im voraus am Busbahnhof besorgt werden; bei Zustieg in kleineren Orten löst man sie im Bus.

Organisierte Busausflüge

Reisebüros organisieren u. a. auch Busausflüge, so z. B. Stadtrundfahrten in Chaniá oder Exkursionen zu den Sehenswürdigkeiten der Insel. Angeboten werden beispielsweise ab Chaniá und ab Iráklion: Knossós, die Samariá-Schlucht oder Réthimnon; ab Iráklion zusätzlich Festós–Gór-

Autobus, organisierte Busausflüge (Fortsetzung)

tis–Mátala (ganztägig), Ágios Nikólaos–Kritsá und die Lassíthi-Hochebene. Weitere Empfehlungen für Ausflugsmöglichkeiten erteilt das Personal an den Hotelrezeptionen oder sind in den Fremdenverkehrsstellen vor Ort (⟶ Auskunft) erhältlich.

Autofähren

Allgemeines

Wer mit dem eigenen Fahrzeug nach Griechenland bzw. nach Kreta reisen will, ist derzeit auf die zahlreichen Fährverbindungen zwischen Italien und Griechenland angewiesen (⟶ Anreise).
Von den italienischen Adriahäfen Venedig, Ancona, Bari und Brindisi verkehren Fährschiffe nach Patras. Die kürzeste und daher preiswerteste Verbindung führt von Brindisi/Apulien nach Igumenitsa/Westgriechenland.
Ab Venedig verkehren Fähren nach Iráklion bzw. von dort täglich nach Athen (Piräus); ab Piräus besteht u.a. Fährverkehr nach Iráklion.

Fährverbindungen nach und von Kreta

VERBINDUNG Häfen	REEDEREI Turnus	VERTRETUNG für Buchungen
Italien – Kreta		
Ancona – Iráklion	Minoan Lines 1 × wö. (Saison)	Seetours
Ancona – Igumenitsa – Patras – Iráklion	Marlines 1 × wöchentlich (Saison)	Euronautic Tours
Venedig – Iráklion	Adriatica 3 × monatlich (10.3.–10.1.)	Seetours
Innerhalb von Griechenland nach Kreta		
Piräus – Chaniá	Anek Lines täglich (ganzjährig)	Ikon Reisen Viamare
	Minoan Lines 3–5 × wöchentlich (ganzjährig)	Seetours
Piräus – Iráklion	Anek Lines täglich (ganzjährig)	Ikon Reisen Viamare
	Minoan Lines täglich (ganzjährig)	Seetours
Türkei – Kreta		
Kuşadası – Iráklion	Minoan Lines 1 × wöchentlich (17.5.–4.10.)	Seetours
Kreta – Ägypten		
Iráklion – Alexandria	Adriatica 3 × monatlich (13.3.–13.1.)	Seetours

Allgemeine Hinweise

Da die Schiffahrtsgesellschaften keine Haftung übernehmen, sollte man Wertgegenstände während der Überfahrt nicht im Fahrzeug lassen. Eine zusätzliche Seetransportversicherung ist empfehlenswert.

Caravan- und Wohnmobilfahrer sollten sich wegen der maximal zulässigen Fahrzeugabmessungen auf den einzelnen Autofähren bei der jeweiligen Reederei bzw. den vermittelnden Reisebüros erkundigen. Bestimmungen für Wohnanhänger ⟶ Camping und Caravaning.

Autofähren, Hinweise (Fortsetzung)

Beratung über fast alle Verbindungen erhält man in den ADAC-Geschäftsstellen, wo man auch buchen und das Faltblatt "Kraftfahrzeug-Fähren" beziehen kann. Weitere Informationen vermittelt die
Seepassagen und Touristik-Agentur
Heinrichstraße 9, D-60327 Frankfurt am Main, Tel. (069) 730471/72.

Allgemeine Auskünfte

Reedereien und Buchungsbüros

Seetours International
Seilerstraße 23, D-60313 Frankfurt am Main, Tel. (069) 1333-0

Adriatica

Ikon-Reiseagentur
Schwanthalerstraße 31/1, D-80336 München, Tel. (089) 5501041
Viamare Seetouristik A. Aglietti
Apostelstraße 9, D-50667 Köln, Tel. (0221) 2573781

Anek Lines

Illyria Line, c/o Sima
Philipp-Reis-Straße 3, D-84453 Mühldorf am Inn, Tel. (08631) 7679

Illyria Line

Euronautic Tours
Eberhardshofstraße 4, D-90429 Nürnberg, Tel. (0911) 269040

Marlines

Seetours International
Seilerstraße 23, D-60313 Frankfurt am Main, Tel. (069) 1333-0

Minoan Lines

Neptunia Schiffahrtsgesellschaft
Schmiedwegerl 1, D-81241 München, Tel. (089) 8348161

Neptunia

Autohilfe

Tel. 100

Polizeinotruf

Tel. 166

Unfallrettung

In Athen (ganzjährig): Tel. (01) 7775644
Weitere Notrufe ⟶ Notdienste
Ärztliche Hilfe ⟶ dort

Deutschsprachiger Notrufdienst des ADAC

Der Automobil- und Touringclub von Griechenland (ELPA) hat in mehreren Städten eigene Büros:
Chaniá: Apokoronu und N. Slula, Tel. (0821) 96611 und 97177
Iráklion: Leoforos Knossu und G. Papandreu, Tel. (081) 289440
Unter der Telefonnummer (01) 174 verfügt ELPA in Athen über einen besonderen Telefondienst für Touristen, der täglich (auch an Sonn- und Feiertagen) von 7.30 Uhr bis 22.00 Uhr in englischer, französischer und griechischer Sprache touristische Auskünfte erteilt.

ELPA

ELPA verfügt über einen Verkehrsdienst mit Streifenwagen (OVELPA), der ausländischen Fahrern Hilfe leistet. Es sind gelbe Wagen mit der Aufschrift 'Assistance Routiere'.

OVELPA (Straßenhilfsdienst der ELPA)

Durch Offenhalten der Motorhaube oder Anbringen eines gelben Tuches an einer auffallenden Stelle sollte man im Falle einer Panne o.ä. auf sich aufmerksam machen.

Notsignal für OVELPA

Autohilfe (Fortsetzung) OVELPA-Zentralen

Alle OVELPA-Zentralen haben die einheitliche Telefonnummer 104, die rund um die Uhr mit entsprechender Vorwahl erreicbar ist: in Ágios Nikólaos (0841), Chaniá (0821), Iráklion (081), Réthimnon (0831), Sitía (0843).

Gebühren

Normalerweise leisten die ELPA-Straßenwachtfahrer kostenlos Pannenhilfe; Ruf- und Abschleppgebühren werden jedoch erhoben.

Rechtshilfe

ELPA verfügt über eine Liste mit Adressen von Rechtsanwälten in verschiedenen Städten, die kostenlos Rechtsauskünfte erteilen.

Reparaturwerkstätten

Autorisierte Werkstätten bekannter Automobilhersteller wie Audi, BMW, Ford, Mercedes Benz, Opel, Peugeot, Renault und VW findet man u.a. in Iráklion, Chaniá oder Réthimnon.

Badestrände

Allgemeines

Die Insel Kreta verfügt über zahlreiche Sandstrände (z.T. auch Grobsand/Kiesel) und schöne Buchten. Die Badesaison geht von April bis November; zwischen Juni und September betragen die durchschnittlichen Wassertemperaturen (je nach N- oder S-Lage) etwa zwischen 19°C und 23°C. Da die Abendbrisen am Meer oft recht frisch sind, empfiehlt es sich, wärmende Kleidung mitzunehmen.

ADAC-Sommerservice

Unter der Telefonnummer (089) 7676-2569 erteilt der ADAC-Sommerservice in München von Juni bis Ende August aktuelle Informationen über Meerwasserqualität, Badeverbote, Strandzustand, Algenteppich, Wetter, Wasser- und Lufttemperaturen in ausgewählten griechischen Badeorten. Weitere Auskünfte und Beratung zu den Badestränden sind unter Tel. (089) 7676-4884 (6.00–22.00 Uhr) erhältlich.

Schöne Bucht bei Balí, zwischen Iráklion und Réthimnon

Badestrände (Fortsetzung)

Naturstrände

An den freien Stränden fehlen Einrichtungen jeglicher Art; auch Gefahrenschilder, Grenzbojen oder Netze gibt es nicht.

EOT-Strandbäder

Vorzüglich ausgerüstet sind die von der griechischen Fremdenverkehrsorganisation EOT (⟶ Auskunft) betreuten Strandbäder, die neben den üblichen Einrichtungen wie Kabinen, Kiosken und Spielplätzen auch über einen umfangreichen Sportservice sowie Restaurants und Diskotheken verfügen. Sie liegen vorwiegend im Bereich der größeren Städte und sind in erster Linie für die Einheimischen gedacht.

Wellengang

Insbesondere im Juli und August kann der heftig wehende Nordwind Meltemi (⟶ Reisezeit) starken Wellengang verursachen, wobei das Meer aufgewühlt, das Schwimmen im Meer u.U. erheblich beeinträchtigt und die Badestrände durch Tang und Unrat verunreinigt sein können.

Hotelstrände

Da die Hotelstrände verstärkt staatlichen Kontrollen unterliegen, ist ihre Pflege- und Serviceleistung recht gut. Bademeister und Erste-Hilfe-Stationen sind jedoch nicht überall die Regel.

Sandstrände

Weite Sandstrände und kleine Buchten gibt es an der Nordküste Kretas; einer der schönsten kilometerlangen Sandstrände erstreckt sich bei Georgiúpoli, 33 km östlich von Chaniá. Bei Kastélli Kíssamos, im Nordwesten Kretas, liegt der Strand von Falássarna, der ebenfalls zu den schönsten Sandstränden der Insel zählt. In der Mirabéllo-Bucht, 75 km östlich von Iráklion, befindet sich der beliebte Elúnda-Strand, dessen windgeschützte Lage Badebetrieb bis in den Spätherbst hinein ermöglicht. Rund 30 km östlich von Sitía, bei Váï, liegt Kretas berühmter Palmenstrand (s. Abb. S. 212/213).
Eine idyllische Bucht mit feinem hellen Sand ist die Evita Bay an der Nordküste Kretas, 32 km östlich von Réthimnon, beim Fischerdorf Bali. Unweit östlich von Chóra Sfakíon, unterhalb der mittelalterlichen Burg Frangokastello, erstreckt sich ein Strand mit besonders feinem Sand.

Kiesstrände

Im Westen der Insel liegen geschützte Kiesstrände unter Kalksteinklippen.

Felsküsten

Felsküsten, teils mit schönen Badebuchten, besitzt die Südküste Kretas.

Behindertenhilfe

Da derzeit auch der offizielle Hotelführer der griechischen Hotelkammer (Anschrift ⟶ Auskunft) keine Hinweise auf behindertengerechte Unterkünfte erteilt, sollten die ausgewählten Hotels – vorzugsweise der besseren Kategorien – direkt angeschrieben und nach speziellen Einrichtungen befragt werden. Auf Kreta eignen sich als Beförderungsmittel für Behinderte am ehesten ⟶ Taxis.

Botschaften

⟶ Diplomatische und konsularische Vertretungen

Camping und Caravaning

Auskunft

Greek Camping Association, Solonos 76
GR-10680 Athen, Tel (01) 3621560
Außerdem erteilen neben den Informationsbüros der Griechischen Zentrale für Fremdenverkehr auch die örtliche Touristenpolizei und das Büro

Camping und Caravaning (Fortsetzung)

des Automobilclubs ELPA in Athen Auskünfte über Campingplätze. Anschrift: Odos Messogion 2, GR-11527 Athen, Tel. (01) 779-1615–9.

Klassifizierung der Campingplätze

Die überwiegende Zahl der griechischen Campingplätze unterliegt der Überwachung der Fremdenverkehrsbehörde. Die Plätze sind außerdem klassifiziert: Kat. A = gehobene Ausstattung, Kat. B = gute Ausstattung, Kat. C = zufriedenstellende Ausstattung.
Neben der Griechischen Zentrale für Fremdenverkehr unterhalten der Griechische Touring-Club und private Unternehmer Campingplätze, auf denen z. T. auch kleine Häuser bzw. Hütten stehen, die gemietet werden können.

Hinweis für Caravan-Urlauber

Folgende Begrenzungen bestehen für Wohnanhänger: Höhe 3,80 m; Breite 2,50 m; Länge 12 m; Achsgewicht 9 t; Gesamtlänge für Zugwagen und Anhänger 15 m.

Freies Campen

Das Übernachten außerhalb von Campingplätzen, auf Straßen, Rast- und Parkplätzen sowie im freien Gelände, ist nicht erlaubt.

Campingführer

Detaillierte Hinweise über Campingplätze auf Kreta enthält der alljährlich neu erscheinende ADAC Campingführer, Band I: Südeuropa, erhältlich in jeder ADAC-Geschäftsstelle.
Ferner wird von der Greek Camping Association (Anschrift zu Beginn dieses Kapitels) in Zusammenarbeit mit der Griechischen Zentrale für Fremdenverkehr in Athen (⟶ Auskunft) und dem Tourist Guide of Greece in Athen die Broschüre "Camping in Greece" herausgegeben.

Diplomatische und konsularische Vertretungen

Griechische Botchaften

In Deutschland

Koblenzer Straße 103, D-53177 Bonn, Tel. (0228) 8301-0

In Österreich

Argentinierstraße 14, A-1040 Wien, Tel. (01) 5055791

In der Schweiz

Jungfrauenstrasse 3, CH-3000 Bern, Tel. (031) 3521637, 3520016

Vertretungen auf Kreta

Bundesrepublik Deutschland

Konsulate:
Odos Daskalogianni 64, GR-73100 Chaniá, Tel. (0821) 57944

Zografu 7, GR-71110 Iráklion, Tel. (081) 226288

Republik Österreich

Konsulat: Platía Eleftérias u Dedalu/3. Stock
GR-71201 Iráklion, Tel. (081) 222213 und 224025

Einkäufe und Souvenirs

Angebot

Kreta bietet vielerlei Möglichkeiten, Andenken zu erwerben. Allerdings hat sich eine Massenfabrikation entwickelt, so daß man Gegenstände von Qualität nicht immer auf den ersten Blick findet.

Volkskunst

Einen guten Einblick in die Volkskunst geben die Volkskunstläden. In manchen Dörfern der Insel bietet sich die Gelegenheit, bei der Herstellung der

Marktstände in Iráklion ▶

600
ΧΟΙΡΟΣ
440
400
ΣΠΑΛΑ 360
ΜΗΛΑ 80
ΑΧΛΑΔΙΑ 135

Einkäufe und Souvenirs (Fortsetzung)

Volkskunsterzeugnisse zuzuschauen. Auskünfte erteilen die Fremdenverkehrsstellen vor Ort (⟶ Auskunft).

Flokati-Teppiche

Großer Beliebtheit erfreuen sich die aus Wolle geknüpften, einem langhaarigen Schaffell ähnelnden Flokati-Teppiche, die es naturfarben oder eingefärbt in reicher Auswahl gibt.

Goldschmuck

An den besonders von Touristen frequentierten Orten wird Goldschmuck in großer Vielfalt angeboten. Ringe, Ketten und Armreifen sind z.T. wesentlich günstiger als in Deutschland.

Ikonen

Ikonen werden von Kunstliebhabern geschätzt. Handgemalte Ikonen kann man sich von einem griechischen Künstler nach eigenen Wünschen malen lassen.

Keramik

Keramik wird in allen Preislagen angeboten, von schlechten Nachahmungen antiker Vasen über gute Kopien bis zu den schönsten Produkten.
Bei den Töpferwaren ist Vorsicht geboten; die meisten sind nur bedingt abwaschbar, da die Farben meist nicht eingebrannt werden. Eine Töpferwerkstatt gibt es beispielsweise im Dorf Margarítes/Nomós Réthimnon.

Kräuter

Kräuter, die frisch gepflückt von der Insel kommen und teilweise als Tees angeboten bzw. für die Heilkunde verwendet werden, sind in speziellen Kräuterläden erhältlich.

Kretische Messer

In verschiedenen Straßen von Iráklion findet man Messerschmieden, in denen die traditionellen kretischen Messer hergestellt werden.

Lederwaren

Von den Lederwaren seien insbesondere erwähnt die traditionellen kretischen Stiefel, die Stivania, erhältlich beispielsweise in Chaniá in Stivanadika-Läden, sowie von Hand gefertigte Taschen und Ledersandalen (preisgünstig; gute Qualitäten gibt es in Réthimnon, Chaniá, Kavros und Georgiúpolis) erwähnt.

Makrameetaschen

Zu den beliebten Souvenirs zählen auch Makrameetaschen; schöne Exemplare findet man z.B. in Fódele, rund 30 km westlich von Iráklion.

Rakí

In den Supermärkten finden sich manche Delikatessen darunter auch Rakí-Schnaps (⟶ Essen und Trinken).

Stein, Metall, Holzschnitzereien

Gegenstände aus Marmor, Onyx und Alabaster, Kupfer- und Zinnwaren sowie Olivenholzschnitzereien sind ebenfalls beliebte Mitbringsel.

Süßigkeiten, Nüsse, Alkoholika

Reichhaltig ist die Auswahl an Süßigkeiten (würziger kretischer Bienenhonig, ouzogetränkter Feigenkuchen, Schokolade, Nußpaste u.a.) sowie an Trockenfrüchten, Nüssen, Mandeln, Pistazien und nicht zuletzt an verschiedenen Weinen und Spirituosen.

Textilien

Gern gekauft werden auch griechische Trachten sowie rethimnotische Stickereien (auch bestickte Decken, Tischwäsche und Taschentücher, Pantoffeln) und Spitzen. Beliebt sind u.a. auch die feingearbeiteten Stickereien aus Kritsá.

Webwaren

Schöne handgewebte Stoffe kauft man beispielsweise in Anógia und in Zoniana/Nomós Réthimnon oder in Zaros/Nomós Iráklion.

Eisenbahn

Hinweis

Auf Kreta gibt es keine Möglichkeiten, mit der Eisenbahn zu reisen; nur die Anreise nach Griechenland kann mit der Bahn erfolgen (⟶ Anreise).

Auskünfte über Eisenbahnverbindungen auf dem griechischen Festland erteilt der
Organismos Siderodromon Ellados (OSE)
Organisme des Chemins de fer Helléniques
Odos Karolu 1–3 und Odos Sina 6, Athen
Tel. (01) 5240601–605 und 5240646–8

Fahrplanauskünfte auch unter Tel. (01) 8237741

Eisenbahn (Fortsetzung)
Information

Elektrizität

Das griechische Stromnetz führt im Regelfall 220/230 Volt (auf den Schiffen oft nur 110 Volt) Wechselspannung.
Europanorm-Gerätestecker sind normalerweise verwendbar. Dennoch empfiehlt es sich, ein überall im Elektrohandel angebotenes Adapterset von zu Hause mitzunehmen; unter Umständen können Adapter – gegen Hinterlegung eines Pfandes – auch an der Hotelrezeption ausgeliehen werden.

Wechselstrom

Entfernungen

Entfernungen in Straßen-km zwischen ausgewählten Städten auf Kreta	Ágios Nikólaos	Chaniá	Chóra Sfakíon	Ierápetra	Iráklion	Kastélli Kíssamos	Paleochóra	Réthimnon	Sitía
Ágios Nikólaos	•	225	236	36	86	268	300	167	69
Chaniá	225	•	64	272	139	43	75	58	294
Chóra Sfakíon	236	64	•	237	150	107	139	69	305
Ierápetra	36	272	237	•	122	304	347	203	64
Iráklion	86	139	150	122	•	182	214	81	155
Kastélli Kíssamos	268	43	107	304	182	•	72	101	339
Paleochóra	300	75	139	347	214	72	•	133	369
Réthimnon	167	58	69	203	81	101	133	•	236
Sitía	69	294	305	64	155	339	369	236	•

Entfernungstabelle

Essen und Trinken

Speisen

Auf Kreta werden im allgemeinen dieselben Speisen wie im übrigen Griechenland serviert. In den Hotels findet man vorwiegend internationale Küche, die durch griechischen Einschlag mehr Farbe erhält. In den Restaurants dominiert die Landesküche, die orientalischen (meist türkischen) Einfluß zeigt – mit viel Olivenöl, Knoblauch und Kräutern. Obst und Gemüse werden reichlich angeboten, Fisch und Fleisch fast immer gegrillt.

Allgemeines

Diätwünsche sollten mit der Hoteldirektion abgesprochen werden. Magen- und Leberkranken wird empfohlen, Gegrilltes möglichst ohne Sauce ('choris salza') zu sich zu nehmen; auch ist Vorsicht beim Trinken von eisgekühltem Wasser geboten.

Hinweis

Hinweis (Fortsetzung)

Als Gedeck gehören auf den Tisch Brot (psomí), Salz (aláti), Pfeffer (pipéri) und Zucker (sachari).

Essenszeiten

⟶ Restaurants

Vorspeisen (orektika)

Die Auswahl an Vorspeisen ist groß. Neben den zum Aperitif gereichten kleinen Appetithappen (mese; u.a. Oliven) sind Garnelen- und Muschelgerichte, Meeresfrüchte oder mit Reis gefüllte Weinblätter (dolmádes) sowie Salate (salátes) zu nennen.

Suppen (supes)

Die Suppen sind meist recht gehaltvoll und werden oft mit Ei und Zitronensaft geschmacklich abgerundet. Beliebt ist die Fasolada (dicke Bohnensuppe), die Pfeffersuppe (piperi supa) mit Gemüse- und Fleischeinlage sowie die klare Fleischbrühe (somos kreatos).
Zu nennen sind auch Fischsuppen (psarósupes). Aus handgemahlenem Weizen wird auf Kreta Chontro hergestellt, das u.a. in einer Art Suppe gegessen wird.

Fleisch (kréas)

Bevorzugt werden Lammfleisch (arnáki) oder Hammel (arní), die meist gebraten oder gegrillt auf den Tisch kommen. Verbreitet sind Gyros (sprich Jíros; am senkrechten Drehspieß gegrilltes Fleisch) und Fleischspießchen (suvláki). Kokoretsi sind Innereien am Spieß.

Aufläufe

Beliebte Aufläufe sind Pastítsio (Makkaroni und Hackfleisch) und Mussaká (Kartoffeln und Auberginen).

Gemüse, Salate (lachaniká, salátes)

Typische Gemüsearten sind Artischocken (angináres), Auberginen (melitsánes), kleine Kürbisse (kolokitakia), Paprikaschoten (piperiá) und Zucchinis sowie Wein- und Kohlblätter, die meist (mit Rinderhack, Reis und Kräutern) gefüllt oder in Öl gegart werden. Daneben findet man Stangensellerie, Spinat und Lauch.
Bei Salaten hat man die Auswahl zwischen Kopfsalat (marúli), Tomatensalat (tomáto saláta), Spargelsalat (sparanga saláta) und dem aus Gurken, Tomaten, Oliven und Schafskäse bestehenden 'Bauernsalat' (choriatiki).

Kräuter und andere Zutaten

Kräuter werden auf Kreta reichlich verwendet, so u.a. Minze, Dill und Petersilie. Zur Geschmacksverbesserung richtet man viele Speisen mit Zwiebeln und Zitronen an.

Fisch (psári)

Fische und Meeresfrüchte spielen eine große Rolle in der griechischen Küche, darunter vor allem Brassen (sinagrída, tsipúra), Seezungen (glossa), Meerbarben (barbúni) und Thunfisch (tónos). Daneben finden sich Hummer (astakós), Muscheln (mídia), Tintenfische (kalamária), Kraken (oktapódi) und andere Meerestiere.

Nachspeisen (deser)

Neben Eis (pagotó) gibt es viele einheimische Früchte, je nach Jahreszeit Wassermelonen (karpúsi), Zuckermelonen (peponi), Pfirsiche (rodákino), Birnen (achladi), Äpfel (mílo), Apfelsinen (portokáli), Weintrauben (stafíli) und Feigen (síka). Angeboten werden ferner süßer Milchreis, Pudding und Torten sowie bugátsa (kuchenartiges Gebäck).

Kuchen, Brot

Anläßlich von großen Kirchenfesten, wie Ostern und Weihnachten, bzw. Familienfeiern werden traditionelle Brote gebacken, so u.a. an Ostern Osterkranz- oder Eierkranzkuchen, zu Weihnachten Christbrot oder Kreuzbrot. Beliebt sind auch die mit verschiedenen Motiven aus Teig dekorierten Hochzeitsbrote und Taufbrote.

Käse (tyri)

Griechischer Käse ist meist aus Schaf- oder Ziegenmilch hergestellt, aus der auch der herrliche Joghurt (jaurti) gemacht wird. Spezialitäten der kretischen Küche sind die Sfakia Pastete (Lamm mit Frischkäse in Pastetenteig, im Ofen gebacken) und Kalitsunia (kleine handgemachte, mit Frischkäse gefüllte und in Öl gebackene Pasteten).

Hochzeitsbrote

Getränke

Wein

Das am meisten verbreitete Getränk ist der Wein (krassí). Auf Kreta wird seit über 3000 Jahren Wein angebaut. Es werden Rebsorten für Rotwein (mávro krassí) und Weißwein (áspro krassí) angebaut; man keltert trockenen und süßen Wein.
Außergewöhnliche Weine liefern die südlich von Iráklion sich ausbreitenden Weinberge der Orte Archánes und Peza; die Peza Union in Iráklion führt u.a. die folgenden Marken: Mantiko (trockener Rotwein), Regalo (trockener Weißwein), Logado (trockener Rosé, Weißwein und Rotwein). Eine der ältesten Weinbaugesellschaften dieser Region ist Minos Wines, die u.a. den San Antonio, einen dem Bordeaux vergleichbaren Rotwein anbietet. Als leichte Getränke im Sommer eignen sich die Minos Palace (Rosé und Weißwein) genannten Weine.
Olympias in Iráklion führt u.a. Cava d'Oro (Rosé und Weißwein), Peza (Rot- und Weißwein) sowie Gala White (Weißwein).

Retsína

Bestimmte Landweine werden zur Verbesserung der Haltbarkeit geharzt (krassí retsínato) und erhalten dadurch einen eigentümlichen herben Geschmack, an den man sich erst gewöhnen muß; sie sind aber appetitanregend und sehr bekömmlich. Schon in der Antike bestand in Griechenland eine Vorliebe für retsinierten, d.h. geharzten Wein. Reste von Baumharz (griechisch 'retsína') fanden sich in ältesten Amphoren. Das Harz wird dem Wein während des Gärungsprozesses zugesetzt.
Man sollte darauf achten, daß der Wein aus den in den Tavernen gelagerten Holzfässern stammt.

Ungeharzter Wein

Daneben gibt es eine Reihe ungeharzter Weiß- und Rotweine, die den Richtlinien der Europäischen Gemeinschaft entsprechen und mit den Kennbuchstaben V.Q.P.R.D. markiert werden.

Essen und Trinken (Fortsetzung) Fachausdrücke

emphiálosis	Abfüllung
epitrapésio krassí	Tischwein
inopolíon	Weinhandlung
ínos	Wein
ínos erithrós	Rotwein
ínos lefkós	Weißwein
ínos máwros	Rotwein
kambanítis	Schaumwein
krassí	Wein
máwro krassí	Rotwein
paraghojí	Erzeugung
pínetä dhroseró	kühl trinken
retsína	geharzter Wein
rosé	Rosé
sampánja	Champagner
xirós	trocken

Bier

Die Tradition des griechischen Brauwesens geht auf den aus Bayern stammenden ersten König Otto zurück. Bier (bíra) wird aus Lizenzproduktion internationaler Brauereien (u. a. Henninger, Kronenbourg) angeboten.

Spirituosen (pnevmatodi pota)

Als Aperitif wird meist der Ouzo getrunken, ein Anisschnaps, den man mit Eiswürfeln oder mit etwas Wasser verdünnt, wobei er ein milchiges Aussehen annimmt. Er ist das beliebte Getränk zu den berühmten griechischen Vorspeisen (mezedes) am späten Vormittag.
Der Raki – nicht zu verwechseln mit dem gleichnamigen türkischen Schnaps –, auch Tsikudia genannt, ist aus Weintrester (Treber) gebrannt und ziemlich stark.
Vorsicht ist angeraten vor billigen Imitationen, die bisweilen in Touristenläden angeboten werden.
Die Rinde des Mastixbaums wird zur Herstellung von Mastixschnaps (masticha) verwendet. Kognak (koniák) ist fruchtig und relativ süß.

Alkoholfreie Getränke

An alkoholfreien Getränken gibt es neben Wasser (neró) und Mineralwasser (metallikó neró) vor allem Orangen- und Zitronenlimonade (portokalada, lemonáda) sowie frische Säfte (portokálada fréska).

Kaffee (kafés)

Beim 'griechischen' Kaffee unterscheidet man eine ganze Skala von Zubereitungsarten je nach Stärke und Süße: z. B. kafés glikós vrastos (mit viel Zucker gekocht), kafés varis glikós (stark und süß) oder kafés elafros (leicht). Beliebt ist der kafés métrios (mittelstark, mittelsüß).

Tee (tsai)

Neben schwarzem Tee (mavro tsai) gibt es Kräutertee, z. B. tsai menda (Pfefferminztee), kamumillo (Kamillentee) und tsai tu vunu (Tee aus Bergkräutern).

Fähren

→ Autofähren

Feiertage

Gesetzliche Feiertage

Gesetzliche Feiertage sind:
Neujahrstag (1. Januar)
Heilige Drei Könige (6. Januar)
Tag der Unabhängigkeit (25. März)
Tag der Arbeit (1. Mai)
Óchi-Tag (28. Oktober),

Gedenktag an das Nein (= óchi) zum Ultimatum Italiens im Jahre 1940
Weihnachten (25. und 26. Dezember).

Gesetzl. Feiertage (Fortsetzung)

Hinzu kommt noch eine Reihe von kirchlichen Feiertagen, darunter:
Katharí Deftéra (Rosenmontag)
Karfreitag
Ostern
⟶ Veranstaltungskalender: Griechisches Osterfest
Pfingsten
Mariä Verkündigung
Mariä Himmelfahrt (15. August)
Am 2. und am 5. Januar, am Samstag vor Fastnacht, am (griechischen) Gründonnerstag sowie am Karsamstag und Ostermontag, am 1. Mai und am Pfingstsonntag sind die meisten öffentlichen Einrichtungen und die Geschäfte allenfalls vormittags geöffnet.
Lokale Bedeutung haben Kirchweihfeste (Panigiri) und Namenstage.

Kirchliche Feiertage

Ferienhäuser und Ferienwohnungen

Allgemeines

Ferienhäuser und Ferienwohnungen für Selbstverpfleger werden auch auf Kreta vielerorts angeboten. Listen sind u. a. erhältlich bei den Fremdenverkehrsstellen auf Kreta (⟶ Auskunft). Reisebüros in Deutschland und auf Kreta können ebenfalls die Vermittlung übernehmen.
Nachfolgend eine Auswahl von Anbietern:

Ferienwohnungsvermittlung Wendel

Preisgünstige Ferienwohnungen und Ferienhäuser in der Vorsaison (auch Fährpassagen und Leihwagen) auf Kreta können gebucht werden bei der
Ferienwohnungsvermittlung Photini Wendel
Borkumer Straße 5, D-90425 Nürnberg, Tel. (0911) 342523

inter Chalet

Die Ferienhaus-Gesellschaft 'inter Chalet' bietet ebenfalls Ferienhäuser und Ferienwohnungen auf Kreta an:
inter Chalet Ferienhaus-Gesellschaft
Kaiser-Joseph-Straße 263, D-79098 Freiburg/Brsg., Tel. (0761) 210077

Interhome

Friedberger Anlage 14, D-60316 Frankfurt am Main
Tel. (069) 490658

Kutsunari Traditional Cottages & Naku Village

An der Südküste Kretas, in Kutsunári bei Ierápetra, hat man die Wahl zwischen restaurierten ehemaligen Bauernhäusern oder dem Naku Village (im alten Stil erbaute neue Häuser) mit herrlichem Blick auf das Meer. Weitere Informationen erteilt
Kutsunari Traditional Cottages & Naku Village
P.O.Box 32, GR-72200 Ierápetra
Tel. von Deutschland: (0030842) 61291 und 25738.

Apostolos Lagonikakis

15 km außerhalb von Chania liegen am Meer (Sandstrand; geeignet für Kinder) die Ferienappartements Zorbas; weitere Informationen erteilt:
Apostolos Lagonikakis
Platía Metropolis, GR-73100 Chaniá,
Tel. von Deutschland: (0030821) 52525.

Minotours Hellas, Rethimno Tours, Kalamaki Travel

Über individuellen Urlaub in ausgesuchten Ferienwohnungen und Studios (ausgestattet mit kretischen Bauernmöbeln) informiert das von den Veranstaltern Minotours Hellas (Istro), Rethimno Tours (Réthimnon) und Kalamaki Travel (Chaniá) zusammengestellte Angebot; ein Katalog ist erhältlich in Deutschland bei der
Ferienhausvermittlung Rosalie Großheim
Hüttenbrink 1, D-37520 Osterode-Lerbach
Tel./Fax (05522) 3934.

Ferienhäuser und Ferienwohnungen (Fortsetzung)
'Takis' Ferienhäuser in Griechenland

Ein großes Angebot an Ferienhäusern (Villen, Bungalows) und -wohnungen (Appartements und Zimmer) auf Kreta bietet
'Takis' Ferienhäuser in Griechenland
Athanassios Rumpakias
Müllerstr. 47, D-80469 München, Tel. (089) 260941-0.

Fernsehen

→ Radio und Fernsehen

FKK

Freikörperkultur

Freikörperkultur (FKK) wird in Griechenland in geschlossenen, öffentlich nicht zugänglichen Freizeitanlagen toleriert.
Man sollte sich aus Rücksicht auf kretische Moralvorstellungen außerhalb dieser Anlagen nicht ohne Badekleidung am Strand aufhalten. Wo sich Einheimische durch Nackte gestört fühlen, kann der Besucher immer noch hart bestraft werden.

Flugverkehr

Internationale Flüge

Sowohl durch die griechische Fluggesellschaft Olympic Airways als auch durch zahlreiche ausländische Luftfahrtgesellschaften ist Griechenland an das internationale Liniennetz angeschlossen.

Flughafensteuer

Die unlängst eingeführten Flughafensteuern (airport taxes) für internationale Flüge und für Inlandflüge sollen zur Finanzierung des neuen Flughafens bei Athen beitragen.

Innergriechische Flugverbindungen

Griechenland verfügt über ein sehr enges Netz von Inlandflügen. Mit Olympic Airways bzw. deren Inlandsunternehmen Olympic Aviation (Informationen bei Olympic Airways; Adressen s. Fluggesellschaften) können täglich die wichtigsten Inseln, darunter auch Kreta, von Athen erreicht werden.
Da auf innergriechische Flugpläne kein absoluter Verlaß ist, sollte man sich vor der Abreise unbedingt erkundigen, ob die betreffenden Strecken auch wirklich zu den genannten Zeiten beflogen werden.
Von Athen werden Chaniá, Iráklion und Sitía angeflogen.
Von Saloniki kann man ebenfalls auf die Insel Kreta nach Chaniá und Iráklion fliegen.
Von Iráklion gibt es u.a. Flugverbindungen nach Rhodos, Santorin und Saloniki.

Charterflüge

Zahlreiche Chartermaschinen fliegen, besonders in der Hochsaison, Griechenland bzw. Kreta an (Auskunft bei den Reisebüros).

Sonderflüge

Für Studenten und Campingtouristen gibt es günstige Sonderflüge (Auskünfte bei ASTA, ADAC-Geschäftsstellen und spezialisierten Reisebüros).

Fluggesellschaften

Olympic Airways
Büro Deutschland

Hamburger Allee 2–10
Plaza Bureau Center, 8. Stock, Flügel A, D-60486 Frankfurt am Main
Tel. (069) 7950940

Österreich

Büro Österreich: Canovagasse 7, A-1010 Wien, Tel. (01) 5044165-0

Fluggesellschaften (Fortsetzung) Schweiz

Büro Schweiz: Talstrasse 66, CH-8001 Zürich, Tel. (01) 2113737
Büro in Genf: 4, Tour de l'Ille, CH-1204 Genève, Tel. (022) 3119621.

Kreta

Olympic Airways besitzt an allen griechischen Verkehrsflughäfen Niederlassungen.
Ágios Nikólaos: Plastira 20, Tel. (0841) 22-033 und 28-929
Chaniá: Stratigu Tzanakaki 88, Tel. (0821) 40268 und 58005
Ierápetra: Eleftériu Venizélu, Tel. (0842) 22-444 und 22-908
Iráklion: Eleftérias, Tel. (081) 229-191 und 223-400
Réthimnon: Kumunduru 5, Tel. (0831) 22-257, 63-219 und 27-353
Sitiá: Eleftériu Venizélu 56, Tel. (0843) 22-270 und 22-596

Air Greece Büro Deutschland

Sitz in Iráklion.
Buchungen in Deutschland: Touristic & Air Services
Fürstenwall 176, D-40215 Düsseldorf, Tel. (0211) 377991

Condor Büro Deutschland

Condor Buchungszentrale, Am Grünen Weg 1–3, D-65451 Kelsterbach
Tel. zum Nulltarif (0130) 7130 oder (06107) 939-880

Lufthansa Iráklion

Ethn. Antistaseos 172, Tel. (081) 245068 und 245046
Am Flughafen Níkos Kasantzákis: Tel. (081) 223640

Folklore

Volkstrachten

Die griechischen Volkstrachten sind in den letzten Jahren seltener geworden, doch sind sie in einigen Gegenden durchaus noch Bestandteil des Volkslebens. So tragen z.B. auf Kreta die Männer gelegentlich noch die charakteristische Pluderhose (vráka) und ein schwarzes Kopftuch.

Brauchtum

Reich entwickelt und immer noch stark in der Tradition verankert ist das Brauchtum, das sich besonders bei den vielen Kirchenfesten (vor allem Ostern und Patronatsfeste) und ländlichen Familienfeiern manifestiert.

Volksmusik

In den letzten Jahren ist die griechische Volksmusik auch in Mitteleuropa bekannt geworden, die mit ihrer eigentümlichen Rhythmik und den für unser Ohr recht ungewohnten Tonschritten auch die zeitgenössische griechische Unterhaltungsmusik in hohem Maße beeinflußt.

Volkstanz

⟶ Kunst und Kultur, Musik und Tanz

Fotografieren und Filmen

Bestimmungen

In Museen ist das Fotografieren meistens gestattet; Aufnahmen mit Blitz oder Stativ sind gebührenpflichtig.
Das Fotografieren an archäologischen Stätten, in Ausgrabungs- und Ruinenbezirken ist in der Regel frei; bei Verwendung eines Stativs ist jedoch eine Sondergenehmigung erforderlich. Die Kosten sind für Amateure und Berufsfotografen unterschiedlich hoch und richten sich auch nach Art und Umfang der Aufnahmen. Die Sondergenehmigung muß rechtzeitig vor Reiseantritt beantragt und die Gebühren bezahlt werden. Informationen sind bei der Griechischen Zentrale für Fremdenverkehr (⟶ Auskunft) bzw. beim Kultur- und Wissenschaftsministerium in Athen (Anschrift ⟶ Antiquitäten) erhältlich.
Militärische Anlagen (z.B. NATO-Flughafen von Chaniá) dürfen prinzipiell nicht abgelichtet werden.

Hinweise

Filmmaterial ist teuer, so daß man einen Vorrat mitnehmen sollte. Der Abschluß einer Reisegepäckversicherung für wertvolle Film- und Fotoaus-

Fotografieren und Filmen (Fortsetzung)

rüstungen ist empfehlenswert. Bei der Einreise beachte man die besonderen ⟶ Zollbestimmungen für Zweitgeräte.

Geld

Währung

Die griechische Währungseinheit ist die Drachme (Dr., Mehrzahl Drs.) zu je 100 Lepta. Es gibt Banknoten zu 50, 100, 500, 1000, 5000 und 10 000 Drs., Münzen im Wert von 5, 10, 20, 50 und 100 Drs.; Lepta sind weitgehend außer Gebrauch.

Wechselkurse (veränderlich)

100 Drs. = 0,70 DM	1 DM = 142,85 Drs.
100 Drs. = 4,35 öS	1 öS = 22,99 Drs.
100 Drs. = 0,53 sfr	1 sfr = 188,68 Drs.

Einfuhr von Landeswährung und Devisen

Pro Person dürfen in griechischer Währung bis zu 100 000 Drs. eingeführt werden. Ausländisches Bargeld und Reiseschecks unterliegen keinen Beschränkungen. Fremdwährungen im Wert von über 1000 US-Dollar pro Person sollten bei der Einreise deklariert werden, damit nichtverbrauchte Beträge wieder ausgeführt werden können.

Ausfuhr von Landeswährung und Devisen

Die Ausfuhr von Landeswährung ist auf 20 000 Drs. pro Person begrenzt (jeweils in Scheinen bis zu 1000 Drs.). Eingeführte Fremdwährung darf bis zur Höhe des bei der Einfuhr deklarierten Betrages wieder ausgeführt werden, sonst bis zum Gegenwert von 1000 US-Dollar.

Bankschalterstunden

Die Banken (Bank = griech. ΤΡΑΠΕΖΑ) öffnen im allgemeinen: Mo. – Do. 8.00 – 14.00, Fr. 8.00 – 13.30 Uhr. Die Filialen in den Flughäfen haben meist längere Öffnungszeiten.

Geldwechsel allgemein

Wie generell in Ländern mit schwächerer Währung ist es vorteilhafter, den Geldwechsel erst auf Kreta vorzunehmen.

Geldwechsel in Hotels

An den Rezeptionen etlicher Hotels können ausländische Währungen in griechische Währung umgetauscht werden; der Auszahlungskurs ist oft jedoch ungünstiger als z. B. an Bankschaltern.

Wechselquittung

Die beim Geldumtausch ausgehändigten Wechselquittungen sollten unbedingt aufbewahrt werden, da sie unter Umständen bei der Ausreise an der Grenze vorzulegen sind.

Postämter

In vielen Postämtern sind Wechselstuben eingerichtet.

Schecks

Eurocheques dürfen bis zu einem Wert von 45 000 Drs. ausgestellt werden. Umgehend eingelöst werden Eurocheques in Verbindung mit der Scheckkarte (auch Reisepaß oder Kennkarte zum Ausweisen mitnehmen!) von den in den größeren Städten sowie in den Fremdenverkehrszentren ausreichend vertretenen Banken; dies gilt auch für gängige Reiseschecks.
Reguläre Bankschecks werden erst nach Rückfrage bei der bezogenen Bank eingelöst, was einige Tage dauern kann.

Verlust von Schecks und/oder Scheckkarten

Bei Verlust von Eurocheques und/oder ec-Scheckkarten verständige man zur sofortigen Sperrung den rund um die Uhr erreichbaren Zentralen Annahmedienst für Verlustmeldungen von Eurocheque-Karten in Frankfurt am Main; Telefon aus Griechenland: (00 49/69) 74 09 87.

Kreditkarten

Auf Kreta werden wie im übrigen Griechenland die international gängigen Kreditkarten akzeptiert.
Für den Fall des Verlustes wende man sich unverzüglich an das betreffende Kreditkartenunternehmen (Empfehlung: Notrufnummern vor Reiseantritt notieren!).

Geschäftszeiten

Allgemeines

Ende 1992 wurden von der griechischen Regierung die Ladenschlußzeiten aufgehoben; das bedeutet, daß die Ladenbesitzer frei bestimmen können, wie lange sie ihre Geschäfte offen halten. Die Verkaufsstellen können werktags 24 Stunden geöffnet sein, ebenso an Sonn- und Feiertagen, wenn das Geschäft in einer von Touristen frequentierten Region liegt.

Apotheken

⟶ dort

Banken

⟶ Geld

Geschäfte

In den größeren Städten sind die Einzelhandelsgeschäfte im allgemeinen geöffnet: Mo., Mi. und Sa. 8.30–14.30 Uhr, Di., Do., Fr. 8.30–13.30 und 17.30–20.30 Uhr.
In Lebensmittelgeschäften bzw. Supermärkten der größeren Städte kann man einkaufen: Mo.–Fr. 8.30–20.00, Sa. 8.30–16.00 Uhr.
Souvenirläden sind in der Regel täglich von morgens bis in die späten Abendstunden offen.

Museen

⟶ dort

Postämter

⟶ Post und Telekommunikation

Restaurants

Restaurants kann man normalerweise von 12.00 bis 16.00 Uhr und von 20.00 bis 24.00 Uhr besuchen.

Gesundheitstips

Allgemeines

Heißes Klima, ungewohnte Speisen und Getränke können unter Umständen das Wohlbefinden beeinträchtigen. Man tut gut daran, in den ersten Tagen körperliche Anstrengungen zu vermeiden sowie sich nicht zu lange der Sonnenstrahlung auszusetzen. Eine gewisse Vorsicht sollte man beim Genuß roher Speisen, ungeschälter Früchte und Speiseeis sowie offener Getränke üben.

Reiseapotheke

Eine gut ausgestattete Reiseapotheke ist empfehlenswert. Daß man Medikamente, auf die man ständig angewiesen ist, in ausreichender Menge von zu Hause mitnimmt, versteht sich deshalb von selbst. Ferner sollte die Reiseapotheke u.a folgendes enthalten: Fieberthermometer, Schere, Splitterpinzette, Watte, zwei Mullbinden, ein Päckchen Verbandstoff, zwei Päckchen Schnellverband, Wund- und Heftpflaster, Wundpuder und -salbe, Schmerztabletten, je ein Medikament gegen Durchfall und Verstopfung, Tabletten oder Zäpfchen gegen Reisekrankheit, ein Kreislaufmittel und Sonnenschutzcreme.

Schutzimpfung

Unbedingt empfehlenswert ist eine Tetanus-Schutzimpfung gegen Wundstarrkrampf. Auch kleine Wunden sollten sofort ausgewaschen und desinfiziert werden, um Entzündungen vorzubeugen.

Apotheken

⟶ dort

Ärzte

⟶ Ärztliche Hilfe

Getränke

⟶ Essen und Trinken

Häfen

→ Autofähren
→ Sportschiffahrt

Höhlen

Schauhöhlen

Auf Kreta gibt es einige begehbare Schauhöhlen – meist Tropfsteinhöhlen:

Bärenhöhle beim Kloster Guvernéto bei Chaniá
Melidóni-Höhle bei Réthimnon
Höhle von Skotinó bei Iráklion
Eileithyia-Höhle bei Iráklion
Diktäische Grotte bei Psichró/Lassíthi
Kamáres-Höhle im Ida-Gebirge
Idäische Höhle im Ida-Gebirge

Hotels

Zimmerreservierung

Will man auf Kreta um Ostern oder in der Hauptsaison (von Juni bis September) Urlaub machen, so ist in jedem Falle eine Zimmervorbestellung ratsam.
Zimmerreservierung und Informationen bei der Griechischen Hotelkammer (→ Auskunft).

Preisniveau

Während der Hauptreisezeit liegen die Unterkunftspreise in Griechenland kaum unter dem Niveau mitteleuropäischer Reiseländer, in der Vor- und Nachsaison dagegen wesentlich darunter.

Hotelkategorien

Die Hotels in Griechenland sind offiziell in sechs Kategorien gegliedert (L = Luxus, A, B, C, D und E).

Die nachstehende Liste fußt auf dem amtlichen griechischen Hotelverzeichnis, wobei die Spitzenhotels zusätzlich mit einem *Baedeker-Stern gekennzeichnet sind. Bei den Orten ist in Klammer der entsprechende Nomós (Verwaltungsbezirk) hinzugefügt.
Abkürzung: B. = Betten

Ferienclubs, Feriendörfer

Immer größeren Zuspruch findet der Urlaub in Ferienclubs und Feriendörfern, da sie eine breite Palette sportlicher Aktivitäten, insbesondere Wassersport, anbieten und zahlreiche Veranstaltungen aller Art organisieren. Über Details informieren die Reisebüros.

Hotelliste (Auswahl)

Agía Galíni (Réthimnon)

Andromeda, B, 40 B.
Sunningdale, B, 36 B.
Acropolis, C, 32 B.
Adonis, C, 39 B.
Familiär geführtes Hotel in ruhiger Lage
Astoria, C, 42 B.
Galini Mare, C, 48 B.
Irini Mare, C, 69 B.
Am Fuß eines Hügels, 100 m vom Kiesstrand entfernt; Terrasse mit schönem Blick über die Bucht von Agía Galíni
Areti, D, 74 B.

Agía Marína (Chaniá)

Amalthia (Hotel & Bungalows), B, 115 B.
Am Ortsrand, an einer Durchgangsstraße gelegen; Mountain-Bike-Station
Santa Marina, B, 120 B.
Am Sandstrand gelegen; Zimmer im kretischen Stil eingerichtet
Apladas, C, 132 B.

Agía Pelagía (Iráklion)

Alexander House, A, 109 B.
Komfortables Hotel in Strandnähe; u. a. reichhaltiges Buffet
Capsis Beach, A, 1229 B.
Peninsula (Hotel & Bungalows), A, 367 B.
Auf Klippen, etwa 50 m vom Sand-/Kiesstrand gelegen; in der Hochsaison mehrmals wöchentlich Abendveranstaltungen
Panorama, B, 156 B.
Stelios, B, 76 B.

Hotel Minos Palace in Ágios Nikólaos

Agía Ruméli (Chaniá)

Aghia Roumeli, B, 13 B.

Ágios Nikólaos (Lassíthi)

*Minos Beach (Hotel & Bungalows), L, 233 B.
*Minos Palace (Hotel & Bungalows), L, 276 B.
Wunderschöne ruhige Lage auf einer kleinen Halbinsel; herrliche Gartenanlage
*Mirabello Village (Hotel & Bungalows), L, 251 B.
Archontikon (Appartements), A, 20 B.
Cretan Village, A, 22 B.
Hera Village (Appartements), A, 88 B.
Hermes, Akti Kunduru, A, 379 B.
Komfortables Hotel nahe einer Badebucht mit Sandstrand
Mirabello (Hotel & Bungalows), A, 322 B.
In schöner Umgebung
Ammos, B, 56 B.

Ágios Nikólaos (Fortsetzung)

Ariadni Beach (Appartements), B, 142 B.
Coral, B, 323 B.
Gehobenes Mittelklassehotel
Domenico, Argiropulu 3, B, 46 B.
El Greco, Akti Themistokleus Milos, B, 87 B.
Leventis, M. Sfakianaki 15, B, 17 B.
Libritis (Appartements), B, 30 B.
Miramare, B, 100 B.
Olga, Ergatikis Estias 20, B, 54 B.
Ormos, B, 86 B.
Rhea, Marathonos & Milatu 10, B, 220 B.
Sand Apartments, 6 Giabudaki, B, 56 B.
Acratos, C, 59 B.
Alcestis, Akti Kunduru 30, C, 45 B.
Alfa, Tselepi 23, C, 74 B.
Almyros Beach, C, 87 B.
Apollon, Minoos 9, C, 114 B.
Astoria, C, 50 B.
Creta, C, 50 B.
Cronos, Arcadiu 2, C, 68 B.
Du Lac, C, 60 B.
Elena, Minoos 15, C, 77 B.
Europa, Agiu Athanassiu 12, C, 64 B.
Kamara, Minoos 8, C, 51 B.
Kouros, Etnikis Anistaseos-Koritsas 17, C, 47 B.
Lato, C, 48 B.
Lito, Havania, C, 71 B.
Myrsini, Akti Kunduru, C, 60 B.
Pangalos, Tselepi 19, C, 43 B.
Panorama, Akti Kunduru & Sarolidi 2, C, 50 B.
Pergola, Sarolidi 20, C, 50 B.
Sgouros, N. Pangalu Kitroplatia, C, 48 B.
Zephyros, Idomeneos 6, C, 48 B.

Ammudára (Iráklion)

Agapi Beach, A, 391 B.
Großzügige Anlage am kilometerlangen Sandstrand
Creta Beach (Hotel & Bungalows), A, 262 B.
Viele Sportmöglichkeiten; Diskothek
Dolphin Bay, A, 498 B.
Weitläufige Hotel- und Bungalowanlage am Sand-/Kiesstrand
Santa Marina Beach, A, 220 B.
Ruhige und angenehme Anlage direkt am feinsandigen Strand
Alcyon, B, 58 B.
Minoas, C, 67 B.

Amudára (Lassíthi)

Virginia (Appartements), B, 38 B.
Stella (Appartements), C, 29 B.

Chaniá (Chaniá)

Amfora, Parodos Theotokopulu 20, A, 30 B.
Historisches Gebäude aus dem 13. Jh. am alten Hafen; Restaurant mit traditioneller kretischer Küche
Kydon, Platia Agoras, A, 188 B.
Doma, El. Venizelu 124, B, 56 B.
Porto Veneziano, Akti Enosseos, B, 108 B.
Samaria, Kidonias & Zimvrakakidon, B, 110 B.
Xenia, Theotokopulu, B, 88 B.
Prächtige Sicht über den Hafen; schöner Garten
Aptera Beach, Paralia Agion Apostolon, C, 92 B.
Astor, El. Venizelu & 2 A. Arhontaki, C, 68 B.
Candia, Malaxis-Skiner-Nea Hora, C, 33 B.
Canea, Platia 1866 16, C, 94 B.
Diktynna, D. Episkopu 1, C, 61 B.

Chaniá (Fortsetzung)

Kriti, N. Foka & Kipru 10, C, 189 B.
Lucia, Akti Kundurioti, Paleo Limani, C, 72 B.
Omalos, Kidonias Ave. 71, C, 63 B.
Im eleganten Vorort Halepa, nahe dem Strand:
Halepa, A, El. Venizelu 164, 94 B.
Landhaus, eingerichtet im Stil des 19. Jh.s

Elúnda (Lassíthi)

*Astir Palace Elounda (Hotel & Bungalows), L, 551 B.
*Elounda Bay (Hotel & Bungalows), neben Elounda Beach Hotel
Gartenanlage; Mitglied von The Leading Hotels of the World
*Elounda Beach (Hotel & Bungalows), L, 578 B.
Anlage in landestypischer Bauweise, reizvoll in der Mirabello-Bucht gelegen; Mitglied von The Leading Hotels of the World; Sport, Unterhaltung und Verpflegung auf hohem Niveau
*Elounda Mare (Hotel & Bungalows), L, 200 B.
Ruhige, terrassenartige Ferienanlage an einem kleinen aufgeschütteten Strand
Elounda Marmin, A, 295 B.
Großzügige Anlage am Meer
Driros Beach, B, 36 B.
Akti Olous, C, 95 B.
Aristea, C, 62 B.
Calypso, C, 30 B.
Selena Village, C, 98 B.
Maria, D, 16 B.

Ferma (Lassíthi)

Corina Village (Hotel & Bungalows), B, 69 B.

Galatás (Chaniá)

Dafni (Hotelpension), B, 35 B.
Creta Maria (Appartements), C, 29 B.
Vachos, C, 44 B.

Georgiúpolis (Chaniá)

Mare Monte, A, 195 B.
Gorgona, C, 79 B.

Gúrnes (Iráklion)

Erato (Hotelpension), B, 46 B.

Gúves (Iráklion)

Aphrodite Beach, A, 500 B.
Zwei miteinander verbundene Trakte; u.a. Animation auch für Kinder; allwöchentlich kretische sowie Barbecue-Abende mit Musik und Tanz
Club Creta Sun, A, 568 B.
Clubhotel mit Amphitheater, Tanz-Taverne und Diskothek; umweltfreundliche Hotelführung; Animation; sehr gutes reichhaltiges Frühstücks- und Abendbüffet; Sandstrand
Marina, A, 728 B.
Familienfreundliche Hotelanlage in gepflegtem Garten
Astir Beach, B, 161 B.
Familienfreundliches Hotel an einem langen Sandstrand
Mon Repos, C, 70 B.
Sonia, C, 35 B.

Ierápetra (Lassíthi)

Koutsounari Traditional Cottages (Appartements), A, 39 B.
Lyktos Beach Resort, A, 421 B.
Petra-Mare, A, 405 B.
Angenehmes Strandhotel der gehobenen Mittelklasse
Blue Sky, B, 45 B.
Minoan Prince, B, 105 B.
Camiros, 17 M. Kothri, C, 75 B.
Creta, C, 50 B.
Kyrva, C, 56 B.
Zakros, Eleftherias Zahros 1, C, 89 B.
Zentral gelegenes Stadthotel

Hotels

Iráklion (Iráklion)

Astoria, Platía Eleftérias 11, A, 273 B.
Atlantis, Igias 2, A, 296 B.
Im Zentrum, dennoch ruhig; geschmackvolle Einrichtung; ganzjährig geöffnet
Creta Beach, A, 262 B.
Galaxy, Odos Dimokratias 67, A, 264 B.
Stadthotel; Innenhof mit Pool und Sonnenterrasse
Xenia, S. Venizelu 2, A, 156 B.
Von allen Zimmern Meerblick, Swimmingpool, Restaurant; 5 Min. ins Zentrum
Atrion, K. Paleologu 9, B, 117 B.
Esperia, Idomeneos 22, B, 92 B.
Kastro, Theotokopulu 22, B, 63 B.
Zentral gelegen; von der Dachterrasse schöner Blick auf das Meer
Mediterranean, Platía Daskalogiani 1, B, 105 B.
Geräumige, geschmackvoll eingerichtete Zimmer; vom Dachgarten schöne Aussicht auf die Stadt
Petra, Dikeossinis 55, B, 64 B.
Apollon, Minoos & Anogion 63, C, 96 B.
Athinaikon, Ehtnikis Antistasseos 89, C, 77 B.
Blue Sky, 62 Martyron 105, C, 50 B.
Castello, Platía Koraka, C, 120 B.
Daedalos, Daedalu 15, C, 115 B.
Domenico, Almiru 14, C, 73 B.
El Greco, Odos 1821 4, C, 165 B.
Evans, Agiu Fanuriu 146, Nea Alikarnassos, C, 48 B.
Gloria, Egeu Poros 15, C, 95 B.
Gorgona, Gazi Amudara, C, 73 B.
Grabelles, Skordilon 26, C, 80 B.
Heracleion, Kalokerinu & Delimarku 128, C, 72 B.
Irene, Idomeneos 4, C, 105 B.
Knossos, 25th Avgustu 43, C, 46 B.
Kronos, S. Venizelu, C, 28 B.
Lato, Epimenidu & Lavirinthu 15, C, 99 B.
Marin, Beaufort 12, C, 83 B.
Metropole, Karteru 48, C, 75 B.
Mirabello, Theotokopulu 12, C, 42 B.
Olympic, Platía Kornaru, C, 135 B.
Santa Elena, 62 Martyron 372, C, 104 B.
Selena, Androgeo 11, C, 52 B.
Egyptos, Kalokerinu Ave. 172, D, 48 B.
Hellas, Kandanoleontos 11, D, 23 B.
Hermes, 62 Martyron 11, D, 69 B.
Ikaros, Kalokerinu Ave. 202, D, 83 B.
Palladion, Handakos 16, D, 45 B.
Phaestos, Tsakiri 8, D, 41 B.
Porto, D, 32 B.
Rea, Kalimeraki & Handakos 4, D, 37 B.

Kalo Chorio (Lassíthi)

*Istron Bay, Pilos Kalo Horio, L, 215 B.
Mistral, B, 128 B.
Elpida, C, 168 B.

Karteros (Iráklion)

Amnissos (Bungalows), B, 108 B.
Karteros, B, 105 B.
Xenios Dias (Appartements), C, 10 B.

Kokkiní Cháni (Iráklion)

Arina Sand (Hotel & Bungalows), A, 452 B.
Knossos Beach (Hotel & Bungalows), A, 206 B.
Themis Beach, A, 229 B.
Xenia-Illos, B, 205 B.

Kokkiní Cháni (Fortsetzung)

Akti, C, 37 B.
Danae, C, 34 B.
Kamari, C, 62 B.

Korakies (Chaniá)

Corakies Village, B, 34 B.

Kunupidiana (Chaniá)

Pirgos (Hotelpension), Kunupidiana, B, 33 B.

Kurna (Chaniá)

Kavros Beach, C, 155 B.

Kutsunári (Lassíthi)

Cretan Houses (Studios und Appartements), A, 78 B.
Mal- und Zeichenkurse

Limín Chersonissu (Iráklion)

*Creta Maris (Hotel & Bungalows), L, 1014 B.
Weitläufige, komfortable und beliebte Anlage inmitten einer schönen Gartenanlage u. a. mit Fitnesscenter, Tauchzentrum und Animation
Belvedere, A, 547 B.
Im rustikalen Stil eingerichtete Zimmer; Tanz und Folklore
Cretan Village, A, 442 B.
Großzügige Ferienanlage in kretischer Architektur mit breitgefächertem Sport- und Freizeitangebot
King Minos Palace (Hotel & Bungalows), A, 253 B.
Ruhig gelegen; während der Hauptsaison täglich Animation
Knossos Royal Village (Luxusappartements und Bungalows), Anissaras, A, 661 B.
Hervorragende Restaurants und diverse Sportmöglichkeiten
Lyttos, A, 601 B.
Nana Beach, A, 450 B.
Weitläufige Anlage im kretischen Stil am Sand-/Kiesstrand
Silva Maris, A, 401 B.
Gepflegte Anlage im kretischen Stil
Glaros, B, 270 B.
Heronissos, B, 168 B.
Hersonissos Maris, B, 133 B.
Maragakis, B, 92 B.
Nora, B, 344 B.
Oceanis, B, 62 B.
Sergios, B, 149 B.
Venus Melena, B, 92 B.
Im Ortszentrum, 200 m vom Strand entfernt
Albatros, C, 182 B.
Anna, El. Venizelu 144, C, 82 B.
Im kretischen Stil erbautes Haus in günstiger Lage zum Hafen
Avra, Agias Paraskevi 131, C, 32 B.
Blue Sky, C, 44 B.
Diktina, C, 72 B.
Eva, Giambudaki 1, C, 62 B.
Ilios, El. Venizelu 1, C, 139 B.
In zentrumsnaher Lage
Iro, Evangelistrias 72, C, 94 B.
Melpo, C, 77 B.
Miramare, C, 67 B.
Nancy, Agias Paraskevi 15, C, 49 B.
Familiär geführtes Hotel in zentraler Lage
Niki, C, 57 B.
Oassis, Vagia Gaziu, C, 35 B.
Palmera-Beach, C, 123 B.
Ruhiges Strandhotel
Pela-Maria, C, 168 B.
Zweckmäßig eingerichtetes Hotel in der Nähe eines Sandstrandes
Thalia, C, 93 B.
Zorbas, C, 40 B.

Hotels

Linoperamata (Iráklion)

Apollonia Beach, A, 590 B.
Ausgedehnte Ferienanlage am Sandstrand; reichhaltiges Animationsprogramm
Zeus Beach, A, 717 B.

Máleme (Chaniá)

Crete Chandris (Hotel & Bungalows), A, 767 B.
In belebter Umgebung

Mália (Iráklion)

Ikaros Village, A, 326 B.
Malerische Hotel- und Bungalowanlage im kretischen Dorfstil in schöner Gartenanlage, ideal für Aktiv- und Erholungsurlaub
Kernos Beach, A, 519 B.
Ferienanlage am flachabfallenden Sandstrand
Malia Bay (Hotel & Bungalows), A
Am Sandstrand, unweit des malerischen Dorfzentrums
Malia Park, A, 364 B.
Von Maulbeerbäumen umgebene Bungalowanlage mit Haupthaus; u.a. Erlebnisdinners
Sirens Beach, A, 466 B.
Unweit vom Ort und direkt am Strand gelegene Ferienanlage
Ariadne, B, 59 B.
Calypso, B, 78 B.
Costas, B, 64 B.
Phaedra Beach, B, 167 B.
Legere Hotelanlage am feinen Sandstrand
Artemis, C, 45 B.
Familiär geführtes, kleines Hotel
Elkomi, C, 55 B.
Florella, C, 56 B.
Malia Holidays, C, 162 B.
Zentral, doch ruhig gelegen
Sofokles Beach, C, 64 B.
Sterling, C, 34 B.
Armonia, D, 39 B.
Drossia, D, 34 B.
Drossia II, D, 59 B.

Mátala (Iráklion)

Frangiskos, C, 69 B.
Familiäre Atmosphäre
Matala Bay, C, 104 B.
Unweit der berühmten Felshöhlen Mátalas
Chez Xenophon, D, 43 B.

Móchlos (Lassíthi)

Aldiana Club, B, 262 B.

Mirtos (Lassíhi)

Esperides, C, 112 B.
Myrtos, C, 32 B.

Paleochóra (Chaniá)

Elman (Appartements), B, 41 B.
Polydoros, C, 24 B.
Rea, C, 23 B.
Gepflegte Zimmer; einfaches Frühstück

Paleokástron (Iráklion)

Rogdia, C, 42 B.

Pánormos (Réthimnon)

Europa, B, 84 B.
Panormo Beach, C, 61 B.

Perivolia (Réthimnon)

Anita Beach, C, 44 B.
Eltina, C, 71 B.
Silver Beach, C, 100 B.
Zantina Beach, C, 33 B.

Piskopiano (Iráklion)

Kalimera (Appartements), B, 44 B.
Panorama (Appartements), B, 14 B.
Stelva Villes (Appartements), B, 22 B.
Villes Mika (Appartements), B, 24 B.

Plakiás (Réthimnon)

Calypso Cretian Village (Bungalows), Plevraki 19, A, 204 B.
Neos Alianthos, B, 173 B.
Im kretischen Stil eingerichtetes Hotel mit familiärer Atmosphäre
Alianthos, Platía Agiu Nikolau, C, 35 B.
Myrtis, C, 39 B.
Orizon Beach, C, 39 B.
Plakias Bay, C, 51 B.
Sophia, C, 48 B.
Leger geführtes Hotel unweit des Hafens

Platánias (Chaniá)

Geraniotis Beach, B, 146 B.
Santa Elena, B, 134 B.
Appartementanlage mit Kinderspielplatz, geeignet für Familien mit Kindern
Villa Platanias, B, 32 B.

Poros (Iráklion)

Passiphae, Naxu 1, C, 32 B.
Poseidon, Possidonos 46, C, 49 B.
Prince, Konitsis 7, C, 50 B.
Vines (Hotelpension), Koritsas 13, C, 40 B.

Réthimnon (Réthimnon)

Adele Mare, A, 212 B.
Architektonisch reizvolle Anlage an einem kilometerlangen Sand-/Kiesstrand
Creta Palace, A, 710 B.
Luxushotel im Stil eines kretischen Dorfes direkt an breitem Sandstrand; umweltschonende Hotelführung; Wassersport-Center
Creta Star, A, 591 B.
Komfortables Hotel in schönem Garten am Strand
El Greco, A, 652 B.
Großzügige Anlage mit Haupthaus und terrassenförmig gebauten Bungalows; Raucher- und Nichtraucherbereiche im Speisesaal; Kinderclub; Surf- und Segelschule
Rethymno Bay, A, 129 B.
Im kretischen Stil erbaute Bungalowanlage inmitten eines weitläufigen Geländes mit altem Baumbestand
Rethymno Mare, A, 135 B.
11 km außerhalb; regelmäßige Linienbusverbindungen ins Zentrum; gelegentlich Unterhaltungsabende
Rithymna Beach (Hotel & Bungalows), A, 1114 B.
Tauch-Center, Tenniscamp und Kindercamp
Porto Rethymno, A, 400 B.
1992 teilrenoviertes Stadthotel, an der Uferstraße und am Sandstrand gelegen
Adele Beach Bungalows, B, 101 B.
Beliebte Bungalowanlage in gepflegtem Garten
Brascos, H. Daskalaki & Th. Moatsu 1, B, 156 B.
Dias, Kambos Adele, B, 100 B.
Eva Bay, Adele, B, 55 B.
Fortezza, Melissinu 16, B, 102 B.
Idaeon, B, 141 B.
Jo-An, Dimitrakaki 6, B, 93 B.
Kriti Beach, S. Venizelu & Papanastassiu, B, 100 B.
Olympic, Moatsu & Dimokratias, B, 123 B.
Orion, Kambos Adele, B, 138 B.
Astali, Kunduriotu 172 a, C, 63 B.

Hotels, Réthimnon (Fortsetzung)

Golden Beach, Adele, C, 200 B.
6 km westl. von Réthimnon, direkt am Sand-/Kieselstrand; Taverne am Strand; deutsche Surf- und Segelschule nahebei
Ionia, Giambudaki 52, C, 50 B.
Katerina Beach, Adele, C, 92 B.
Kyma Beach, Platía Iroon, C, 64 B.
Miramare Beach (Appartements), Papanastassiu 18, C, 45 B.
Steris Beach, Konstantinupoleos 1, Kalithea, C, 83 B.
Valari, Kunduriotu 84, C, 42 B.
Minoa, Arkadiu 60, D, 57 B.
1 km außerhalb der Stadt, 150 m von Strand entfernt:
Minos, B, 254 B.
2 Pools, Cafeteria, Snackbar, Tennisplatz, Kinderspielplatz

Sissi (Lassíthi)

Hellenic Pallace, A, 179 B.
An einer Sandbucht gelegenes Haus im minoischen Stil
Porto Sissi (Appartements), A, 30 B.

Sitiá (Lassíthi)

Sitia Beach, Karamanli Ave., A, 310 B.
Sunwing (Hotel & Bungalows), A, 276 B.
Maresol, B, 47 B.
Crystal, Capetan Sifi 17, C, 75 B.
Helena, C, 42 B.
Itanos, Karamanli 4, C, 138 B.
Mariana, Missonos 67, C, 47 B.
Vai, C, 84 B.

Stalida (Iráklion)

Anthussa Beach, A, 259 B.
Creta Solaris (Appartements), A, 30 B.
Alkyonides, B, 54 B.
Blue Sea (Bungalows), B, 371 B.
Cactus Beach, B, 116 B.
Horizon Beach, B, 106 B.
Ausicht zur Bucht von Stalida
Palm Beach, B, 40 B.
Sunny Beach, B, 55 B.
Zephyros Beach, B, 101 B.
Electra (Appartements), C, 38 B.
Heliotrope, C, 156 B.
Stalis, D, 76 B.

Inselspringen

Allgemeines

Möglicherweise wählen Reisende Kreta als Standort, um auch andere griechische Inseln kennenzulernen. Daher nachfolgend einige Hinweise: Die übrigen griechischen Inseln sind vor allem mit dem Schiff (Fährschiffe; Tragflügelboote), zahlreiche auch mit dem Flugzeug, zu erreichen.

Schiffsverbindungen

Die Schiffsverbindungen zu den Ägäischen Inseln gehen meist von Athen (Piräus), z.T. auch von Saloniki aus. Die Verbindungen der Inseln untereinander sind z.T. nicht direkt, so daß man, um einige von ihnen zu erreichen, immer wieder zum Hafen Piräus zurückkehren muß.
Da die Abfahrten der Schiffe u.a. wegen wechselnder Windverhältnisse oftmals geändert werden, wird empfohlen, sich rechtzeitig vor der Abreise die Abfahrtszeiten bestätigen zu lassen bzw. pünktlich zu erscheinen.
Reisende mit Pkw, Wohnwagen bzw. Wohnmobilen sollten sich spätestens zwei Stunden vor dem Auslaufen der Fährschiffe einfinden.
Weitere Hinweise ⟶ Schiffsverkehr.
Informationen über innergriechische Schiffsverbindungen erhält man bei den Büros der Griechischen Fremdenverkehrszentrale (⟶ Auskunft).

Flugverbindungen
Olympic Airways

Mit Olympic Airways sind täglich die wichtigsten Inselstädte von Athen zu erreichen (⟶ Flugverkehr).

Air Greece

Die Fluggesellschaft Air Greece (Sitz in Iráklion) bietet u. a. Sieben-Insel-Rundflüge von/nach Iráklion (Kreta – Karpathos – Rhodos – Kos – Samos – Mykonos – Santorin – Kreta) und Westägäis-Rundflüge von/nach Athen (Kythera – Kreta – Santorin – Mykonos). Buchungen in Deutschland ⟶ Flugverkehr, Fluggesellschaften.

Air Taxi

Wer unabhängig vom Flugplan reisen möchte, kann in Athen ein Air Taxi mieten. Auskunft geben Olympic Airways (⟶ Flugverkehr) und Aegean Aviation – Air Taxi am East Air Terminal des Flughafens Athen-Ellinikon (Tel. 01/9950325, 9950953, 9950962).

Jeep-Safaris

Jeep-Safaris auf Kreta beginnen (und enden) im allgemeinen in Iráklion und führen beispielsweise durch das Ida-Gebirge, zur Lassíthi-Hochebene, nach Chaniá, durch die Weißen Berge und nach Fódele. Über weitere Details, wie Übernachtungsmöglichkeiten auf Kreta, deutschsprachige Safarileitung, Jeep (für 4 Pers.), Versicherung sowie Rahmenveranstaltungen (kretischer Abend und Barbecues) informieren Reisebüros.

Jugendherbergen

Allgemeines

Vor allem für jüngere Reisende bieten die Jugendherbergen preiswerte Unterkunft. Die meisten Jugendherbergen sind ganzjährig geöffnet. Voranmeldung ist in jedem Falle ratsam, in der Hauptreisezeit unerläßlich; Reservierungen, insbesondere für Gruppen, sind nur mit Vorauszahlung gültig. Der Aufenthalt in ein und derselben Jugendherberge ist für Einzelpersonen zeitlich begrenzt. Voraussetzung für die Benutzung von Jugendherbergen ist ein gültiger Jugendherbergsausweis des Heimatlandes.

Jugendherbergen

Jugendherbergen gibt es in Chaniá, Iráklion, Limín Chersonissu und Sitiá.

Auskunft

Organosis Xenonon Neotitos Ellados
(Verband der griechischen Jugendherbergen)
Odos Dragatsaniu 4, GR-10559 Athen, Tel. (01) 3234107

Karten (Inselkarte · Hafenführer · Straßenkarten · Landkarten · Atlanten)

Hinweis

Wer sich auf Kreta auch abseits der großen Straßen bewegen will, sollte neben der zu diesem Reiseführer gehörenden Übersichtskarte weiteres Kartenmaterial dabeihaben.

Hafenführer

Eine höchst nützliche und informative Reisehilfe für Sportschiffer sind die vier Bände des Werkes "Hafen und Ankerplätze Griechenland" (Griechische Küsten, Ionisches Meer, Ägäis und Kreta) von Gerd Radspieler (Verlag Delius Klasing, Bielefeld).

Straßenkarten

Hier eine Auswahl von Straßenkarten, die im deutschsprachigen Buchhandel erhältlich sind:
1 : 275000 Bartholomew, CS Ferienkarte Kreta mit Stadtplänen u. a.
1 : 200000 Mair, Die Generalkarte: Kreta
1 : 200000 Freytag & Berndt: Kreta
1 : 200000 Crete, Kreta: Nelles Maps

Karten, Straßenkarten (Fortsetzung)

1 : 200000 Hildebrands Urlaubskarten: Kreta
Verwaltungsbezirkskarten (Bezirk = Nomós; Plural Nomoi) des griechischen statistischen Amtes (erhältlich bei Ath. Stylianakis, Gärtnerstr. 58, D-25335 Elmshorn, Tel. 04121/3387):
1 : 240000 Chanion
1 : 230000 Irakliou
1 : 240000 Lasithiou
1 : 200000 Rethymnou

Landkarten

Eine kostenlose Landkarte von Griechenland (Maßstab 1 : 1000000), auf der auch Kreta abgebildet ist, herausgegeben von der Griechischen Zentrale für Fremdenverkehr, Athen, ist bei den unter ⟶ Auskunft genannten Büros erhältlich.
1 : 300000 Geomorphologische Landkarte Kreta (erhältlich bei Stylianakis, Elmshorn, s. o.).

Großer Shell Atlas, Shell Euro Atlas

Empfehlenswert wegen ihrer reichhaltigen Karten und diversen Stadtpläne sind ferner "Marco Polo · Der Neue Große Shell Atlas" und der "Marco Polo · Shell Euro Atlas" (1 : 750000), beide erschienen in Mairs Geographischem Verlag, Ostfildern.

Konsulate

⟶ Diplomatische und konsularische Vertretungen

Kreuzfahrten

Allgemeines

Eine Liste der Reedereien, die Kreuzfahrten durchführen, ist bei den Griechischen Zentralen für Fremdenverkehr (⟶ Auskunft) erhältlich.
Eine lohnende Kreuzfahrt ab Kreta führt beispielsweise vom Hafen von Iráklion über Santorin, Rhodos, Kuşadası/Türkei und Patmos nach Piräus; je nach Witterung wird der Rückweg nach Iráklion per Fähre oder Flugzeug zurückgelegt. Eine andere Kreuzfahrt beginnt und endet ebenfalls in Iráklion; angelegt wird auf Santorin, in Piräus, auf Rhodos, in Antalya/Türkei, Ashdod/Israel und Port Said /Ägypten. Detaillierte Auskünfte sind in Reisebüros erhältlich.

Tarife

Der Preis für Tageskreuzfahrten schließt meist den Transfer vom Hotel zum Hafen und zurück sowie Teilnahme am Mittagsbüfett ein; bei mehrtägigen Kreuzfahrten ist neben den Fahrtkosten die volle Verpflegung enthalten (Ermäßigungen für Kinder auf Anfrage).

Ausflüge in die Türkei

Über die hohen Hafensteuern, die bei der Ausreise aus Griechenland in die Türkei (und in umgekehrter Richtung) verlangt werden, erkundige man sich bei der Griechischen Zentrale für Fremdenverkehr (⟶ Auskunft) und bei der Informationsabteilung des Türkischen Generalkonsulats, Baseler Str. 37, D-60329 Frankfurt am Main, Tel. (069) 7950030.

Mietfahrzeuge

Allgemeines

Auf Kreta hat sich der Autoverleih zu einem wichtigen Dienstleistungsbereich entwickelt. Außer den international tätigen Mietwagenfirmen bieten vor Ort – insbesondere in Ágios Nikólaos, Chaniá, Iráklion und Réthimnon – einheimische Unternehmen Leihfahrzeuge an.
Mietwagenfirmen sind an den internationalen Flughäfen vertreten; auch Hotelrezeptionen übernehmen die Vermittlung. Die Mietwagenpreise sind

Mietfahrzeuge, Allgemeines (Fortsetzung)

relativ hoch. Außer Mietwagen (u. a. auch Jeeps sowie Minibusse für 5 bis 7 Pers.) vermieten einheimische Mietwagenunternehmen auch Motorräder, Motorroller, Mopeds, Fahrräder und Mountainbikes (⟶ Sport).

Mietbedingungen

Bedingungen für das Mieten eines Kraftfahrzeuges sind in der Regel ein Mindestalter von 23 Jahren und der Besitz eines internationalen Führerscheins; für deutsche Staatsbürger genügt der nationale Führerschein, der schon mindestens ein Jahr lang gültig sein muß.

Reservierung in Deutschland

Unter den folgenden Rufnummern sind bei den deutschen Reservierungszentralen internationaler Firmen Mietwagen auch für Kreta zu bestellen:

Avis: Tel. (01 80) 5 55 77
europcar: Tel. (01 80) 5 22 11 22
Hertz: Tel. (01 80) 5 33 35 35
Sixt/Budget: Tel. (01 80) 5 21 41 41

Reservierung auf Kreta
Ágios Nikólaos (Vorwahl: 08 41)

Avis (Akti Kunduru): Tel. 2 84 97
europcar (Akti Kunduru 23): Tel. 2 43 43, 2 52 39, 2 53 66
Hertz (Akti Kunduru 17): Tel. 2 83 11 und 2 88 20
Sixt/Budget (Akti Kunduru 31): Tel. 2 81 23

Chaniá (Vorwahl: 08 21)

Mietwagenfirmen befinden sich beim Venezianischen Hafen.
Avis: Tel. 5 05 10
europcar: Tel. 5 68 30
Hertz: Tel. 4 51 61 und 4 03 66

Iráklion (Vorwahl: 0 81)

Zahlreiche Mietwagenfirmen befinden sich vor allem in der 25.-Avgustu-Straße.
Avis: Tel. 22 94 02
europcar: Tel. 24 61 86, 22 25 05, 22 52 91
Hertz: Tel. 22 97 02 und 22 98 02
Sixt/Budget: Tel. 24 39 18, 22 13 15, 24 10 91

Réthimnon (Vorwahl: 08 31)

Avis: Tel. 2 31 46, 2 03 57
Hertz: Tel. 2 62 86

Museen

Öffnungszeiten

Die Museen und archäologischen Stätten haben unterschiedliche Öffnungszeiten, die bei dem jeweiligen Stichwort in den Reisezielen von A bis Z aufgeführt sind. In aller Regel sind sie etwa zwischen 9.00 und 15.00 Uhr geöffnet; viele Museen sind am Wochenanfang (meist montags, evtl. auch dienstags) geschlossen. Halbe Tage zugänglich sind sie Sa., So., während der Schulferien, am 6. Januar, Rosenmontag, Karsamstag, Ostermontag (griechische Ostertermine ⟶ Veranstaltungskalender), 1. Mai, Pfingstsonntag, 15. August und am 28. Oktober.
Geschlossen sind die meisten archäologischen Stätten und Museen am 1. Januar, 25. März, Karfreitag (bis 12.00 Uhr) sowie an Ostern, am 1. Mai und an den Weihnachtsfeiertagen.

Eintrittsgebühren

In der Regel sind für Museen und Ausgrabungsstätten Eintrittsgelder zu entrichten; ausgenommen sind Schüler und Studenten mit einem entsprechenden gültigen Ausweis.

Tip

Staatliche Museen und archäologische Stätten verlangen sonntags kein Eintrittsgeld.

Ermäßigungen

Weitere Auskünfte über Ermäßigungen bzw. freien Eintritt erteilen die Griechische Zentrale für Fremdenverkehr oder die lokalen Büros des Antikendienstes (Ephories Archeotiton).

Nachtleben

Besonders beliebt bei ausländischen Besuchern sind die einheimischen Tavernen mit griechischer Buzuki-Musik, Klubs mit kretischer Musik bzw. Musiktavernen (kritiká kentrá), in denen man auch gut essen kann (⟶ Restaurants), und andere Lokale mit folkloristischem oder künstlerischem Programm.
Nicht zu vergessen sind die Nightclubs und Piano-Bars in Häusern bekannter Hotelketten oder Jazzklubs. Diskotheken finden sich vor allem in den Touristenzonen, in den Altstädten und entlang der Strandpromenaden. Sofern in gebuchten Hotels abends spezielle Veranstaltungen, beispielsweise kretische Abende, Barbecues o.ä., stattfinden, wird in der Regel ein Aufpreis verlangt.

Notdienste

Deutschsprachiger Notruf des ADAC

In Athen (ganzjährig): Tel. (01) 7775644

Touristenpolizei

Die wichtigste Anlaufstelle für den Touristen ist die Touristenpolizei (Astynomia Allodapon), die an vielen Orten von touristischer Bedeutung Stützpunkte unterhält und allgemeine Auskünfte und Hinweise auf Unterkünfte gibt:

Ágios Nikólaos: Tel. (0841) 22251
Chaniá: Tel. (0821) 24477
Réthimnon: Tel. (0831) 28156 und 22289

Polizei

Tel. 100

Erste Hilfe

Tel. 166

Feuerwehr

Tel. 199

Feuermeldung bei Waldbränden

Tel. 191

Ärztliche Hilfe

⟶ dort

Ärztlicher Notdienst für Segler

⟶ Sportschiffahrt

EU-Notrufnummern

Die EU will nach und nach bei ihren Mitgliedsstaaten einheitliche Notrufnummern für Polizei, Feuerwehr, Notarzt, Krankentransporte und andere Hilfsdienste einführen.

Straßenhilfsdienst

⟶ Autohilfe

ec-Verlustmeldung

⟶ Geld

Notdienste in Deutschland

ADAC-Notrufzentrale München
Tel. aus Griechenland: (0049/89) 222222 (rund um die Uhr)
ADAC-Telefonarzt
Tel. aus Griechenland: (0049/89) 767676
(täglich 8.00–20.00 Uhr; in der Hauptreisezeit 7.00–23.00 Uhr)
Der Telefonarzt gibt bei leichteren Beschwerden Medikamentenempfehlungen und kann in ernsten Fällen den Rücktransport veranlassen; bei Bedarf nennt er auch deutschsprechende Ärzte.
ACE-Notrufzentrale Stuttgart
Tel. aus Griechenland: (0049/711) 5303-111
Deutsche Flug-Ambulanz Düsseldorf
Tel. aus Griechenland: (0049/211) 431717

Deutsche Rettungsflugwacht Stuttgart
Tel. aus Griechenland: (0049/711) 701070 (Alarmzentrale)

Notdienste in Deutschland (Fortsetzung)

DRK-Flugdienst Bonn
Tel. aus Griechenland: (0049/228) 230023

ÖAMTC-Notrufzentrale Wien
Tel. aus Griechenland: (0043/1) 9821304 (ÖAMTC-Euronotruf)

Notdienst in Österreich

Schweizerische Rettungsflugwacht Zürich
Tel. aus Griechenland: (0041/1) 3831111

Notdienst in der Schweiz

Öffnungszeiten

→ Geschäftszeiten

Post und Telekommunikation

Allgemeines

Die der staatlichen Postverwaltung Elliniká Tachidromía (ELTA · ΕΛΤΑ) unterstehenden griechischen Postämter sind in den größeren Orten im allgemeinen Mo.–Fr. zwischen 7.30 und 14.00 oder 15.00 Uhr, in den größeren Städten auch bis 18.00 Uhr sowie samstags bis 13.00 Uhr geöffnet. In den Dörfern auf Kreta gelten kürzere Öffnungszeiten. Die griechischen Postkästen sind gelb; sie werden täglich geleert. Postlagernde Sendungen müssen mit dem Vermerk 'Poste restante' versehen sein.

Postalische Fachausdrücke → Sprache.

Postporto

Das Porto für eine Ansichtskarte ins europäische Ausland beträgt 120 Drachmen. Da sich das Postporto laufend erhöht, erkundige man sich an der Hotelrezeption oder im Postamt nach den aktuellen Tarifen. Briefmarken sollte man bei der Post kaufen, da an anderen Stellen (z. B. an Kiosken) mehr berechnet wird.

Telefon

Die meisten Orte und Inseln Griechenlands, darunter auch Kreta, sind an das internationale Fernsprech-Durchwahlnetz angeschlossen.
Telefonieren ist in Postämtern nicht möglich; dafür zuständig ist das Telefon- und Telegrafenamt (OTE · ΟΤΕ), das fast in jedem Ort vorhanden ist; Telefonate können sowohl dort als auch von Kiosken mit Telefonanschluß, in Tavernen und in den Hotels – hier ist es allerdings teuer – geführt werden. Kartentelefone sind eingeführt; Telefonkarten sind bei OTE erhältlich.

Fernsprechauskunft

Kreta: Tel. 131
Übriges Griechenland: Tel. 151
Ausland: Tel. 161

Telefongebühren

Ein Drei-Minuten-Gespräch nach Deutschland kostet ca. 650 Drachmen (jede weitere Minute ca. 130 Drs.), nach Österreich, in die Schweiz und nach Liechtenstein ist es etwas günstiger.

Bargeldlos nach Deutschland telefonieren

Von Kreta kann unter der Telefonnummer 0080049 11 die Vermittlungszentrale der deutschen Telekom (Deutschland-Direkt-Dienst; 0.00 bis 24.00 Uhr) gebührenfrei angerufen werden, die das Gespräch an den gewünschten Gesprächsteilnehmer in Deutschland weitergibt. Die Berechnung der recht hohen Vermittlungs- und der Gesprächsgebühr erfolgt entweder nach der Zustimmung des Angerufenen auf dessen Fernmeldekonto oder wird dem eigenen Konto belastet.

Post und Telekommunikation (Fortsetzung) Ländernetzkennzahlen	Von Deutschland, Österreich, der Schweiz und Liechtenstein nach Griechenland:	0030
	Von Griechenland nach Deutschland	0049
	Von Griechenland nach Österreich	0043
	Von Griechenland in die Schweiz und nach Liechtenstein	0041
	Die Null der jeweiligen Ortsnetzkennzahl entfällt.	

Beschwerdetelefon — Tel. 135

Zeitansage — Tel. 141

Wetter — Tel. 149

Telegrammannahme — Inland: Tel. 155

Privatunterkünfte

Privatquartiere stellen die preisgünstigste Art dar, auf Kreta zu wohnen; auch auf dem Lande stehen allenthalben einfache, aber saubere Unterkünfte bei Familien zur Verfügung. Zimmer werden von der Touristenpolizei und von den Informationsbüros am jeweiligen Ort vermittelt.

Radio und Fernsehen

ERT

Die Staatliche Rundfunk- und Fernsehgesellschaft Ellinikí Radiofonía Tileórasis (ERT · EPT) umfaßt den Griechischen Rundfunk (ERA · EPA; Hellenic Radio) sowie das Griechische Fernsehen (ET · ET; Hellenic Television; drei Programme: ET 1, ET 2 und ET 3).

ERA 5

Kurznachrichten werden auf ERA 5 ("The Voice of Greece") in deutscher (19.40 Uhr), in englischer (Mo.–Sa. 1.30, 3.40, 8.40, 10.40, 12.35, 15.30, 18.40, 19.20 und 23.35; So. 8.40, 10.40, 12.35 Uhr) und in französischer Sprache (19.30 Uhr) auf Mittelwelle, Kavala 792 kHz, ausgestrahlt.

Private Radio- und Fernsehanstalten

Außer ERT existieren noch einige private Fernsehsender, wie 'Mega Channel' oder 'Antenna TV'. Einer der beliebtesten der zahlreichen lokalen Privatsender für Hörfunk ist 'Sky' auf 100,4 kHz.

ADAC-Reiseruf

In dringenden Notfällen vermittelt die ADAC-Zentrale in München auch auf Kreta kostenlose Suchmeldungen im Rundfunk (und in Tageszeitungen): Tel. (089) 7676–2653.

Deutsche Welle

Auf Wunsch erhält man von der Deutschen Welle kostenlos das aktuelle Programm mit Sendezeiten und Frequenzangaben (Deutsche Welle, Hörerpost, Postfach 100444, D-50444 Köln).

Hinweise für Segler

Spezielle Wetterberichte und Warnmeldungen für Segler → Notdienste und → Sportschiffahrt.

Reisedokumente

Hinweis für EU-Bürger

Seit dem 1. Januar 1993 entfallen im allgemeinen Paßkontrollen für EU-Bürger. Ausweispflicht auf Flughäfen und Seehäfen in der EU, zu der auch Griechenland gehört, besteht aber zunächst weiter, so daß man die im folgenden erwähnten Personalpapiere unbedingt mitführen sollte.

Reisedokumente (Fortsetzung)
Personalpapiere

Deutsche, österreichische und Schweizer Staatsbürger benötigen bei einem Aufenthalt bis zu drei Monaten einen gültigen Personalausweis oder Reisepaß (für Kinder unter 16 Jahren Kinderausweis oder Eintrag im Elternpaß). Wurde der Reisepaß neu ausgestellt, sollte bei der Einreise mit einem Kraftfahrzeug auch der abgelaufene Paß mitgeführt werden. Überschreitet die Aufenthaltsdauer drei Monate, ist spätestens 20 Tage vor Ablauf der Frist ein Gesuch um Verlängerung bei der nächsten Polizeidienststelle einzureichen. Auskünfte erteilt die Ausländerabteilung (Aliens Departments) in Athen (Alexandras Ave. 173, Tel. 01/6468103).
Für die Anreise durch Italien und Österreich sollten ebenfalls gültige Personalausweise oder Reisepässe mitgenommen werden.
Weist ein Reisepaß Eintragungen der Behörden von Nordzypern auf (z.B. Stempel), kann die Einreise nach Griechenland u.U. verweigert werden.

Hinweis für Charterflugtouristen

Die griechischen Behörden tendieren dazu, Charterflugtouristen, die einen Abstecher in die benachbarte Türkei unternehmen, bei der Heimreise von Griechenland den Zutritt zum Charterflugzeug zu verwehren, so daß es ratsam ist, anstatt des Reisepasses, der beim Grenzübertritt abgestempelt wird, lediglich den Personalausweis zu benutzen.

Fahrzeugpapiere

Der nationale Führerschein der Bundesrepublik Deutschland und der Republik Österreich werden anerkannt; Inhaber einer schweizerischen Lizenz benötigen einen Internationalen Führerschein. Obligatorisch sind ferner der Fahrzeugschein und das ovale Nationalitätskennzeichen sowie die grüne Internationale Versicherungskarte für den Kraftverkehr.
Obwohl in Griechenland seit 1978 Haftpflichtversicherungszwang besteht, ist der Abschluß einer Kurzkasko- und Insassenunfallversicherung ratsam.

Impfungen

Impfungen sind für die aus den europäischen Ländern anreisenden Touristen nicht erforderlich.

Krankenversicherung

⟶ Ärztliche Hilfe

Tiere

Wer Haustiere nach Kreta mitnehmen will, benötigt für diese einen Internationalen Impfpaß mit Tollwutimpfbescheinigung und amtstierärztlichem Gesundheitszeugnis in englischer oder französischer Sprache. Die Impfung muß spätestens 15 Tage vor Einreise nach Griechenland erfolgt sein und darf nicht länger als zwölf Monate zurückliegen.

Schiffspapiere

⟶ Sportschiffahrt

Hinweis

Es ist sinnvoll, zu Hause von den Reisedokumenten Fotokopien anzufertigen, außerdem zwei Ersatzpaßbilder mitzunehmen und alles getrennt von den Originalen mitzuführen. Bei Verlust erleichtert eine Kopie die Beschaffung von Ersatzpapieren erheblich.

Reisezeit

Allgemeines

Nach Kreta mit seinem mediterranen Klima (⟶ Zahlen und Fakten, Klima) reist man am besten im Frühjahr, etwa von der zweiten Märzhälfte bis Ende Mai oder Anfang Juni, sowie im Herbst in den Monaten September und Oktober, bisweilen auch noch Anfang November. Sowohl das Frühjahr als auch der Herbst eignen sich ideal zum Wandern. Die Sommermonate (Mitte Juni bis Anfang September) sind sehr heiß; auch werden in dieser Zeit die zahlreichen Insekten (Stechmücken) lästig. Von Mitte November bis Ende März ist das Wetter sehr regnerisch.

März bis Mai

Die Monate März bis Mai sind mild, und die Natur steht in prachtvoller Blüte. In diese Zeit fallen auch die Osterfeierlichkeiten, die im ganzen Land glanzvoll gefeiert werden (⟶ Feiertage, ⟶ Veranstaltungskalender).

Reisezeit (Fortsetzung) Mitte Juni bis Anfang September

Die Sommermonate sind recht heiß, doch durch die Lufttrockenheit und den ständig wehenden Nordwind Meltemi in der Ägäis gut verträglich. Im Juli und August kann der Meltemi allerdings starken Wellengang verursachen, wobei das Meer entsprechend aufgewühlt und das Schwimmen im Meer u. U. beeinträchtigt wird.
Der Sommer bietet ideale Voraussetzungen für einen Besuch der Festspiel- und Folkloreaufführungen sowie der Weinfeste mit Weinproben.
Selbst im Sommer empfiehlt es sich, Wolljacke oder Pullover mitzunehmen, denn am Meer und im Gebirge ist es abends oft recht kühl; ein Regenmantel leistet gute Dienste bei Bootsfahrten; festes Schuhwerk ist auf Wanderungen erforderlich. Sonnenschutzmittel und Insektenstifte sollten in der Reiseapotheke nicht fehlen.
Am Tage ist leichtem Essen der Vorzug zu geben (Hauptmahlzeiten abends einnehmen).

Oktober und November

Ab Oktober werden die Temperaturen wieder milder, und oft hält auch das schöne Wetter im November noch an. Mit ersten Regenfällen ist allerdings zu rechnen.

Restaurants

Allgemeines

Die Restaurants sind in Kategorien eingeordnet; die Preise werden von der Marktpolizei überwacht.
In den größeren Orten findet man in den Hotelrestaurants der gehobenen Kategorien internationale Küche. In den griechischen Restaurants (estiatorio; ähnlich unseren Restaurants) und Tavernen (rustikale Einrichtung) kann man die Spezialitäten des Landes versuchen. Neben der Garküche (majeriko), in der man sich das Essen am Herd aussucht, findet man auf Kreta auch zahlreiche Pizzerien. In Úserí-Lokalen ist Ouzo das Hauptgetränk, zu dem kleine Vorspeisen gereicht werden.
Wer nicht nur gut essen, sondern dazu auch noch Musik hören und evtl. tanzen gehen möchte, der besucht eine Musiktaverne (kritiká kéntra), in der kretische Musik gespielt wird.

Kafeníon

Eine wichtige Rolle im täglichen Leben der Griechen spielt das Kaffeehaus (Kafeníon; ⟶ Baedeker Special). Seine Aufgabe besteht nicht nur im Ausschank von Getränken; vielmehr dient es als Ort der Begegnung, des Gesprächs, des Spiels und der Geschäfte. Zum Kaffee wird ein Glas Wasser (nero) serviert, zum Ouzo, dem landesüblichen Anisschnaps, oft etwas Käse, Oliven, Nüsse und ähnliches (mese).

Essenszeiten

Das Frühstück (prójewma) entspricht in den Hotels meist der mitteleuropäischen Norm und wird üblicherweise zwischen 8.00 und 10.00 Uhr eingenommen. Das Mittagessen (jéwma) bekommt man in der Regel von 12.00 bis 15.00 Uhr serviert, das Abendessen (dípno) zwischen 20.00 und 23.00 Uhr. Im Sommerhalbjahr haben zahlreiche Restaurants bis 24.00 Uhr geöffnet.

Speisekarte

Die Speisekarte ist oft zweisprachig, in einfacheren Lokalen aber meist nur griechisch. Es ist, abgesehen von den Restaurants der gehobenen Kategorien, durchaus üblich, in die Küche zu gehen und die Speisen selbst auszuwählen.

Schonkost

Diätrestaurants, wie sie bei uns bekannt sind, gibt es in Griechenland bisher noch nicht; Diätwünsche sollten deshalb mit der Hoteldirektion abgesprochen werden.

Konditoreien

In den Städten gibt es die Konditorei (sacharoplastío), wo man neben französischem Kaffee, Tee und anderen Getränken auch Gebäck und Konfekt, meist wesentlich süßer als in Mitteleuropa, findet.

Restaurants (Auswahl)

Ágios Nikólaos

Itanos (viele Einheimische; auch Terrassenlokal), Odos Kypru 1

Chaniá

Aeriko (Meeresfrüchte; Geflügel), Akti Miauli
Tamam (ehem. türk. Bad; kretische Gerichte), Odos Zambeliu 49
Nicola's Pizza Restaurant
Pazoli's Pizza

Ierápetra

Konaki (Taverne)
Regina (Café, Bar), an der Strandpromenade

Iráklion

Amygdalies (preiswerte kretische Taverne), Leof. Acadimias 89
Chinese Restaurant, Dedalu
Faros (Fischtaverne), Meteoron 12 (weitere Fischtavernen beim venezianischen Hafen und in Alikarnassos)
Kiriakos (große Auswahl, Wein vom Faß), Leof. Dimokratias 45
Knossos (bürgerlich), El. Venizelu
La Parisienne (französ. Küche; antikes Intérieur), Agiu Titu 7
Lukullos (italienische Küche), Odos Korai
Pizza di Roma, Knossos 145
Pizza Tartufo, Dimokratias 83

Réthimnon

Avli (Restaurant in mittelalterlichem Innenhof; u.a. französ. Küche, Fisch und Meeresfrüchte), in der Altstadt, Odos Xanthudidu 22, Ecke Odos Radamanthyos
Cavo d'Oro (Restaurant der Spitzenklasse am Alten Hafen; Fisch und Meeresfrüchte sowie Grillgerichte), Nearhu 42–43
Paradise (britische Küche; verschiedene Bierarten), Sof. Venizelu 66
Othonas (Taverne, Restaurant), Petihaki 27
Toscana (griechische bzw. kretische Spezialitäten, Kräutersteaks; Pizza; beim Alten Hafen, am Meer)
Ziller's (internationale und griechische Küche; Grillspezialitäten; elegantes Restaurant mit Aussicht auf das Meer), neben dem Ideon-Hotel, Nikolau Plastira 8
Zorba (Restaurant, Cocktail Bar, Steak House), Platanes

Schiffsverkehr

In der Hochsaison verkehren innergriechische Schiffahrtslinien (Autofähren) einmal bis mehrmals wöchentlich ab Iráklion, Sitía und Kastélli Kíssamos zu verschiedenen griechischen Inseln sowie ab Iráklion, Chaniá und Réthimnon nach Piräus; lohnend ist eine Tageskreuzfahrt mit dem Schiff ab Ágios Nikólaos, Iráklion oder Réthimnon nach Santorín. Alle zwei Tage legt ein Schiff, von Piräus und den Kykladen kommend, in Ágios Nikólaos an und fährt dann weiter zur Insel Rhodos.
An der Südküste Kretas besteht von April bis Oktober täglicher Bootsverkehr zwischen Ágia Ruméli, Loutró und Chóra Sfakíon sowie zwischen Paleochóra, Súgia und Ágia Ruméli; Bootsverbindung mit der Insel Gávdos existiert im Hochsommer ein- bis mehrmals wöchentlich ab Chóra Sfakíon sowie einmal wöchentlich ab Paelochóra (über Súgia und Ágia Ruméli).

Informationen

Detaillierte Informationen erteilen die örtlichen Fremdenverkehrsstellen (⟶ Auskunft) sowie die

Paleologos Shipping Agency – Travel Bureau
(Schiffahrtsagentur und Reisebüro)
25 Avgustu 5, Iráklion
Tel. (081) 246185 und 246208

Segeln

→ Sport
→ Sportschiffahrt

Sicherheit

Situation

Im allgemeinen gilt Kreta als ein relativ sicheres Reiseziel. Gastfreundschaft und Ehrlichkeit bedeuten den Inseleinheimischen viel. Dennoch gilt auch dort der warnende Spruch "Gelegenheit macht Diebe".

Ratschläge

Es ist daher ratsam, Wertsachen (Ausweispapiere, Geld, Kreditkarten u. ä.) unmittelbar am Körper zu tragen, stets nur wenig Bargeld mitzuführen und größere Geldbeträge sowie Reiseschecks im Hotelsafe zu deponieren. Auch hat es sich bewährt, von wichtigen Papieren Fotokopien anzufertigen (→ Reisedokumente).

ec-Verlust

→ Geld

Notrufe

→ Notdienste

Souvenirs

→ Einkäufe und Souvenirs

Sport

Allgemeines

Dem Reisenden bieten sich auf Kreta unzählige (in Vor- oder Nachsaison eingeschränkte) Möglichkeiten, aktiv Sport – vor allem natürlich Wassersport – zu treiben.

Waterpark Star

Eine breite Palette zum Ausüben diverser Sportarten bietet außer den unter → Hotels genannten Luxushotels der Waterpark Star in Limín Chersonissu, der neben zahlreichen Wassersportarten (Wasserski, Windsurfing; Schwimmbad, Wasserrutsche; Tauchschule; Bootsverleih) u. a. auch über Einrichtungen für Billard, Minigolf, Parasailing und Volleyball sowie elektronische Spiele, einen Kinderspielplatz, ein Restaurant und eine Strandbar verfügt.

Angeln

Zum Angeln ist eine Lizenz erforderlich; Auskünfte erteilen die Hafenbehörden, z. B. am Hafen von Iráklion, Tel. (081) 224207. Fischerboote können an manchen Orten gemietet werden.

Badestrände

→ dort

Ballsport

Basketball, Volleyball, Handball wird u. a. in den großen Sporthallen in Iráklion, Chaniá und Sitía gespielt.

Bergsteigen, Klettern

Möglichkeiten zum Bergsteigen und Klettern bestehen im Ida-Massiv und in den Weißen Bergen. Nähere Informationen sind erhältlich beim Alpinklub (E.O.X.) in Iráklion, Dikeossinis 53, Tel. (081) 227609 (Bürostunden zwischen 19.00 und 21.00 Uhr). Weitere Auskunftsstellen (E.O.S.) befinden sich in Chaniá, Tzanakaki 90, Tel. (0821) 24647, und Réthimnon, Tel. (0831) 22710, 22229 und 23666. Die Alpinklubs unterhalten auch Schutzhütten im Gebirge (→ Wandern).

Bowling

Möglichkeiten zum Bowling bietet Candia Bowling in Iráklion.

Fahrradfahren, Mountainbiking

⟶ Wandern, Radwandern

Flugsport

Informationen zum Flugsport sind erhältlich beim Aeroclub am Internationalen Flughafen von Iráklion: Tel. (081) 284224 und 245592.
Weitere Auskunftsstellen: in Chaniá, Venizelu, Tel. (0821) 29592; in Sitía, Funtalidu 18, Tel. (0843) 28376.

Fußball

Grasplätze zum Fußballspielen existieren in Iráklion und Chaniá. Daneben gibt es weit über hundert andere Plätze zum Fußballspielen.

Moto-Cross-Autorennen

Über Moto-Cross-Autorennen informiert in Iráklion der Racing Club, Kalama 2.

Reiten

Neben dem bekannten Karteros Riding Club in Iráklion, Tel. (081) 282005, der auch Touren mit Pferd und Wagen anbietet, und Finikia in Iráklion, Tel. (081) 253166 bzw. 285444 (Amudára), existieren auf Kreta die folgenden Reitzentren:
Riding Center Flamoriana/Lakonia, Ágios Nikólaos, Tel. (0841) 26943;
Riding Center/Deres, Chaniá, Tel. (0834) 31339, sowie Tsicalaria, Chaniá, Tel. (0821) 89806;
Riding Center/Platanes/Tharavis, Réthimnon, Tel. (0831) 28907.

Rudern

In der Regel werden in Griechenland Ruderboote von Marineklubs vermietet; Informationen erteilt in Iráklion: Café Marina, Venezianischer Hafen, Tel. (081) 221128 (N.O.H.). Weitere Marineklubs gibt es in Ágios Nikólaos, Chaniá und Réthimnon.

Schwimmen

Geschwommen wird außer im Meer (⟶ Badestrände) auch in den hoteleigenen Swimmingpools. Iráklion verfügt über ein Schwimmbad olympischen Standards. Weitere Schwimmbäder befinden sich in Chaniá und Réthimnon.

Segeln

Auskünfte zum Segeln sind u.a. erhältlich beim
Yachting Club, am Hafen von Iráklion, Tel. (081) 228118, oder in Spezialreisebüros vor Ort.

Weitere Informationen ⟶ Sportschiffahrt

Tauchen

Das Tauchen mit Atmungsgeräten ist sowohl im Meer als auch in den Seen und Flüssen Griechenlands – bis auf einige Ausnahmen – zum Schutz der unter Wasser liegenden kulturellen Schätze verboten. In Regionen, die von diesem Verbot ausgenommen sind (dazu gehören beispielsweise Elúnda, Auskunft im Elounda Beach Hotel, und Ágia Pelagía, Auskunft im Peninsula Hotel), muß man sich streng an die von der Direktion für Maritime Antiquitäten im Ministerium für Kultur und Wissenschaften herausgegebenen Vorschriften halten.
Eine Liste über die Ausnahmeregionen und ihre aktuellen Bestimmungen sowie über Unterwasserfischen, Preßluftfüllstationen ist bei der Griechischen Zentrale für Fremdenverkehr (⟶ Auskunft) erhältlich. In jedem Fall ist es ratsam, zunächst beim zuständigen Hafenamt Erkundigungen über die örtlichen Bedingungen einzuholen.

Auskünfte erteilt u.a. auch das Scubakreta Diving Center, Limenas Hersonissou, Tel. (0897) 22368, 22391, 22950 und 22951.

Tennis

Tennisplätze (meist Hartplätze) liegen vielfach bei den Hotels und im Bereich von Strandbädern, klubeigene Tennisanlagen finden sich u.a. in Chaniá und Iráklion.

Wandern

⟶ dort

Sport (Fortsetzung) Wasserski, Windsurfing

Schulen für Wasserski und Windsurfing stehen auf Kreta zur Verfügung. Ausgebildete Trainer findet man u.a. an den Stränden von Mália, Limín Chersonníssu, Ágia Pelagía und Elúnda.

Wintersport

Wintersport ist beispielsweise im Ida-Massiv möglich. Auskünfte erteilen die Alpinklubs (s. Bergsteigen, Klettern zuvor) in Chaniá, Iráklion und Réthimnon, die auch Schutzhütten unterhalten.

Sportschiffahrt

Einreise

Jachten, die aus dem Ausland kommen und in den griechischen Gewässern kreuzen möchten, müssen als erstes einen mit Zollabfertigung ausgestatteten und als Ein-und Ausreisehafen ('Port of Entry') klassifizierten Haupthafen anlaufen. Passagiere und Besatzung, die an Bord einer Jacht reisen, werden offiziell als 'Durchreisende' betrachtet.
Die Jacht ist durch das Transitlog (Transitbescheinigung) bis zu sechs Monate dauerndem Verkehr in griechischen Gewässern berechtigt; Besatzung und Passagiere dürfen sich an den Küsten und im Inland aufhalten unter der Voraussetzung, daß die Nächte an Bord verbracht werden. Soll an Land übernachtet oder Griechenland mit einem anderen Verkehrsmittel verlassen werden, muß der Reisepaß mit einem offiziellen Einreise- und Ausreisestempel versehen werden. Die Transitbescheinigung muß während des Aufenthalts in Griechenland an Bord aufbewahrt und den Hafenbehörden auf Verlangen vorgelegt werden.
Nach den ersten sechs Monaten kann der Jachteigner bei den Zollbehörden einen Antrag auf Verlängerung um zwölf Monate stellen und dies – so oft erforderlich – wiederholen.

Sportboote, die auf dem Landweg eingeführt werden, unterliegen im wesentlichen den gleichen Grenzvorschriften wie Personenkraftwagen; sie sind in Griechenland für vier Monate zollfrei zugelassen.
An allen wichtigen Plätzen haben die Griechischen Zentralen für Fremdenverkehr, die örtlichen Behörden sowie private Segelklubs Versorgungshäfen (Marinas).

Häfen auf Kreta

Segeln

Informationen zum Segeln (Segelschulen, Hafensteuern, Kanalgebühren u.ä.) erteilen die Griechische Zentrale für Fremdenverkehr (⟶ Auskunft) und der
Segelverband Athen
Xenofontos 15 A, Athen, Tel. (01) 3236813 sowie die
Hellenic Yachting Federation (H.Y.F.)
Akti Navarchu Kunturioti 7, Kastela, GR-18534 Piräus
Tel. (01) 4137351

Sportschiffahrt, Segeln (Fortsetzung)

Bei diesem Verband erhält man auch Hinweise auf Segelregattaveranstaltungen.
Haupthafenamt Piräus: Tel. (01) 4511311–9, 4114785, 4520911

Bootscharter

Innerhalb der griechischen Hoheitszone dürfen nur solche Schiffe verchartert werden, die unter griechischer Flagge laufen und für die Charter amtlich zugelassen sind. Eine Kopie des Mietvertrags ist beim Hafenamt des Ausgangshafens zu hinterlegen, eine zweite hat der Schiffsführer stets mit sich zu führen. Gleiches gilt für die Liste von Mannschaften und Passagieren. Voraussetzung für das Chartern eines Bootes ohne Besatzung ist, daß der Mieter und eine zweite Person an Bord den entsprechenden Bootsführerschein besitzen oder die entsprechende Befähigung nachweisen können.

Auskunft

Nähere Informationen über Verleihstationen, Bootstypen und Preise erteilt die Griechische Zentrale für Fremdenverkehr (⟶ Auskunft).
Anschriften von Charterfirmen nennt der Arbeitskreis Charterboot (AKC), Postfach 250370, D-50519 Köln.

Wettervorhersagen

Beim Griechischen Nationalen Wetterdienst (Athen) können rund um die Uhr Wettervorhersagen für die griechischen Meere abgerufen werden: Tel. (01) 9699306.
Spezielle Wetterberichte und Warnmeldungen (Beaufort 6–7) für Segler werden von Hellas Radio (ERA) auf VHF-Kanal 16 täglich um 7.03, 9.03, 11.33 und 23.03 Uhr in griechischer und englischer Sprache gesendet.
Im Radio können ferner auf MW 729 kHz und UKW von Montag bis Freitag allgemeine Wetter- und Seewetterberichte für die Schiffahrt um 1.05, 6.30 und 12.25 Uhr in griechischer Sprache, um 6.30 Uhr zusätzlich auch in englischer Sprache gehört werden.
Das Erste Programm des griechischen Fernsehens (ET1) bringt täglich um 20.00 und 24.00 Uhr sowie Mo. um 17.30 Uhr, das 2. und 3. Programm (ET2 und ET3) täglich um 21.00 und um 24.00 Uhr Wettervorhersagen in griechischer Sprache; sie sind durch international übliche meteorologische Symbole auf der Wetterkarte leicht verständlich.

Ärztlicher Notdienst

Die griechischen Funktelefonstationen übermitteln neben Wetterberichten und Warnmeldungen auch Anweisungen zu ärztlicher Hilfe. Ärztlicher Notdienst in englischer Sprache rund um die Uhr über Athens Radio, Rufzeichen SVN, Ruf 2182 kHZ auf Mittelwelle.

Sprache

Verständigung

Im allgemeinen wird der Fremde in Griechenland einen Einheimischen finden, mit dem er sich in einer der europäischen Verkehrssprachen (in erster Linie Englisch) verständigen kann. Deutschkenntnisse sind in den letzten Jahren durch heimgekehrte Gastarbeiter häufig geworden. Auf dem Lande aber ist es gut, wenigstens über einige Grundkenntnisse der neugriechischen Sprache zu verfügen.

Neugriechisch

Das Neugriechische unterscheidet sich wesentlich vom Altgriechischen, wenngleich die Zahl jener Wörter, die seit Homers Zeiten unverändert geschrieben werden, erstaunlich groß ist. Doch auch bei diesen sind die Abweichungen der Aussprache von der deutschen Schulaussprache des Altgriechischen zu berücksichtigen. Die veränderte Aussprache gilt für beide Sprachformen des Neugriechischen, die sowohl in der Grammatik als auch im Wortbestand beträchtliche Unterschiede aufweisen: die Dhimotiki (Volks- oder Umgangssprache) und die Katharevussa ('gereinigte' Amts- oder Schriftsprache). Alle amtlichen Bekanntmachungen, Hinweisschilder, Fahrpläne u. ä., auch die politischen Artikel der Zeitungen, waren früher in der Katharevussa geschrieben. Diese Sprachform ist durch Annä-

Neugriechisch (Fortsetzung)

herung an das als klassische, vorbildlich geltende Altgriechisch gewonnen worden, so daß, wer auf der Schule Altgriechisch gelernt hat, sie ohne allzu große Mühe lesen kann.
Gesprochen und seit 1975 offizielle Sprachversion ist aber die Dhimotiki. Sie ist das Ergebnis einer langen Sprachentwicklung und hat sich auch in der neugriechischen Literatur wie auch im Unterhaltungsteil der Zeitungen längst durchgesetzt.

Neugriechisch-Kurse

Neugriechisch-Kurse werden in Deutschland an den meisten Volkshochschulen und Universitäten angeboten.

Wörterbücher, Sprachführer

Für die eingehende Beschäftigung mit der griechischen Sprache sei auf die im Verlag Langenscheidt erschienenen Wörterbücher und Sprachführer hingewiesen.

Griechisches Alphabet

		Altgriechisch	Neugriechisch	Aussprache
Α	α	alpha	alfa	a
Β	β	beta	wita	w
Γ	γ	gamma	ghamma	gh, vor e und i: j
Δ	δ	delta	dhelta	dh
Ε	ε	epsilon	epsilon	kurzes e
Ζ	ζ	zeta	sita	stimmhaftes s
Η	η	eta	ita	i
Θ	ϑ	theta	thita	th
Ι	ι	iota	iota	i
Κ	ϰ	kappa	kappa	k
Λ	λ	lambda	lamvda	l
Μ	μ	my	mi	m
Ν	ν	ny	ni	n
Ξ	ξ	xi	xi	ks
Ο	ο	omikron	omikron	o
Π	π	pi	pi	p, nach m: b
Ρ	ϱ	rho	rho	r
Σ	σ	sigma	sigma	stimmloses s
Τ	τ	tau	tav	t, nach n: d
Υ	υ	ypsilon	ipsilon	i
Φ	φ	phi	fi	f
Χ	χ	chi	chi	ch: vor a, o, u: wie in 'Bach' vor e, i: wie in 'ich'
Ψ	ψ	psi	psi	ps
Ω	ω	omega	omega	o

Sonderzeichen

Die Betonung ist zwar stark schwankend, jedoch dank der auf allen mehrsilbigen Wörtern gesetzten Akzente (Akut: ´; Gravis: `; Zirkumflex: ˜; neuerdings vereinheitlicht nur noch Akut) leicht zu erkennen.

Die am Wortanfang über Vokalen bzw. Diphthongen erscheinenden 'Spiritus' (lenis: ' ; asper: ') werden nicht gesprochen und kaum noch geschrieben. Das Trema (¨) über einem Vokal bedeutet, daß dieser als solcher für sich einzeln gesprochen wird und keine Verbindung mit einem benachbarten Vokal zum Diphthong eingeht.

Von den Satzzeichen unterscheidet sich lediglich das griechische Fragezeichen, das dem deutschen Strichpunkt (Semikolon) gleicht (? = ;), während dem Strichpunkt im Griechischen ein Punkt über der Zeile (Hochpunkt: ˙) entspricht.

Zahlen

Grundzahlen

0	midhén	21	íkossi énas, íkossi mjá, íkossi éna
1	énas, mjá, éna	22	íkossi dhjó (dhío)
2	dhjó, dhío	30	triánda
3	tris, tría	31	triánda énas, mjá, éna
4	tésseris, téssera	40	ßaránda
5	pénde	50	penínda
6	éksi	60	eksínda
7	eftá	70	ewdhomínda
8	ochtó	80	oghdhónda, oghdhoínda
9	ennjá	90	enenínda
10	dhéka	100	ekató(n)
11	éndheka	101	ekatón énas, mjá, éna
12	dhódheka	153	ekatón penínda tris, tría
13	dhekatrís, dhekatría	200	dhiakóssi, dhiakóssjes, dhiakóssja
14	dhekatésseris, dhekatéssera	300	triakóssi, -jes, -ja
15	dhekapénde	400	tetrakóssi, -jes, -ja
16	dhekaéksi, dhekaáksi	500	pendakóssi, -jes, -ja
17	dhekaëftá, dhekaëptá	600	eksakóssi, -jes, -ja
18	dhekaochtó, dhekaoktó	700	eftakóssi, -jes, -ja
19	dhekaënjá, dhekaënn=a	800	ochtakóssi, -jes, -ja
20	íkossi	900	ennjakóssi, -jes, -ja
		1000	chíli, chíljes, chílja
		5000	pende chíljádhes
		1 Mio.	éna ekatommírjo

Ordnungszahlen

1.	prótos, próti, próto(n)	10.	dhékatos, dhekáti
2.	dhéfteros, -i, -o(n)	11.	endhékatos, endhekáti
3.	tritos, -i, -o(n)	20.	ikostós, -í, -ó(n)
4.	tétartos, tétarti, tétarto(n)	30.	triakostós, -í, ó(n)
5.	pémptos	100.	ekatostós, -í, ó(n)
6.	éktos	101.	ekatostós prótos
7.	éwdhomos, ewdhómi	124.	ekatostós ikostós tétartos
8.	óghdhoos	1000.	chiljostós
9.	énatos, enáti		

Bruchzahlen

$1/2$	missós, -í, ó(v), ímissis	$1/4$	tétarton
$1/3$	tríton	$1/10$	dhékaton

Wichtige Redewendungen und Ausdrücke

Allgemeines

Deutsch	**Neugriechisch**
Guten Morgen!	Kaliméra!
Guten Tag!	Kaliméra!
Guten Abend!	Kalispéra!
Gute Nacht!	Kalí níchta!
Auf Wiedersehen!	Kalín andámossi(n)!
Sprechen Sie deutsch?	Omilité jermaniká?
englisch?	angliká?
französisch?	ghalliká?
Ich verstehe nicht	Then katalamwáno
Entschuldigen Sie	Me ßinchoríte
Ja	Nä, málista (Kopf zur Seite drehen)
Nein	Óchi (Kopf hochziehen)
Bitte	Parakaló
Danke	Efcharistó

Wichtige Redewendungen und Ausdrücke, Allgemeines (Fortsetzung)

Deutsch	Neugriechisch
Gestern	Chthes
Heute	Ssímera, ßímeron
Morgen	Áwrjo(n)
Hilfe!	Woíthja!
Geöffnet	Aniktó
Wann?	Póte?
Einzelzimmer	Dhomátjo mä éna krewáti
Doppelzimmer mit Bad	... mä dhío krewátja mä lutró
Wieviel kostet das?	Pósso káni?
Wecken Sie mich um 6 Uhr!	Ksipníste me stiß éksi!
Wo ist die Toilette?	Pu íne to apochoritírjon?
eine Apotheke	éna farmakíon
ein Arzt	énas jatrós
ein Zahnarzt	énas odhontojatrós
die ...-Straße	o odhós ... (Genitiv)
der ...-Platz	i platía ... (Genitiv)

Auf der Reise

Deutsch	Neugriechisch
Abfahrt (Zug)	Anachórißis
Abfahrt (Schiff)	Apóplus
Abflug	Apojíoßis
Ankunft	Erchomós
Aufenthalt	Arghoporía
Auskunft	Pliroforía
Autobus	Leoforíon, búsi
Bahnhof	Stathmós
Bank	Trápesa
Boot	Wárka, káikj
Eisenbahn	Ssidhiródhromos
Fähre	Férri-bóut, porthmíon
Fahrkarte	Biljétto
Fahrplan	Dhromolójon
Flug	Ptíßis
Flughafen	Aërolimín, Aërodhrómjon
Flugzeug	Aëropláno(n)
Geldwechsel	Ssaráfiko
Gepäck	Aposkewé
Gepäckschein	Apódhiksis ton aposkewón
Gepäckträger	Achthofóros
Gleis	Ghrammí
Haltestelle	Stáßis
Hotel	Ksenodhochíon
Kondom	Kapota, Prophilaktika
Nichtraucher	Dhja mi kapnistás
Raucher	Dhja kapnistás
Restaurant	Estjatórjo(n)
Schaffner	Ispráktor
Schalter	Thíris
Schiff	Karáwi, plíon
Schlafwagen	Wagón-lí, klinámaksa
Speisewagen	Wagón-restorán
Station	Stathmós
Toilette	Apochoritírjon
Umsteigen	Alláso
Zug	Träno

Auf der Post

Deutsch	Neugriechisch
Adresse	Dhiéfthinßis
Brief	Epistolí
Briefkasten	Ghrammatokiwótjo(n)
Briefmarke	Ghrammatóssimo(n)
Eilboten	Epíghussa

Sprache, Wichtige Redewendungen und Ausdrücke, Auf der Post (Fortsetzung)

Deutsch	Neugriechisch
Einschreiben	Ssistiméni
Luftpost	Aëroporikós
Päckchen	Dhematáki
Paket	Dhéma, pakétto
Postamt	Tachidhromíon
Postkarte	Tachidhromikí kárta
Postlagernd	Post réstant
Telefon	Tiléfono(n)
Telegramm	Tileghráfima

Wochentage

Deutsch	Neugriechisch
Montag	Dheftéra
Dienstag	Tríti
Mittwoch	Tetárti
Donnerstag	Pémpti
Freitag	Paraskewí
Samstag	Ssáwwato(n)
Sonntag	Kiriakí
Tag	(I)méra
Wochentag	Kathimeriní
Feiertag	Skolí
Woche	Ewdhomádha

Festtage

Deutsch	Neugriechisch
Neujahr	Protochronjá
Ostern	Pás-cha, Lambrá(i)
Pfingsten	Pendikostí
Weihnachten	Christújenna

Monate

Deutsch	Neugriechisch
Januar	Januárjos, Jennáris
Februar	Fewruárjos, Flewáris
März	Mártjos, Mártis
April	Apríljos
Mai	Májos, Máis
Juni	Júnjos
Juli	Júljos
August	Áwghustos
September	Sseptémwrjos
Oktober	Októwrjos, Okówris
November	Noémwrjos, Noémwris
Dezember	Dhekémwrjos
Monat	Min, Mínas

Ausdrücke der griechischen Speisekarte

⟶ Essen und Trinken

Straßenverkehr

Straßennetz

Die meisten Straßen auf Kreta sind aphaltiert, doch sind sie im bergigen Landesinnern oft eng und kurvenreich, in manchen Gegenden sogar unbefestigt.

Verkehrsvorschriften

Bei Nacht muß man auf den Landstraßen mit auf der Fahrbahn stehenden Tieren und nicht beleuchteten Fahrzeugen rechnen.
Auf Kreta gelten weitgehend die internationalen Verkehrsregeln. Verkehrssündern drohen drastische Geldbußen!

Sprachkundige Polizeibeamte tragen eine Armbinde mit der Aufschrift 'Tourist Police'.

Straßenverkehr, Verkehrsvorschriften (Fortsetzung)	In den Städten ist das Hupen untersagt. Sicherheitsgurte sind während der Fahrt anzulegen. In hell erleuchteten Ortschaften wird nachts lediglich mit Standlicht gefahren; bei Begegnungen außerorts wird das Licht z. T. ganz ausgeschaltet! Das Schild Vorfahrtsstraße bedeutet Parkverbot. Die Alkohol-Promillegrenze liegt bei 0,5.
Höchstgeschwindigkeiten	Für Pkws, auch mit Anhänger (und Motorräder über 100 cbm^3), gelten folgende Geschwindigkeitsbegrenzungen: innerorts 50 km/h (40 km/h); außerorts 90 km (80 km/h); auf Nationalstraßen (Autoschnellstraßen) 110 km/h (90 km/h), auf Autobahnen 120 km/h. Wer zu schnell fährt, muß mit einer empfindlichen Geldbuße und evtl. mit Führerscheinentzug rechnen; unter Umständen werden die Kennzeichen vom Fahrzeug entfernt.
	Maximal zulässige Fahrzeugabmessungen für Wohnanhänger ⟶ Camping und Caravaning
Kraftstoff	Auf Kreta gibt es nahezu flächendeckend bleifreies Superbenzin (unleaded; 95 Oktan), Normalbenzin (90 Oktan), Superbenzin (96 Oktan), Dieselkraftstoff, Motorenöl (normal und super), allerdings selten Autogas. Die Mitnahme von Kraftstoff in Kanistern ist auf Fährschiffen verboten.

Surfen

⟶ Sport, Windsurfen

Tauchen

⟶ Sport

Taxi

Allgemeines	Taxis tragen das internationale Zeichen 'Taxi' auf dem Dach und halten auch auf Zuruf oder Winken am Straßenrand. In den Städten sind Taxis in größerer Zahl an allen Plätzen mit starkem Publikumsverkehr (Flughäfen, Busbahnhöfen u. a.) sowie vor den großen Hotels und Museen zu finden. Die Preise für Taxifahrten auf Kreta sind günstiger als beispielsweise in Deutschland.
Sonderzuschläge	Zusätzliche Gebühren werden berechnet bei Besteigen des Taxis an den Busbahnhöfen, See- und Flughäfen, für jedes Gepäckstück über 10 kg und für Nachtfahrten zwischen 1.00 und 5.00 Uhr. Sonderzuschläge werden auch an Ostern und Weihnachten erhoben.
Sammeltaxis	Eine noch preisgünstigere Alternative zu den üblichen Taxis bieten die in manchen Ferienzentren verkehrenden Sammeltaxis, die so lange Fahrgäste aufnehmen, wie im Wagen noch Platz ist.
Ausflüge mit dem Taxi	Vor Antritt von Ausflugsfahrten mit dem Taxi sollte der Fahrpreis ausgehandelt werden.

Telefon, Telekommunikation

⟶ Post und Telekommunikation

Tennis

⟶ Sport

Trinkgeld

Hotels

In den Hotels werden in der Regel Inklusivpreise angegeben und verlangt. Hotelboys erhalten (für Koffertragen o.ä.) 100 Drachmen, Zimmermädchen 200 bis 300 Drachmen.

Restaurants, Cafés

In Restaurants und Cafés sind 15% Bedienungsgeld üblich. Außerdem rundet man die Summen nach oben auf und läßt vielleicht noch einen kleinen Betrag auf dem Tisch liegen.

Taxi

Taxifahrer erhalten 10% Trinkgeld; Fahrgäste runden in der Regel die zu entrichtenden Summen auf.
Am griechischen Osterfest erwarten Taxifahrer, Friseur u.a. ein sog. Ostergeschenk (pascha doro), derzeit in Höhe von 100 Drachmen.

Umgangsregeln

Allgemeines

Die Bewohner Kretas sind Fremden gegenüber höflich und hilfsbereit, ohne aufdringlich zu sein.
Sie zeigen lebhaftes Interesse an Weltgeschehen und Politik, doch ist es für den Touristen ratsam, bei politischen Themen eine gewisse Zurückhaltung zu bewahren und vor allem die griechischen Verhältnisse nicht leichtfertig zu kritisieren.

Kleidung

Wie in vielen südlichen Ländern wird auch in Griechenland bzw. auf Kreta Wert auf korrekte Kleidung gelegt, wenngleich mit der Zunahme des Tourismus eine gewisse Lockerung eingetreten ist.

Empfehlung

Zur Einstimmung und Reisevorbereitung empfiehlt sich die Lektüre des Sympathie-Magazins "Griechenland verstehen", herausgegeben vom Studienkreis für Tourismus und Entwicklung (Kapellenweg 3, D-82541 Ammerland/Starnberger See; Tel. 08177/1783).

Unterkunft

⟶ Camping und Caravaning
⟶ Ferienhäuser und Ferienwohnungen
⟶ Hotels
⟶ Jugendherbergen
⟶ Privatunterkünfte

Veranstaltungskalender

Saisonveranstaltungen

Die Griechische Zentrale für Fremdenverkehr (Informationen ⟶ Auskunft) betreut insbesondere während der Sommersaison eine Reihe von Veranstaltungen von touristischem Interesse, darunter vor allem verschiedene Festspiele und folkloristische Darbietungen.

Feiertage auf dem Land

In vielen Dörfern Kretas wird der Feiertag des jeweiligen Dorfheiligen mit traditioneller Musik und Volkstänzen begangen.

Feiertage auf dem Land (Fortsetzung)	Weitere Informationen hierzu erteilen die Fremdenverkehrsstellen vor Ort (⟶ Auskunft).
Kirchweih- und Folklorefeste	Vor allem zwischen Juli und September finden zahlreiche Kirchweih- und Folklorefeste auf der Insel statt. Aktuelle Informationen erteilen die Fremdenverkehrsstellen (⟶ Auskunft).
1. Januar	Neujahrstag; Tag des hl. Wassilios; Anschneiden der 'Wassilopitta' (Neujahrskuchen; darin oft versteckt eine Münze, was für den, der sie findet, Glück bedeutet); Kinderumzüge (auch mit Beteiligung Erwachsener) mit 'Kalanda'-(von-Haus-zu-Haus-)Singen, als Entgelt dafür gibt es Geld und/oder Gebäck (vgl. 31. Dezember).
6. Januar vielerorts	Dreikönigstag (Theophanie; Wasserweihe mit Kreuzversenkung)
Februar/März vielerorts	Karnevalstreiben (v.a. in Iráklion und Réthimnon)
Katharí Deftéra (Rosenmontag) überall	Drachensteigen auf den Hügeln, Einstimmung auf die Fastenzeit mit ungesäuerten Broten, Fischen, Meeresfrüchten, Salaten und Wein
25. März Nationalfeiertag	Militärparaden
23. April vielerorts	Tag des hl. Georg: besondere Feierlichkeiten in Asi-Gonia (Chaniá) mit Schafschur ('Kura')
Griechisches Osterfest überall im ganzen Land	Das griechisch-orthodoxe Osterfest (⟶ Feiertage), das mit Abstand wichtigste Kirchenfest in Griechenland, wird – terminlich abweichend von den katholischen und protestantischen Gepflogenheiten – jeweils am ersten Sonntag nach dem ersten Vollmond nach dem Frühlingsanfang (21. März) gefeiert. Die bestimmende Farbe an Ostern ist Rot (rot gefärbte Osteier u.a.), die das Blut Christi symbolisieren soll.
Osterbräuche	Am Karfreitag finden Kerzenprozessionen statt. In der Nacht von Karsamstag auf Ostersonntag werden Messen zelebriert, die in dem Ausruf 'Christós anésti' (= 'Christus ist auferstanden') um Mitternacht ihren Höhepunkt finden. Glockengeläute, Böllerschüsse und Feuerwerke gehören ebenso zum griechischen Osterfest wie die 'Majritsa' (Ostersuppe), das Eierkicken und der Austausch von Geschenken. Als Festmahl wird Lammbraten vom Spieß gereicht. Das typische Ostergebäck heißt 'Tsureki' und ist mit einem roten Ei geschmückt.
Griechische Ostertermine	1997: 27. April 1998: 19. April
1. Mai überall	Tag der Arbeit mit Umzügen, Blumenfesten und Ausflügen ins Grüne
27.–29. Mai Chaniá	Tanzfestival zur Erinnerung an die Schlacht um Kreta
Juni Achládes	Aprikosenfest in Achládes (nördlich von Pérama)
Ende Juni Lassíthi	Weissagungsspiel 'Klidonas' in den Dörfern Piskokephalo und Krusta
Während der Sommermonate Iráklion	Festival "Heracleion-Summer" u.a. mit Opern-, Theater-, Ballett-, Folklore- und Tanzaufführungen sowie Ausstellungen, Lesungen, Symposien
Juli–Sept. Ágios Nikólaos	Alljährlich im Sommer organisiert das städtische Kulturzentrum unter dem Namen 'Lato' eine Reihe von kulturellen Veranstaltungen wie Volkstanzdarbietungen, Theateraufführungen und Konzerte mit moderner Musik. Während des Seewochenfestivals mit Bootsrennen, Schwimm- und Windsurfingwettbewerben werden Feuerwerke im Hafen gezündet.

Veranstaltungskalender (Forts.)

Mitte Juli Dafnes, Réthimnon, Sitía

Weinfeste in Dafnes (Iráklion) und im Stadtpark von Réthimnon (zwei Wochen lang) mit Musik und Tanz. Kostenlose Proben der verschiedenen Weinsorten Kretas
Rosinenfest in Sitía

August/Sept. Réthimnon

Renaissancefestival im venezianischen Kastell: 15 Tage lang bieten Künstlergruppen aus Griechenland und Europa Open-Air-Theater-, Musik- und Tanzaufführungen, Konzerte, Kino und diverse andere Aktionen im Stil der Renaissance (detaillierte Auskünfte erteilen die Stadtverwaltung von Réthimnon sowie das Erophili Theater).

6. August Anógia

Jahrmarkt mit Folklore

15. August vielerorts

Mariä Himmelfahrt (Fest der Muttergottes), besonders feierlich u.a. in Neápolis.

2. Hälfte August Kritsá

Kretische Hochzeit in Kritsá (Lassíthi)

28. Oktober überall

Óchi-Tag: Nationalfeiertag mit Militärparade (⟶ Feiertage)

8. November Réthimnon

Gedenktag des Aufstandes und der Zerstörung des Klosters Arkádi im Jahre 1866 durch die Türken

21. November Réthimnon

Tempelgang der Jungfrau Maria

24. Dezember überall

Heiliger Abend mit Kinderumzug (vielerorts beteiligen sich auch die Erwachsenen) und 'Kalanda'-(von-Haus-zu-Haus)-Singen

31. Dezember überall

Das griechische Volk beendet das alte Jahr, wie es das neue beginnt: mit 'Kalanda'-Singen (vgl. 1. Januar und 24. Dezember)

Wandern

Allgemeines

Wandern auf Kreta erfreut sich zunehmender Beliebtheit. Es gibt jedoch keine speziell angelegten Wanderwege oder entsprechendes Kartenmaterial, so daß es unbedingt ratsam ist, sich Spezialreiseveranstaltern oder ortskundigen Führern anzuschließen.

Reisegepäck

Im Reisegepäck von Bergwanderern sollten sich u.a. außer Bergstiefeln, Rucksack, Jeans oder Trekkinghose, Anorak, Regenschutz und Pullover auch Sonnenhut, Sonnen- und Insektenschutzmittel sowie eine Trinkflasche befinden.

Informationen

Eine Broschüre mit einigen Wanderzielen und den Anschriften von Wandervereinen sind bei der Griechischen Zentrale für Fremdenverkehr (⟶ Auskunft) erhältlich.
Weitere Auskünfte erteilen Reisebüros sowie u.a. auch die Alpinschule Innsbruck, In der Stille 1, A-6161 Natters, Tel. (0512) 546000.

Veranstalter auf Kreta

Tägliche Wanderungen (für Einzelreisende und Gruppen) bietet auf Kreta u.a. The Happy Walker, Tobazi 56, Réthimnon, Tel. (0831) 52920.

Wanderführer

Im deutschsprachigen Buchhandel ist eine Reihe von guten Wanderführern über Kreta erhältlich.

Tourenvorschläge
Samariá-Schlucht

Die sechsstündige Wanderung durch die ⟶ Samariá-Schlucht gehört zu den großartigsten Erlebnissen, die der Wanderfreund auf Kreta erfahren kann, allerdings mit vielen Mitwanderern teilen muß. Die Schluchtwanderung ist jedoch vor Mai, ab November und bei schlechter Witterung nicht erlaubt.

Weitere Touren

Górtis – Festós – Mátala – Ágia Galíni – Spíli (rund 200 km)
Zákros – Váï – Kloster Toplú (rund 60 km)
Réthimnon – Kloster Arkádi (23 km)
Makrigialós – Ierápetra – Gurniá (rund 180 km)

Kamáreshöhle, Idéon Ántron

Wanderungen zur Kamáreshöhle oder zur minoischen Kulthöhle Idéon Ántron ⟶ Ida-Gebirge.

Berghütten
Volikas-Hütte

Ab Chaniá 27 km Asphaltstraße nach Kambi Kidonias; von dort dreistündige Wanderung zur Volikas-Hütte (1360 m ü. d. M.) in den Weißen Bergen (Lefká Óri). Auskünfte erteilt der E.O.S.-Bergsteigerverein in Chaniá.

Kallérgi-Hütte

Ab Chaniá 41 km Asphaltstraße nach Omalós (1580 m ü. d. M.) in den Weißen Bergen (Lefká Ori); von Mahi bei Omalós bis zur Kallérgi-Hütte 5 km Landstraße in mittelmäßigem Zustand; von dort weiter in die Samariá-Schlucht (s. o.).
Informationen sind ebenfalls erhältlich beim dem E.O.S.-Bergsteigerverein in Chaniá.

Prinos-Hütte

Ab Iráklion 23 km Asphaltstraße bis zum Dorf Ano Assites Maleviziu, dann 2 km Landstraße bis zur Stelle Melisses; von dort 1 1/2stündige Wanderung zur Prinos-Hütte (1100 m ü. d. M.). Auskünfte erteilt der S.O.X.-Bergsteigerverein in Iráklion.

Hütte auf dem Psiloritis

Entweder ab dem Dorf Kurutes bei Réthimnon über die Landstraße bis zur Hl.-Titos-Kapelle (Ág. Titós) im Pardi-Wald, von dort 5 km bis zur Hütte. Oder ab dem Dorf Lohria Amariu auf der Landstraße bis zur Stelle Kurupito auf dem Psiloritis; von dort bis zur Hütte (1500 m ü. d. M.). Weitere Informationen erteilt der E.O.S.-Bergsteigerverein in Réthimnon.

Radwandern

Auskunft

Radwandern auf Kreta in kleine Dörfer, durch unberührte Natur und in Küstenzonen zählt zu den schönsten Ferienerlebnissen.
Auskünfte erteilen außer dem Iraklion Bicycling Club 'Kastro', Averoff Str. 19, 3. Stock., Tel. (0 81) 24 34 45 (erreichbar zwischen 8.00 und 14.00 Uhr) auf Sportreisen spezialisierte Reisebüros bzw. Hellas Bike Travel auf Kreta.

Tourenvorschläge
Ab Kastélli Kíssamos

Von Kastélli Kíssamos, an der Nordwestküste Kretas, führt eine 24 km lange Strecke mit wenig Steigungen in nordöstlicher Richtung über Plakálona und Kolimbári nach Tavronitis.

Ab Réthimnon

Von Réthimnon fährt man auf ebener Strecke zunächst am Meer entlang in nordöstlicher Richtung bis Stavroménos, von dort geht es ostwärts über wenige Hügel über Alexándru nacn Pérama und Mourtzana am Kulukonas-Gebirge entlang nach Apladianá. Die Strecke ist 40 km lang und landschaftlich reizvoll.

Ab Spíli

Spíli, südöstlich von Réthimnon, ist Ausgangspunkt einer abwechslungsreichen, 22 km langen, leichten Tour durch reizvolle Landschaft über Mixórruma, Koxaré, Asómatos nach Plakiás.

Ab Plakiás

Von Plakiás über Sellía, Kato Rodakino, Argulés, Frangokastello und Vuvás nach Chóra Sfakíon führt eine 48 km lange Strecke, auf der mehrere Steigungen zu überwinden sind; schöne Aussichten auf Küstengebirge und Meer entschädigen jedoch für die Mühe.

[illegible]lion

Iráklion bietet sich als Ausgangspunkt für eine Radtour in das größte Weinanbaugebiet Kretas an. Die 49 km lange Strecke führt in südwestlicher Richtung mit einigen Steigungen über Vútes, Ágios Miron, Pírgu, Káto Asítes und Ano Asítes sowie Priniás nach Agía Varvára und Ágii Déka.

Ab Ierápetra

Ab Ierápetra ostwärts über Férma und Agía Fotiá nach Análipsi führt eine 28 km lange leichte Radtour über mäßig hügeliges Gelände an schönen Badestränden vorbei.

Mountainbiking

Mountainbike-Fans finden Mountainbike-Stationen für Westkreta im Grecotel Rithymna Beach, für Ostkreta im Grecotel Creta Sun (⟶ Hotels). Mountainbike-Räder und Helme werden in der Regel gestellt. Radhose, Radhandschuhe, ein winddichtes Oberteil und stabile Sportschuhe sollten im Reisegepäck nicht fehlen. Abwechslungsreiche Tourenprogramme führen u.a. durch die Bergwelt Kretas (z.B. Léfka Óri) oder von der Nord- zur Südküste. Weitere Informationen erteilen u.a. auf Sportreisen spezialisierte Reisebüros bzw. Hellas Bike Travel auf Kreta.

Wassersport

⟶ Sport

Zeit

Osteuropäische Zeit

Im Winterhalbjahr gilt die Osteuropäische Zeit (OEZ = MEZ + 1 Std.), ab Ende März bis Ende September die Sommerzeit (OEZ + 1 Std. = MEZ + 2 Std. bzw. MESZ + 1 Std.).

Zeitungen und Zeitschriften

Deutschsprachige Presse

Deutschsprachige Zeitungen und Zeitschriften sind auf Kreta – meist mit einem halben oder ganzen Tag Verspätung – u.a. erhältlich in Agía Galíni, Agía Pelagía, Ágios Nikólaos, Dafnila, Chaniá, Gúves, Iráklion, Limín Chersonissu, Linoperamata, Mália, Mátala, Réthimnon, Sitía und Stalida.

Englischsprachige Tageszeitung

Aktuelles aus Griechenland und der ganzen Welt enthält die täglich erscheinende englischsprachige Zeitung "Athens News".

"This Month Crete"

Bei der Griechischen Zentrale für Fremdenverkehr (⟶ Auskunft) und in Olympic Airways Büros (⟶ Fluggesellschaften) ist eine spezielle europäische Ausgabe – u.a. eine deutsch-englische Ausgabe – von "This Month Crete" erhältlich.

Verkaufsstellen

In den größeren Städten sind zahlreiche ausländische Zeitungen und Zeitschriften sowie Bücher außer in internationalen Buchhandlungen auch an Kiosken und in Souvenirläden erhältlich.
Eine Buchhandlung, die internationale Presseerzeugnisse aus aller Welt (Tageszeitungen, Magazine; Bücher) führt, ist beispielsweise International Press, El. Venizelu & Petichaki, Réthimnon, Tel. (0831) 51673.

Zollbestimmungen

Einfuhrverbot

Grundsätzlich verboten ist die Einfuhr von Funkgeräten (Auskunft bei den Automobilklubs).
Über Verbote der Mitnahme von Waffen erkundige man sich bei der Griechischen Zentrale für Fremdenverkehr (⟶ Auskunft).

EU-Binnenmarkt

Seit dem 1. Januar 1993 bilden die Mitgliedsstaaten der Europäischen Gemeinschaft (darunter Griechenland und Deutschland; ab Januar 1995

EU-Binnenmarkt (Fortsetzung)

auch Österreich) einen gemeinsamen Wirtschaftsraum, den EU-Binnenmarkt. Aus Griechenland dürfen daher Waren für den privaten Gebrauch eigentlich ohne Beschränkung eingeführt werden. Allerdings gibt es gewisse Richtmengen, deren Überschreitung, neben anderen Kriterien, als Indiz für gewerbliche Einfuhr gelten kann; dies sind 800 Zigaretten, 400 Zigarillos, 200 Zigarren, 1 kg Rauchtabak, 10 l Spirituosen, 20 l Zwischenerzeugnisse, 90 l Wein, 110 l Bier.
Für Waren, die in den bis Ende 1999 bestehen bleibenden Duty-Free-Shops erworben werden, gelten die Höchstmengen des Warenverkehrs mit Nicht-EU-Ländern (s. u.).
Auf Flughäfen und Schiffen werden Zollkontrollen vorerst weiterhin vorgenommen.

Fahrzeuge

Für Pkws (auch für Anhänger, Krafträder, Beiwagen, Mopeds), kleinere Motor- und Segelboote sowie Jachten sollten die bisher gültigen Bestimmungen beachtet werden:
Pkw (auch Anhänger, Krafträder, Beiwagen, Mopeds) dürfen bis zu 6 Monate (Verlängerung um weitere 6 Monate möglich) zollfrei eingeführt werden. Das Fahrzeug wird im Reisepaß eingetragen, wenn man über ein Nicht-EU-Land nach Griechenland einreist; bei der Ausreise wird die Eintragung gelöscht. Für kleinere Motor- und Segelboote gelten die gleichen Bestimmungen wie für Pkws.
Für Jachten (Boote mit Kajüte, Küche, WC usw.) wird bei der Einreise ein bis zu 6 Monate gültiges Transitlog ausgestellt, das nach Ablauf auf unbegrenzte Zeit verlängert werden kann. Als Jachtausrüstung können eine Signal- und eine Leuchtpistole eingeführt werden.
Weitere Informationen erteilen die örtlichen Zollämter oder die
Zollfahndungs- und Überprüfungsstelle für Autos
Amvrosiu Fratzi 14, Neos Kosmos, Athen
Tel. (01) 9227307 und 9227315.

Einreise nach Griechenland aus Nicht-EU-Ländern

Für Reisende aus Nicht-EU-Ländern (z. B. Schweizer Staatsbürger) liegen die Freimengengrenzen für Personen über 18 Jahre bei 200 Zigaretten oder 100 Zigarillos oder 50 Zigarren oder 250 g Rauchtabak, ferner bei 2 l Wein und 2 l Schaumwein oder 1 l Spirituosen mit mehr als 22 Vol.-% Alkoholgehalt oder 2 l Spirituosen mit weniger als 22 Vol.-% Alkoholgehalt, 50 g Parfüm und 1/4 l Eau de Cologne, 500 g Kaffee oder 200 g Pulverkaffee, 100 g Tee oder 40 g Tee-Extrakt. Abgabenfrei sind ferner Geschenkartikel bis zu einem Wert von 45 Ecu oder Drs. 10000 (Kinder unter 15 Jahre: 23 Ecu oder Drs. 5500).

Kfz-Totalschaden

Falls ein ausländisches Kraftfahrzeug in Griechenland einen Totalschaden erleidet, ist die zuständige Zollbehörde zu informieren, ehe das Unfallfahrzeug verschrottet werden kann.

Ausfuhrverbot

Ein Ausfuhrverbot besteht grundsätzlich für Antiquitäten und Kunstgegenstände. Kopien antiker Vorlagen können frei ausgeführt werden.

Wiedereinreise in die Schweiz

Abgabenfrei sind Reiseproviant sowie gebrauchtes persönliches Reisegut; außerdem für Personen ab 17 Jahre an Tabakwaren 200 Zigaretten oder 50 Zigarren oder 250 g Rauchtabak, an alkoholischen Getränken 2 l mit bis zu 15 Vol.-% Alkoholgehalt und 1 l mit mehr als 15 Vol.-% Alkoholgehalt; ferner Geschenke im Werte bis 100 sfr., für Personen unter 17 Jahre bis 50 sfr. (eine Prüfung der Anpassung dieser Werte an die EU-Beträge ist geplant).

Reisedokumente

→ dort

Register

Verzeichnis der Karten und graphischen Darstellungen

Bildnachweis

Archiv für Kunst und Geschichte: S. 69
Ehrenfried-Warme: S. 84, 109, 200, 227
HB Verlags- und Vertriebsgesellschaft mbH.: S. 99, 167, 181
Henseler: S. 6 (oben), 7 (links unten), 13, 21, 22, 29 (unten), 39, 41, 51, 62, 85, 119, 129, 155, 171, 173, 178, 223
Galenschovski: S. 6 (rechts unten), 29 (oben), 44, 121, 127, 132, 140, 156, 164, 187, 193, 199, 220
Historia-Photo: S. 32 (2x), 34
Lade Fotoagentur: S. 202
Mauritius Bildagentur: S. 8/9, 74/75, 212/213
Schapowalow Bildagentur: S. 135
Schumann: S. 15, 16
Strobel: S. 80, 102, 177, 195
Strüber: S. 1, 3, 5, 6 (links), 7 (rechts oben und unten), 16, 25, 26, 37, 52, 55 (2x), 57, 60, 88, 91, 97, 98, 105, 111, 112, 114, 116, 124, 128, 139, 142, 149 (2x), 153, 154, 157, 160, 163, 182, 184, 189, 192 (2x), 205, 209, 235
Tzaferis: S. 146

Impressum

Ausstattung:
101 Abbildungen
5 Grundrisse, 14 Sonderpläne, 6 Stadtpläne, 5 Übersichtskarten, 3 Tabellen, 1 graphische Darstellung, 1 große Reisekarte

Text: Carmen Galenschovski mit Beiträgen von Vera Beck, Rainer Eisenschmid, Helmut Linde, Reinhard Strüber und Andrea Wurth

Bearbeitung: Baedeker-Redaktion (Carmen Galenschovski)

Gesamtleitung: Rainer Eisenschmid, Baedeker Stuttgart

3. Auflage 1997

Urheberschaft: Karl Baedeker GmbH, Ostfildern (Kemnat) bei Stuttgart
Nutzungsrecht: Mairs Geographischer Verlag GmbH & Co., Ostfildern (Kemnat) bei Stuttgart

Druck: Mairs Graphische Betriebe GmbH & Co. KG., Ostfildern (Kemnat)
Printed in Germany
ISBN 3-89525-122-4

Gedruckt auf 100 % chlorfreiem Papier